Breidenbach · Mediation

MEDIATION

Struktur, Chancen und Risiken von Vermittlung im Konflikt

Prof. Dr. Stephan Breidenbach

Verlag
Dr. Otto Schmidt
Köln

Die Deutsche Bibliothek – CIP-Einheitsaufnahme

Breidenbach, Stephan:
Mediation: Struktur, Chancen und Risiken von Vermittlung im Konflikt / von Stephan Breidenbach – Köln: O. Schmidt, 1995
Zugl.: München, Univ., Habil.-Schr., 1993/94
ISBN 3-504-06110-3

Verlag Dr. Otto Schmidt KG
Unter den Ulmen 96–98, 50968 Köln
Tel.: 02 21/9 37 38-01, Fax: 02 21/9 37 38-9 21

Das verwendete Papier ist aus chlorfrei gebleichten Rohstoffen hergestellt, holz- und säurefrei, alterungsbeständig und umweltfreundlich.
Gesamtherstellung: Bercker Graphischer Betrieb GmbH, Kevelaer
Printed in Germany

FÜR

JOANA,
LILIAN & VICTOR

Vorwort

Konflikte und Konfliktbehandlung sind ein zentrales Thema menschlichen Zusammenlebens. Für den Juristen verengt sich dies jedoch zumeist auf eine Streitentscheidung durch den Richter. Zunehmend beginnt sich nun das Interesse an anderen Formen der Konfliktbehandlung, insbesondere an Mediation, der Vermittlung eines Dritten ohne Entscheidungsbefugnis, herauszubilden. Das wurde nicht zuletzt durch die Entwicklung von Alternative Dispute Resolution (ADR) in den USA angeregt.

In dieser Untersuchung geht es vor allem um die analytische Erfassung von Mediation, um ein analytisches Raster für eine Streitbehandlungslehre. Erst auf dieser Grundlage können die verschiedenen Ansätze von Mediation rechtspolitisch bewertet und so hoffentlich neue Verfahren für spezifische Konfliktkonstellationen konzipiert werden. Gleichzeitig soll die Analyse der Ziele und Gestaltungselemente mediativer Konfliktbehandlung ein Beitrag zum Selbstverständnis der im Konflikt eingeschalteten Dritten, von Anwälten über den sozialen Beruf bis zum den Streit behandelnden Richter leisten.

Am Ende steht ein Ausblick auf die praktische Umsetzung der analytischen Erkenntnisse über die Dimensionen von Vermittlung. Es geht um Verfahrensdesign. Neben Konflikten zwischen Vermietern und Mietern und mediativen Elementen im Zivilprozeß, insbesondere der anwaltschaftlichen Vergleichskonferenz, steht dabei im Mittelpunkt die Mediation von Scheidungsauseinandersetzungen. Gerade wenn Kinder vorhanden sind, ist der Einsatz von Mediation besonders drängend. Keine Momentaufnahme einer richterlichen Entscheidung kann der Dynamik der künftigen, nur noch elterlichen Beziehung gerecht werden. Ziel von Familienmediation muß daher die Forderung privatautonomer Gestaltung im Konflikt sein.

Die Konsequenzen aus dieser Zielvorgabe für die Gestaltung des Verfahrens sind gleichzeitig Vorgaben für die im analytischen Teil untersuchten Elemente von Mediation, z.B. die Eingriffe des Mediators, die Bedeutung des Rechts oder die Frage, was in diesem Rahmen „Erfolg“ bedeutet.

Die Arbeit hat im Wintersemester 1993/1994 der Juristischen Fakultät der Ludwig-Maximilians-Universität München als Habilitationsschrift vorgelegen. Sie wurde im September 1993 abgeschlossen. Literatur aus den USA ist bis zum Ende meines Forschungsaufenthalts im September 1990, nur vereinzelt auch darüber hinaus, berücksichtigt.

Die Schrift wurde von meinem akademischem Lehrer Prof. Dr. Peter Schlosser betreut. Eine lehr- und anregungsreiche Assistentenzeit an seinem Lehrstuhl hat mir diese Untersuchung ermöglicht. Vor allem gilt ihm mein Dank für die großzügige Förderung einer an einer Juristischen Fakultät doch (noch) ungewöhnlichen Themenstellung. Ebenso bedanke ich mich bei Prof. Dr. Dr. h. c. Wolfgang Fikentscher nicht nur für die Erstellung des Zweitgutachtens, sonder auch für vielfältige Hilfe und Anregung.

Viele haben mir geholfen: Prof. Stephen Bundy, Dr. Stephan Goetz LL.M., Dr. Burkhard Göpfert LL.M., Dr. Burkhard Heß, Prof. Robert Mnookin, Prof. Laura Nader und Dr. Andreas Nelle M.P.A. mit Diskussion und kritischen Anregungen; Frau Bibliothekarin Kwienio Rothmaier mit unermüdlicher Hilfe bei der Literaturbeschaffung und Frau Gabriele Demmelmayer mit „Noteinsätzen" bei der Reinschrift des Manuskripts. Die Alexander-von-Humboldt-Stiftung förderte meinen Forschungsaufenthalt in den USA überaus großzügig mit einem Feodor-Lynen-Stipendium. Die School of Law (Boalt Hall) der University of California at Berkeley und mein dortiger Gastgeber Prof. Stefan A. Riesenfeld gewährten mir gastfreundschaftliche Aufnahme als visiting scholar. Die Deutsche Forschungsgemeinschaft förderte dieses Vorhaben mit einem Habilitationsstipendium. Allen danke ich herzlich.

Vor allem aber danke ich Joana: Ohne ihr Vertrauen wäre diese Arbeit nicht entstanden.

Berlin, August 1995 Stephan Breidenbach

Inhaltsübersicht

2. Kapitel
Das Kontinuum der Konfliktbehandlung

3. Kapitel
Die Verhandlungslösung

4. Kapitel
Ziele und Gestaltung von Mediation

5. Kapitel
Rechtspolitische Folgerungen

6. Kapitel
Verfahrensdesign: Vorschläge für eine praktische Umsetzung des Mediationskonzeptes

Inhaltsverzeichnis

1. Kapitel
Einleitung und Abgrenzung der Themenstellung

§ 1 Einführung

§ 2 Historischer Exkurs: Vermittlung im Konflikt gegen Konflikt-Entscheidung

§ 3 Alternative Dispute Resolution

§ 10 Hürden auf dem Weg zur Kooperation

§ 11 Ungleiche (Verhandlungs-)Machtverhältnisse

4. Kapitel
Ziele und Gestaltung von Mediation

§ 12 Die Ziele von ADR

§ 13 Mediation

§ 17 Privatautonome Gestaltung im Konflikt

§ 18 Weitere, nicht nur inhaltsbezogene Ziele von Konfliktbehandlung

6. Kapitel
Verfahrensdesign: Vorschläge für eine praktische Umsetzung des Mediationskonzeptes

§ 20 Mediation in Scheidungskonflikten – eine notwendige Alternative zur gerichtlichen Auseinandersetzung

Abkürzungsverzeichnis

AAA	American Arbitration Association
A.B.A.J.	American Bar Association Journal
A.Rev.Int.Arb.	American Review of International Arbitration
AcP	Archiv für civilistische Praxis
ADR	Alternative Dispute Resolution
Am.Behav.Sci.	American Behavioral Sciences
Am.J.Comp.L.	American Journal of Comparative Law
AnwBl	Anwaltsblatt
Arb.J.	Arbitration Journal
BB	Der Betriebsberater
BVerfG	Bundesverfassungsgericht
Col.L.Rev.	Columbia Law Review
CPR	Center for Public Resources
CR	Computer und Recht
DAV	Der Amtsvormund
DBH–Servicebüro	Deutsche Bewährungshilfe–Servicebüro
Den.U.L.Rev.	Denver University Law Review
DJZ	Deutsche Juristenzeitung
Emory L.J.	Emory Law Journal
F.R.D.	Federal Rules Decisions
FamRZ	Zeitschrift für das gesamte Familienrecht
Fla.St.U.L.Rev.	Florida State University Law Review
Fla.Stat.Ann.	Florida Statutes Annotated
FS	Festschrift
FuR	Familie und Recht
Geo.L.Rev.	Georgetown Law Review
GS	Gedenkschrift
Harv.L.Rev.	Harvard Law Review

Ind.L.J.	Indiana Law Journal
J.Dis.Resol.	Journal of Dispute Resolution
J.Econ.Lit.	Journal of Economic Literature
J.Legal Educ.	Journal of Legal Education
JA	Juristische Arbeitsblätter
JR	Juristische Rundschau
JZ	Juristenzeitung
KJHG	Kinder- und Jugendhilfegesetz
KritV	Kritische Vierteljahresschrift
Law & Soc.Rev.	Law & Society Review
Leg.Times	Legal Times
Loy.L.A.L.Rev.	Loyola of Los Angeles Law Review
Md.L.Rev.	Medina Law Review
Me.Rev.Stat.Ann.	Maine Revised Statutes Annotated
Mo.J.Dis.Resol.	Missouri Journal on Dispute Resolution
NIDR	National Institute of Dispute Resolution
NJW	Neue Juristische Wochenschrift
Nw.U.L.Rev.	Northwestern University Law Review
Ohio St.J.on Disp. Resol.	Ohio State Journal on Dispute Resolution
Ohio St.L.J.	Ohio State Law Journal
RabelsZ	Zeitschrift für ausländisches und internationales Privatrecht, begründet von Ernst Rabels
RGBl.	Reichsgesetzblatt
S.Cal.L.Rev.	Southern California Law Review
SCCN	Stanford Center on Negotiation
SFCB	San Francisco Community Boards
Stan.L.Rev.	Stanford Law Review
Tul.L.Rev.	Tulane Law Review

U.Chi.L.Rev.	University of Chicago Law Review
U.Fla.L.Rev.	University of Florida Law Review
U.Mich.J.L.Ref.	University of Michigan Journal of Law Reform
U.Pa.L.Rev.	University of Pennsylvania Law Review
UCLA L.Rev.	University of California Law Review
Vt.L.Rev.	Vermont Law Review
Wash.U.L.Q.	Washington University Law Quaterly
Williamette L.Rev.	Williamette Law Review
Yale J.Reg.	Yale Journal on Regulation
Yale L.J.	Yale Law Journal
ZfRSoz	Zeitschrift für Rechtssoziologie
ZIP	Zeitschrift für Wirtschaftsrecht
ZRP	Zeitschrift für Rechtspolitik
ZZP	Zeitschrift für Zivilprozeßrecht

1. Kapitel
Einleitung und Abgrenzung der Themenstellung

§ 1 Einführung

„Ist es nicht ein schöner, aber durch die Prozeßrechtsgeschichte aller Zeiten widerlegter Idealismus, daß das gütliche Zureden erfahrener und angesehener Männer ohne Zwang, d.h. lediglich durch die *Darbietung* der Gelegenheit hierzu am besten imstande sei, die Parteien zur freiwilligen Rechtsgewährung zu bestimmen, die allerdings den wahren Frieden und die Einigkeit unter den Streitenden am besten verbürgt?" fragte *Levin*[1] im Jahre 1915 und umriß damit das Thema dieser Abhandlung. Sollen Formen der Konfliktbehandlung *ohne* Dritt*entscheidung* rechtspolitisch gefördert werden?

I. Mediation als Ansatz zur Streitbehandlungslehre

Bestehende (Verfahrens-)Ordnungen zum Konflikt bieten immer Ansätze für Verbesserungen. Wer wollte sich da schon vorwerfen lassen, sich nicht auf *Alternativen – zur* gerichtlichen Konfliktbehandlung oder *im* gerichtlichen Verfahren – zu besinnen. „Der Ausdruck besitzt" – so *Rottleuthner*[2] – „hinreichende Unschärfe, um auch noch diejenigen gewinnen zu können, die sich allem Radikalen verweigern, aber gegen einen ‚gesunden Wandel' nichts einwenden möchten." Alternative Verfahrensentwürfe sehen entweder eine Veränderung des gerichtlichen Verfahrens bzw. die Verlagerung der (richterlichen) Dritt*entscheidung* auf ein anderes Verfahren vor. Oder sie sind auf *Mediation*, Vermittlung *ohne* Entscheidungsbefugnis, ausgerichtet. Gegenstand dieser Untersuchung ist die rechtspolitische Frage nach den Möglichkeiten und Grenzen der Ergänzung des bestehenden Verfahrensangebots zur Konfliktbehandlung durch Mediation – Schlichten statt Richten?[3]

1 DJZ 15, 871
2 in: *Deutsches Familienrechtsforum*, S.65
3 So der Titel des Beitrages von *Prütting* JZ 85, 261 ff

Soweit in (alternativen) Verfahrensentwürfen dagegen ein Dritter zur *Entscheidung* des Konfliktes berufen ist, gehört das nicht in den Rahmen dieser Untersuchung. Die Schiedsgerichtsbarkeit („arbitration“) wird ebensowenig behandelt wie „private judging“. Auch die Frage, ob das gerichtliche Verfahren unter Beibehaltung der Entscheidung eines Dritten vereinfacht oder auf andere Institutionen verlagert werden kann, gehört nicht zum Thema.

Ziel der Untersuchung von Mediation ist ein (weiterer) Schritt zur Erweiterung des Forschungsgegenstandes der Zivilprozeßrechtlehre zu einer umfassenderen Verfahrenslehre. Verfahrensrecht stellt sich als Streit*entscheidungs*lehre dar. Im Mittelpunkt steht der Weg zu einer Entscheidung des Richters oder Schiedsrichters. Konflikte werden jedoch zunächst nicht entschieden, sondern *behandelt*. Die Parteien holen sich Rat, verhandeln und haben auch nach Einschaltung einer streitentscheidenden Institution jederzeit die Möglichkeit, sich ohne diese Entscheidung zu vergleichen. Dabei *soll* der Richter nach § 279 ZPO sogar gerade auf eine solche Einigung hinwirken. Warum Verhandlungen der Parteien scheitern und der Weg zum Gericht (und dort bis zur Endentscheidung) beschritten wird, ist jedoch ebensowenig wie die Vermittlungstätigkeit (und deren genaue Zielsetzung) von Gerichten und anderen Institutionen nennenswerter Gegenstand von Ausbildung und Literatur im Verfahrensrecht. Die Kommentierungen zu § 279 ZPO sind im Verhältnis zur Rechtsrealität, die einen hohen Prozentsatz[4] vergleichsweiser Erledigungen aufweist, überaus schmal.

Die Möglichkeiten und Grenzen des Einsatzes von Mediation sind hier thematischer Anlaß, Ansätze zu einer umfassenderen Streit*behandlungs*lehre zu suchen, die ein weitaus größeres Spektrum der Rechtswirklichkeit erfaßt, als den kleinen Ausschnitt der zur richterlichen Entscheidung vorliegenden Fälle. Die Ergebnisse der Untersuchung von Mediation sollen jedoch nicht nur unmittelbar die rechtspolitische Entscheidung über den Einsatz von Mediation sachlich vorbereiten, sondern darüber hinaus einen Beitrag zum

4 Überblick bei *Flenz/Gottwald/Wedekind* in: *Gottwald/Hutmacher/Röhl/Strempel*, S.279 ff; während des gerichtlichen Verfahrens geschlossene Vergleiche können in der Statistik auch durch andere Erledigungsarten – z.B. die Klagerücknahme – repräsentiert sein, vgl. nur *Herbst* in: *Gottwald/Hutmacher/Röhl/Strempel*, S.39

Selbstverständnis aller im Konflikt eingeschalteten Dritten leisten, von den Anwälten über soziale Berufe bis hin zu (Schieds-)Richtern.[5] Ziele und Gestaltungselemente von Konfliktbehandlung durch Dritte – ausgehend von den Problemstellungen bei den Verhandlungen der Parteien selbst – analytisch zu erfassen, ist nicht nur eine Notwendigkeit im Rahmen des Themas „Mediation", sondern eben beispielsweise auch eine Voraussetzung zum Verständnis des (Vermittlungs-)Auftrages von § 279 ZPO, der Streitbehandlung und nicht nur Streitentscheidung zur richterlichen Aufgabe bestimmt. Die Analyse von Mediation als eigenständigem Verfahren (als „Institution") erfaßt gleichzeitig auch einzelne mediative Elemente, die beispielsweise von Richtern bei ihren Vergleichsbemühungen eingesetzt werden (können). Schließlich eröffnen die Elemente einer so verstandenen integrierten Verfahrenslehre auch die Möglichkeit, neue Verfahren – Alternativen – besser zu konzipieren. Streit*behandlungs*lehre ist die Grundlage von Verfahrens*design*.

Wichtig ist jedoch, daß Konfliktbehandlung durch vermittelnde und entscheidende Dritte auch wiederum nur ein Ausschnitt aus dem Kontinuum der Möglichkeiten von Konfliktbehandlung ist. Dazu gehören prozessuale Instrumente, die auf Gruppenlösungen aufbauen, z.B. Verbandsklagen oder class actions in den USA, insbesondere aber auch präventive Maßnahmen. „The assumption that change is to be achieved preeminently through individual reformation is so deeply embedded that there has developed a cultural blindness to the importance of the social and cultural structure that produces the problem in the first place."[6]

Eine Einschränkung zum Konfliktgegenstand ist notwendig: Da es um einen Beitrag zur zivilrechtlichen Verfahrenslehre geht, werden nur Konflikte behandelt, deren rechtliche Erfassung *auch* eine zivilrechtliche Komponente ergibt und die daher in einem zivilgerichtlichen Verfahren münden *könnten*, weil zumindest *ein Teil* der ver-

5 Vgl. die Empfehlungen des *9. Deutschen Familiengerichtstages* in: Brühler Schriften zum Familienrecht Band 7, S.119: „Alle am Familiengerichtsverfahren Beteiligten sollten sich die Erkenntnisse dieser in den USA entwickelten [Mediations-] Methoden zunutze machen, sofern sie nicht schon ohnehin deren Elemente – bewußt oder unbewußt – in ihrer Berufspraxis anwenden."

6 *Nader* No Access to Law, S.59 ff

handelten Forderungen sich im System des Zivilrechts darstellen läßt. Vermittlung in öffentlich- rechtlichen Streitigkeiten oder Täter-Opfer-Ausgleich[7] im Strafrecht gehören strukturell zum Themenbereich „Mediation“, sind jedoch nicht unmittelbar in diese Untersuchung einbezogen, da – im Verhältnis zum privatautonomen Konflikt – zusätzliche Aspekte zu berücksichtigen sind.

II. Terminologie

Ausgangspunkt für die (jetzige[8]) Alternativen-Diskussion ist die Entwicklung von Alternative Dispute Resolution in den USA. Die Begriffe kommen daher aus der englischen Sprache oder sind zumindest der dortigen Begriffsverwendung gegenüberzustellen:

– *Mediation* ist die Einschaltung eines (meist) neutralen und unparteiischen *Dritten* im Konflikt, der die Parteien bei ihren Verhandlungs- und Lösungsversuchen unterstützt, jedoch über *keine eigene (Konflikt-)Entscheidungskompetenz* verfügt. Der englische Begriff „mediation“ läßt sich noch am besten durch „Vermittlung“[9] übersetzen. Der Begriff „Schlichtung“ dagegen wird unterschiedlich verwendet und kennzeichnet zum Teil Verfahren, bei denen sich die Parteien der *Entscheidung* des Schlichters unterwerfen[10]. Da sich jedoch zumindest in Bezug auf die Vermittlung in Scheidungsauseinandersetzungen die eingedeutschten Begriffe „(Familien-)Mediation“ und – für den Dritten – „Mediator“ durchgesetzt haben, werden sie in dieser Form hier verwendet.

7 In der Bundesrepublik gibt es bereits ca. 200 Stellen, die Täter-Opfer-Ausgleich praktizieren, *DBH-Servicebüro für Täter-Opfer-Ausgleich und Konfliktschlichtung*, Anhang 3., S.3

8 Vgl. aber den historischen Exkurs in § 2

9 So z.B. *Proksch* FamRZ 89, 919

10 So mit einer „soziologischen Definition“ des Begriffs Schlichtung *Koch* in: *Bierbrauer/Falke/Giese/Koch/Rodingen*, S.93 f, aufbauend auf seiner Unterscheidung von fünf Verfahrensmustern: Zwingen, Verhandeln, Vermitteln, Schlichten und Richten (S.89 ff); mit dem üblichen Sprachgebrauch („Schiedsgericht“) werde nur „die Identität eines Schiedsspruchs als ein Urteil“ gekennzeichnet (S.94); vgl. auch *Röhl* Rechtssoziologie, S.478

– Der Mediator vermittelt im *Konflikt*. Die folgende, weite Konfliktdefinition[11] wurde insbesondere gewählt, weil sie Unvereinbarkeiten bereits in der Perzeption einer Situation[12] erfaßt, und das Geschehen nur von einer Seite als Konflikt verstanden werden muß. Allerdings muß diese Perzeption bereits mit einer nach außen wirkenden Handlung verknüpft sein:

„Sozialer Konflikt ist eine Interaktion
- zwischen Aktoren (Individuen, Gruppen, Organisationen usw.),
- wobei wenigstens ein Aktor
- Unvereinbarkeiten
  im Denken/Vorstellen/Wahrnehmen
  und/oder Fühlen
  und/oder Wollen
- mit dem anderen Aktor (anderen Aktoren) in der Art erlebt,
- daß im Realisieren eine Beeinträchtigung
- durch einen anderen Aktor (die anderen Aktoren) erfolge."[13]

Die Einschränkung dieses weiten Begriffs von sozialem Konflikt erfolgt durch den Rahmen dieser Untersuchung, die nur solche Konflikte erfaßt, deren rechtlich erfaßbarer (Teil-) Bereich Gegenstand eines Zivilprozesses sein kann. Zur Überwindung sprachlicher Monotonie werden die Begriffe ‚Konflikt' und ‚Auseinandersetzung' – gelegentlich auch ‚Streit' – parallel verwendet.

– Mediation ist – ebenso wie Verhandlungen zwischen den Parteien, die Schiedsgerichtsbarkeit oder der Zivilprozeß[14] – ein Ansatz zur *„dispute resolution"*[15]. Im Folgenden wird jedoch nicht von

---

11 Zu den sechs Ebenen eines rechtssoziologischen Konfliktbegriffs *Röhl* Rechtssoziologie, S.448 ff

12 In der Darstellung der Hürden auf dem Weg zu einer Verhandlungslösung im Konflikt (§ 10) wird sich zeigen, daß gerade Fehlperzeptionen eine besondere Rolle spielen.

13 *Glasl*, S.14 f

14 Gegen die Einordnung von Gerichten als Institutionen von „dispute resolution" wendet sich *Fiss* 93 Yale L. J., 1075 ff, da es eine Trivialisierung ihrer Tätigkeit bedeute (1085); er wendet sich gegen die Argumentation, „as though courts arose to resolve quarrels between neighbors who had reached an impasse and turned to a stranger for help." (1082)

15 So z.B. der Titel des ersten Lehrbuchs auf diesem Gebiet in den USA von *Goldberg/Green/Sander* (1. Aufl.) bzw. jetzt *Goldberg/Sander/Rogers* (2. Aufl.); kritisch zu Recht *Sarat* 21 Law & Soc. Rev., 698: „This emphasis on resolution suggests a preference for an image of social life in which harmony prevails".

Konflikt*lösung*[16], sondern höchstens von Konflikt*beilegung*[17] gesprochen. Ob ein Konflikt vollständig gelöst werden kann, ist nicht Gegenstand dieser Überlegungen[18]. Es geht um den rechtspolitisch-bewertenden Vergleich unterschiedlicher Ansätze von Konflikt*behandlung*[19] („dispute processing"[20]), die eine Regelung oder Beilegung der Auseinandersetzung ermöglichen. *„Alternative Dispute Resolution"* (*„ADR"*) wird hier nur als Sammelbezeichnung für die

---

16 So sieht z.B. *Gibbs* Africa 33, 1 ff in dem Palaver (moot) der Kbelle in Liberia insbesondere wegen der von ihm identifizierten psychotherapeutischen Elemente eine dauerhafte und vollständige Konfliktlösung (6). Gerade daher ist wohl auch der Einfluß seiner Darstellung des Kbelle Palaver auf die Alternativen-Diskussion zu erklären; vgl. nur *Danzig* 26 Stan. L. Rev., 1 ff, insbes. 41 ff

17 Zu den verschiedenen Bezeichnungen des Untersuchungsfeldes, die jeweils Perspektive und Zielsetzung der Beteiligten widerspiegeln vgl. *Esser* 66 Den. U. L. Rev., 503

18 Für die hier behandelten Konflikte eher skeptisch *Röhl* Rechtssoziologie, S.454; auf der gesellschaftlichen Ebene jedenfalls gilt die Analyse von *Dahrendorf*, daß alle Konstruktionen zur Beseitigung von Konflikt scheitern: „Es ist eine der Grundfiguren jeder utopischen Konstruktion, daß sich Bedingungen schaffen lassen, unter denen Konflikte gewissermaßen überflüssig werden, und die daher jene Harmonie begründen, die der Sozialstruktur von Utopia Bestand verleiht. In Wirklichkeit gibt es diese Bedingungen nicht. In Wirklichkeit geschieht es daher mit der schrecklichen Dialektik des Nicht-Rationalen, daß die Utopie die Unterdrückung zuerst fordert und alsdann verherrlicht." (S.162) Für die Konfliktbehandlung folgt daraus, daß auch ein (noch so wohlmeinender) Ansatz, der *Harmonie* selbst zu einem notfalls zwangsweise durchzusetzenden Ziel erhebt, an dieser Dialektik scheitert; ausführlich dazu unten § 13 II. 2. c) cc) mit einem Beispiel aus der Praxis und § 18 IV. 2.

19 Einen Überblick über die Eingriffe in eine Konfliktsituation – von dem Überbegriff der Konfliktbehandlung über Konfliktreduktion und Konfliktregelung bis zu Konfliktmanagement und Konfliktlösung – gibt *Glasl*, S.17 ff

20 Zur Begriffswahl vor allem *Felstiner* 9 Law & Soc. Rev., 63; die folgende Definition von *Cover* 88 Yale L. J., 910 beschreibt eigentlich eher den Begriff „dipute processing": „[T]he term ‚dispute resolution' is most often used to refer to social scientific work that typically assumes a functional perspective cutting across formal and institutional lines. One writes in the area of ‚dispute resolution' as soon as one decides that no single institution, rule, technique, or role is the subject of the work, but rather the ‚dispute' or ‚disputing' that might confront many different institutions or components of them."

Entwicklung in den USA weiterverwendet, weil es sich als Oberbegriff für die dortigen Bemühungen um Verfahrensalternativen durchgesetzt hat.

§ 2 Historischer Exkurs: Vermittlung im Konflikt gegen Konflikt-Entscheidung

Zu einem Streit gehören mindestens zwei (Parteien). Der Beginn der Geschichte der Konfliktbehandlung liegt in der direkten Auseinandersetzung dieser beiden Konfliktparteien. Die Genesis schildert die Konflikt-„Lösung" von Kain, der seinen Bruder Abel erschlägt, die Auseinandersetzung also mit der schärfsten Form von Machteinsatz, mit Gewalt, beendet. Abgesehen von Gewalt wird die friedliche[21] Urform von Konfliktbehandlung wohl die *Verhandlung* zwischen den Parteien sein. Es liegt nahe, daß ein hinzutretender oder -gerufener Dritter zunächst *vermittelte*, bevor sich die (unterschiedlichsten) Strukturen für die *Entscheidung* von Konfliktfällen herausbildeten. Seit vermittelnde und entscheidende Funktionsmöglichkeit eines Dritten wertend verglichen werden, beginnt gleichzeitig die Geschichte unserer Fragestellung.

Dabei zeigt die historische Betrachtung, daß die Alternativen-Diskussion und die Vermittlung zwischen Konfliktparteien keineswegs neu ist. Nur einige skizzenhafte Beispiele sollen das belegen:

I. Der mittelalterliche „loveday"

Der mittelalterliche Begriff *„loveday"*[22], „a day appointed for the amicable settlement of differences" – so eine Definition aus dem

---

21 Zu den Übergängen zwischen friedlicher und unfriedlicher Konfliktbeendigung aus der Sicht der Kulturanthropologie *Wesel*, S.325 f

22 *Bennett* SPECULUM XXXIII, S.353 f weist nach, daß es sich im Sprachgebrauch um einen vom Gericht gewährten Aufschub des Verfahrens handelte, um in dieser Zeit den Streit außerhalb des Gerichts beizulegen, daß aber auch jeder Versuch zur Friedensstiftung ein „loveday" genannt werden konnte (S.359): „... any meeting of contending parties

Jahre 1798[23], wird in den *Confessio Amantis* von *Gower* in den Zusammenhang mit christlicher Haltung und brüderlicher Liebe[24] gesetzt:

> „In hevene is pes and al acord,
> Bot helle is full of such descord
> That ther may be no loveday:
> Forthi [therefore] good is, whil a man may,
> Echon to sette pes with other
> And loven as his oghne brother;
> So may he winne worldes welthe
> And afterward his soule helthe."[25]

Aus der Zeit von Heinrich IV[26] wird z.B. eine letztlich erfolgreiche Vermittlung des chief justice of the King's Bench, Sir William Gascoigne beschrieben, die in einer „regular English jollification"[27] endete, bei der die eine Entschuldigung akzeptierende Streitpartei neben Mengen von Wein zwei Ochsen und zwölf Schafe verzehren durfte: „In 1411 a dispute arose between Robert Tirwhit, a newly appointed justice of the King's Bench, and the tenants of William, Lord de Roos, about a right of pasture and turf-graving on somc land ... It was agreed to submit the case to the arbitration of Gascoigne, who appointed a ‚love-day' for a peaceful conference at Melton Ross"[28]. Nachdem der erste Versuch fehlschlug, weil Tirwhit mit 500 Bewaffneten einen Hinterhalt vorbereitet hatte, entschuldigte er sich schließlich während eines zweiten Treffens bei Lord Roos vor seinen Pächtern, die daraufhin zu ihrem Festmahl kamen.

---

for the purpose of settling their dispute might be called a ‚loveday' in popular and literary writing. ... It was used for private settlements out of court; less frequently for regular cases of arbitration in which the court took an active interest; and for the settlement of all kinds of private and public quarrels, form the vicar's pacification of scolding women to treaty-making on the borders." (361); wiederaufgenommen wird der Begriff von *Yarn* The Claims Forum Vol.6 No.1, 4: „Settlement Week is the modern Loveday ..."

23 *Thomas Thyrwhitt* (1798) zitiert nach *Bennett* SPECULUM XXXIII, S.351

24 Zu einer ähnlichen Zielrichtung in ADR, dem Reconciliation-Projekt, vgl. unten § 12 II. 4.

25 Zitiert nach *Bennett*, SPECULUM XXXIII, S.352

26 König von England von 1399 bis 1413

27 *Wylie*, S.190

28 *Wylie*, S.189

Gegen den „loveday" und solche Erfolgsberichte wurden jedoch bereits die Auswirkungen des *Machtungleichgewichts* zwischen Streitparteien vorgebracht, „that it was even more open than the law courts to bribery, intimidation, and injustice."[29] So heißt es beispielsweise bei *Wyclif*: „Grete men of this world debaten, & meyntenen debatis at louedaies; & who so may be strengere wil haue his wille don, be it wrong be it riȝt..."[30] Die entscheidenden Gegenpositionen – Chancen und Risiko von Vermittlung – sind damit bereits aufgebaut.

II. Der Gütegedanke im deutschen Zivilprozeß

Der Güte- bzw. Sühnegedanke im deutschen Zivilprozeß hat eine wechselvolle Geschichte. Während heute die ZPO in § 279 vorsieht, daß das Gericht in jeder Lage des (normalen) Verfahrens auf eine gütliche Beilegung des Streites hinwirken „soll", führte der Gütegedanken in früheren Prozeßordnungen bereits zu einer Verankerung eines *obligatorischen*, vom streitigen Verfahren getrennten, Güteverfahrens[31]. Vorschläge zur Einführung eines solchen obligatorischen Güteverfahrens[32], u.a. immerhin von einer „Vereinigung der Freunde des Güteverfahrens"[33], führten 1924 zu seiner Einführung für das amtsgerichtliche Verfahren in § 495 a CPO[34]: „Der Erhebung der Klage muß ein Güteverfahren vorangehen." Noch im Entwurf zu einer Zivilprozeßordnung aus dem Jahre 1931 – dieser hielt allerdings nicht mehr an der Aufteilung in zwei getrennte Verfahren fest, verlangte in § 233 Abs.1 S.2 E jedoch ein Einlassen der Parteien auf die Güteverhandlung *vor* Beginn der streitigen Verhandlung – hieß es, der Gütegedanke wurzele „in einer gesunden Volksanschauung, die im alten deutschen Prozeß herrschend war und sich noch bis in die neuere Zeit in landesrechtlichen

29 *Bennett*, SPECULUM XXXIII, S.364
30 Zitiert nach *Bennett* SPECULUM XXXIII, S.364, wo sich weitere Beispiele finden.
31 Zur Entwicklung seit 1879 vgl. ausführlich *Schuster* in: *Blankenburg/Gottwald/Strempel*, S.189 ff
32 Nw. bei *Levin* DJZ 15, 870 ff
33 DJZ 15, 692
34 Verordnung über das Verfahren in bürgerlichen Rechtsstreitigkeiten v. 13.2.1924, RGBl. I S.135

Prozeßordnungen erhalten hatte, auch in vielen ausländischen Rechten klaren Ausdruck gefunden hat. Ihre Durchführung dient der Rechtspflege, da sie Streitigkeiten entweder schon vorbeugt, also Rechtshygiene an Stelle der Rechtschirugie setzt, oder den Verlauf des Streites abkürzt und ihm die schädlichen, beide Parteien unnötig verbitternden Nebenwirkungen des bis zum Ende durchgeführten Prozeßkampfes nimmt."[35] Nachdem die vorgesehenen Bestimmungen zur Änderung des Güteverfahrens nicht Gesetz wurden, wurde das besondere Güteverfahren schließlich im Oktober 1944 abgeschafft[36]. In der britischen und französischen Besatzungszone wiedereingeführt, wurde es jedoch in die ZPO nicht übernommen. § 296 (alter Fassung) sah die Hinwirkung des Richters auf eine gütliche Beilegung nur in einer Kann-Vorschrift vor, während ausschließlich für das amtsgerichtliche Verfahren § 495 Abs.2 eine Soll-Vorschrift enthielt. Die Vereinfachungsnovelle führte an Stelle dieser Vorschriften zum heutigen § 279, dessen *Soll*-Bestimmung nunmehr für alle Gerichte gilt und damit den Gütegedanken wieder einmal stärker hervorgehoben hat. Schließlich wird sogar erneut – zumindest bei bestimmten Streitverhältnissen – die Einführung einer obligatorischen Güteverhandlung und eines fakultativen Güteverfahrens gefordert[37].

Begleitet wurde die unterschiedliche Konjunktur des Gütegedankens[38] von jeweils ähnlichen Argumentationsmustern. Während die Befürworter auf die Entlastung der mit „Prozeßnot"[39] kämpfenden Gerichte und der Parteien oder die Bedeutung des Güte- oder „Friedens"-Gedanken im Gegensatz zum „Kampf" um das Recht verwiesen, argumentierten die Gegner mit „Prozeßverzögerung"[40], der Bevormundung des Gläubigers, den Mißbrauchsmöglichkeiten, insbesondere bei ungleichen Machtverhältnissen, oder mit der Verlet-

35 Zit. nach *Schuster* in: *Blankenburg/Gottwald/Strempel*, S.192

36 § 5 der Verordnung über außerordentliche Maßnahmen auf dem Gebiet des bürgerlichen Rechts, der bürgerlichen Rechtspflege und des Kostenrechts aus Anlaß des totalen Krieges v. 27.9.1944, RGBl. I S.229

37 *Schuster* in: *Blankenburg/Gottwald/Strempel*, S.195 ff.

38 *Merry* 100 Harv. L. Rev., 2068 f. spricht von einem „historical pattern of oscillation between formal systems of dispute resolution and informal reforms that gradually became more formalized, leading to new calls for informal reforms ..".

39 Vgl. z.B. *Levin* DJZ 15, 870

40 *Förster/Kann* (3. Aufl.) § 510 c Anm.2

zung ihrer eigenen Interessen – so die Anwälte mit dem Hinweis auf eine mangelnde Gebührenerhöhung für die prozessuale Mehrarbeit und die Richter auf die Zunahme ihrer Arbeitsbelastung. Auch wenn die Versuche, *vor* der streitigen Verhandlung eine *obligatorische* Güteverhandlung einzuführen wohl – ebenso wie in anderen Ländern – fehlgeschlagen sind[41], so zeigt sich hier doch ein Pendeln zwischen der Favorisierung gütlicher Streitbeilegung und der Unterstreichung der gerichtlichen Austragung. Die Argumente für und gegen gütliche Streitbeilegung mögen heute präziser und differenzierter geworden sein, haben sich jedoch im Kern nicht verändert. Das Schwanken zwischen Einrichtung und Abschaffung von Güteverfahren scheint zu zeigen, daß hier unvereinbare Argumente oder Zielvorstellungen aufeinandertreffen. Der Grundkonflikt hinter den „schwankend[en]" Positionen zum Gütegedanken läßt sich so zusammenfassen: „So sehr einerseits, jedenfalls im Grundsatz, in der gütlichen Beilegung eines Rechtsstreits die optimale Form der Konfliktregelung gesehen wird, läßt sich andererseits Skepsis und Unbehagen erkennen, wenn der gütliche Abschluß eines Rechtsstreits durch wie auch immer ausgestaltete – unmittelbare oder mittelbare, erkennbare oder verborgene, ausgesprochene oder auch verschwiegene – Institutionen oder Kräfte des Zwanges gefördert oder herbeigeführt wird."[42]

§ 3 Alternative Dispute Resolution

In den USA entwickelte sich *Alternative Dispute Resolution* (ADR) seit dem Ende der Sechziger Jahre zu einer regelrechten *Bewegung* („movement")[43].

Vorbilder für außergerichtliche Verfahren der Konfliktbehandlung fanden sich in kulturanthropologischen Studien, z.B. zum „Kbelle moot" in Liberia, das in den Beiträgen von *Danzig*[44] aufgegriffen

41 Eine Ausnahme ist allerdings z.B. § 54 ArbGG
42 *Schuster* in: *Blankenburg/Gottwald/Strempel*, S.194
43 Vgl. z.B. die Überschrift bei *Goldberg/Sander/Rogers*, S.6
44 *Danzig* 26 Stan.L.Rev., 1 ff, insbes. 41 ff; *Danzig/Lowy* 9 Law & Socy. Rev., 675 ff

und zu Vorschlägen für die Konfliktbehandlung in den USA – Einrichtung von neighborhood justice centers – umgesetzt wurde. Im Jahr 1976 fand die Pound-Conference statt, benannt nach *Roscoe Pound,* der im Jahr 1906 seine berühmte Rede über die Gründe der öffentlichen Unzufriedenheit mit der Justiz gehalten hatte. Richter, Hochschullehrer und Anwälte diskutierten über die Schwachstellen eines überlasteten Gerichtssystems. Insbesondere *Frank Sander's* Vortrag – „Varieties of Dispute Processing"[45] – erinnerte daran, daß der Weg zum Gericht ein wichtiger, aber eben nur *ein* Weg der Konfliktbehandlung neben Mediation, Schiedsgerichtsbarkeit und fact-finding-Verfahren ist. Sein Vorschlag von unterschiedlichen, parallelen, den Fallkonstellationen angepaßten Verfahren der Konfliktbehandlung, der die Vision des *multidoor-courthouse* enthielt, gab (mit) den Startschuß für ein wachsendes Interesse an „Alternativen", für Experimente, Modellentwürfe und theoretische Auseinandersetzung, deren Resultat die heutige ADR-Landschaft ist.

In den USA ist ADR jedenfalls heute eine Szenerie unterschiedlichster Ansätze zur dispute resolution, die keineswegs mehr nur im Experimentierstadium stecken. „It involves local, state, and federal government, agencies, and courts; communities, corporations, foundations, the nonprofit sector; professional schools in higher education as well as primary and secondary schools... ."[46] Von 1980 bis 1990 stieg die Zahl der Staaten mit mindestens einem *dispute resolution program* von 18 auf alle 50 Bundesstaaten; insgesamt existieren ca. 1200 solcher Programme in den USA[47].

ADR findet sich zum einen als Alternative zum gerichtlichen Verfahren – entweder als zwingend vorgeschaltetes (Vor-) Verfahren oder als Verweismöglichkeit (I.). Unabhängig vom Gerichtssystem wird ADR gerade als private Alternative zum Beginn eines gerichtlichen Verfahrens entwickelt (II.). Bei der Normsetzung von Bundesbehörden ist „negotiated rulemaking" eine gesetzlich vorgesehene Alternative (III.). Besonders wichtig ist die wachsende Verbreitung von ADR in Forschung und Lehre (IV.). Die Entwicklung von

45 *Sander* 70 F.R.D., 111
46 *Crohn* NIDR Forum Summer 1992, 3
47 *Crohn* NIDR Forum Summer 1992, 3

Mediation bei Ehescheidungen wird an anderer Stelle in dieser Untersuchung dargestellt[48].

I. Alternativen im gerichtlichen Verfahren

Im wesentlichen stehen fünf ADR-Verfahren als Alternative zum gerichtlichen Verfahren zur Verfügung (1.). Dabei wird ADR vom Gesetzgeber oder von lokalen *court rules* angeordnet (2.). Zum Teil ist dem Gericht Ermessen eingeräumt, Alternativen zu verfolgen (3.).

1. Verfahrenstypen

Die fünf wesentlichen ADR-Verfahrenstypen sind: Court-annexed arbitration, early neutral evaluation, summary jury trial, der special master (als Mediator) und eben Mediation. Trotz unterschiedlicher Bezeichnung sind sie sich häufig sehr ähnlich. Gleichzeitig ist jedoch die Bezeichnung eines Verfahrens als Mediation wiederum sehr vieldeutig. Es gilt zwei Ansätze unabhängig von der Namensgebung zu unterscheiden[49]:

a) Einmal versucht ein Dritter (Mediator) den Parteien zu helfen, eine Einigung, in der sich möglichst ihre *Interessen* wiederspiegeln, zu erreichen („interest-based mediation"[50]).

– Besonders wichtig ist hier *divorce mediation*, die Mediation von Sorge- und Besuchsrechtsstreitigkeiten, wo es gerade entscheidend ist, daß die *Eltern* den Inhalt der Einigung *selbst* bestimmen[51].

– Der *special master*[52] – vorgesehen in Rule 53 der Federal Rules of Civil Procedure – wird vom Gericht im wesentlichen in drei verschiedenen Funktionen eingesetzt:

48 Unten § 20 III.

49 Ebenso im Ergebnis *Goldberg/Sander/Rogers*, S.250 f

50 *Goldberg/Sander/Rogers*, S.251; *McEwen* 19 Fla. St. U. L. Rev., 79 nennt das „problem-solving settlement procedures"

51 Ausführlich unten § 20 I. 2.

52 Vgl. den Überblick bei *Provine*, S.58 ff, wo auch die moderne Entstehungsgeschichte dieses Amtes, beginnend mit seiner Einrichtung in England im Jahre 1837 durch den Superior Courts Officers Act, beschrieben wird.

„Fact-finding – ‚Helping the judge find the facts at the trial stage or the jury unravel a set of complicated facts.'
Discovery or case management – ‚Managing specific discovery disputes or more ambitiously, the whole pretrial case development process.'
Settlement – ‚Hosting settlement conferences and mediating talks between the parties.'"[53]

Während fact-finding eine traditionelle Rolle des special masters ist, haben sich die beiden anderen Funktionen erst im Zuge der ADR-Bewegung durchgesetzt. „Courts ... are just beginning to recognize the important role special masters can play as mediators."[54]

Dabei findet sich der special master als Mediator insbesondere in folgenden Fallgruppen[55]:

In Schadenersatzfällen mit vielen Betroffenen: Alle auf Asbest beruhenden Schadenersatzfälle im Bereich seines District Court for the Northern District of Ohio wurden von Judge *Thomas D. Lambros* zusammengezogen. *Francis McGovern* und *Eric Green* wurden aufgrund ihrer Expertise im Produkthaftungsrecht bzw. ihrer Erfahrung in dispute resolution als special masters eingesetzt[56], „to devise a plan for settling and managing the complicated, multiparty asbestos cases"[57], den sie anschließend auch implementierten. Der Schlüssel zu Beilegung *aller* Fälle binnen eines Jahres ohne weitere gerichtliche Auseinandersetzungen war ein Computer-gestützter Plan zur Bewertung der individuellen Schadenersatzansprüche auf der Basis bereits verglichener Fälle, der als Grundlage für die Vergleichsverhandlungen diente[58].

In komplexen, öffentlichen Auseinandersetzungen mit mehreren Parteien: So gelang es z.B., eine komplizierte Auseinandersetzung um Fischereirechte auf den Great Lakes, an denen einige Indianerstämme, das Michigan Department of Natural Resources und das

53 Magistrate *Wayne D. Brazil* zitiert bei *Fine* in: *Fine/Plapinger*, S.209

54 District Judge *Henderson* in: *Fine/Plapinger*, S.233

55 Weitere Fallbeschreibungen finden sich z.B. bei *Aspen* in: *Fine/Plapinger*, S.229 ff

56 Während Judge *Lambros* sie ohne Konsultationen mit den Parteien ernennen wollte, bestanden die beiden special master auf einer Zustimmung der Parteien, *Fine* in: *Fine/Plapinger*, S.211.

57 *Green* zitiert nach *Fine* in: *Fine/Plapinger*, S.210

58 Vgl. die Beschreibung von *Green* wiedergegeben bei *Fine* in: *Fine/Plapinger*, S.210 f

Innenministerium beteiligt waren, mit Hilfe des special masters *Francis McGovern* (Professor an der University of Alabama School of Law) weitgehend beizulegen[59].

b) Davon zu trennen sind die Verfahren, die im Ergebnis den Parteien (nur) eine *Bewertung* ihrer *rechtlichen* Positionen, eine Vorhersage der wahrscheinlichen richterlichen Entscheidung, liefern. Entweder erwächst die in dieser rechtlichen Bewertung liegende Regelung nach einer bestimmten Frist in Rechtskraft, wenn keine Partei widersprochen bzw. ein neues Verfahren eingeleitet hat. Oder sie soll in Richtung auf eine Einigung (auf dieser Basis) wirken. Strukturell handelt es sich hier um selbstbeschränkte Mediation („rights-based mediation"[60]). Trotz unterschiedlicher Namensgebung sind sich die folgenden Verfahrenstypen von diesem Ansatz her sehr ähnlich:

– *Court-annexed arbitration*[61] (COA) darf nicht mit frei vereinbarter Schiedsgerichtsbarkeit verwechselt werden. COA ist zwingend, was die Teilnahme angeht, jedoch grundsätzlich *nicht bindend*. Nach meist eher informellen Anhörungen gibt der vom Gericht gestellte arbitrator, der oft ein pensionierter Richter oder ein Anwalt ist, seinen Schiedsspruch bekannt. Bindend wird diese Entscheidung jedoch nur dann, wenn *keine* der beiden Parteien ein „trial de novo" beim Gericht beantragt. Kostenregelungen („disincentives"[62]) versuchen jedoch häufig, von einem trial de novo abzuhalten. Soweit es der Partei, die erneut das Gericht anruft, nicht gelingt, ein *besseres* Ergebnis für sich (als im Schiedsspruch) zu erzielen, muß sie bestimmte Verfahrenskosten oder gegnerische Kosten übernehmen[63].

59 Ausführlich *McGovern* 53 U. Chi. L. Rev., 440 ff

60 *Goldberg/Sander/Rogers*, S.251; *McEwen* 19 Fla. St. U. L. Rev., 78 f spricht hier von „predictive settlement procedures"

61 Eine Übersicht über mandatory court-annexed arbitration programs findet sich (allerdings nur auf dem Stand von Ende 1986) bei *Hensler* in: *Fine/Plapinger*, S.27 ff; vgl. auch *Provine*, S.44 ff

62 *Goldberg/Sander/Rogers*, S.250

63 Vgl. zum Verfahren z.B. die Rules 601–611 des District Court for the Middle District of North Carolina abgedruckt bei *Fine/Plapinger*, S.45 ff, zu der Kostenregelung bei einem trial de novo Rule 610 e.

– Das *summary jury trial*[64] (SJT) liefert ebenfalls eine Bewertung des Falles – allerdings durch eine *jury*. Es kommt daher insbesondere dann in Frage, wenn eine Fallkonstellation neu oder besonders ungewöhnlich ist, so daß die Entscheidung einer jury nur schwer vorhersehbar ist und den Parteien die für eine Einigung notwendige Prognose fehlt[65]. Das Verfahren („mock trial") findet vor dem Richter und einer normal ausgewählten jury statt, die über ihre bloß informatorische Rolle in der Regel nicht informiert wird. Die Parteien bzw. ihre entscheidungsbefugten Vertreter müssen anwesend sein, so daß die Konstellation – bis auf die jury – einem minitrial[66] ähnelt. Die Anwälte der Parteien präsentieren in konzentrierter Form ihren Fall. Nach ihrer Entscheidung beantwortet die jury Fragen der Anwälte zur Entscheidungsfindung und zur spezifischen Berücksichtigung von Beweismitteln und vorgebrachten Argumenten. Die Parteien versuchen auf dieser informatorischen Basis dann, zu einer Einigung zu kommen. Kommt es dagegen zu einem neuen, nunmehr vollständigen trial, so kann die vorherige Entscheidung der jury nicht in dieses Verfahren eingebracht werden.

– *Early neutral evaluation*[67] (ENE) erklärt sich durch die Namensgebung selbst: In einem möglichst frühen[68] Stadium des Verfahrens bewertet ein neutraler Dritter, meist ein erfahrener Anwalt, nach kurzen Präsentationen der Anwälte die Positionen der zur Anwesenheit verpflichteten Parteien. Kommen die Parteien daraufhin nicht zu einer Einigung, ist die Aufgabe des Dritten noch nicht beendet. „[T]he evaluator's final, but by no means least important, task is to recommend the discovery or motions he or she thinks will prepare the case most efficiently for meaningful settlement discussions."[69] Mindestens soll mit seiner Hilfe das weitere Vorgehen der Parteien so strukturiert werden, daß das gerichtliche Ver-

---

64 *Goldberg/Sander/Rogers*, S.235 f; *Provine*, S.68 ff

65 *Goldberg/Sander/Rogers*, S.235

66 Dazu sogleich unten II. 1.

67 Ausführliche Darstellung von den Initiatoren, Richtern und Anwälten des District Court for the Northern District of California, *Peckham/Brazil/Kahn/Newman/Gold* in: *Fine/Plapinger*, S.165 ff mit den Anordnungen des Gerichts aus der Experimentierphase S.183 ff

68 *Peckham/Brazil/Kahn/Newman/Gold* in: *Fine/Plapinger*, S.169 mit zahlreichen Nachweisen zu anderen Ansätzen in Fn.3

69 *Peckham/Brazil/Kahn/Newman/Gold* in: *Fine/Plapinger*, S.173

fahren erheblich beschleunigt wird. Das Gericht erfährt jedoch nichts von der insofern vertraulichen Bewertung des Dritten.

– Auch *Mediation* kann sich auf die Bewertung der rechtlichen Positionen beschränken. „Michigan Mediation" der District Courts des Eastern District of Michigan und des Western District of Michigan[70] ist nur ein Beispiel dafür[71]. *Richard A. Enslen* (District Judge Western District of Michigan) formuliert das so: „Although it employs private lawyers called mediators, it is not true mediation; rather, it permits trial de novo while invoking sanctions against a party rejecting the mediator's evaluation of the case."[72]

Der offenere Ansatz von Mediation (interest-based) steht im Mittelpunkt dieser Untersuchung, da sich hier Chancen und Risiken des vermittelnden Einsatzes eines Dritten im Konflikt umfassender analysieren lassen. Der nach Konfliktthemen (Recht) und Verhalten des Mediators (Bewertung von Positionen) selbstbeschränkte Mediations-Ansatz ist in dieser Analyse des *Spektrums* von Mediation mit enthalten.

2. Regelung auf verschiedenen Ebenen

In den verschiedensten Rechtsgebieten bzw. Konfliktthemen ist die Konfliktbehandlung durch Mediation als erste Stufe durch *Gesetz* vorgeschrieben. Vorgeschrieben ist Mediation in Arzthaftungsfällen z.B. in Maine[73]. Das gleiche gilt dort bei Auseinandersetzungen zwischen den Produzenten und Vertreibern von landwirtschaftlichen Produkten[74]. In New York müssen Krankenhäuser für Ausein-

---

70 Seit der Verankerung von Mediation in Local Rule 42 (abgedruckt bei *Fine/Plapinger*, S.63 ff) im Jahr 1983 bis zum 9. April 1986 wurden 436 Fälle in das Mediations-Verfahren verwiesen. 328 davon hatten zu diesem Zeitpunkt die Mediation beendet. In nur 28 Fällen wurde tatsächlich ein trial de novo durchgeführt, *Enslen* in: *Fine/Plapinger*, S.60. Da Michigan Mediation schon vorher in den state courts durchgeführt wurde, kennen und akzeptieren die Anwälte das Verfahren, *Enslen* a.a.O., S.59.

71 Zu den Regelungen und dem Verfahren vgl. *Enslen* in *Fine/Plapinger*, S.57 ff

72 *Enslen* in: *Fine/Plapinger*, S.57

73 Me. Rev. Stat. Ann. tit. 24, §§ 2851–2859 (West Supp. 1989)

74 Me. Rev. Stat. Ann. tit. 5, § 12004 (West Supp. 1989)

andersetzungen über den Abbruch von Wiederbelebungsmaßnahmen Mediation als Verfahren bereitstellen[75].

Court rules, die bei District Courts aufgrund der Ermächtigung in Rule 83 der Federal Rules of Civil Procedure erlassen werden, sehen verbindlich ADR-Verfahren als Klagevoraussetzung vor. Michigan Mediation wurde als ein Beispiel dafür bereits aufgeführt. Entweder geschieht dies für bestimmte Fallgruppen oder für Fälle unterhalb eines bestimmten Streitwerts[76].

Der Civil Justice Reform Act aus dem Jahr 1990 verlangt von jedem federal judicial district die Gründung eines „Advisory Committee", das einen Plan mit Maßnahmen gegen die Überlastung der Gerichte vorlegen soll. Gemäß section 473(a)(6) soll er enthalten:

„authorization to refer appropriate cases to alternative dispute resolution programs that
A) have been designated for use in a district court; or
B) the court may make available, including mediation, minitrial and summary jury trial."

Die Vision des Multidoor Courthouse wurde z.B. am District of Columbia Superior Court durch die Einrichtung einer multi-door dispute resolution division verwirklicht, wo für etwa 5000 Fälle pro Jahr nach einem festgelegten, individuellen Analyseverfahren („case classification system") das geeignete Verfahren ermittelt wird[77].

3. Managerial judges

Nachdem das Bild des Richters – im Gegensatz zum deutschen Zivilrichter – von dem nicht aktiv eingreifenden Fall*entscheider*[78]

75 N.Y. Public Health Law § 2972 (zitiert nach *Goldberg/Sander/Rogers*, S.11)

76 So z.B. Minn. Stat. Ann. § 484.74 (West 1990 & Supp. 1992)

77 Das System der individuellen Bewertung der hereinkommenden Fälle für die verschiedenen „Türen" bzw. ADR-Verfahren ist bei *Goldberg/Sander/Rogers*, S.438 ff beschrieben.

78 Das Verfahren ist – so *Chayes* 89 Harv. L. Rev., 1283 – „*party-initiated* and *party-controlled*. The case is organized and the issues defined by exchanges between the parties. Responsibility for fact development is theirs. The trial judge is a neutral arbiter of their interactions who decides questions of law only if they are put in issue by an appropriate move of a party." (Hervorh. i. O.) Das gilt besonders auch dann, wenn

geprägt war, so gewinnen richterliche Maßnahmen („interventionist behavior“[79]), eine Einigung der Parteien zu fördern, immer mehr an Bedeutung. „Thus for many judges the question is no longer whether to encourage settlement but how best to do so.“[80] „Managerial Judges“[81] haben sich nicht nur im Sprachgebrauch verbreitet. Konstatiert werden „major changes in the court's functions, at least in the federal system. The Federal Rules of Civil Procedure invite judges to look behind the pleadings, to narrow the issues, and to improve communication between litigants. The rules also encourage judges to help parties acquire and share information, contain their costs, explore settlement, and experiment with unusual mechanisms to resolve their differences.“[82] Was jedoch aus deutscher Sicht größtenteils nur eine Annäherung an ein in der ZPO traditionell angelegtes Richter-Modell, „The German Advantage in Civil Procedure“[83], ist, geht gleichzeitig doch weiter. So können die Gerichte auf den Einsatz von ADR- Verfahren auch außerhalb des gerichtlichen Verfahrens hinwirken. Als gesetzliche Grundlage stützen sich einige Gerichte auf Rule 16 der Federal Rules of Civil Procedure[84] (FRCP) oder eine speziellere Norm im Recht der Bundesstaaten[85]. Rule 16(a)[86] ermöglicht es dem Richter, „pretrial con-

---

die faktischen Grundlagen des Rechtsstreits durch eine jury entschieden werden.

79 *Brazil* 53 U. Chi. L. Rev., 394 ff zitiert nach *Riskin/Westbrook*, S.356

80 So z.B. *Goldberg/Sander/Rogers*, S.243

81 So der Titel des kritischen Beitrags von *Resnik* 96 Harv. L. Rev., 76 ff; section 473(b)(4) des Civil Justice Reform Act spricht von „litigation management ... techniques“; vgl. auch den Beitrag des Richters *Robert Peckham* 69 Cal. L. Rev., 770 ff: „The Federal Judge as a Case Manager: The New Role in Guiding a Case From Filing to Disposition“; *Elliott* 53 U. Chi. L. Rev., 308 nennt „managerial judging“ „a set of techniques for inducing settlements.“

82 *Brazil* 53 U. Chi. L. Rev., 394 ff zitiert nach *Riskin/Westbrook*, S.356

83 So der Titel eines Aufsatzes von *Langbein* 52 U. Chi. L. Rev., 823 ff

84 Vgl. dazu *Provine*, S.8 f

85 So z.B. Fla. Stat. Ann. § 44.102 (West Supp. 1990); Tex. Code Ann. Civ. & Remedies Code § 154.021 (1991 Supp.)

86 In der neuen Fassung aus dem Jahr 1983; die ursprüngliche Fassung aus dem Jahr 1938 gab dem Richter bereits die Möglichkeit, eine pretrial conference einzuberufen, um das Verfahren zu strukturieren und zu straffen. Da dies kaum genutzt wurde, wird Rule 16 in der alten Fassung heute als „sleeping giant“ bezeichnet, *McKay* 63 Notre Dame L. Rev.,

ferences" einzuberufen „for such purposes as ...(5) facilitating the settlement of the case." Dabei bestimmt Rule 16(c): „The participants at any conference under this rule may consider and take action with respect to ... (7) the possibility of settlement or the use of extrajudicial procedures to resolve the dispute; ..." Einige Richter verlangen in einer Rule 16 conference von den Anwälten Erklärungen, welche ADR-Optionen sie erwogen haben und – soweit ADR nicht als sinnvoll angesehen wurde – dies zu *begründen*[87].

Auch der Einsatz von special masters ist Ausdruck des neuen Verständnisses von managerial judging[88]. Insbesondere dort, wo das Gericht befürchtet, durch Vergleichsbemühungen die richterliche Rolle zu gefährden, kann ein mit dieser Aufgabe betrauter Dritter freier agieren. „Thus by assigning a special master as settlement facilitator, the court can foster a negotiated disposition yet avoid either appearing prejudiced by counsel's behaviour in negotiations or by matters learned off the record, or appearing to abuse the power it would have at trial to pressure parties into accepting settlements."[89]

822. Eher eine Ausnahme ist die Aussage von Judge *Harold Medina* in Clark v. Pennsylvania R.R., 328 F. 2d 594 (1964): The development of pre-trial procedure and the formulation of Rule 16 ... represents one of the great Twentieth Century contributions to the improvement of judicial administration and the furtherance of effective, timely justice."

87 *Goldberg/Sander/Rogers*, S.431

88 Ausführlich zu den möglichen Funktionen und der Ausgestaltung der Rolle des special masters der Bericht über einen Workshop von *Fine* in: *Fine/Plapinger*, S.209 ff

89 *Brazil* 53 U. Chi. L. Rev., 394 ff zitiert nach *Riskin/Westbrook*, S.358; *Henderson* in: *Fine/Plapinger*, S.236 sieht das für das von ihm initiierte, von der Zustimmung der Parteien abhängige „settlement masters program" ähnlich: „... an important aspect of persuading counsel to enter the program is the assurance that the court does not participate in the program once settlement negotiations have begun. Thus, if the parties do not settle, the settlement master does not discuss with the court any aspect of the negotiations."

II. ADR als private Initiative

Die Initiative für Konfliktbehandlung durch ADR entwickelt sich gerade auch auf nicht-staatlicher Ebene[90]. Anwaltskanzleien haben mit der Gründung von speziellen Abteilungen (in einer Kanzlei: „Negotiation-Dispute Resolution Department") oder dem Einsatz von einzelnen Spezialisten[91] für ADR-Lösungen reagiert. Eine Kanzlei benannte sogar ihr „Litigation Department" um in „Dispute Resolution Department", um ihre Anwälte zu ermutigen, nach Alternativen zum Gerichtsweg zu suchen[92]. Zunehmend werden auch in den unterschiedlichsten Vertragsbereichen, von der Bauindustrie über Verträge von Autovertragshändlern, Gesellschaftsverträgen bis hin zu Arbeitsverträgen, nunmehr Klauseln verwendet, die als ersten Schritt bei einer Auseinandersetzung Mediation vorschreiben[93]. Durch vertragliche (Voraus-) Festlegung oder ad hoc können Konfliktparteien insbesondere zwischen Mediation und minitrial wählen. Als streitentscheidende Alternative zum Gericht werden auch die traditionelle Schiedsgerichtsbarkeit oder „rent-a-judge"-Verfahren zu ADR gezählt (1.). Zu den Anbietern solcher Verfahren gehören Non-Profit-Organisationen, wie das Center for Public Resources und die American Arbitration Association, sowie kommerzielle Dispute-Resolution-Unternehmen und Einzelanbieter, wie etwa private Mediatoren mit beispielsweise einer Spezialisierung in Scheidungs-Mediation (2.).

1. Verfahrenstypen

Scheitern Verhandlungen zwischen Konfliktparteien, so können sie sich statt an die Justiz an private Anbieter von Konfliktbehandlung wenden, die insbesondere folgende Verfahrenstypen anbieten:

---

90 Abgesehen wird hier von der traditionellen Schiedsgerichtsbarkeit, die ein Verfahren der Streit*entscheidung* ist.

91 Vgl. auch das von *Wilkinson* für seine Kanzlei herausgegebene ADR-Handbuch

92 *Fine/Plapinger* in: *Fine/Plapinger*, S.15

93 *Nelle* 7 Ohio St. J. on Disp. Resol., 289; eine Modell-Klausel für Franchise-Verträge findet sich a.a.O., 310 f; vgl. auch die model resolution clauses des Centers for Public Resources abgedruckt bei *Goldberg/Sander/Rogers*, S.483 ff

– Neben der verbreiteten Anwendung in Auseinandersetzungen um Sorge- und Besuchsrecht wird *Mediation* („the sleeping giant of business dispute resolution"[94]) auch in den unterschiedlichsten wirtschaftsrechtlichen Streitigkeiten[95] und bei deliktischen Schadenersatzforderungen angeboten. Bei den Auseinandersetzungen um den Ersatz von Asbestschäden gelang es z.B. dem damaligen Dekan der Yale Law School *Harry H. Wellington* im Jahr 1982 als „moderator" eine Gruppe von Asbest-Produzenten, Versicherungsgesellschaften und Kläger-Vertretern in einer mehr als zwei Jahre dauernden Mediations-Anstrengung zusammenzubringen, die schließlich in einer Vereinbarung über einen Fond („Asbestos Claims Facility") resultierte[96]. Die schnelle Reaktion der Anbieter von Mediation zeigt ein Beispiel aus jüngster Zeit, die Auseinandersetzungen um Schäden der beiden verheerenden Hurrikane Iniki und Andrew auf Hawaii bzw. in Florida. Auf Hawaii hat die American Arbitration Association zusammen mit dem Judiciary's Center for Alternative Dispute Resolution und dem staatlichen Department of Commerce and Consumer Affairs ein Mediations-Programm mit fünf Mediatoren eingerichtet, die auf städtischen Versammlungen für die vom Sturm geschädigten Einwohner auf Mediation als Verfahrens-Alternative aufmerksam machten. In Florida, wo die AAA ebenfalls ein solches Programm eingerichtet hat, wurden bis März 1993 360 Fälle behandelt[97].

– Ein *minitrial*[98] wurde im Jahr 1977 zum ersten Mal durchgeführt[99]. In einer endlosen und teuren Patentstreitigkeit zwischen Telecredit, Inc., einem kleinen Unternehmen mit Patenten aus dem Bereich der elektronischen Überprüfung von Kreditkarten, und TRW, Inc., einem Großhersteller von Maschinen in diesem Bereich, diskutieren die Parteien nach dreißig Monaten entnervender pretrial discovery mit dem Austausch von über 100.000 Dokumenten schließlich ein Verfahren, mit dem eine Einigung erzielt werden könnte. Schiedsgerichtsbarkeit kam für TRW nicht in Betracht, da

94 *Henry/Lieberman*, S.57
95 Vgl. z.B. den Überblick mit Fallbeispielen bei *Coulson*, S.59 ff
96 Vgl. die Darstellung bei *Henry/Lieberman*, S.64 ff
97 The Claims Forum May 1993, 7
98 Vgl. nur *Green*, passim; *ders.* 9 Litigation, 12
99 Die folgende Darstellung beruht auf *Henry/Lieberman*, S.20 ff und *Green/Marks/Olson* 11 Loy. L. A. L. Rev, 501 ff

sie befürchteten, hier würde nur eine 50/50-Lösung („split the baby in half") herauskommen. Man einigte sich schließlich auf einen „information exchange" geleitet von einem „neutral advisor". Entscheidungsbefugte Top-Manager der Unternehmen sollten zeitlich begrenzten Präsentationen der Anwälte über ihre jeweilige Sicht des Falles (mit kurzer Gelegenheit zur Gegenrede für die andere Seite) folgen. In anschließenden, separaten Verhandlungen nur zwischen den Managern sollte dann eine mögliche Einigung diskutiert werden. Der neutrale Dritte sollte nur als Verfahrensleiter fungieren. Erst bei einem Fehlschlag des ersten Versuchs sollte er eine schriftliche, jedoch nicht bindende Bewertung der Stärken und Schwächen der Positionen der Parteien und des wahrscheinlichen Ergebnisses eines späteren gerichtlichen Verfahrens abgeben, deren Verwendung in einem solchen Verfahren ebenso wie ein Auftritt des Dritten als Zeuge oder Sachverständiger jedoch vertraglich ausgeschlossen wurde. Daraufhin hätten sich die Manager zu einer zweiten Verhandlungsrunde abgesondert. Dazu kam es jedoch nicht, da sich nach den Präsentationen und einigen vorläufigen, zusammenfassenden Bemerkungen des Dritten die Vertreter von Telecredit und TRW tatsächlich innerhalb von dreißig Minuten einigten, was die Theorie des minitrial bestätigte: „The theory behind the minitrial is that the party representatives, once they are informed about the merits of the disputes, will be better able than the advocates or lower-level party representatives to appraise their positions and negotiate a mutually beneficial settlement."[100] Von dem Beginn der Diskussion über die Regeln dieses Verfahrens bis zur Unterzeichnung der Einigung hatte es 90 Tage gedauert. Der Name „minitrial" entstand im übrigen erst durch die Schlagzeile eines Berichtes in der New York Times, der mit diesem Stichwort auf die kostengünstige Möglichkeit der Streitbeilegung hinweisen wollte.

In vielen Streitigkeiten sind seither erfolgreich minitrials durchgeführt worden. Die Parteien können jetzt z.B. auf das „CPR Model Minitrial Agreement for Business Disputes"[101] zurückgreifen, ohne in jedem Fall eigene Regeln entwickeln zu müssen.

---

100 *Goldberg/Sander/Rogers*, S.232

101 Abgedruckt mit einem Kommentar des CPR und einem Muster-Zeitplan bei *Henry/Lieberman*, S.129 ff (Appendix A)

– Private Streit*entscheidungs*verfahren in Form der Schiedsgerichtsbarkeit sind eine traditionelle Variante der Vermeidung des Gerichtssystems. Auch in den im letzten Jahrzehnt entstandenen *„rent a judge"*-Verfahren[102] geht es um streitentscheidende Dienste von privater Seite, wozu insbesondere pensionierte Richter zur Verfügung stehen. Einige Unterschiede bestehen jedoch: So können z.B. in Kalifornien die Parteien einen von ihnen bezahlten „referee" wählen, der gesetzlich ermächtigt ist, eine in den wesentlichen Konsequenzen (einschließlich der Berufungsmöglichkeit) dem gerichtlichen Urteil gleichgestellte Entscheidung zu treffen[103].

2. Anbieter

Zahlreiche Anbieter der genannten Konfliktbehandlungs-Verfahren sind in der „growth industry" ADR vertreten:

– Die einflußreichste Organisation, die diese Entwicklung vorantreibt, ist das *Center for Public Resources Legal Program* (CPR), das 1979 gegründet wurde. Es ist „a coalition of general counsel from major corporations, partners of leading law firms from both the plaintiff and the defense bars,and prominent legal scholars – all in the forefront of the growing ADR movement."[104] Mehr als 600 Unternehmen – unter ihnen viele der größten US-Firmen[105] – haben sich in einer Art (rechtlich nicht bindendem) Vorversprechen, dem CPR Corporate Policy Statement („pledge")[106] verpflichtet, vor Beginn einer gerichtlichen Auseinandersetzung mit einem anderen

102 Nw. bei *Menkel-Meadow* 19 Fla. St. U. L. Rev., 14 Fn.58

103 *Goldberg/Sander/Rogers*, S.291

104 Selbstdarstellung in einer Broschüre

105 Bereits 1988 repräsentierten sie etwa 25% des US-Bruttosozialprodukts

106 Vgl auch die vom CPR entworfenen Model Resolution Clauses für vertragliche Vereinbarungen, abgedruckt bei *Goldberg/Sander/Rogers*, S.483 ff, die z.B. zu einer dreistufigen Konfliktbehandlung – Verhandlungen von „senior executives of the parties who have authority to settle the controversy", Mediation und in letzter Konsequenz Schiedsgerichtsbarkeit – verpflichten; zu der Anwesenheit entscheidungsbefugter Vertreter als wesentliches Gestaltungselement einer anwaltschaftlichen Vergleichskonferenz unten § 22 I. 3.

Unterzeichner-Unternehmen „seriously to explore negotiation and alternative dispute resolution (ADR)"[107]:

„Each [party of a business dispute] is likely to be concerned that suggesting private resolution will be viewed by the other as a sign of weakness. ... The Policy Statement helps subscribers get over the most important strategic hurdle to quick settlement: it lets them make the first move.[108]"

Die „ADR Panels" des CPR bieten im „Judicial Panel" „distinguished third-party neutrals" als „neutral advisor in minitrials/mediator/private judge or arbitrator/fact finder/discovery manager/facilitator in multiparty negotiations"[109]. Weitere „Regional and Specialized ADR Panels" bieten zusätzlich lokale Erreichbarkeit und Sachkunde in spezifischen Konfliktthemen, die von gewerblichen Schutzrechten bis zu Auseinandersetzungen um Sondermüll reichen.

– Die 1926 gegründete *American Arbitration Association* (AAA) bietet neben der traditionellen Schiedsgerichtsbarkeit auch ADR-Verfahren ohne Drittentscheidung. Neben 36 regionalen Büros gibt es drei auf Mediation spezialisierte Zentren. In Seminaren wurden allein 1992 500 Mediatoren ausgebildet und über 1000 Rechtsanwälte, die insbesondere auf Fälle in der Bauindustrie, im Bereich Versicherungen und im Immobilienrecht spezialisiert sind, in den Möglichkeiten des Einsatzes von Mediation unterrichtet („mediation advocacy programs")[110]Über 50.000 Schiedsrichter, Mediatoren u.ä. mit der unterschiedlichsten Expertise sind bei der AAA abrufbar.

– Die Zahl der community justice centers[111] hat sich in den letzten zehn Jahren von 80 auf über 400 erhöht, wobei unter Hinzurechnung spezialisierter Einrichtungen (Verbraucherschutz, Mietstreitigkeiten o.ä.) die Zahl noch höher wäre[112].

107 Aus der Informationsbroschüre des CPR
108 Selbstdarstellung in einem Schreiben an den Verfasser
109 Aus der Informationsbroschüre des CPR
110 Schreiben der AAA vom 1.9.1993 an den Verfasser
111 Zur Entwicklung vgl. *Gottwald*, S.82 ff; zur Beschreibung eines Verfahrens in der wohl bekanntesten Einrichtung, dem „San Francisco Community Board", vgl. unten § 13 II. 2. c) cc); eine Sitzung in einem Community Dispute Center beschreibt auch *Singer*, S.112 ff
112 *Crohn* NIDR Forum Summer 1992, 3

– Kommerzielle Anbieter[113]: Die größte (Franchise-)Organisation im Bereich der ADR-Anbieter hatte 1991 10.000 Fälle, die einen Gewinn von 24 Millionen $ brachten[114].

– Die wachsende Inanspruchnahme von ADR zeigt sich auch in der steigenden Mitliederzahl der Organisationen der Praktiker. Die älteste Vereinigung, die American Arbitration Association hat über 7000 Mitglieder. Die Society for Professionals in Dispute Resolution (SPIDR) hat ihre Mitgliederzahl von 300 im Jahr 1980 auf heute über 1700 gesteigert. Die im Jahr 1981 entstandene Academy of Family Mediators hat über 1100 Mitglieder[115].

III. Negotiated rulemaking im Öffentlichen Recht

Daß der special master gerade auch in komplexen öffentlich-rechtlichen Auseinandersetzungen eingesetzt wird[116], wurde bereits dargestellt[117]. Auf dem Gebiet der öffentlichen Verwaltung werden

113 Einen Überblick gibt *Menkel-Meadow* 19 Fla. St. U. L. Rev., 14 Fn.56

114 *Goldberg/Sander/Rogers*, S.291

115 Zahlenangaben von *Crohn* NIDR Forum Summer 1992,3

116 In der Bundesrepublik werden zur Zeit zwei Mediationsverfahren in großen öffentlich-rechtlichen Auseinandersetzungen durchgeführt – in dem Konflikt um die Deponie Münchenhagen und in der Vorbereitung eines Abfallwirtschaftskonzeptes für den Kreis Neuß. Das Neusser Mediationsverfahren wird von einem Forschungsprojekt des Wissenschaftszentrums Berlin begleitet. In anderen Raumordnungs-, Planfeststellungs-, Genehmigungs- und sonstigen förmlichen Verfahren werden unterschiedliche kooperative Ansätze erprobt. Sie reichen von Gesprächen in Arbeitsgruppen über die Einschaltung von Moderatoren bis zu besonderen Beauftragten und Beratungsbüros, vgl. *Fietkau/Weidner* in: Politik und Zeitgeschichte v. 18.9.1992, B 39–40, S.31. Ein Überblick über laufende besondere Konfliktregelungsverfahren, von der Standortsuche für eine Siedlungsabfalldeponie im Raum Hildesheim über die Entwicklung eines Sonderabfallkonzeptes für Niedersachsen bis zur Sanierung einer Schlammdeponie in Bielefeld, findet sich a.a.O., S.30 f.

117 Wohl der erste solche Fall, in dem ein special master in der Funktion des Mediators eingesetzt wurde, war Hart v. Community School Board (vgl. 383 F. Supp. 699); *Curtis Berger* aus der Fakultät der Columbia Law School diente als special master, und sein Erfahrungsbericht, 78 Colum. L. Rev., 707 ff, gehört zu den lesenswertesten Beiträgen auf diesem Gebiet. Einen Überblick über Konfliktbehandlung, insbesonde-

ADR-Verfahren ebenfalls genutzt. Der Administrative Dispute Resolution Act aus dem Jahr 1990 fordert Bundesbehörden dazu auf, „mediation, conciliation, arbitration, and other techniques for the prompt and informal resolution of disputes" anzuwenden. „Negotiated rulemaking"[118] ist ebenfalls seit 1990 eine gesetzlich vorgesehene Methode der Normsetzung bzw. -findung von Bundesbehörden in den USA. Bisher wurden Verordnungen auf Bundesebene (federal regulations) gemäß dem Administrative Procedure Act aus dem Jahre 1942 erlassen: Mit eigenen Experten entwickelte Normen werden nach informellen Gesprächen mit von der Regelung betroffenen Gruppen, Verbänden etc. als *Vorschlag* veröffentlicht. Nach einer Frist für (meist schriftliche) Kommentare der Öffentlichkeit wird die endgültige Norm formuliert und veröffentlicht. In der Praxis folgen dann jedoch häufig langwierige gerichtliche Überprüfungen. Nach einer Schätzung von *William Ruckelshaus* von der Environmental Protection Agency (EPA) aus dem Jahr 1984 wurden mehr als 80% der von der EPA erlassenen Normen gerichtlich angegangen und etwa 30% davon daraufhin wesentlich verändert[119]. Dieses Verfahren wurde in einem einflußreichen Aufsatz von *Philip Harter* kritisiert[120], der statt dessen ein konsensuell orientiertes Modell vorschlug. Die Behörde und alle wesentlich betroffenen privaten Gruppierungen sollen sich unter der Leitung eines „facilitator" in *direkten* Verhandlungen treffen, um Informationen auszutauschen, ihre wirklichen Interessen zu ergründen, daraufhin gemeinsame Interessen auszuloten, Alternativen zu diskutieren etc.[121]. Sollte eine Einigung über den Inhalt einer Norm erreicht

re auch Mediation, in umweltpolitischen Konflikten geben *Bacow/Wheeler*, S.21 ff

118 Auch als „regulatory negotiation" bzw. „reg-neg" bezeichnet; die folgende Darstellung beruht insbesondere auf *Goldberg/Sander/Rogers*, S.345 ff und S.355 f

119 *Susskind/McMahon* 3 Yale J. Reg., 134

120 *Harter* 71 Geo. L. J., 1 ff

121 Im Grunde werden alle Möglichkeiten und Vorteile von kooperativem Verhandeln – bezogen auf Auseinandersetzungen mit mehreren Beteiligten – aufgeführt. *Harter* sieht jedoch in diesem Verfahren kein Allheilmittel. Es sei insbesondere nur angebracht, wenn eine Regelung auf jeden Fall erlassen werden müsse und die beteiligten privaten Gruppierungen damit rechnen könnten, daß die Behörde ihre Bemühungen auch wirklich berücksichtigt (71 Geo. L. Rev., 51 f).

werden, so wird sie gemäß dem bisherigen Verfahren als Vorschlag zur Kommentierung veröffentlicht. Von der direkten Beteiligung der betroffenen Gruppierungen im Verfahren der Formulierung der Norm wird nun erwartet, daß sich die Anträge auf gerichtliche Überprüfung in Grenzen halten. Im Ergebnis handelt es sich um eine im Vorfeld angesetzte *Mediation* mit mehr als zwei Parteien, deren Ausgang einen Konflikt – eine Norm, die gerichtlich angegriffen wird – erst gar nicht aufkommen lassen soll. 1984 wurden von der EPA zwei Normsetzungsvorhaben nach diesem Modell durchgeführt, die beide zu einer Einigung führten[122]. Zwischen 1985 und 1989 experimentierten acht federal agencies bei 12 Normsetzungsvorhaben mit „negotiated rulemaking". In drei Fällen wurde eine vollständige Übereinstimmung erzielt, während in sechs weiteren Fällen die Verhandlungen Teilergebnisse erzielten, die dann von der Verwaltung in ihrem Norm-Vorschlag berücksichtigt wurde. Aufgrund der positiven Erfahrungen wurde vom Kongress im Jahre 1990 der Negotiated Rulemaking Act erlassen, der es federal agencies ausdrücklich erlaubt, sich des negotiated-rulemaking-Verfahrens zu bedienen.

IV. ADR in Forschung und Lehre

Schließlich ist eine der wichtigsten Entwicklungen, daß in den Ausbildungsplänen, gerade z.B. an den juristischen Fakultäten, dispute resolution einen (selbstverständlichen) Platz gewinnt, da dadurch das *erlernte Konfliktverhalten* beeinflußt wird[123]. Es bieten heute etwa 150 (von 175) law schools Lehrveranstaltungen in dispute resolution an – gegenüber 25 law schools im Jahr 1980[124]. Dabei

122 Darstellung bei *Susskind/McMahon* 3 Yale J. Reg., 133 ff; „In some respects, negotiated rulemaking efforts cannot fail. At the very least, conflicts can be clarified, data shared, and differences aired in a constructive way. Even if full consensus is not achieved, the negotiation process may still have narrowed the issues in dispute." (a.a.O., 159)

123 Ausführlich dazu unten § 8

124 Ein Überblick findet sich in *American Bar Association* Directory of Law School Alternative Dispute Resolution Courses and Programs

unterrichten 574 Professoren juristischer Fakultäten ADR[125]. An den business schools stieg die Zahl sogar von 0 auf 200[126].

Die Lehrveranstaltung „Mediation" von *Frank Sander* an der Havard Law School enthielt im Herbst 1989 neben praktischen Übungen und Simulationen (einschließlich eines Trainings-Wochenendes) u.a. folgende Themen: „The nature of conflict. Negotiation as problem-solving. The relation of negotiation to mediation. A court-connected mediation program. Issues of quality control. Mediation of family disputes. Mediation of a public policy dispute. Ethical issues in mediation." In einer praktischen Fortsetzung des Kurses können die Studenten Erfahrungen als Mediatoren machen.

Hunderte von Schulen machen bereits ihre Schüler durch „peer mediation programs" mit konsensuellen Formen der Streitbehandlung vertraut[127]. In den Lehrplänen für die Schulen von Michigan ist dispute resolution verbindlich vorgesehen[128].

Interdisziplinäre Forschung auf dem Gebiet der Konfliktbehandlung wird gerade auch an oder in Zusammenarbeit mit juristischen Fakultäten initiiert. Ein Beispiel ist das *Stanford Center on Conflict & Negotiation* (SCCN)[129]. Die interdisziplinäre Struktur zeigt sich an den fünf „principal investigators"[130]: Neben dem Direktor des SCCN *Robert Mnookin*[131] (Professor of Law) sind dies *Joan Kenney*[132] (Professor of Economics and Operations Research), *Lee Ross* (Professor of Psychology), *Amos Tversky* (Professor of Behavioural

125 *Menkel-Meadow* 19 Fla. St. U. L. Rev., 16

126 Zahlenangaben von *Crohn* NIDR Forum summer 1992, 3

127 *Goldberg/Sander/Rogers*, S.10

128 Mich. Comp. Laws § 380.1167

129 Andere Institute aus diesem Unterrichts- und Forschungsbereich sind z.B. das Dispute Resolution Research Center an der Kellogg Graduate School of Management, das Harvard Law School Dispute Resolution Program, das Harvard Program on Negotiation, das International Business Negotiation Program an der Leonard N. Stern School of Business, New York University etc.

130 Stand bei einem Besuch des Verfassers im Jahr 1990; seit 1993 ist *Robert Mnookin* an der Harvard Law School.

131 Als Schiedsrichter und Mediator im wohl bisher größten, durch eine innovative Kombination von Verfahrenselementen beigelegten Streit, dem IBM-Fujitsu-Fall, erfolgreich, vgl. dazu *Buehring-Uhle* 2 A. Rev. Int. Arb., 113 ff

132 Nobelpreisträger 1972 für Wirtschaftswissenschaften

Science) und *Robert Wilson* (Professor of Economics)[133]. Die Forschungsgebiete reichen von der Untersuchung von Scheidungsauseinandersetzungen über Entscheidungstheorie, menschliches Urteilsvermögen im Konflikt, kognitive Psychologie bis zur ökonomischen Analyse von strategischem Verhalten. Vertreter anderer Disziplinen und Praktiker ergänzen zeitweise die Forschungsvorhaben. Das SCCN wurde gegründet „to investigate the barriers to the negotiated resolution of conflict and, where possible, to design innovative means of overcoming them. SCCN research is concerned with conflict between individuals, interest groups, corporations, and nations, as well as intrapersonal, or cognitive, conflict."[134] Ein Teil der Forschungsergebnisse über die *Hindernisse* („barriers") auf dem Weg zu einer Einigung in Verhandlungen, die gerade die Ansatzpunkte für eine Verhandlungs*hilfe* in Form von Mediation bilden, wird in dieser Untersuchung wiedergegeben[135].

V. Ursachen dieser Entwicklung

Mögliche Gründe für den Erfolg von ADR in den USA werden im folgenden nur im Überblick dargestellt[136]. Jedenfalls gibt es für die dargestellte Entwicklung keine monokausale Erklärung.

1. Überlastung der Gerichte

Die Attraktion des (Grund-)Gedankens einer gütlichen Verständigung und die (unterstellte) Überlastung der Gerichte sowie die dadurch verursachte zunehmende Dauer und Kostenbelastung gerichtlicher Verfahren sind universale Gründe für eine Alternativen-Diskussion[137]. In Deutschland sprach man beispielsweise bereits im Jahr 1915 von einer „Jahr für Jahr steigenden Prozeßnot"[138]. Auch in

133 Zusammen veranstalten sie u.a. auch ein interdisziplinäres Seminar über „Decision, Conflict and Risk".

134 SCCN-Informationsbroschüre, S.2

135 Vgl. unten § 10

136 Zum analytischen Ansatz dieser Untersuchung vgl. § 3

137 Vgl. *Schlosser* Rivista di Diritto Processuale 1989, 1006

138 So die Versammlung von Freunden eines geordneten Güteverfahrens in Rechtsstreitigkeiten DJZ 15, 692; vgl. auch *Levin* DJZ 15, 870, der jedoch angesichts der „beständig anwachsenden Zahl der Prozesse"

den USA kommt der angeblichen „litigation explosion" eine besondere Rolle zu[139]. Aber: Angebot und Ausstattung der Gerichte können ebenso wie die Zahl der Kläger zu einer Überlastung beitragen. So warnt *Alschuler*, die Überlast „may be a product of an inadequate supply of adjudication rather than of the excessive litigiousness of our society"[140]. „The Day After the Litigation Explosion"[141] spottet *Galanter*. Der Mythos von der (amerikanischen) „litigious society" ist grundsätzlich widerlegt[142] und läßt z.B. bei *Laura Nader* Verwunderung zurück, „how it came about that a vast reform movement could be built on *folk sociology*."[143] Dennoch ist noch darauf einzugehen, daß auch *erlerntes* Konfliktverhalten den Verlauf von Konflikten beeinflußt und ihnen tendenziell eine kooperative oder kompetitive Prägung geben kann[144].

---

sich immerhin fragt, wann das nun „‚ungesund'" ist. Allgemein zur „sogenannten ‚Prozeßflut'" in Deutschland mit dem ebenso treffenden wie wenig beachteten Hinweis, daß es hier nach Tätigkeitsbereichen zu unterscheiden gilt, *Blankenburg* in: *Blankenburg/Simsa/Stock/Wolff*, S.12 ff

139 Vgl. nur *Provine*, S.1 m.w.Nw. in Fn.1; zur Mobilisierung der Gerichte im historischen Vergleich und im Vergleich einiger europäischer Länder vgl. die Beiträge in *Blankenburg*, passim

140 *Alschuler* 99 Harv. L. Rev., 1818

141 So der Titel des Aufsatzes von *Galanter* 46 Md. L. Rev., 1 ff

142 Ausführlich *Galanter* 31 UCLA L. Rev., 4 ff (insbesondere mit dem Nachweis, daß nicht die Anzahl der gerichtlichen Verfahren gestiegen ist, sondern die *Perzeption* eines Anstiegs, beispielsweise durch Regierungsaktivitäten und Medienberichte, erzeugt wurde) und *Galanter* 46 Md. L. Rev., 1 ff: Hier zeigt *Galanter* vor allem, daß die gestiegene Anzahl von Verfahren vor den federal courts gerade aus (vertraglichen) Auseinandersetzungen von Unternehmen untereinander und nicht aus Angriffen von klagewütigen Bürgern gegen Unternehmen stammt. Auch würden Massen- Produkthaftungsfälle – wie etwa die Klagen wegen Asbest-Schäden – natürlich die Anzahl der gerichtlichen Auseinandersetzungen (wellenförmig) steigen lassen, weil eben eine große Anzahl von Geschädigten auf einmal ihren Anspruch verfolgt. Mit „litigiousness" als amerikanischer (Un-)Art habe das ebenfalls nichts zu tun. Vgl auch *Rogowski* ZfRSoz 4, 307 – „eher ideologische und empirieferne Debatte über eine klagefreudige amerikanische Gesellschaft"

143 *Nader* 8 Windsor Yearbook of Access to Justice, 281 (Hervorh. d. Verf.)

144 Vgl. unten § 8

2. Besonderheiten des amerikanischen Zivilprozesses

Einige Besonderheiten des Prozeßrechts der USA haben jedoch (mit)verursacht, daß ADR sich in den USA zu einer *Bewegung* entwickelt hat. Zum einen trägt „pre-trial discovery" zwar u.U. mehr zur Wahrheitsfindung, sicher aber auch erheblich zur Kostenbelastung und zur Dauer von gerichtlichen Auseinandersetzungen bei. Daher wird auch die überwältigende Mehrheit der Ziviprozesse (ca. 97%) mit einen Vergleich der Parteien abgeschlossen. Zum anderen gibt es keine Kostenerstattungspflicht des Verlierers, was insbesondere dem obsiegenden *Be*klagten die Kosten seiner erfolgreichen Verteidigung beläßt. Schließlich ist der common-law-Richter in seiner klassischen Funktion gehalten, dem vom *Partei*vortrag beherrschten Prozeß nur zu folgen, nicht jedoch aktiv einzugreifen oder sogar den Parteien mit Vermittlungsbemühungen zur Seite zu stehen. Einige Entwicklungen von ADR sind daher (auch) als Gegensteuerung zu diesen Grundpfeilern des amerikanischen Prozeßsystems zu verstehen[145].

3. Interdisziplinäre Forschung und Experimentierfreudigkeit

Eine weitere Erklärung für die Entwicklung von ADR als „growth industry" liegt in pragmatischer Experimentierfreudigkeit und dem Bestreben, erkannte Defizite möglichst praktisch anzugehen[146]. Sie resultierte aus „the individual initiatives of some judges, grass-roots organizations, and academics or practitioners who were applying to new areas their experience in labor management disputes."[147] Das wurde begleitet und gefördert von dem (in dieser Breite erstmaligen) Versuch, Verhandlung und Vermittlung im Konflikt wissenschaftlich aufzuarbeiten. Die Bemühungen reichen von Ideen und Fragestellungen vermittelnden kulturanthropologischen Arbeiten über das Havard Negotiation Project bis zur interdisziplinären Zusammenarbeit von Psychologen, Kommunikationswissenschaftlern,

145 So z.B. *Schlosser* Rivista di Diritto Processuale 1989, 1008

146 Zum Verfahrensverständnis des anglo-amerikanischen Rechts, insbesondere seiner „Pragmatik", die mit der „Verfahrensgeneigtheit des Denkens" zusammenhänge, *Fikentscher* Methoden des Rechts Band II, S.452 ff

147 *Crohn*, Präsidentin des National Institute for Dispute Resolution, NIDR Forum summer 1992, 2

Ökonomen, Juristen und Familientherapeuten bei der Mediation von Ehescheidungen.

4. Harmonie als politisches Programm

Gelegentlich wird der „ADR Explosion" vorgeworfen, sie sei die Geschichte eines „shift of legal tradition from justice to harmony"[148]. *Laura Nader* weist als nur ein Beispiel für die diese Entwicklung steuernde Rhetorik auf eine Rede von Chief Justice *Warren Burger* hin:

„We Americans are a competitive people and that spirit has brought us to near greatness. But that competitive spirit gives rise to conflicts and tensions. Our distant forebears moved slowly from trial by battle and other barbaric means of resolving conflicts and disputes and we must move away from total reliance on the adversary contest for resolving all disputes ... . To rely on the adversary process as the principal means of resolving conflicting claims is a mistake that must be corrected. ... we ought to be healers – healers of conflict ... . Healers, not warriors. Healers, not procurers. Healers, not hired guns."[149]

Solche Aussagen übergehen nach *Laura Nader* „the social needs that courts are designed to meet for parties of unequal power. ... the Chief Justice attacks the victims who use the law."[150]

Statt Auseinandersetzungen als Konflikte über Werte, Interessen und Bedürfnisse zu sehen, würden sie als „communication problems"[151] eingeordnet, ohne dabei ungleiche Machtverhältnisse der Beteiligten zu beachten. Daraus folge: „When mediation is a process of communication, justice is defined ‚not in relation to rights or explicit standards, but rather in relation to implicit standards of conformity'"[152]. Die gesellschaftlichen Auswirkungen der Harmonie-Ideologie gehen danach weit über konkrete Konflikte hinaus.

148 *Nader* 8 Windsor Yearbook of Access to Justice, 271 ff; vgl. insbesondere aus anthropologischer Sicht *Nader's* umfassende Studie „Harmony Ideology. Justice and Control in a Zapotec Mountain Village"; einen Überblick gibt die Buchbesprechung von *Fikentscher* 39 Am. J. Comp. L., 454 ff.

149 *Burger* zitiert nach *Nader* 8 Windsor Yearbook of Access to Justice, 277

150 *Nader* 8 Windsor Yearbook of Access to Justice, 277

151 *Rothschild*, S.25

152 *Nader* 8 Windsor Yearbook of Access to Justice, 282 mit einem Zitat von *Rothschild*, S.16

„Are we seeing strategies of pacification that were common to colonial situations of indirect rule being applied to the U.S.population?" fragt *Laura Nader*. Die Fronten sind für sie damit klar: „,Constant criticism' has become a disease for some while others believe that a clash of ideas and views is what fuels a political democracy."[153]

In die gleiche Richtung zielt der Vorwurf, durch die Programmatisierung von *Harmonie* gelinge auch die Erweiterung staatlicher Kontrolle in Bereiche, die einer direkten Reglementierung nicht oder nur schwer zugänglich wären[154].

Eine Auseinandersetzung mit dieser historisch-politischen Interpretation und Kritik würde den Rahmen unseres Themas sprengen. Für den Gang der Untersuchung ist jedoch festzuhalten: Harmonie-Ideologie und Pazifizierungstendenzen sind zumindest potentiell (Risiko-)Faktoren, die bei der Bewertung von informeller Streitbeilegung zu beachten sind[155]. Ungleichen Machtverhältnissen ist besondere Aufmerksamkeit zu widmen[156]. „It is ... necessary to beware of the seductive appeal of alternative institutions."[157]

153 8 Windsor Yearbook of Access to Justice, 286 und 287

154 Vgl. insbesondere die Beiträge in: *Abel* The Politics of Informal Justice; dazu *Merry* 100 Harv L. Rev., 2070: „Although it is hard to see capitalist conspiracy in the efforts of well-meaning citizens who devote an evening every few weeks to helping others less fortunate and educated than themselves to resolve problems of drinking, violence, or unruly children and neighbors, in the aggregate the political meaning of the movement is inescapable."

155 Vgl. insbesondere § 18 IV. 2. und V. 2. c)

156 Zur Verhandlungsmacht § 11

157 *Auerbach*, S.144

§ 4 Der Ansatz dieser Untersuchung

I. Analytische Erfassung von Mediation und ihrem Behandlungsgegenstand am Beispiel von ADR

Die USA führen vorstehend skizziert den zur Zeit umfangreichsten „Feldversuch" (westlicher Gesellschaften) in unterschiedlichen Ansätzen zur Konfliktbehandlung durch, verbunden mit einer in vielen Wissenschaftsbereichen geführten (Begleit-) Diskussion. Eine vollständige Darstellung von ADR oder auch nur der auf Mediation beruhenden ADR-Verfahren wird hier jedoch nicht angestrebt. Es geht in diesem Zusammenhang ebenfalls nicht darum, eine schlüssige und umfassende Begründung für ADR *in den USA* oder ihre einzelnen Entwicklungen zu suchen. *Laura Nader's* Erklärungsansatz und Vorwurf der Harmonie-Ideologie beispielsweise dient nur als Hinweis auf mögliche Gefahren beim Entwurf von Alternativen.

Es geht vielmehr um den Versuch, Mediation als *eine* Form von Konfliktbehandlung auszuleuchten, auf (im Sinne von *Max Weber* idealtypische) *Grundkonstellationen* zu untersuchen und rechtspolitisch zu bewerten. Gleichzeitig ist damit die Stellung von Mediation im gesamten Spektrum der Möglichkeiten von Konfliktbehandlung zu bestimmen. Dabei wird sich zeigen, welche Risiken es zu beachten gibt, welche Zielvorstellungen nicht miteinander vereinbar sind und wann Mediation somit sinnvoll ist. Gleichzeitig soll damit die Erklärung für die argumentative Pendelbewegung zwischen der Betonung informellerer (Mediation) und formellerer (Gericht) Konfliktbehandlung gegeben werden[158].

Diese Untersuchung bedient sich der amerikanischen ADR-Entwicklung nur als Sammlung von Material und Erfahrung, um die bei Konfliktbehandlung zusammenspielenden Faktoren zu analysieren. Aus einer Vielzahl von *Beispielen* können die unterschiedlichen mit Mediation verfolgten Ziele isoliert werden und ihre Um-

158 Vgl. *Abel* in: *Blankenburg/Klausa/Rottleuthner*, S.43: „...[C]ycles of delegalization and legalization tend to alternate, since neither is an adequate solution to the problems that generate such reforms. Each can therefore be criticized, and yet each must be expected to recur."

setzung in der Konfliktbehandlungs-Praxis aufzeigt und in Beziehung gesetzt werden. Entsprechende Tendenzen und Diskussionen in Deutschland dienen, ebenso wie anthropologische Schilderungen, parallel als Beispiele. Versucht wird der Schluß vom Besonderen (der amerikanischen ADR-Entwicklung) auf das Allgemeine (die Struktur von vermittelnder Drittintervention im Konflikt).

Es geht also auch nicht darum, bestimmte (amerikanische) Modelle direkt in die deutsche Rechtswirklichkeit zu transponieren. *Ein* Konfliktbehandlung beeinflussender Faktor ist z.B. der kulturelle und gesellschaftliche Kontext, der schon eine direkte Übertragung verbietet. So finden die afrikanischen Palaver, die als Vorbild der Neighborhood Justice Centers dienten, eben in einer auf gegenseitiger Abhängigkeit aufbauenden, dörflichen Gemeinschaft statt und lassen sich gerade nicht auf eine westliche Industriegesellschaft übertragen[159] – wie ursprünglich erhofft wurde. Ebenso ist die amerikanische (Rechts-)Wirklichkeit u.a. von einem anderen Prozeßrecht geprägt, das auf spezifische Defizite auch spezifische (Alternativen-)Antworten hervorruft. Diese allein mit dem Argument der Systemabhängigkeit zurückzuweisen, greift jedoch zu kurz und verschenkt möglicherweise Impulse. Diese Untersuchung geht den „Umweg" über die analytische Aufarbeitung des Materials und versucht so eine systemunabhängige Darstellung des Zusammenspiels von Grundelementen von Konfliktbehandlung ohne Dritt*entscheidung* zu erarbeiten. Dazu wird der Ansatz von Mediation in einzelne Elemente zerlegt. So lassen sich Chancen und Risiken der Mediation auf einer allgemeineren Ebene erklären, bevor beispielhafte Vorschläge zur Umsetzung die Untersuchung abschließen.

II. Der Streitbehandlungsgegenstand als Ansatz zu einer umfassenderen Verfahrenslehre

Wir sprechen mit einer gewissen Selbstverständlichkeit von *dem* Konflikt. Ein bestimmter Ausschnitt aus dem Geflecht sozialer Beziehungen wird mit dem Begriff ‚Konflikt' belegt, aber eben mit

159 Vgl. unten § 18 V. 2. b)

Sicherheit nur ein Ausschnitt. Haben wir alle Konflikt*parteien* in unsere Perspektive einbezogen? Kennen wir das ‚wirkliche' Konflikt*thema*? Müssen wir seine *Ursachen* einbeziehen? Wenn ja, welche Ursachen? Gesellschaftliche Fehlentwicklungen? Persönliche Beziehungsprobleme? Oder konzentrieren wir uns auf den materiell faßbaren Gegenstand der Auseinandersetzung, der jedoch vielleicht nur Ausdruck, aber nicht Anlaß der Schwierigkeiten ist? Es überrascht daher nicht, daß die Konfliktdefinitionen Legion sind[160] und eines der wichtigsten deutschsprachigen Werke der letzten zwanzig Jahre über Konflikt auf eine Definition schlicht verzichtet[161].

Dagegen läßt sich der *Streitgegenstand*, nachdem ein Konflikt (mit *auch* einer zivilrechtlich faßbaren Komponente) einmal seinen Weg zu Gericht gefunden hat, abgesehen von dogmatischen Feinheiten, relativ leicht bestimmen. Die Entwicklung hat aus dem Konflikt einen *Anspruch* gemacht, um dessen Durchsetzung bzw. Abwehr nunmehr gerungen wird. Der (rechtliche) Betrachtungsausschnitt ist daher so schmal, daß sich schon eher definieren läßt, um was es geht. Das, was hier in der rechtlichen Betrachtung ausgeblendet wurde, macht jedoch zu einem erheblichen Teil gerade das Element an der sozialen Beziehung aus, welches wir Konflikt nennen. Außerdem ist es nicht vollständig ausgeblendet, sondern bestimmt weiter (mit) das Handeln der Parteien und die Vergleichsbemühungen des Gerichts. Damit führt uns die Konzentration auf das leichter Faßbare, den Streitgegenstand, auch nicht weiter, sondern eher in die Irre. Diese Untersuchung will nicht der Konflikttheorie eine neue Definition oder Gesamterklärung hinzufügen, sondern sich pragmatisch einem Streit*behandlungs*gegenstand nähern, der die Einschaltung von Dritten im Konflikt besser verstehen läßt und damit einen Ansatz zu einer umfassenderen *Verfahrenslehre* ermöglicht.

Die Annäherung an den Streitbehandlungsgegenstand als Bereich und Aufgabe der Mediation bzw. überhaupt der (Vermittlungs-) Tätigkeit Dritter beginnt wieder bei der Schwierigkeit der Mehrdimensionalität von Konflikt. Bevor das Eingreifen Dritter und wie-

160 Einen guten Überblick über die Definitionen des (sozialen) Konfliktes gibt *Glasl*, S.12 ff

161 *Bühl*, insbesondere S.134 ff

derum die verschiedenen Aspekte und (idealtypischen) Verhaltensmuster dieser Tätigkeit in den Vordergrund gerückt werden können, ist daher den verschiedenen Perspektiven auf den Konflikt analytisch nachzugehen. Diese Betrachtung der unterschiedlichen Aspekte eines Konfliktes und der Variationen ihres möglichen Zusammenspiels läßt ein *analytisches Netzwerk* entstehen, das die Vielschichtigkeit des Untersuchungsgegenstandes (zumindest für unsere pragmatischen Zwecke) auffangen soll. Jede der im Anschluß zu behandelnden Perspektiven auf den Konflikt ist für eine Verfahrenslehre unverzichtbar, ohne zugleich auch den Schlüssel für alle Probleme bei der Konfliktbehandlung zu liefern. Das so geknüpfte Netz der Aspekte eines Konfliktes und der Einschaltung Dritter kann nur an den Schnittstellen helfen, bessere Fragen zu stellen und möglichst keinen Aspekt bzw. deren gegenseitige Beeinflussung und Interdependenz zu unterschlagen. Der Gegensatz von Chancen der Vermittlung und den korrespondierenden Risiken, der schon bei den historischen Skizzen als Grundmuster stehen blieb, wird dadurch nicht aufgelöst, jedoch besser handhabbar.

III. Gang der Untersuchung

Der Gang der Untersuchung und die Perspektiven des analytischen Netzwerkes werden im folgenden Überblick kurz dargestellt.

2. Kapitel: Konfliktbehandlung hat keinen statischen Gegenstand. Konflikte – ohnehin schon schwer erfaßbar – entwickeln sich und ändern ihre Gestalt, gerade weil *jede* Form der Konfliktbehandlung *Einfluß* nimmt. So können einzelne Zwischenschritte zu Lösungsansätzen oder zur Eskalation und Vermehrung der Probleme führen. Jeder Ansatz zur Konfliktbehandlung muß dies berücksichtigen. Das gilt insbesondere für Mediation, die gerade für sich in Anspruch nimmt, positiv auf den Konflikt(behandlungs)verlauf Einfluß zu nehmen. Die Analyse muß daher der *Entwicklung eines Konfliktes* folgen – von seiner Wahrnehmung über den Beginn der Konfliktbehandlung durch Verhandeln bis zu den verschiedenen Beendigungsmöglichkeiten.

Auf diesem (Entwicklungs-)Wege erfährt der Konflikt eine Einordnung, die für die beiden Parteien nicht notwendig übereinstimmen muß. Diese *Definition* des Gegenstandes und Bereichs der Auseinandersetzung prägt jedoch wiederum die weitere Entwicklung. Eine Einordnung als Streit um Recht – insbesondere durch Einschaltung von Anwälten und Gericht – kann den Verlauf des Konfliktes völlig anders prägen, als die Einordnung als ein Beziehungsproblem. Durch die wechselseitige Verstärkung von der Definition des Hauptaspektes und darauf basierender Entwicklungsrichtung kann schon früh eine Weichenstellung für den Konfliktverlauf und seine Behandlung erfolgen, die wesentliche Konfliktelemente gerade ausblendet.

3. Kapitel: Nun ist die – in der Regel – erste Konflikt*behandlung*, die *Verhandlung der Parteien* zu analysieren. Dabei sind die verschiedenen Aspekte ihres *Konfliktverhaltens* darzustellen. Dritte werden eingeschaltet, wenn es keine zureichenden Verhandlungsergebnisse gibt, die Verhandlung also scheitert. Das Problem der nicht erzielten Einigung, die *Hürden auf dem Weg zu einer kooperativen Verhandlungslösung* und damit – positiv formuliert – die *Ansatzpunkte* für den vermittelnden Verhandlungs-„helfer", haben dann zu folgen. Entscheidend ist dabei auch die Untersuchung *ungleicher (Verhandlungs-) Machtverhältnisse.*

4. Kapitel: Das Scheitern von *dyadischer* Konfliktbehandlung auf dem Verhandlungswege kann entweder die Beendigung der Konfliktaustragung bedeuten oder den Beginn der Tätigkeit *Dritter, triadische* Konfliktbehandlung. Vor der Analyse der Tätigkeit des hier im Mittelpunkt stehenden Dritten, des *Mediators,* muß zunächst die Bandbreite der Zielvorstellungen dargestellt werden, die mit dem Einsatz von Mediation verbunden werden. Ein sehr ähnliches Spektrum unterschiedlichster Zielvorstellungen findet sich auch bei der (Mediations-)Tätigkeit des Richters im Vergleich.

Es folgt die Analyse des Handlungsspektrums des Mediators. Da er über keine Zwangsmittel verfügt, insbesondere keine Entscheidungsgewalt hat, stehen zunächst die *Quellen seines Einflusses* im Vordergrund, mit dem er seine Vermittlungsaufgabe wahrnimmt. Je nach Nutzung dieser Einflußmöglichkeiten bewegt er sich zwischen *Überzeugung und Manipulation.* Vor diesem Hintergrund ist seiner Verpflichtung zu *Neutralität und Fairness* nachzugehen.

5. Kapitel: Nachdem in den ersten Kapiteln die wesentlichen Perspektiven auf Konflikte und ihre Behandlung dargestellt wurden –

und damit das analytische Raster für eine Streitbehandlungslehre entwickelt wurde –, sind diese jetzt einer rechtspolitischen Bewertung von Mediation und ihren möglichen Zielen zu Grunde zu legen.

6. Kapitel: Beispielhafte Verfahrensvorschläge schließen diese Untersuchung ab.

2. Kapitel
Das Kontinuum der Konfliktbehandlung

Die Aufarbeitung und Entscheidung eines Konfliktes im Zivilprozeß ist der (vorläufige) Endpunkt seiner *Entwicklung*, die von seiner Wahrnehmung durch zumindest eine Partei über seine Einordnung und Definition in der Bandbreite zwischen sozialer Konflikt und Konflikt über Recht(-Haben), über das Stadium des Verhandelns, der Einbeziehung eines Beraters – Rechtsanwalt oder Institution – bis schließlich zur Anrufung des Gerichtes und nicht zuletzt zur streitigen Beendigung des Verfahrens durch Urteil reicht. Die einzelnen Entwicklungs-„stufen" sind jedoch keineswegs getrennte Einheiten, sondern gehen ineinander über und überlagern sich. So bedeutet die Einschaltung des Gerichtes keineswegs das Ende der Verhandungsphase; sie kann gerade dadurch erfolgreich wiederbelebt werden. Der Konflikt ist kein fertiger, tatbestandlich quasi vorformulierter Sachverhalt, der einem Gericht zur Prüfung vorgelegt wird, sondern ein sich ständig verändernder Ausschnitt aus einem sozialen Geschehen[162]. Geht es um Alternativen zur Endentscheidung der Auseinandersetzung durch den Richter, so sollte nicht isoliert genau dieses Endstadium der Konfliktbehandlung betrachtet, sondern die ganze Entwicklung des Konfliktes einbezogen werden, um nach möglichen Ansatzpunkten zu suchen[163].

---

162 Vgl. nur *Sarat* 21 Law & Soc. Rev., 708 f; *Mather/Yngvesson* 15 Law & Soc. Rev., 776 f

163 So insbesondere *Falke/Gessner* in: *Blankenburg/Gottwald/Strempel*, S.289

§ 5 Die Entfaltung des Konfliktes

I. Naming, Blaming, Claiming

Der Beginn einer Auseinandersetzung[164] läßt sich in ein drei Phasen-Modell[165] fassen[166]:

– „naming": Ein Unrecht, ein zur Abänderung oder Kompensation drängender Zustand in Bezug auf die eigene Person, wird wahrgenommen und benannt.

– „blaming": Mit dieser Phase wird die Verklammerung des erlittenen Unrechts mit einer verantwortlichen Person, jemandem, an den man „sich halten kann", bezeichnet. Das Unrecht wird zugeschrieben. Hier kann die Entwicklung durch eine „Meidungsstrategie"[167] zumindest vorläufig abbrechen.

– „claiming": Der Zuschreibung an den Verantwortlichen folgt ein *Anspruch*, der gegen ihn geltend gemacht wird – nicht oder vielleicht noch nicht ein rechtlicher, sondern eine Aufforderung, dem Unrecht abzuhelfen oder es auszugleichen[168].

---

164 Zur Chronologie eines Rechtstreites aus der Sicht der ökonomischen Analyse *Cooter/Rubinfeld* 27 J. Econ. Lit., 1069 ff

165 Ausführlich *Felstiner/Abel/Sarat* 15 Law & Society Rev., 631 ff

166 Vgl. auch *Nader* 132 U. Pa. L. Rev., 621 f Fn.2, die zwischen „unilateral action", Verhandlung und als drittem Modus der „intervention of a third party" unterscheidet.

167 Dazu sogleich III.

168 Dieses (Entstehungs-)Modell eines Konfliktes ist allerdings „zu gradlinig" (*Falke/Gessner* in: *Blankenburg/Gottwald/Strempel*, S.301). Der Konflikt wird von *beiden* Parteien (interaktiv) zu jeder Phase (u.U. neu) definiert und erhält so erst seine Dynamik in der sozialen Wirklichkeit. Entscheidend für die Konfliktaustragung ist, welchen *Inhalt* – z.B. Sachkonflikt oder Beziehungskonflikt – er so erhält (*Falke/Gessner* a.a.O.). Zu den beiden Polen eines sozialen Konfliktes und eines Rechtskonfliktes vgl. unten § 6

II. Die Konfliktbehandlung

1. Verhandlung zwischen den Parteien

Mit der Benennung der Forderung gegen eine zweite Partei beginnt die Phase der *Verhandlung*[169]. Verhandlung soll hier verstanden werden als Kommunikation mit dem Ziel, die andere Seite – so weit wie möglich – davon zu *überzeugen*, sich auf die erhobene Forderung einzulassen[170] und in diesem Sinne den Konflikt einverständlich zu regeln[171]. Ob sie überhaupt darauf reagiert, ist für den hier verwendeten Verhandlungsbegriff unerheblich. Der Konflikt ist mit der Formulierung einer Forderung in die dyadische Phase der Konfliktbehandlung eingetreten. Der Weg der Überzeugung endet dort, wo der Versuch, *Zwang* einzusetzen, beginnt. *Legitimer* Zwang, der eigenen Forderung nachzukommen, kann insbesondere durch erfolgreiche Beendigung eines gerichtlichen Verfahrens ausgeübt werden, was die Grundlage für eine Vollstreckung bildet. Damit ist jedoch bereits ein Dritter in den Konflikt eingeschaltet.

2. Drittintervention

Der Einsatz eines *Dritten* bei der Konfliktbehandlung, womit der Konflikt in seine tryadische Phase gelangt, dient insbesondere dazu, unerwünschten Zwangseinsatz zu verhindern. Dabei ist die Stellung eines *Mediators* davon geprägt, daß er ohne (offizielle[172]) Zwangsbefugnisse auskommen muß. Die Parteien entscheiden *selbst* über den Ausgang der Auseinandersetzung. Die Verhandlung wird – nunmehr mit Hilfe des Vermittlers – fortgeführt.

---

169 Vgl. insbesondere die Werke von *Gulliver* (Disputes and Negotiations. A Cross Cultural Perspective), *Bellow/Moulton* (The Lawyering Process: Negotiation), *Williams* (Legal Negotiation and Settlement); *Raiffa* (The Art and Science of Negotiation), *Lax/Sebenius* (The Manager as a Negotiator), *Fisher/Ury* (Getting to Yes: Negotiating Agreement Without Giving In) und *Haft* (Verhandeln. Die Alternative zum Rechtsstreit)

170 Vgl. nur *Goldberg/Sander/Rogers*, S.17

171 *Röhl* Rechtssoziologie, S.473

172 Zu seinem Eingriffsrepertoire vgl. unten § 13 II. 2.

Richter und *Schiedsrichter* dagegen haben zu *entscheiden*. Die Phase des *Zivilprozesses* bzw. eines Schiedsverfahrens kann jederzeit die Verhandlung überlagern. Daß sie die Verhandlung nicht verdrängt, zeigt ein Blick auf die auch im Prozeß verbleibenden Beendigungsmöglichkeiten.

III. Die Beendigung des Konfliktes

Verhandlung und Prozess eröffnen – neben der vollständigen Erfüllung der Forderung – folgende Beendigungsvarianten:

– Wird die Forderung jetzt fallengelassen – z.B., weil die andere Partei eben nicht reagiert – sprechen wir nicht mehr von *Rückzug* („avoidance"), sondern nunmehr von *Aufgabe* („lumping it"). Eine weitere Meidungsstrategie[173] ist es, die konfliktbelastete Beziehung einfach weiterzuführen, zu ertragen („endurance"). Hierbei handelt es sich gerade um das einer Austragung des Konfliktes entgegengesetzte Verhalten, wenn die Kosten – finanziell, sozial oder psychisch – zu hoch sind[174]. Die Einbeziehung von Meidungsstrategien in die Untersuchung der Konfliktbehandlung, ein Ansatz, in dessen Rahmen „dispute resolution structures are seen as a subset of a larger system of controlling processes which has to include the unilateral resolution of complaints"[175], ist essentiell.

– Die Parteien können durch gegenseitiges Nachgeben zu einer einvernehmlichen Lösung kommen und einen *Vergleich* schließen.

– Der Konflikt kann in seiner (zivil)rechtlichen Formulierung schließlich durch die *Entscheidung* eines Dritten, hier durch richterliches *Urteil* beendet werden. Auch die Konfliktbehandlung in

173 Gerade Meidungsstrategien zeigen, daß Konflikte nicht festgefügte Einheiten sind, die an Institutionen herangetragen werden, die dann nur noch die richtige „Behandlungsmethode" anwenden. „However, focussing on the emergence of disputes suggests that the problem is less one of resolving already articulated disputes than of designing social processes that facilitate or encourage disputes that are all too rarely articulated." (*Sarat* 21 Law & Soc. Rev., 708) Darauf ist am Beispiel von geringwertigen Verbraucherstreitigkeiten in § 19 II. 2. noch zurückzukommen.

174 *Falke/Gessner* in: *Blankenburg/Gottwald/Strempel*, S.290 m.w.Nw.

175 *Nader* 132 U. Pa. L. Rev., 640

einem zivilgerichtlichen Verfahren enthält jedoch neben Verfahrenselementen, die auf die rechtliche Entscheidung hinzielen, auch (gem. § 279) vermittelnde Elemente, die auf eine Einigung der Parteien gerichtet sind[176].

IV. Litigotiation

Diese Beendigungsvarianten sind zu *jedem* Zeitpunkt ab Beginn der Verhandlungsphase für beide Seiten Teil eines Potentials, mit dem sie *rechnen* können oder müssen. Allein die Möglichkeit, daß die andere Seite eine gerichtliche Entscheidung herbeiführt, kann vergleichsbereit machen. Umgekehrt hat die Partei, die glaubt, auf dem Rechtsweg erfolgreich sein zu können, wenig(er) Grund, den Konflikt durch Aufgabe zu beenden. Die Einleitung eines Zivilprozesses durch Klageerhebung kann daher mehr bedeuten, als nur eine endgültige Festlegung auf die Entscheidung durch den Richter. Sie kann (auch) als Beweis der Ernsthaftigkeit und Entschlossenheit bei der Durchsetzung der eigenen Position dienen, um die Bereitschaft der anderen Seite für einen Vergleich zu erhöhen[177], der wiederum sowohl im gerichtlichen Verfahren, als auch außerhalb geschlossen werden kann.

Verhandlungsphase und Zivilprozess sind so Bestandteil eines Kontinuums der Konfliktbehandlung, was *Galanter* mit dem Begriff „litigotiation", zusammengesetzt aus „litigation" und „negotiation"[178], beschreibt. Jede Verhandlung steht im Schatten eines möglichen Prozesses, und jeder Prozess bildet einen veränderten Rahmen für (weitere) Verhandlungen[179]. Überzeugung und (legitimer)

176 Schließlich sind noch die Fälle zu unterscheiden, in denen erst durch die Zwangsvollstreckung der gerichtlichen Entscheidung eine Beendigung des Konfliktes erreicht wird.

177 Vgl. nur *Röhl* Rechtssoziologie, S.473

178 *Galanter* 34 J. Legal Educ., 268

179 Vgl. nur *Blankenburg* in: *Morasch*, S.9 mit der rechtspolitischen Konsequenz, die parallel zum gerichtlichen Verfahren ablaufenden außergerichtlichen Verhandlungen, von denen das Gericht häufig nur durch Klagerücknahmen, Anerkennung von Forderungen u.ä. Kenntnis erhält, entweder mehr in den Zivilprozeß einzubeziehen oder verbesserte außergerichtliche Verfahren zur Verfügung zu stellen, die „die aufwendige Drohung mit dem gerichtlich anhängigen Verfahren" erübrigen.

Zwang gehen im konkreten Konflikt eine untrennbare, nur jeweils graduell differierende Verbindung ein. Verhandlung *und* Prozess sind daher als zusammenhängende Austragung von Konflikt, als Spektrum seiner Behandlung und damit als *Ansatzpunkt* für Alternativen zu analysieren.

§ 6 Die Definition des Konfliktes und ihre Konsequenzen

Das Recht hat (Regelungs-)Antworten auf viele Konflikte. Gegenüber einem säumigen Schuldner hat der Darlehensgeber einen rechtlich durchsetzbaren Anspruch auf Rückzahlung. Der Vermieter kann seinen Anspruch auf Mietzahlung vor Gericht durchsetzen. Ebenso kann der Mieter sich unter bestimmten Voraussetzungen vor dem gleichen Gericht gegen eine Kündigung wehren. Nicht alle Konflikte finden jedoch eine (direkte) Antwort im Recht. Je enger eine soziale Beziehung ist, um so mehr ist sie auf Vertrauen, Hinwendung und gegenseitige Achtung aufgebaut. Auch in der anonymen Massengesellschaft finden sich immer noch solche „Inseln" persönlicher Bande – Familie, Arbeitsplatz, persönliche und geschäftliche Beziehungen. Treten hier Konflikte auf, so ist das Repertoire des Rechts begrenzt. „Vertrauen läßt sich nicht gerichtlich einklagen, Arbeitsmotivation nicht tarifvertraglich sichern und liebevolle Zuwendung nicht durch Ehevertrag gewährleisten."[180] Meist ist es jedoch eine Frage, in welchem *Mischverhältnis* sich rechtlich erfaßbare und nicht durch Recht regelbare Aspekte finden und wo der *Hauptaspekt* der Auseinandersetzung liegt. Auch das beschränkt sich wiederum nicht auf ein *statisches* Modell, sondern unterliegt ebenso einer *Entwicklung*, die von der – wie auch immer entstandenen – Problemsicht der Parteien abhängt. Ihre Akzentuierung bestimmt den Hauptaspekt. Stand am Anfang die Beziehung im Vordergrund, so kann sich der Konflikt mit der Zeit auf in doppeltem Sinne „unversöhnliche" rechtliche Anspruchspositionen reduzieren. Einem zur Entscheidung berufenen Richter bleibt die

180 *Blankenburg* in: *Blankenburg/Kaupen*, S.243

Geschichte meist verborgen. Umgekehrt kann eine eskalierende, zunächst rein rechtliche Auseinandersetzung eine soziale Beziehung scheitern lassen, was dem Richter – trotz Kenntnis des eigentlichen Schwerpunkts des Konfliktes – nur noch beläßt, auftragsgemäß in ihren Trümmern „Ordnung" zu schaffen.

Jede der beschriebenen Entwicklungsstufen eines Konfliktes wird so von einer *Definition* des Konfliktgegenstandes durch die Parteien, einer bestimmten Sicht auf das Problem der Auseinandersetzung begleitet (I.). Sie stellt nicht nur eine Betonung verschiedener Aspekte des Konflikts dar, sondern legt zugleich – zumindest vorläufig – *eine* Perspektive der Konfliktbehandlung fest, die sich tendentiell verfestigt und für die weitere Entwicklung wie eine Weichenstellung wirkt (II.). Eine *Verrechtlichung* oder *Entrechtlichung* des Konfliktgegenstandes ist so Folge der durch die Interaktion der Parteien erfolgenden Konfliktdefinition[181]. Hiermit ist die Frage verbunden, ob die jeweilige verrechtlichende oder entrechtlichende Tendenz den Konflikt *adäquat* erfaßt und damit – in der Konfliktbehandlung – positiv als die Konzentration auf das Wesentliche oder negativ nur als Verfehlung des Kerns der Sache angesehen werden kann (III.).

I. Die soziale Definition des Konfliktes

Mit der *Wahrnehmung* eines Problems („naming"[182]) beginnt ein Konflikt Gestalt anzunehmen. Sie wird automatisch von einer (ersten) Einordnung, einer *Definition*, um was „es" sich da handelt, begleitet. Entsprechend der Problemdefinition und der Möglichkeiten, die man dafür für sich sieht, holt man sich u.U. weiteren, fachspezifischen Rat, der dann wiederum zur Problemdefinition beiträgt[183]. Die Auseinandersetzung mit der anderen Konfliktpartei und deren Verhalten trägt ebenfalls zur Problemsicht bei. Am Ende der Entwicklung mag der Gang zu einer Institution stehen – etwa

181 *Mather/Yngvesson* 15 Law & Soc. Rev., 777: „What a dispute is about, whether it is even a dispute or not, and whether it is properly a ‚legal' dispute, may be central issues for negotiation in the dispute process."

182 Vgl. oben § 5 I.

183 Auch ein Lösungsvorschlag trägt als eigene Voraussetzung eine Problemsicht und -definition in sich.

dem Gericht, wenn der Konflikt als Rechtsproblem gesehen wird. Jede Stufe der Konfliktentwicklung beinhaltet notwendigerweise eine bestimmte Sicht auf das Problem. Dieser „soziale Definitionsprozeß“[184] legt für die Parteien fest, um was eigentlich gestritten wird.

II. Weichenstellung

1. Die Bedeutung der ersten Einordnung eines Konfliktes

Welcher Aspekt des Konflikts sich zur Hauptsache und damit zum Mittelpunkt der Konfliktbehandlung entwickelt, hängt zwar von dem Ergebnis aller Zwischenschritte ab. Schon am Anfang wird jedoch häufig bereits durch eine bestimmte *Definition* eine generelle Entwicklungsrichtung vorgegeben. Der Konflikt kann hier als ein – im weitesten Sinne – *Beziehungs*problem angesehen werden. Er kann aber auch als ein *rechtlicher* Konflikt definiert werden. Die einmal gefundene Definition tendiert dazu, sich festzusetzen. Sie beeinflußt die Wahl einer ihr entsprechenden fachlichen Beratung – soziale Beratungsstelle oder Rechtsberatung. Diese wiederum wird tendenziell die Aspekte des Konflikts betonen, die in ihrem fachlichen Kompetenzbereich liegen. Ist schließlich das Gericht eingeschaltet, konzentriert sich die Behandlung des Konflikts noch mehr auf den entsprechenden Ausschnitt, hier den zivilprozessualen Streitgegenstand[185].

Diese Entwicklung der Konfliktsicht, der Definition als Rechts- oder Beziehungsproblem, hat somit Folgen für die Konflikt*behandlung*. Jede der genannten Entwicklungsstufen ist gleichzeitig eine *Weichenstellung* für die weitere Konfliktbehandlung. Ist einmal eine bestimmte Problemsicht als Konfliktdefiniton entstanden, so ist damit ein Weg eingenommen, der sich tendenziell weiter verfestigt, weiter wirkt. Er beeinflußt so auch die Form der Konfliktbe-

184 *Falke/Gessner* in: *Blankenburg/Gottwald/Strempel*, S.301

185 Die Tendenz zur Behauptung der einmal vorgenommenen Akzentuierung bedeutet nicht, daß der jeweilige Weg ausgeschöpft wird. Mit der Einordnung als Rechtsproblem kann beispielsweise bereits die Entscheidung verbunden sein, die Sache nicht weiter zu verfolgen, weil man sich da „nicht auskennt“.

handlung, die – wiederum diese Tendenz verstärkend – den einmal eingeschlagenen Weg weiter treibt. Eine solche Weichenstellung durch eine Konfliktdefinition erweist sich damit gleichzeitig als eine *Barriere*, zu einer anderen Problemsicht überzuwechseln, andere Aspekte des Konfliktes zu thematisieren und – eventuell in anderer Form – zu behandeln. Sie blockiert – zumindest potentiell – andere Problemsichten und damit Lösungswege[186].

2. Entwicklungsphasen eines Konfliktes als Hürden auf dem Weg der Konfliktbehandlung

Intensiv wurde unter diesem Aspekt der *Zugang zum Recht* diskutiert und versucht, die Barrieren, die sich auf dem Weg zum Recht finden, zu identifizieren. Auf jeder Stufe bzw. Schwelle wurden so Faktoren festgestellt, die mit der sozialen Schicht, der Schulbildung, Sprachbarrieren usw. zusammenhängen[187]. So ist bereits eine bestimmte Kompetenz notwendig, um eine zunächst unspezifische Problemlage als *Rechts*problem zu erkennen. Umfragen nach den Gründen, warum der Weg zum Gericht gemieden wird, können *das* nicht ermitteln. Wer die rechtliche Perspektive auf einen Konflikt nicht wahrgenommen hat, kann überhaupt keine Gründe für die Meidung des Rechtswegs angeben.

Es gilt aber auch umgekehrt: Wird eine Konfliktkonstellation als Rechtsproblem definiert, kann die Behauptungstendenz des einmal eingeschlagenen Weges der Konfliktbehandlung dazu führen, daß die soziale Komponente des Problems, für die das Recht gerade keine Lösung bereithält, nicht erkannt wird[188]. So geht es nach einer Untersuchung bei der Erhebung einer Kündigungsschutzklage im Arbeitsrecht 51% der Arbeitnehmer überwiegend darum, dem Arbeitgeber zu zeigen, „daß er nicht machen kann, was er will",

186 Vgl. *Mähler/Mähler* in: *Krabbe*, S.151, wiedergegeben unten III. 1.

187 Ausführlich z.B. *Blankenburg* in: *Blankenburg/Kaupen*, S.237 ff

188 Vgl. z.B. *Hegenbarth*, in: *Blankenburg/Klausa/Rottleuthner*, S.48: „Mit der Eingabe in das Justizsystem durchläuft der Konflikt eine lange Transformationsphase, in der verschiedene Filterfaktoren den sozialen Streit zum Rechtsfall verstümmeln. Diese Selektion ist im Interesse rechtsförmiger Entscheidung unvermeidbar, trägt aber zu Entfremdungserlebnissen der Parteien erheblich bei und erschwert eine emotiv befriedigende Konfliktbeilegung."

und damit im Grunde um einen Beziehungskonflikt. Dagegen ist das rechtlich verfolgte Ziel der Erhaltung des Arbeitsplatzes nur für etwa ein Drittel der Kläger entscheidend[189]. Die *Überwindung* der ersten Barriere zum Recht mit der Definition als Rechtsproblem kann sich so – aufgrund der sich tendenziell perpetuierenden Weichenstellung – bereits als endgültige Barriere für die Beschäftigung mit der sozialen Seite des Konflikts erweisen[190].

III. Verrechtlichung und Entrechtlichung

Die zunehmende Betonung des rechtlichen oder des sozialen Aspekts können als *Verrechtlichung* (1.) bzw. *Entrechtlichung* (2.) des Konflikts bezeichnet werden. So werden jeweils bestimmte Aspekte eines Konfliktes betont, andere entsprechend zurückgedrängt oder ausgeblendet. Das wirft die Frage auf, ob im konkreten Einzelfall die dem Konflikt adäquaten Aspekte behandelt werden (3.).

1. Verrechtlichung

Die Einordnung als *rechtliches* Problem ist nur der Beginn einer Entwicklung, die im äußersten Fall am Ende der mündlichen Verhandlung dem Richter einen „Sachverhalt" zur Entscheidung überläßt. In dieser Einordnung ist das mögliche Ende bereits enthalten, so daß dazwischen mit einheitlicher Zielrichtung eine zunehmende Konzentration auf das rechtlich Wesentliche liegt. Komplexe Wirklichkeit wird zunehmend *übersetzt* in entscheidbare Sachverhalte. Dafür „überflüssige" Elemente werden ausgeblendet. Der Konflikt

---

189 *Falke/Gessner* in: *Blankenburg/Gottwald/Strempel*, S.302 m. Nw. in Fn.78; ein Beispiel für zu spät einsetzende Vermittlungsbemühungen sieht auch *Rottleuthner* in: *Gottwald/Hutmacher/Röhl/Strempel*, S.190 in der Tätigkeit von Arbeitsrichtern, wo der Konflikt – das „kalkulatorische Moment" – schon so weit entwickelt sei, daß z.B. tieferliegende Konfliktursachen nicht mehr behandelt werden können.

190 So z.B. der Familienrichter *Weidermann* Zentralblatt für Jugendrecht 1982, 536: „Die in Not geratene Rechtsprechung ist zur Zeit Auffangbecken der Abwehrreaktionen sozialer – zwischenmenschlicher – Schwierigkeiten. Nur notdürftig werden soziale und kommunikative Beziehungsdefizite in ‚Rechtsfälle' eingebettet."

verändert und verengt sich zunehmend, bis schließlich nur noch die Rechtslage übrigbleibt. Die Konsequenzen dieser Verrechtlichung sind mannigfaltig. Im Extrem: Die soziale Beziehung tritt in den Hintergrund, wird am Ende nur noch nach rechtlichen Maßstäben aufgelöst.

Gerade bei Scheidungsauseinandersetzungen wird betont, „daß der Konflikt häufig in einem zu frühen Stadium an rechtliche Instanzen herangetragen wird. Die Parteien geben damit eigene Lösungen, die an persönliche Bedürfnisse und die Geschichte der persönlichen Beziehung geknüpft sein können, zu früh zugunsten einer ‚objektiv gerechten' Lösung auf. Durch diesen Verlust an Eigenständigkeit begeben sich die Betroffenen der Möglichkeit einer persönlichen Lösung des Konfliktes."[191] Folge einer frühen Weichenstellung ist so eine Verfestigung der rechtlichen (Behandlungs-)Tendenz, die als Barriere für andere Konfliktsichten und -lösungen wirkt[192].

Mit der (schrittweisen) Preisgabe *autonomer* Entscheidung bei der Verrechtlichung finden auch die Interessen der Parteien nur noch Berücksichtigung, soweit sie sich in rechtlichen Ansprüchen formulieren lassen. Kreative, für beide Seiten vorteilhafte Lösungen werden vernachlässigt, während sich immer mehr der „Gewinn" der einen Seite als „Verlust" der anderen Seite darstellt (Nullsummenspiel)[193], bis schließlich das Gericht endgültig eine „Alles-oder-Nichts"-Entscheidung trifft[194].

Die rechtlich richtige Lösung ergibt sich aus einer Analyse des bisherigen Konfliktgeschehens, während für zukünftige Entwicklungen und damit Gestaltungsmöglichkeiten kein Platz ist. *Die Vergangenheit wird aufgearbeitet, nicht die Zukunft gestaltet.*

2. Entrechtlichung

Es gibt nun auch die andere, extreme Situation: Eine Konfliktkonstellation wird als rechtlich erfaßter Bereich nicht erkannt, Rechte,

191 *Mähler/Mähler*, in: *Krabbe*, S.151; Vgl. auch MünchKomm/*Hinz* § 17 KJHG Rz.14: „Bei einer prozeßhaften Sicht der Scheidung ist davon auszugehen, daß eine angemessene ‚Weichenstellung' in den frühen Phasen des Scheidungsgeschehens positive Auswirkungen auf die Entwicklungen in der Nachscheidungssituation hat."

192 Vgl. oben II.

193 Näher dazu unten § 9 III. 1.

194 So z.B. speziell zur gerichtlichen Behandlung von Scheidung und Scheidungsfolgen *Mähler/Mähler*, in: *Krabbe*, S.152

die mit der eigenen Position verbunden sind, werden so nicht wahrgenommen. Mindestens eine Partei definiert den Konflikt damit nicht als *Rechts*problem, sondern als *Sozial*problem[195]. Soweit die Problemdefinition die weitere Richtung der Konfliktbehandlung tendenziell prägt, besteht nun die Gefahr, daß die sozialen Aspekte der Auseinandersetzung überbetont werden und einseitig dominieren, während andere Aspekte ausgeblendet werden. Das bedeutet insbesondere auch, daß dort, wo Recht eben *Rechte* gewährt, die der schwächeren Partei zu einem (Verhandlungs-)Machtausgleich[196] und, soweit das fehlschlägt, zu einer Durchsetzung ihrer Position vor Gericht verhelfen können, ihr *diese* Möglichkeit verborgen bleibt oder zumindest in den Hintergrund gedrängt wird. Die *Ent*rechtlichung birgt so die Gefahr, ein bestehendes Machtungleichgewicht zu zementieren, Recht(e) leerlaufen zu lassen.

Was hier an möglichen Konsequenzen dargestellt wurde, muß sich nicht – oder nicht in diesem Ausmaß – verwirklichen. Es sind vielmehr die Extrempunkte eines mit der Definition als rechtliches oder soziales Problem eingeschlagenen Weges. Es sind *Tendenzen*, die das Spektrum *anderer* Perspektiven auf den Konflikt begrenzen, nicht unbedingt jedoch ausschalten. Ob man ihnen dort, wo sie nicht angebracht sind, entgegenwirken kann, ist auch Gegenstand dieser Arbeit. Kann Mediation die Konfliktbehandlung für andere Aspekte öffnen oder offen halten, *nachdem* Recht bereits das Verhandlungsgeschehen beherrscht? Oder bedeutet die Öffnung für über das Recht hinausgehende (Interessen-)Perspektiven auf den Konflikt (z.B. in einer Mediation) eine Gefährdung der rechtlichen Position?

3. Betonung von Aspekten statt Erfassung des gesamten Konfliktspektrums

Verrechtlichung und Entrechtlichung zeigen sich so als Prozesse, die jeweils andere Aspekte des Konflikts betonen. Zwei Punkte sind hier zu klären. Am konkreten Konflikt ist zu bemessen, ob die

195 So vereinfachend unterscheidet auch *Blankenburg* in: *Blankenburg/Kaupen*, S.245

196 Ausführlich dazu unten § 11 I.

richtigen Aspekte betont werden (a) und weiter, ob sie *über*betont werden (b).

a) Verrechtlichung oder Entrechtlichung sind als Tendenzen gerechtfertigt[197], soweit die ihnen zugrundeliegende, anfängliche Definition (als Rechts- bzw. als Sozialproblem) den Konflikt (tendenziell[198]) *adäquat* erfaßt. Sie sind dann nichts anderes als die (zunehmende) Konzentration auf das Wesentliche, auf die Hauptaspekte. Umgekehrt: Ist die Problemdefinition inadäquat, so geht die Konfliktbehandlung nicht nur (zunächst) am Kern der Sache vorbei, sondern überlagert und verdeckt ihn durch die Verselbständigung des eingeschlagenen Weges immer mehr[199]. Es kann also nicht darum gehen, Verrechtlichung oder Entrechtlichung als solche abzulehnen, sondern es ist eine dem jeweiligen Konflikt entsprechende *Wahl* des Weges zu treffen[200].

Frank Sander's Vision des „multidoor courthouse" will genau dies erreichen: „The key feature of the multidoor courthouse is the initial procedure:

---

197 Man sollte es sich jedoch nicht zu leicht machen und immer gleich von der Verschwendung der „Resource Recht" in den *in*adäquat verrechtlichten Fällen sprechen. Der *Rechts*weg ist in 19 IV GG auch für solche Fälle eine garantierte *Möglichkeit*. Inadäquate Wege der Konfliktbehandlung sollten jedoch Anlaß zur Frage sein, ob nicht *bessere* Möglichkeiten angeboten werden können.

198 Gerade weil der Konflikt einer Entwicklung unterliegt, in deren Verlauf sich die Perzeption der Parteien fundamental ändern kann, ist es nicht unproblematisch, von der adäquaten Erfassung *des* Konfliktes zu sprechen.

199 Durch die Verselbständigung der Konfliktdefinition kann zu einem späteren Zeitpunkt aus einer zunächst inadäquaten Problembehandlung ein (dann leider) adäquater Weg der Konfliktbehandlung werden, da die ursprünglich im Vordergrund stehenden Aspekte nunmehr endgültig verschüttet sind. Ist die Beziehung beispielsweise durch lange, rechtlich ausgetragene Auseinandersetzungen zerstört, so ist eben der Richterspruch die einzige (Auf-)Lösungsmöglichkeit.

200 Ein Vorschlag von *Eike Schmidt* KritV 1989, 308 ff. für den Zivilprozeß geht in diese Richtung, indem je nach Konflikttyp Recht mehr oder weniger thematisiert wird: Im Gegensatz zu dem individualisierungsfeindlichen „entscheidungsorientierten Massenkonflikt" (315) ließen sich als weiterer Konflikttyp generalisierungsfeindliche *Individual*konflikte abgrenzen, wo sich „der Rekonstruktions- [= Rechtsanwendungs-] und der Beilegungsaspekt ineinander" verschränken.

intake screening and referral. Here disputes are analyzed according to various criteria to determine what mechanism or sequence of mechanism would be appropriate for the resolution of the problem."[201] Ein entsprechendes Anliegen – allerdings wesentlich beeinflußt von dem Vorhaben der Entlastung der Gerichte – hat auch die „Schnittstellen"-Diskussion in Deutschland: „Gesellschaftliche Entwicklungen geben immer nur das Potential an rechtsrelevanten Konflikten vor. Ob diese tatsächlich vor die Gerichte gelangen oder aber vorweg geregelt werden, hängt davon ab, in welcher Form und Qualität außerforensische Konfliktformen existieren, wie gut sie funktionieren und welche Akzeptanz sie genießen. Dies bedeutet für die Rechtspolitik, daß der Geschäftsanfall der Gerichte nicht eine durch gesellschaftliche Determinanten vorweggegebene Größe ist, sondern daß er mit dem Angebot an gerichtlichem Verfahrensaufwand auf der einen Seite, der Ausgestaltung der Schnittstelle zwischen außer- und innergerichtlicher Konfliktregelung auf der anderen gesteuert werden kann. Ziel der Rechtspolitik muß sein, diese Schnittstelle als Filter zu gestalten, der nur die für die Gerichte als relevant erachteten Fälle vor die Justiz gelangen läßt."[202]

Der Möglichkeit der anfänglich inadäquaten Problemerfassung sollten darüber hinaus Korrekturwege gegenüberstehen; eine Tendenz – Verrechtlichung oder Entrechtlichung – sollte während der Konfliktbehandlung umkehrbar sein.

b) Selbst bei adäquater Einordnung des Konflikts ist damit jedoch höchstens der Schwerpunkt der Auseinandersetzung getroffen. Was als Rechtsproblem schwerpunktmäßig adäquat eingeordnet ist, enthält – damit untrennbar verbunden und nur analytisch abgrenzbar – weitere, nicht rechtlich faßbare, „soziale" Aspekte, Beziehungsaspekte, die bei der Konfliktbehandlung u.U. nicht vernachlässigt werden wollen – und umgekehrt. Eine grundsätzliche Frage ist daher, ob ein solcher dominierender Konfliktaspekt und der daraus resultierende (Rechts-)Weg der Konfliktbehandlung ganz oder teilweise ausschließlichen Charakter hat. *Müssen*, um einem Problemaspekt gerecht zu werden, andere Aspekte ausgeblendet werden? Können Beziehungsaspekte eines Konfliktes nur behandelt werden,

201 *Goldberg/Sander/Rogers*, S.432

202 *Blankenburg* in: *Blankenburg/Simsa/Stock/Wolff* (Bd. 1), S.11; das „Schnittstellenprojekt" (*Strempel* in: *Krabbe*, S.244) untersucht das Verhältnis der gerichtlichen zur außergerichtlichen Konfliktlösung im Rahmen der „Strukturanalyse der Rechtspflege" des Bundesministeriums der Justiz.

wenn Recht oder die Chance auf Recht dabei auf der Strecke bleiben? Kann Recht nur verfolgt werden, eine Auseinandersetzung nur dann in Richtung auf *Entscheidungs*reife gebracht werden, wenn konsequent andere Konfliktaspekte ausgeblendet werden? Inwieweit stehen sich hier *unvereinbare* Wege gegenüber?

Eine These dieser Untersuchung ist, daß sich zwischen einem Streit*entscheidungs*gegenstand – im Hinblick auf einen späteren oder bereits begonnenen Zivilprozeß – und einem Streit*behandlungs*gegenstand – im Hinblick auf eine möglichst vielen Aspekten gerecht werdende Konfliktbehandlung – unterscheiden läßt. Der weitere Streitbehandlungsgegenstand, der zunächst der Konfliktbehandlung zugrunde zu legen ist, hält den Konflikt für über das Recht hinausgehende Aspekte, insbesondere eine Interessenlösung offen, während der Streitgegenstand auf die Thematisierung von Recht begrenzt.

IV. Ausblick

Ziel von Mediation ist es, die Parteien bei ihren Verhandlungen in Richtung auf eine Einigung zu unterstützen. Der Mediator wird als Dritter jedoch erst hinzugezogen, wenn die Verhandlungen zum *Problem* geworden sind, insbesondere wenn sie bereits gescheitert sind. Eine Untersuchung von Mediation muß unmittelbar bei dem Problem ansetzen, dessen Lösung Mediation für sich in Anspruch nimmt. Die Analyse der Verhandlung der Parteien und der (möglichen) Gründe ihres Scheiterns ist die Voraussetzung, um die Möglichkeiten und Grenzen von Mediation zu verstehen.

Als nächstes steht daher der erste Schritt der beschriebenen Genese der Konfliktbehandlung durch die Parteien, die Verhandlung, im Vordergrund. Erst wenn diese *autonomen* Verhandlungen keine Einigung über eine Beilegung der Auseinandersetzung erreicht haben, wird – bei entsprechender Verrechtlichung – das Gericht als Dritter zu einer (nunmehr fremdbestimmten) Entscheidung berufen. Verfahren alternativer Konfliktbehandlung, die eine Mediationskomponente enthalten, also ohne eine Dritt*entscheidung* verlaufen und durch die Mithilfe des Dritten eine *Einigung* der Parteien in Aussicht stellen, nehmen für sich in Anspruch (zumindest in bestimmten Konstellationen) *mehr* zu leisten, als es den Parteien allein möglich ist. Ausgehend von den Verhandlungsperspektiven, die das Verhalten der Parteien bestimmen, ist so insbesondere zu klären, welche *Barrieren* einer Verhandlungs*lösung* im Wege stehen. Dabei wird im Anschluß an die dort festgestellten Ergebnisse jeweils auf die Möglichkeiten von Mediation verwiesen, mit den entsprechenden Verhandlungsbarrieren (besser als die Parteien ohne Verhandlungshilfe) umgehen zu können.

3. Kapitel
Die Verhandlungslösung

Verhandlungen sind im Rahmen dieses Themas die Interaktion zwischen den Konfliktparteien, um über eine von beiden getragene Einigung ein besseres Ergebnis insbesondere als durch eine gerichtliche Auseinandersetzung zu erzielen[203]. Verhandlungsphase und prozessuale Auseinandersetzung – diese nur mit formelleren Rahmenregeln – sind vom *Verhalten* der Parteien geprägt. Sie entscheiden in der Verhandlungsphase, welche Normen sie anrufen – Verrechtlichung oder Entrechtlichung –, welche Angebote sie machen und welche Verfahrensschritte sie einleiten. Erst mit der Abfassung des Urteils, der gerichtlichen Entscheidung, ist der Konflikt endgültig[204] auf die Anwendung *rechtlicher* Normen durch einen *Dritten* beschränkt.

Das Verhalten der Parteien im Konflikt schließt rational faßbare und rational nicht faßbare Elemente ein. Sie können beispielsweise versuchen, so viel wie möglich für sich (finanziell) herauszuholen; sie können aber auch im Konflikt oder *durch* den Konflikt Gefühle artikulieren (wollen), ihrem Ärger Luft machen usw.. Da die *rational* faßbare Komponente des Verhaltens etwas zu erreichen sucht, Ziele verfolgt, an deren Einlösung die jeweilige Partei subjektiv Erfolg oder Mißerfolg ihres Ergebnisses abmißt, wird sie hier als *instrumentelle* Verhaltenskomponente bezeichnet. „Rational" beinhaltet hier keine Wertung, da diese Ziele nicht von jedem Beobachter als rational anerkannt werden müssen. Auch eine angestrebte Entschuldigung, die manche mangels materiellen Wertes als irrationales Ziel bezeichnen würden, ist (zumindest) rational *faßbar*.

Die rational nicht faßbare[205] Verhaltenskomponente wird hier als *emotionales*[206] Konfliktverhalten bezeichnet. *Beide* – die instrumentelle (dazu § 9) und die emotionelle Verhandlungsperspektive (dazu § 7) bestimmen das Verhalten der Parteien in der konkreten

203 Definition auf der Grundlage von *Lax/Sebenius*, S.11

204 Abgesehen von Berufung und Vollstreckung

205 Sie ist deswegen keineswegs *irrational*; ausführlich *Röhl* Rechtssoziologie, S.466

206 Ebenso *Röhl* a.a.O.

Auseinandersetzung und sind daher als Schlüssel zu einer Konfliktbehandlung der Analyse der Verhandlung zugrundezulegen. Zusätzlich ist für den Verlauf eines Konfliktes auch die kulturelle Prägung, das *erlernte* Konfliktverhalten (dazu § 8) als ständig präsentes (Hinter)-Grundmuster entscheidend.

Nach der Darstellung der drei Perspektiven auf das Verhandlungsverhalten der Parteien sind als Ansatzpunkt für die Arbeit eines vermittlenden Dritten die Barrieren darzustellen, die einer Einigung im Wege stehen können (§ 10). Verhandlungsmacht als wesentlicher Einflußfaktor in Verhandlungen ist zum Abschluß dieses Kapitels zu behandeln (§ 11).

§ 7 Emotionelles Konfliktverhalten

In der Regel wird das instrumentelle, zielbezogene Verhandeln als Mittelpunkt angesehen. Selbst daß eine Partei eine Entschuldigung der anderen Seite erreichen will, mag man nach eigenen Präferenzen als irrational *bewerten*, gleichwohl handelt es sich aber um ein sachliches, rational faßbares Verhandlungsziel. Die instrumentelle Seite ist jedoch nur ein Teil der Verhandlungswirklichkeit. Auslösend, bestimmend, begleitend, verändernd, überlagernd oder verdrängend kommen *Gefühle* hinzu[207]. In diesem Zusammenhang muß folgende Definition genügen: Gefühle sind Ausdruck der Bedeutung von Wirklichkeit oder Möglichkeit in einem und für einen Menschen[208]. Die rein subjektive gefühlsmäßige Bewertung kann nicht nur diffus eine *Gesamt*situation erfassen, nach der man „sich fühlt". Gefühle können sich auch auf alle einzelnen Aspekte beziehen – einschließlich eben der in einem Konflikt verfolgten Ziele (I.) und der anderen Partei (II.).

207 Zur Fiktion des rationalen Verhandlungsmodells *Haft*, S.185 f
208 Ähnlich *Röhl* Rechtssoziologie, S.466

I. Sachbezogene Emotionen

Rational erschöpft sich die Bewertung eines Verhandlungszieles neben der Frage des möglichen Grades der Durchsetzung, des „Erfolges", spätestens mit der Feststellung der Konsequenz von Gewinn oder Verlust – Vermögenseinbuße, Veränderung der Lebensführung, Konkurs etc.. Eine Beurteilung, ein Urteil ist möglich: Hier lassen sich Gründe angeben, auf die man sich beziehen kann. Die *gefühlsmäßige* Bedeutung eines angestrebten Zieles für einen Menschen ist für jeden Anderen jedoch ohne (rational nachprüfbaren) Bezug; er kann sie nur *nach*zuempfinden versuchen, *seiner* rationalen Einschätzung ein „passendes" Gefühl zuordnen, und sie (im Vergleich) so als adäquat oder inadäquat bewerten[209].

Die gefühlsmäßige Bedeutung des Ziels der Verhandlung nimmt Einfluß auf ihren Verlauf. Die Gefühle äußern sich.

– Zunächst sind Gefühle ein Filter, der die Wahrnehmung rationaler Gesichtspunkte beeinflußen kann. Eine von der Sache her bedeutende Konzession der anderen Seite wird gefühlsmäßig als völlig irrelevant empfunden.

– Gefühle äußern sich in emotionellem Verhalten – Wut, Aggression, Angst etc.. Jede Verhandlung wird mit einem bestimmten emotionellen Ausdruck geführt, der hier als Einsatz oder Engagement bezeichnet werden soll. Ein solches Engagement für (s)eine Sache kann bis zur Verdrängung der Sache reichen. Je mehr die emotionelle Verhaltenskomponente überhandnimmt, desto weniger Chancen hat eine sachliche Lösung. Pure Aggression läßt keine Argumente mehr zu.

– Kompliziert wird dies allerdings insbesondere noch durch zwei Faktoren: Einerseits muß emotionelles Verhalten nicht als solches erkennbar sein. Dominierende Aggression kann sich hinter einer rationalen Fassade verbergen. Hinter mangelnder Reaktion kann bis zur Apathie lähmende Angst oder Verzweiflung stecken. Andererseits ist (kontrollierte) Emotion ein *taktisches* Mittel. Jeder sich als emotionell gebärdende Schritt kann in Wahrheit ein rein instrumentelles Verhalten überdecken und so zu unterstützen suchen.

---

209 Vgl. zu dieser Unterscheidung *Röhl* Rechtssoziologie, S.466 ff

Daß alle beschriebenen Phänomene sich wechselseitig zwischen den Parteien verstärken können, bedarf keiner Erläuterung.

II. Personenbezogene Emotionen

Nicht nur die Sache selbst, sondern auch die andere Seite als Person ist Gegenstand gefühlsmäßiger Einschätzung und damit auch Reaktionen. Das ist analytisch von ihrer strategischen Beurteilung (was sich sachlich in einem bestimmten Verhandlungsschritt verbirgt und wie darauf instrumentell am besten zu reagieren ist) zu unterscheiden; tatsächlich ist es jedoch – auch auf Grund der wechselseitigen Beeinflußung – kaum auseinanderzuhalten. Die andere Partei kann emotionell akzeptiert oder (in unterschiedlichem Maße) abgelehnt werden, mit der Folge, daß diese Gefühle auf die Verhandlung ebenso wie gerade beschrieben einwirken. Die Einschätzung der Person kann den Blick für die Sache verstellen; sie kann die Sache selbst verdrängen oder von Anfang an der Konflikt *sein.*

Besonders ausgeprägt ist hier die Tendenz zur wechselseitigen Auswirkung bis zur *Eskalation* der personenbezogenen Emotionen. Sie begleiten die Verhandlung zu *jedem* Zeitpunkt, da alle Mitteilungen der Parteien immer auch – meist unausgesprochen – eine Einschätzung des Anderen und damit, soweit sie negativ ist, einen Angriff auf sein Selbstgefühl enthält[210]. Das kann heftige Reaktionen auslösen, so nichtig der Anlaß in der Sache auch sein mag. Dominieren die personenbezogenen Gefühle, so spricht man am besten von einem *Beziehungskonflikt*[211].

III. Möglichkeiten des Umgangs mit Emotionen in der Konfliktbehandlung

Gegenstand dieser Abhandlung ist die Behandlung von Konflikten, die sich als zivilrechtliche Streitigkeit formulieren lassen. Emotionen sind nun ein graduell unterschiedlich ausgeprägter Bestandteil dieser Konflikte – von die Sache nicht berührenden Begleiterscheinungen bis hin zum reinen Beziehungskonflikt, der die Sache nur-

210 *Watzlawick/Beavin/Jackson*, S.53 ff
211 Ebenso *Röhl* Rechtssoziologie, S.467

mehr als Vorwand betreibt. Welcher Stellenwert soll der emotionellen Seite des Konflikts zukommen? Man kann sie als eigenständiges Problem *neben* der sachlichen Auseinandersetzung wegdefinieren und sie den dafür zuständigen Berufsguppen – etwa Psychologen überlassen. Damit ignoriert man jedoch, daß instrumentelles und emotionelles Konfliktverhalten vielfältig miteinander verknüpft sind. Eine weitere Möglichkeit ist, die *identifizierbaren* Auswirkungen auf die Sachbehandlung aufzufangen und zu korrigieren, im übrigen jedoch die involvierten Emotionen weiter auszublenden. Schließlich können sie als untrennbarer Bestandteil von Konflikt angenommen und in seine Behandlung integriert werden. Hier reicht das Spektrum von der Gelegenheit für die Parteien, die Emotionen überhaupt anzusprechen, sie zu äußern, über die aktive Förderung ihrer Aufdeckung bis hin zum Anspruch, sie zu „lösen", die Parteien zu versöhnen[212].

Mediation versucht hier meist einen mittleren Weg gehen. Sie bietet Gelegenheit zur *Äußerung* von Gefühlen, ohne daß es zur Eskalation kommen muß. Am Beispiel der Familien-Mediation, die ohne die Adressierung von Gefühlen ihr Ziel verfehlen würde, wird das am Ende dieser Untesuchung noch ausführlicher dargestellt[213].

§ 8 Erlerntes Konfliktverhalten

Ein weiteres Grundmuster, welches das Verhalten der Parteien bei der Konfliktbehandlung prägt, läßt sich abgrenzen. Ihre Schritte erwachsen nicht nur aus dem Zusammenspiel von dem, was sie erreichen wollen (Sachziel-bezogenes oder instrumentelles Konfliktverhalten), und dem Ausdruck ihrer gefühlsmäßigen Beteiligung (emotionelles Konfliktverhalten). Gerade für die *Form* der Auseinandersetzung, insbesondere z.B. die Wahl des Gerichts als Forum, ist es nicht nur entscheidend, ob sie sich davon für ihre Ziele *mehr* versprechen oder ob der Streit emotionell (mittlerweile) so belastet ist, daß eine sachbezogene Verhandlungslösung nicht mehr möglich erscheint. Die (Verfahrens-) Schritte der Parteien

212 Vgl. das Reconciliation-Projekt unten § 12 II. 4.
213 Vgl. unten § 20 IV. 3.

werden auch von dem, was *üblich* ist, was ihnen *bekannt* (genug) ist, bestimmt. Konfliktbehandlung ist Ausdruck kultureller Prägung[214] und kulturellen Kontextes[215].

Dieses Spektrum soll hier unter dem Begriff *erlerntes Konfliktverhalten* zusammengefaßt werden. Letztlich handelt es sich hier um die von der gesamten sozialen Lebenswelt – Erziehung[216], Verhalten der anderen, Traditionen, soziale Normen – vorgeprägte Vorstellung, wie ein Konflikt zu handhaben ist, welche jede Partei *unabhängig* vom konkreten Fall in einen Konflikt hereinträgt. Es geht an dieser Stelle nicht darum, *was* aus diesem breiten Spektrum für die jeweilige Prägung entscheidend ist, sondern um die einfache Tatsache, *daß* auch – im weitesten Sinne – erlerntes Verhalten die Form und Richtung der Auseinandersetzung (mit)bestimmt. Konflikte sind keine von der sozialen Welt getrennte Einheiten. Streit, die

---

214 Ein Extrembeispiel ist die javanische Gesellschaft, in der ein Konflikt überhaupt nicht gerechtfertigt werden kann, selbst nicht unter Berufung auf sonst anerkannte Normen wie Treue oder Gerechtigkeitsgefühl, *Magnis-Suseno*, S.66; vgl. z.B. auch *Soong-Jong* in: *Rehbinder/Sonn*, S.27: „Die vom konfuzianischen Denken durchdrungene koreanische Lebensweise hält ... die Koreaner sogar während der Aufnahme modernen westlichen Rechts immer noch davon ab, über die konfuzianische Regel der ‚Höflichkeit' hinauszuwachsen. Diese Lebensweise führt dazu, daß die Koreaner immer noch von der außergerichtlichen Streitbeilegung Gebrauch machen." Zum Recht als „Antithese" von Tugend, Frieden und Harmonie in koreanischer Vorstellung vgl. *Fikentscher* Methoden des Rechts Band I, S.200 f. Zur Entwicklung von „popular legal culture" in den USA *Yngvesson* 98 Yale L. J., 1689.

215 Vgl. zum kulturellen Kontext von Schlichtung in der Rechtsanthropologie *Nothdurft/Spranz-Fogasy* ZfRSoz 7, 31 ff

216 Vgl. aus der ethnologischen Literatur z.B. *Evans-Pritchard*, S.151 zu den Nuer: „From their earliest years children are encouraged by their elders to settle all disputes by fighting and they grow up to regard skill in fighting the most necessary accomplishment and courage the highest virtue"

Wahl des Streitforums[217], Eskalationsmechanismen und die Formulierung von Ansprüchen sind kulturelles Verhalten[218].

Eines der Hauptprobleme und damit der Hauptangriffspunkt gegen ADR in den USA ist die verhältnismäßig geringe Akzeptanz durch die Bevölkerung[219]. Das kann – ebenso wie in Deutschland – damit zusammenhängen, daß Schlichtungsstellen einfach nicht bekannt genug sind oder daß die angebotene Form der Konfliktbehandlung, wie z.B. im Fall der community justice, in Zielsetzung und Ausgestaltung inadäquat ist[220]. Ein weiterer Grund könnte in einer *kompetitiven* Grund-Einstellung liegen, die das Konfliktverhalten von großen Bevölkerungsgruppen beeinflußt. Untersuchungen in den USA beispielsweise über das Verhalten bereits von Schulkindern deuten in diese Richtung[221].

Dieses erlernte kompetitive Konfliktverhalten beeinflußt insbesondere auch das Verhalten der juristischen Profession. In den USA werden traditionell die „adversarial legal skills"[222] in der juristi-

217 Auch das Angebot von Möglichkeiten der Konfliktbehandlung gehört zur „Rechtskultur". Die Unterschiede in der Inanspruchnahme der Gerichte zwischen europäischen Rechtssystemen lassen sich – so *Blankenburg* in: *Blankenburg*, S.13 unter Bezug auf die Untersuchungen zu diesem Thema im gleichen Band – im wesentlichen durch den Zugang zum Recht und die Alternativen zu den Gerichten erklären. So können in einem Land Fallgruppen in der Justizstatitik auftauchen, die in einem anderen Land von Schlichtunggsstellen verhandelt werden.

218 *Merry* 100 Harv. L. Rev., 2063; die Studie von *Merry/Silbey* 9 Just. Sys J., 153 f über das Konfliktverhalten amerikanischer Arbeiter- und Mittelklassefamilien in Nachbarschaft und Familie ergibt z.B., daß informelle, gesprächsweise Konfliktbehandlung nicht mehr verlangt wird, sobald eine öffentliche Institution eingeschaltet und der Streit in Rechte und Prinzipien umformuliert wurde.

219 Das gilt vor allem für die Akzeptanz von community justice, die ohne gerichtliche Verweisungen kaum in Anspruch genommen wird, vgl. nur *Yngvesson* 98 Yale L. J., 1703

220 Vgl. unten § 18 V. 2.

221 Vgl. nur *Dieffenbach* 7 Ohio St. J. on Disp. Resol., 261 ff mit zahlreichen Nw. zu kulturvergleichenden Studien über kompetitive oder kooperative Verhaltensweisen von Kindern

222 Zu „omnipresence of the adversary model" berichtet *Menkel-Meadow* 19 Fla. St. U. L. Rev., 17 ein Beispiel aus ihrer Tätigkeit als Mediator für die Asbestos Claim Facility: Eine Partei „filed an ADR proceeding against ...", obwohl es sich um Mediation handelte.

schen Ausbildung betont[223]. „The virtues of the adversary system are so deeply engrained in the American legal psyche that most lawyers do not question it."[224]

Daher die Forderung: „The teaching of nonadversarial legal skills needs to be conducted with the same thoroughness and effort which now characterize the teaching of legal advocacy, and the adversary system. Interviewing, counseling, and negotiating skills are not possessed in equal measure by everyone, but they are skills which can be learned. If law schools were to include in the curriculum courses devoted to interviewing and successful counseling, society could reap tremendous rewards in terms of the number of disputes which could be avoided, settled and kept out of court."[225]

Tatsächlich gibt es mittlerweile an den meisten Law Schools Kurse über negotiation und dispute resolution, begleitet von den entsprechenden Lehrbüchern. Das Havard Negotiation Project und das Stanford Center on Conflict and Negotiation haben sich – neben anderen – als interdisziplinäre Forschungszentren etabliert[226].

Für Deutschland spielt die Betonung von „adversarial skills" aufgrund der unterschiedlichen Struktur des Zivilprozesses bei weitem nicht in gleichem Maße eine Rolle. Zumindest aber läßt sich ebenso sagen, daß in der juristischen Ausbildung kooperatives Verhandlungsverhalten und Mediation *keinen* Platz haben. Als eine der Hürden auf dem Weg zur Kooperation in Verhandlungen wird sich die *fehlende Vorstellung* erweisen, *daß* es überhaupt eine für *beide* Seiten vorteilhafte Lösung (Win-Win-Situation) in Konflikten geben könne[227].

Ist die kooperative Verhandlung als zumindest ein Konfliktbehandlungsansatz nicht in die Ausbildung integriert, so spricht in der Praxis die Vermutung für eine Ausstrahlungswirkung solcher fehlender Konfliktbehandlungs*möglichkeiten* auf die beratene Klien-

---

223 Vgl. *Riskin* 43 Ohio St. L. J., 29 ff; *Redmount* 59 Wash. U. L. Q., 872 ff

224 *Sward* 64 Ind.L.J., 301; vgl auch die Aussage eines „trial lawyer" in *Couric*, S.2; in dieser Richtung kritisch zur juristischen Ausbildung z.B. auch *Hegland* 32 J.Legal Educ., 69; einen Überblick über die Studien zum Verhalten von Anwälten gibt *Menkel-Meadow* 19 Fla. St. U. L. Rev., 33 Fn. 168

225 *Re* 31 Cath.U.L.Rev. 696 f; vgl. auch *Riskin* 43 Ohio St.L.J., 43 ff

226 Vgl. oben § 3 IV.

227 Vgl. unten § 10 I. 1.

tel[228]. Mit der Inanspruchnahme von juristischer Beratung wird dann nicht nur der Prozeß der Verrechtlichung des Konfliktes weitergetrieben, sondern in diesem Zuge auch tendenziell *kompetitives* Verhalten[229] gefördert.

Allein die Existenz von Mediation als Ergänzung der Möglichkeiten zur Konfliktbehandlung kann einen Beitrag zur Streitkultur leisten[230]. Erfahrungen mit Mediation könnten „Schule machen und die Bürger dazu ermutigen, das erlebte Modell der Konfliktschlichtung in ihrem Privat- und Arbeitsleben zur Anwendung zu bringen."[231]

§ 9 Instrumentelle Verhandlungsperspektiven

Die Parteien verhandeln „über" den Konflikt. Das bedeutet, daß sie ihn auf eine bestimmte Art und Weise betrachten, eine Perspektive beziehen, und diese dann versuchen der anderen Seite zu vermitteln, sie davon – und dem Nachgeben in diesem Sinne – zu überzeugen. In dem Kontinuum der Betrachtungs- und damit Kommunika-

---

228 Ähnlich *Riskin* 43 Ohio St. L. J., 43 ff und 57 ff zu den Auswirkungen der „standard philosophical map" von Anwälten

229 Zum kompetitiven Verhalten als Einigungsbarriere vgl. unten § 10 II.

230 Das bedeutet jedoch nicht, daß dadurch die Mobilisierung der Gerichte insgesamt wesentlich beeinflußt werden muß. *Blankenburg/Verwoerd* in: *Blankenburg*, S.321 weisen zu Recht am Beispiel des Vergleichs der Niederlande und Deutschlands darauf hin, daß eine entscheidende Rolle für die Häufigkeit von Prozessen neben der hierzulande „klägerfreundlichen Gebührenordnung" der Beratung als Element der „Bedingungen des Angebotes an Rechtsversorgung" zukommt. Umfangreiche Rechtshilfe erlaubt es Anwälten, sich auf die Beratung von Rechtshilfe-Klientel zu spezialisieren. Gegenüber dem deutschen Anwaltsmonopol können dazu in den Niederlanden Rechtsberatungen vom Sozialarbeiter über Gewerkschaften bis zu Verbraucherverbänden und öffentlichen Rechtsberatungsstellen für niedrige und mittlere Einkommensgruppen geleistet werden. Die Erfahrung zeigt dort, daß viele Fälle vermeidbarer Inanspruchnahme von Gerichten so herausgefiltert werden.

231 *Pfeiffer* ZRP 92, 345 zu den möglichen Konsequenzen von Mediation im Rahmen von Täter-Opfer-Ausgleich; vgl. auch unten § 19 a.E.

tionsmöglichkeiten sind (analytisch) drei Sichtweisen des Konflikts zu unterscheiden:

– Die Parteien können die Verteilung der *Macht*resourcen in das Zentrum der Verhandlung stellen und einer Einigung zustimmen, die ihre jeweilige Perzeption der Verhandlungsmacht der anderen Seite widerspiegelt.

– Eine weitere mögliche Perspektive ist es zu ermitteln, wer *recht* hat, und das Verhandlungsergebnis danach zu gestalten.

– Sie können auch ihre *Interessen* zugrundelegen – die sich mit der Rechts- und/oder Machtposition decken können, aber nicht müssen – und auf dieser Basis eine Einigung anstreben[232].

I. Verhandeln über Verhandlungsmacht

Wer das Recht auf seiner Seite hat, kann offenbleiben, wenn einer sich anders durchsetzen kann, wenn er *Macht* hat zu erzwingen. Das Mittel dazu sind insbesondere Drohungen oder gleichwertig das Bewußtsein der anderen Seite, daß man drohen *könnte*. Das Potential der möglichen Drohungen und die sonstigen Machtresourcen[233] können eine Verhandlung (vollständig) dominieren. Die Drohung, daß man sein Recht bei Gericht durchsetzen könne, ist allerdings eine äußerst wirkungsvolle, wenn sie nicht durch andere Machtresourcen neutralisiert wird.

Verhandlungsmacht begleitet den gesamten Verlauf von „litigotiation", dem Ineinandergreifen von Verhandlung und gerichtlicher Auseinandersetzung. Nur im unmittelbaren prozessualen Geschehen vor Gericht gilt das Prinzip der *Gleich*behandlung der Parteien, das Machtverhältnisse gerade neutralisieren soll. Das Urteil spiegelt idealerweise die Rechtslage wider, nicht jedoch die Machtverhältnisse der Parteien – sofern es zu einem Urteil überhaupt kommt und nicht mangelnde Verhandlungsmacht den Weg zu Gericht erschwert.

232 Diese Unterscheidung treffen auch Ury/Brett/Goldberg, S.4 ff
233 Zu den Elementen von Verhandlungsmacht § 11

II. Verhandeln über Recht

1. Die Durchsetzung (vermeintlicher) Rechte

Gegenstand dieser Untersuchung sind Konflikte, die einem Zivilgericht zur Entscheidung vorgelegt werden können. Sie haben also zumindest *auch* eine (zivil)rechtliche Seite. Sie bedeutet, daß bestimmte Merkmale der Verhandlungspositionen eine Bewertung nach der Rechtsordnung ermöglichen. Nach diesen Merkmalen kann einer Partei ein Anspruch – meist auf Änderung der Güterverteilung – zustehen. Sie hat ein Recht und somit *recht*. Nichts liegt also näher, als die andere Seite dazu zu bewegen, sich dem Recht freiwillig zu beugen. Auch Normen außerhalb der Rechtsordnung können jedoch als Maßstab dienen, wer recht hat. Die Parteien können ihr Begehren auf Konventionen, rechtlich nicht anerkannte Gewohnheiten, auf moralische Positionen stützen, durch Fairness rechtfertigen etc.[234]. Auch so kann eine Partei *meinen*, rechtzuhaben; teilt die andere Seite ihr Normenverständnis, *hat* sie auf der gemeinsamen Normenbasis recht. Nur steht hier kein Gericht bereit, für die Durchsetzung zu sorgen.

Das weist darauf hin, daß Rechte (im Sinne der Rechtsordnung) durch die mit ihnen verbundene Durchsetzungsoption gleichzeitig eine *Macht*resource darstellen[235]. Wer sein Recht nicht erhält, der klagt – zumindest ist das die ‚normale' Vorstellung von einer Auseinandersetzung um Recht. Eine Rechtsposition ist auch eine Machtposition, jedoch nur soweit ihrer Durchsetzung nichts im Wege steht, der Zugang zum Recht nicht erschwert ist.

2. Die Kritik an der Thematisierung von Recht

Aus der *Stärke* des Rechts, eine Position mit Anspruch und Durchsetzungsvermögen zu versehen, erwächst gleichzeitig auch der Ansatz zur *Kritik*. Der Vorwurf an das Denken (und damit Verhandeln) in Rechten ist gegen das daraus entstehende „Positionsdenken" gerichtet, das die Parteien in Ansprüchen und Einwendungen gegeneinander vorbringen. Das Recht ermögliche nur Entweder/Oder-

---

234 *Ury/Brett/Goldberg*, S.7
235 Ausführlich dazu unten § 11 I.

Entscheidungen, in deren Angesicht statt der Suche nach gemeinsamen Interessen nur eine sich verschärfende Polarisierung sich entwickle. Recht kann Gefahr laufen, „seinen dienenden Charakter zu verlieren und zum Korsett zu werden, die Betonung des Anspruchsdenkens entwickelt eine Dynamik von Gegnerschaft."[236] Da jede Form von Mitteilung, von offener Kommunikation, als Schwäche des ‚Gegners' ausgenutzt werden kann, wird sie tendenziell reduziert („Mit mir sprechen Sie nur noch über meinen Anwalt"). Auch dies reduziert das Ausloten von Interessenlösungen. Parallel dazu entsteht mit dem Verzicht auf Kommunikation ein zunehmender *Verlust von Autonomie* der Konfliktparteien. *Ihre* (mögliche) Lösung, die sich an eigenen Wertungen und Prioritäten orientiert, weicht einer vom objektiven Recht bestimmten, bewußt gerade andere Faktoren ausklammernden Verfahrenstendenz. Kommt es zu einem Urteil, so ist die Entscheidung über eine Beendigung des Konflikts endgültig den Parteien entzogen und einem Dritten übertragen.

Besonders bei der Ehescheidung, die als Konflikt durch die starke persönliche Dimension und die fortdauernde Beziehung und Verflechtung der Parteien (Unterhaltszahlungen, insbesondere aber gemeinsame Kinder) geprägt ist, werden diese nachteiligen Konsequenzen der Konzentration auf die Verhandlung und Entscheidung über Rechte und das damit verbundene Positionsdenken hervorgehoben:

> „Dem anderen wird vorgeworfen, was er Unrechtes tut, er wird damit abgewertet. Gerade wenn es um die Kinder geht und gefragt wird, wer der zur Erziehung Geeignetere sei, wird das Selbstwertgefühl beider Parteien angegriffen. Das führt leicht zur Eskalation des Konfliktes. Die psychische Scheidung als Voraussetzung für eine gedeihliche Zusammenarbeit des Paares in seiner bleibender Verantwortung als Eltern wird eher verhindert, weil keine Notwendigkeit besteht, den eigenen Anteil am Scheitern der Beziehung zu bearbeiten. Jeder kann eher in der freilich nur vordergründig entlastenden Position verharren, der andere sei schuld an der Trennung."[237]

Noch einmal: Es sind die *Stärken* des Rechts, die sich aus dieser Perspektive als *Schwächen* darstellen.

236 *Mähler/Mähler*, in: *Krabbe*, S.151 f
237 *Mähler/Mähler*, in: *Krabbe*, S.152

3. Mediation als Alternative

Als Antwort auf die Schwächen der kontradiktorischen Konfliktbehandlung, die auf *rechtliche* Positionen ausgerichtet ist, wird Mediation angeboten:

„Der mediative Ansatz bezieht sich polar auf das herkömmliche ‚kontradiktorische System'. Deshalb stehen den prägenden Elementen des klassischen Ansatzes jene des mediativen Ansatzes gegenüber: dem normativen Positionsdenken das bedürfnis- und leistungsbezogene Interessendenken, der richerlichen Drittentscheidung das persönliche Aushandeln der Lösung durch die Parteien selbst mit Unterstützung eines Mediators und dem anwaltschaftlich delegierten Parteienmodell das kooperative Verhandeln."[238]

Mediation versucht hinter die *Positionen* zu schauen, um die eigentlich die Parteien leitenden *Interessen* aufzudecken und bewußt in eine Konfliktbehandlung zu integrieren. Verhandlungen auf der Basis von Interessen sind im folgenden Abschnitt darzustellen[239].

4. Rechte als Bestandteil der Interessen einer Partei

Gleichzeitig ist jedoch ein Recht auch eine *Interessen*position. Was einer Partei zusteht, und was sie auch durchsetzen kann, das steht bei ihr bereits im Haben. Um darauf zu verzichten, muß man ihr etwas bieten. Das verlagert die Verhandlung dann von der Fokussierung auf Rechte auf die (breitere) Ebene der Interessen.

III. Interessen als Verhandlungsbasis

Jede Konfliktpartei verfolgt Interessen, meist nicht nur die, welche sie im Konflikt benennt[240]. Ausdruck finden ihre Interessen zumindest in der Formulierung eines rechtlichen Anspruchs. Das ist jedoch nur eine *Übersetzung* der Interessenperspektive in die rechtliche Perspektive, die nur eine bestimmte Anzahl möglicher Streitgegenstände kennt und daher notwendig (oft) eine Verengung und Verkürzung oder eine Verfremdung dieser Interessen bedeutet. Wer

238 *Mähler/Mähler*, in: *Krabbe*, S.154

239 Vgl. sogleich III.

240 Vgl. das Beispiel der Motive für eine Kündigungsschutzklage oben § 6 II. 2.

nach § 9 I MHRG als Mieter bei einer Mieterhöhung das Recht zur Kündigung hat, befördert damit nicht sein Interesse, ohne Mieterhöhung die Wohnung zu behalten[241]. Wer nach einer deliktischen Schädigung eine Entschuldigung will, muß spätestens bei Gericht dies in eine Schadensersatzforderung umformulieren.

Hegland[242] berichtet aus einer Anfänger-Lehrveranstaltung über Leistungsstörungen bei Verträgen von einem Übungsfall, den er zur Diskussion stellte. Ein Verkäufer hatte durch eine kleinere Lieferung als vereinbart den Käufer so erbost, daß dieser weitere Lieferungen und Zahlungen einfach ablehnte. Er wollte von seinen Studenten einige Theorien zu den Rechten des Verkäufers hören: „As is so often the case with first year students, I found that they were all either writing in their notebooks or inspecting their shoes. There was, however, one eager face, that of an eight year old son of one of my students. It seems that he was suffering through Contracts due to his mother's sin of failing to find a sitter. Suddenly he raised his hand. Such behaviour, even from an eight year old, must be rewarded. ‚OK' I said ‚What would you say if you were the seller?' ‚I'd say, ‚I'm sorry.'"[243]

Zu den hinter der (rechtlichen) Formulierung des Konfliktgegenstandes stehenden Interessen gehören alle Ziele, Bedürfnisse, Erwartungen, Wünsche, Gebrauchsmöglichkeiten, Befürchtungen, etc., was immerhin schon die Feststellung erlaubt, daß sie auf beiden Seiten nicht identisch sein werden. Rechte oder vermeintliche Rechte sind in der Regel auch Bestandteil der Interessen, da man tendenziell nicht auf etwas verzichtet, was einem „zusteht". Sein Recht will man allemal – es sei denn, es wird etwas besseres in Aussicht gestellt. Die Skala der Interessen ermöglicht nun solche Tauschgeschäfte: Etwas, das man weniger als der andere schätzt –

241 Beispiel von *Nelle*, S.54

242 *Hegland* in: *Himmelstein/Lesnick*, 69

243 *Goldberg/Sander/Rogers*, S.138 berichten von dem Absturz einer Maschine der Japan Air Lines im Jahr 1982: Nachdem der Präsident der Gesellschaft sofort nach dem Unfall die Familien der Opfer besucht hatte, um sich zu entschuldigen und Entschädigung anzubieten, wurde in keinem Fall Klage erhoben. Ein „peculiarly American twist on a well-entrenched Japanese practice", so *dies.*, S.139, war es jedoch, daß ebenfalls nach einem Absturz im Jahr 1985 sich Angestellte von Delta Air Lines als „Freunde" um die Familien der Opfer kümmerten, was auch in einer weitaus geringeren Klage-Quote resultierte. Nur benützten Delta-Anwälte dann in den dennoch folgenden gerichtlichen Auseinandersetzungen von den trauernden Familien (über deren „Delta-Freunde") erhaltene Informationen für ihre Zwecke.

auch ein (vermeintliches) Recht, gibt man her für etwas, das der andere wiederum weniger begehrt, man selbst jedoch um so mehr; unterschiedliche bzw. unterschiedlich gewichtete Interessen ermöglichen „tradeoffs"[244].

Um die Erfassung dieser (Interessen-)Seite von Verhandlungen (bzw. der zugrundeliegenden Konflikte) hat sich insbesondere die Spieltheorie und die Verhandlungstheorie bemüht. Einige Ergebnisse werden hier für unsere Zwecke nur äußerst verkürzt geschildert. Analytisch sind zwei Grundsituationen als Pole in einem Kontinuum bezogen auf ein mögliches Verhandlungsergebnis zu unterscheiden: Der Gewinn einer Partei ist gleichzeitig der Verlust der anderen Seite – Nullsummenspiel (1.), und das Ergebnis fördert die Interessen *beider* Parteien – Win-Win-Situation (2.).

1. Nullsummenspiel

Wenn der Verhandlungsgewinn einer Partei *gleichzeitig* für die andere Partei einen Verlust bedeutet, spricht man von einem *Nullsummenspiel* (zero-sum game). Jede Änderung der Ausgangssituation einer Seite, die diese als positiv ansieht, bedeutet eine Veränderung des status quo der anderen Seite, die diese wiederum im selben Verhältnis als negativ ansieht. Da es nur darum geht, wie der vorhandene, *begrenzte* Kuchen verteilt wird (distributional bargaining), eröffnet sich hier das Feld für die pure Verhandlungstrategie, in der die Parteien vor allem von den Erwartungen darüber geleitet werden, was die andere Seite nachzugeben bereit ist[245] und wie man sie dazu bewegt. Es geht um die *Aneignung von Wert* („claiming value"). Hat eine Partei den Gegenstand der Verteilungsauseinandersetzung vollständig in ihrem Besitz, so wird sie sich nur dann an Verhandlungen beteiligen, wenn die andere Seite über Machtmittel verfügt, in unserem Zusammenhang natürlich insbesondere die Möglichkeit der Anrufung eines Gerichts. Der Streit darum, wer das Recht auf seiner Seite hat und es durchsetzen kann, ist ein solches klassisches Nullsummenspiel. In dem Maße, in dem die eine Partei obsiegt, verliert die Gegenpartei.

244 *Fisher/Ury/Patton*, S.73 ff; *Lax/Sebenius*, S.92 ff.
245 *Schelling*, S.21

2. Win-Win-Situation

Attraktiver als ein Nullsummenspiel ist für die Parteien die Möglichkeit, bei der Behandlung des Konflikts durch interessengerichtetes Zusammenwirken einen *Kooperationsgewinn* zu erzielen, *Wert zu schöpfen* („creating value"). Eine solche als Win-Win-Alternative bezeichnete Situation setzt voraus, daß es jeder Partei möglich ist, einen Teil ihrer Position, den sie *weniger* schätzt, aufzugeben, um dafür von ihrem Gegenüber etwas zu erhalten, was für sie verhältnismäßig *mehr* wert ist[246]. Unterschiedliche Wertschätzung ermöglicht Wertschöpfung. Jede Partei verbessert ihre Position gegenüber einer Situation ohne Einigung. Gerade unterschiedliche Werte, Notwendigkeiten, Ressourcen, Gebrauchsperspektiven, Erwartungen etc. eröffnen Win-Win-Alternativen. Kooperationsgewinn hängt von der Fähigkeit jeder Partei ab, eigene Ziele zu realisieren, während sie gleichzeitig *andere* Bedürfnisse des Verhandlungspartners befriedigt. In einem vielzitierten Lehrbuchbeispiel[247], das sich zunächst als klassisches Nullsummenspiel darstellt und daher besonders die Notwendigkeit unterstreicht, auch in scheinbar eindeutigen Fällen noch hoffnungsvoll nach „joint gains" zu suchen, geht es um die Verteilung der einzigen Orange im Haus zwischen zwei Schwestern. Sobald sie erkennen, daß die eine nur an dem Saft interessiert ist, während ihre Schwester die Schale zur Zubereitung eines Kuchens benötigt, liegt die *beiden* Interessen dienende Lösung auf der Hand.

Ein Beispiel aus der Anwaltspraxis gibt *Ponschab*[248]: „In einem Restitutionsverfahren um ein Grundstück in der ehemaligen DDR herrscht zwischen den Erben des früheren (enteigneten) Eigentümers und dem Erwerber des auf diesem Grundstück ansässigen Handelsunternehmens Streit. Der Unternehmer will das Grundstück unbedingt weiter für sein Unternehmen nutzen und befürchtet, nach der Rückübertragung des Grundstücks mit einem Räumungsverlangen der Eigentümer konfrontiert zu werden. Um dies zu verhindern, stellt er einen Antrag auf Investitionsvorrangbescheid. Die Erben befürchten dagegen, daß im Rahmen des Restitutionsverfahrens

246 In einen allgemeineren Rahmen setzt das *Homans*, S.62: „...the open secret of human exchange is to give the other person behaviour that is more valuable to him or her than it is costly to you, and to get behaviour in return that is more valuable to you than it is costly to the other."

247 Vgl nur *Haft*, S.107

248 AnwBl. 1993, 432

festgestellt werden könnte, daß das Grundstück gemäß § 5 Abs.1 a VermG betriebsnotwendig für das Unternehmen, das sich darauf befindet, gewesen sei, so daß sie weder das Grundstück noch eine angemessene Wertentschädigung erhalten würden, sondern lediglich die Entschädigung nach § 9 Vermögensgesetz, die nach dem neuesten Stand des Gesetzgebungsverfahrens lediglich einen Bruchteil des wirklichen Wertes darstellen wird.
Um dies zu verhindern, warten die Erben mit einem eigenen Investitionsvorhaben auf. Gleichzeitig bekämpfen sie den von dem Unternehmen vorgelegten Investitionsplan und weisen auf erhebliche betriebswirtschaftliche Schwachstellen hin. Es besteht sogar die Gefahr, daß die Bank des Unternehmens, durch die Argumente der Erben zunehmend verunsichert, ihre Kreditzusage nicht erteilt. Diese Alles- oder Nichtssituation ist für beide Parteien bedrohlich: Für die Erben besteht die Gefahr, weder das Grundstück noch eine angemessene Abfindung zu bekommen. Das Unternehmen läuft dagegen Gefahr, das Grundstück räumen zu müssen und sein Vorhaben auch an anderer Stelle nicht verwirklichen zu können.
Gerade in solchen Alles- oder Nichtssituationen sind kreative Lösungen gefragt. Diese könnte im vorliegenden Fall z.B. darin bestehen, daß die Erben sich für den Fall der Rückübertragung bereiterklären, dem Unternehmen einen langfristigen Mietvertrag zu günstigen Bedingungen einzuräumen. Im Gegenzug würde der Unternehmer seinen Antrag auf Investitionsvorrangbescheid zurückziehen und die Betriebsnotwendigkeit im Sinne von § 5 Abs. a VermG nicht mehr geltend machen.
Durch diese Lösung bekäme letztlich jeder, was er wollte: Der Unternehmer erhält das Grundstück zur langfristigen Nutzung (und spart erhebliche Eigenmittel für den Erwerb), die Erben bekommen das Grundstück zurück und gleich dazu den Mieter."

3. Wege zu Wertschöpfung

Alle Verhandlungsergebnisse, die *beide* Parteien besser stellen, als wenn sie sich nicht geeinigt hätten, bilden den *Einigungsbereich*[249]. Die Begrenzungspositionen des Einigungsbereichs bilden dann jeweils die der Konfliktpartei bei *Scheitern* der Verhandlungen verbleibende aus ihrer Sicht günstigste Alternative – *BATNA* („Best Alternative to a Negotiated Agreement"[250]). Ihrer BATNA kann sie noch zustimmen, da sie so zumindest nichts verliert.

Dabei erfolgt die Bewertung der verschiedenen Handlungsmöglichkeiten aus der Perspektive der jeweiligen Konfliktpartei; sie ist *subjektiv*. In diese Bewertung kann nur einfließen, was sie als

249 *Lax/Sebenius*, S.48 ff.
250 *Fisher/Ury/Patton*, S.97 ff.

möglichen Wert für sich überhaupt *erkennt*. Die Wahrnehmung von unterschiedlich gewichteten Interessen ist die Chance für eine beiden Seiten vorteilhafte Einigung. Gleichzeitig ist subjektive Wahrnehmung eine *beeinflußbare* Größe und damit das Einfallstor für Manipulation oder die Demonstration von Macht – durch die andere Partei oder einen Dritten[251].

Die Chancen für eine wertschöpfende Einigung hängen davon ab, daß in der Verhandlung – oder mit Unterstützung eines Mediators – die unterschiedlichen Interessenpositionen aufgedeckt werden (a). Ein Einigungsbereich wird u.U. erst durch eine Erweiterung des Verhandlungsgegenstandes erreicht (b). Dabei sind die einzubeziehenden Positionen nicht unbedingt auf geldwerte Rechengrößen zu beschränken (c). Auch die Existenz eines *wahrgenommenen* Einigungsbereichs garantiert noch keine Einigung: Es verbleibt als Konfliktstoff die Verteilung des Kooperationsgewinns (d).

a) Die Bedeutung gegenseitiger Information für eine Einigung ist offensichtlich. Ohne Kenntnis der besonderen Bedürfnisse und Prioritäten der anderen Seite bleiben auch Austauschmöglichkeiten verborgen. Kommunikation ist daher das wesentliche Element für einen Erfolg der Verhandlung. Gelingt es den Parteien, sich über ihre Ziele zu verständigen, wachsen die Chancen für eine Win-Win-Lösung. Strategische Überlegungen und mangelndes Vertrauen hindern jedoch oft die im beiderseitigen Interesse liegende Kommunikation[252].

b) Auch wenn der *unmittelbare* Konfliktgegenstand sich (bis auf die Verfahrenskosten) als Nullsummenspiel erweist, insbesondere also bei der Auseinandersetzung um Rechtspositionen, können die Parteien immerhin den Verhandlungsgegenstand erweitern. So wird gleichzeitig die Auswahlbasis für den Austausch von Positionen vergrößert, die aufgrund von jeweils unterschiedlicher Wertschätzung eine von beiden Seiten als vorteilhaft angesehene Lösung ermöglichen. Insbesondere können dabei auch *zukünftige* Entwicklungen und Vorhaben einbezogen werden. Je weiter der Verhandlungsrahmen gezogen wird, und je größer damit die Palette von Positionen ist, aus denen die Parteien Verhandlungspakete (package

251 Dazu unten § 13 II. 2. c) bb) u.cc)
252 Dazu unten § 10 II. 1.

deals) schnüren können, um so wahrscheinlicher ist es, daß eine Win-Win-Lösung möglich wird.

c) Allerdings darf man Gewinn und Verlust hier nicht zu eng – etwa im Sinne von in Geldwert für (die jeweilige Partei) formulierbaren Rechengrößen – fassen. Emotionelle Werte sind mindestens ebenso wichtige Elemente bei der persönlichen Gewinn- und Verlustrechnung und damit bei der Entwicklung von für beide Parteien attraktiven Lösungen. Der Wunsch nach einer Entschuldigung oder umgekehrt das Bestreben, gerade kein Zugeständnis der Berechtigung der Gegenposition (u.U. verbunden mit einer solchen Entschuldigung[253]) zu machen, kann alle materiellen Positionen in den Hintergrund treten lassen.

d) Auch wenn sich ein Kooperationsgewinn erzielen läßt, handelt es sich nicht um eine feste Größe für beide Parteien. Es eröffnet sich eine Einigungs*zone*, in deren Bereich *jede* Lösung für beide Parteien einen Gewinn darstellt. Offen ist dann immer noch der jeweilige *Anteil* am Gewinn. Die Frage der Verteilung des (möglichen) Kooperationsgewinns kann – auch wenn es dafür durchaus rationale Lösungen gibt[254] – wiederum alle Schwierigkeiten eines als Nullsummenspiel empfundenen Konflikts mit sich bringen – womöglich jedoch nicht im gleichen Ausmaße.

Gleichzeitig stellt sich hier die rechtspolitische Frage, ob *jedes* in einem Einigungsbereich (nicht durch Täuschung oder Drohung) erzielte (Einigungs-)Ergebnis um der *gütlichen* Einigung willen wünschenswert ist. Was für die Theorie gleichwertig in die Interessenkalkulation einfließt, läßt sich auch in die Kategorien (Hauptsache-) Interessen und Elemente von Verhandlungsmacht einteilen. Unterschiedliche Risikofreudigkeit ist nicht nur ein Interesse, dem man durch Versicherungen oder Garantien Rechnung tragen kann, sondern gerade im Konflikt ein Ausdruck von Verhandlungsmacht, der einen von einer u.U. wohlbegründeten Forderung massiv abweichen läßt[255]. Damit ließe sich leben, wenn hier nicht ein Gefälle zwischen sozialen Gruppen verfestigt würde. Die optimistische Grundhaltung vieler Kompendien zur Verhandlungstheorie geht von im

253 *Ross/Stillinger*, S.6

254 Ausführlich *Röhl* Rechtssoziologie, S.456 ff m. Nw. zum Kaldor-Hicks-Kriterium S.458 Fn.1

255 Dazu unten § 11 II.

Prinzip informierten und grundsätzlich waffengleichen Verhandlungspartnern aus, denen man nur ein „tool", ein Werkzeug, zur Durchsetzung ihrer Interessen an die Hand geben müsse. Als Analyse der Möglichkeiten, Konflikte zu überwinden, ist das wichtig; die Konfliktwirklichkeit ist damit jedoch nur zum Teil erfaßt.

4. Konflikt als Kontinuum von Verhandlungskonstellationen

Nullsummenspiel und Win-Win-Lösung sind nur die Eckpunkte in einem Kontinuum von Verhandlungskonstellationen. Konflikte enthalten i.d.R. beide Elemente und unterscheiden sich daher nach dem Grad bzw. dem Ausmaß, in dem sie einer Win-Win-Lösung zugänglich sind. Auch wenn bereits alle Möglichkeiten, einen Kooperationsgewinn zu erzielen, genutzt wurden, kann ein verschieden großer Rest von Nullsummen-Anteilen verbleiben. Für die beiden Schwestern mag der „Orangen-Konflikt" gelöst sein[256]. Wenn die Orange allerdings nur Bestandteil eines ganzen Obstkorbes ist, auf den beide gleichzeitig Anspruch erheben, kann die Aufteilung des restlichen Früchte ein Nullsummenspiel sein: Jeder Apfel für die eine Seite fehlt der anderen Seite in ihrer Rechnung.

Auch ein Nullsummenspiel bekommt jedoch eine andere Perspektive, wenn man die *Kosten* einer Auseinandersetzung und die Möglichkeit der anderen Partei, die Verteilung zu ihren Gunsten mit Hilfe des Gerichts herbeizuführen, einbezieht. Hier kann Kooperation immerhin *Verluste* vermeiden, sodaß ein Unterfall einer Win-Win-Situation vorliegt[257]. Der Schatten des Rechts[258] läßt in der Regel die Partei, die um die rechtliche Aussichtslosigkeit ihrer Position weiß, freiwillig nachgeben, um die zusätzlichen Kosten einer gerichtlichen Auseinandersetzung zu vermeiden. Mit dem (unsicheren) *Wissen* um die Rechtslage ist jedoch bereits ein wesentlicher Hinderungsgrund einer Einigung genannt, auf den, sowie auf die weiteren Barrieren, insgesamt im Folgenden näher einzugehen ist.

256 Vgl. das Beispiel oben III. 2.
257 *Röhl* Rechtssoziologie, S.456
258 *Mnookin/Kornhauser* 88 Yale L. J., 950 ff

IV. Verhandlung: Ein Balanceakt zwischen Interessen, Recht und Macht

In einer Welt vollständiger Information – über die eigene (Interessen-)Position und die der anderen Seite –, in der zusätzlich die gerichtliche Entscheidung von Konflikten weder Zeit noch Kosten verursacht, würden vermutlich fast[259] alle Konflikte[260] auf dem Wege der Einigung beigelegt. Rational handelnde Konfliktparteien würden durch Austausch von *Interessen*positionen Kooperationsgewinne realisieren. Nur soweit das nicht möglich ist, würde sich das Ergebnis an der *Rechts*lage orientieren. Für *Macht*kämpfe wäre in dieser Welt kein Boden vorhanden[261]. Das deutet bereits eine Hierachie attraktiver und weniger attraktiver Lösungen eines Konflikts an.

In der realen Welt *un*vollständiger Information jedoch sind diese nur analytisch unterscheidbaren Verhandlungsperspektiven bzw. -modi ineinander verschränkt und immer zugleich, wenn auch in den unterschiedlichsten Mischformen, präsent. Wenn die Parteien sich um eine Interessenlösung bemühen, so ist doch der Schatten des Rechts immer zugegen, ebenso wie zumindest das Potential der übrigen Machtressourcen gewärtig ist. Andererseits besteht im Gefecht strategischer Grabenkämpfe immer noch die Möglichkeit, sich auf Kooperationswege zu besinnen.

259 Wenn es in einer Welt vollständiger Information noch unentschiedene Rechtsfragen gibt, so müßten diese, sollte eine Interessenlösung nicht möglich sein, vom Gericht entschieden werden

260 Wir können hier nicht der Frage nachgehen, ob in einer solchen Welt überhaupt Konflikte entstehen würden – auch *Elliot* 53 U.Chicago L.Rev. 330 Fn.86 läßt das offen

261 Mangelnde Information, Zeit und Kosten ermöglichen es überhaupt erst, daß Machtressourcen enstehen.

V. Die vorzugswürdige instrumentelle Verhandlungsperspektive

1. Interessen, Recht und Macht

Bevor die (Verhandlungs-)Barrieren untersucht werden, die einer Kooperation der Parteien im Wege stehen, ist eine erste (rechtspolitische) Bewertung vorzunehmen, die bereits in der bisherigen Analyse der drei unterschiedenen Verhandlungsperspektiven angelegt ist: Welche Perspektive der Konfliktbehandlung soll gefördert werden? Was ist überhaupt die Zielrichtung einer unterstützenden Intervention? Sobald das Blickfeld auf den Konflikt über die gerichtliche *Entscheidung* hinaus auf die gesamte Streit*behandlung* erweitert wird, ist eben *Recht* nicht mehr automatisch die vorgegebene, alles (im doppelten Sinne) entscheidende Perspektive. Vielmehr erweist sich, daß gerade interessenbestimmtes Verhandeln kooperative Win-Win-Ergebnisse ermöglicht, die rechtliche Perspektive jedoch in der Regel zu Nullsummenspielen führt. Recht ist jedoch wiederum die stärkste Waffe gegen die Ausübung von *Macht*. Konfliktbehandlung sollte demnach (zunächst) Interessen ausloten, bevor die Verrechtlichung zu einem Nullsummenspiel führt:

– Soweit kooperative Interessenverwirklichung möglich ist, sollte eine (frühe) Einigung mit diesem Inhalt *beiden* Parteien am meisten entsprechen[262]. Jede Seite hat zumindest etwas (gemessen an *ihren* Prioritäten) gewonnen. Soweit die Interessen der Parteien, die sich so durchsetzen, durch die Rechtsordnung gedeckt sind, besteht kein Grund, ihnen statt einer Interessenlösung die Lösung der Rechtsordnung aufzuzwingen oder diese durch entsprechende Anreize in der Gestaltung der Verfahren zur Konfliktbehandlung zu favorisieren.

– Läßt der Konflikt – zumindest aus der Sicht der Parteien – keinen Kooperationsgewinn zu, erweist er sich also als ein Nullsummenspiel, droht eine gerichtliche Auseinandersetzung. Da nunmehr eine Interessenlösung nicht mehr zur Verfügung steht, und es gleichzeitig eine Durchsetzung von Machtpositionen zu verhindern gilt, ist eine (frühe) Einigung erstrebenswert, die das – voraussicht-

262 Dieses Ziel versucht interest-based mediation zu erreichen, vgl. oben § 3 I. 1. a).

liche – Ergebnis einer gerichtlichen Auseinandersetzung vorwegnimmt[263]. Hier können so zumindest die Kosten des Prozesses vermieden werden. Nachrangig nach einer Interessenlösung ist so die Annäherung an die Lösung der Rechtsordnung zu bevorzugen[264].

– Der strategische Einsatz von Machtressourcen – mit Ausnahme der Berufung auf eine Rechtsposition – steht den bisher genannten Lösungen im Wege oder verzögert sie. Daher ist dann eine gerichtliche Entscheidung, die die subjektiven Rechte den (sonstigen) Machtpositionen gegenüber zur Geltung bringt, geboten[265].

2. Interessenbestimmtes Verhandeln: Chance und Risiko

Die bewußte Entscheidung für eine bevorzugte Verhandlungsperspektive ist notwendig, da diese *Einfluß* auf die Konflikt-Beendigungsform und deren jeweilige inhaltliche Gestaltung hat – allerdings ohne dies vorherzubestimmen. Jede der drei Verhandlungsperspektiven – Interessen, Recht oder Macht – ist keine Garantie für ein bestimmtes Ergebnis, insbesondere nicht für eine Einigung. Interessenbestimmtes Verhandeln ist eine *Chance*, mehr nicht. Unabhängig davon, ob über Interessen, Recht oder Macht (überwiegend) verhandelt wird, bleibt das Ergebnis letztlich offen: Die fordernde Partei kann sich zurückziehen (lumping it); beide Parteien können sich in einem Vergleich einigen; das Gericht kann, (nur) soweit der Konflikt sich als prozessualer Streitgegenstand formulieren läßt, ihn durch Urteil entscheiden. Auch in der inhaltlichen Ausgestaltung einer tatsächlich erreichten Einigung muß sich die (versuchte) Perspektive nicht notwendig (vollständig) widerspiegeln. Verhandlungs*barrieren*, die die Parteien an Interessenlösungen hindern, können sich als zu hoch erweisen.

263 Auf der Basis einer möglichst frühen Bewertung der rechtlichen Erfolgsaussichten versuchen dieses Ziel die unter dem Oberbegriff rights-based mediation zusammengefaßten Verfahren zu erreichen, vgl. oben § 3 I. 1. b).

264 Vgl. *Stürner* in: *Gottwald/Hutmacher/Röhl/Strempel*, S.149 ff, der Rechtsschutzqualität von gerichtlichen Vergleichen entweder in Interessen- orientierten, parteiautonomen Einigungen oder in Vergleichen auf der Basis einer Näherungslösung an ein späteres Urteil sieht, ohne jedoch eine qualitative Abstufung vorzunehmen.

265 Zu der gleichen Abstufung gelangen *Ury/Brett/Goldberg* S.13 ff

Die Bewertung der instrumentellen Verhandlungsperspektiven ist daher nicht so einfach, wie es die (einleuchtende) Reihenfolge – Interessen, Recht, Macht – zu zeigen scheint. Der *Chance* der interessenbestimmten Kooperation steht eben das *Risiko* entgegen, daß eine Partei die dafür notwendige offene, von Kommunikation geprägte Verhandlungssituation zu *kompetitivem* Terraingewinn nutzt. Jede (versuchte) Betonung von Interessen wirft das „negotiator's dilemma" auf[266]. Daher sollte der Öffnung für Interessen in der Streit*behandlung* ein jederzeit möglicher Übergang zum Recht als Streit*entscheidung* gegenüberstehen, ebenso aber auch selbst auf dem Weg zu einer richterlichen Entscheidung noch jederzeit interessenbetonte Streitbehandlung möglich sein. Entrechtlichung und Verrechtlichung sollten keine unumkehrbaren Weichenstellungen sondern umkehrbare Tendenzen sein.

3. Gesellschaftliche Interessen

Als Maßstab für die hier dargestellte Entscheidung, welcher Verhandlungsmodus gefördert werden soll, können entweder – wie hier zugrundegelegt – die jeweiligen (Konflikt-)Parteien oder aber die Interessen der Allgemeinheit dienen. So wird beispielsweise betont, daß Konfliktbehandlungsverfahren, die auf einen Interessen-Vergleich zielen, dem Gericht die für die Rechtsfortbildung im Interesse der Gesellschaft notwendigen Fälle entzieht. Im Mittelpunkt der Konfliktbehandlung stehen jedoch die Parteien, während den gesellschaftlichen Interessen nur eine eingeschränkte Bedeutung zukommt, so daß die aus der Sicht der Parteien vorgenommene Abstufung von Interessen, Recht und Macht gerechtfertigt ist.

Die Art und Weise der Konfliktbehandlung hat die Rechtsordnung fast vollständig in die Hände der Parteien gelegt. Sie können *jeden* Vergleich abschließen – es sei denn, er ist sittenwidrig oder verstößt gegen ein gesetzliches Verbot. Art. 19 IV GG garantiert nur den Rechtsweg. Die Entscheidung über Beginn und Beendigung eines gerichtlichen Verfahrens liegt jedoch bei den Parteien (Dispositionsmaxime). *Schutz*vorschriften bestimmen höchstens, daß z.B. die

266 Ausführlich dazu im nächsten Abschnitt unter II.

Ehescheidung von einem Gericht vorgenommen wird[267]. Grundlage der Gestaltung von Rechtsverhältnissen ist also – unabhängig davon, ob ein Konflikt das Geschehen überlagert – die *Privatautonomie* der Parteien. Die folgende Aussage des *Bundesverfassungsgerichtes* gilt auch im Konfliktfall:

„Auf der Grundlage der Privatautonomie, die Strukturelement einer freiheitlichen Gesellschaftsordnung ist, gestalten die Vertragspartner ihre Rechtsbeziehungen eigenverantwortlich. Sie bestimmen selbst, wie ihre gegenläufigen Interessen angemessen auszugleichen sind, und verfügen damit zugleich über ihre grundrechtlich geschützten Positionen ohne staatlichen Zwang. Der Staat hat die im Rahmen der Privatautonomie getroffenen Regelungen grundsätzlich zu respektieren."[268]

Erst wenn eine Partei sich entscheidet, gerichtliche und damit staatliche Hilfe im Konflikt in Anspruch zu nehmen, wird die privatautonome Gestaltung des Rechtsraumes am Ende – allerdings im Rahmen der Parteianträge (§ 308 ZPO) – dann durch die richterliche Entscheidung ersetzt[269]. Bis zu der Entscheidung des Gerichts unterliegen die Parteien (nur) den *Verfahrens*vorschriften der ZPO; die Möglichkeit einer privatautonomen Einigung in der Sache besteht weiter (litigotiation)[270].

Die Frage nach der wünschenswerten Konfliktbehandlung ist daher in erster Linie aus der Sicht der Parteien zu beantworten. Maßstab ist die Verwirklichung ihrer Interessen. Eine *vollständige* Befriedigung der Zielvorstellungen *beider* Parteien ist i.d.R. nicht möglich. Es kann also nur darum gehen, die Parteien gemeinsam soweit wie möglich zufriedenzustellen. Dazu gehört auch die größtmögliche Vermeidung von Transaktionskosten *der Parteien* in Form von Zeit, Geld und emotioneller Beanspruchung[271]. Die Verwirklichung

---

267 Zu der auch dort zu beobachtenden, notwendigen Privatisierungstendenz vgl. unten § 20 II.

268 BVerfG v. 7.2.90

269 Auch auf der Basis eines richterlichen Urteils bestehen noch privatautonome Einigungsmöglichkeiten, etwa durch Verzicht auf eine Berufung oder durch eine Vereinbarung, auf die Vollstreckung zu verzichten.

270 Vgl. oben § 4 IV.

271 *Ury/Brett/Goldberg* nennen als weitere Kriterien für die „bessere" Konfliktbehandlung neben der Zufriedenheit der Parteien und der Vermeidung von Transaktionskosten die Auswirkung auf die Beziehung der Parteien und die Beständigkeit der erreichten Lösung (S.11 ff)

von (objektivem) Recht muß dagegen hinter den Interessen der Konfliktparteien zurückstehen. Wenn es ihnen z.B. gelingt, durch eine Erweiterung der in die Verhandlung einbezogenen Positionen eine vorteilhafte Einigung zu erreichen und eine schwierige rechtliche Auseinandersetzung zu vermeiden, so kann auch das Makro-Interesse an der Klärung dieser Rechtsfrage für die Rechtsentwicklung i.S. der Allgemeinheit nicht dazu führen, die Interessen der Parteien zurückzustellen.

In seinem einflußreichen Beitrag „Against Settlement" hat *Fiss*[272] argumentiert, das gerichtliche Verfahren diene nicht nur der Durchsetzung individueller Rechtspositionen, sondern auch der Bewährung der objektiven Rechtsordnung. Die Richtigkeit dieser These unterstellt, kann daraus jedoch dennoch nicht geschlossen werden, daß Konfliktparteien zur Bewährung objektiven Rechts für die Gesellschaft ihre Auseinandersetzung nicht nach *ihren* Interessen gestalten können und sollen. Haben sie die Möglichkeit, ihre Auseinandersetzung autonom zu gestalten, dann stehen auch *ihre* Interessen im Vordergrund. Schließlich gilt, daß autonome Selbststeuerung auch im Interesse des Staates liegt, da er sonst mit einer Prozeßflut konfrontiert wäre.

4. Ausblick

Woran scheitern nun Verhandlungen auf der Basis von Interessen und erfordern so eine gerichtliche Auseinandersetzung? Es ist zu klären, welche Barrieren sich einer Einigung auf der Basis von Interessen oder zumindest auf der Basis des Rechts entgegenstellen. Diese Hürden auf dem Weg zur Kooperation sind zugleich die natürlichen Ansatzpunkte für die Tätigkeit des Mediators, der den Parteien den Weg zur Kooperation (wieder-) eröffnen will.

272 93 Yale L. J., 1085

§ 10 Hürden auf dem Weg zur Kooperation

Die Suche nach Möglichkeiten von Kooperationsgewinn ist in einer arbeitsteiligen Gesellschaft alltäglich. Jeder Kaufvertrag zeigt, daß der Verkäufer den Kaufpreis höher bewertet, während der Käufer die Ware bevorzugt – so unterschiedlich auch die Erwägungen sein mögen, die im Einzelfall zum Vertragsabschluß geführt haben. Wenn bei Vertragsverhandlungen die Parteien eine (vielleicht dennoch vorhandene) Möglichkeit von Kooperationsgewinn nicht wahrnehmen, kommt es „nur" nicht zum Vertragsschluß. Wenn bereits eine Partei sich zurückziehen will, geht man ohne weitere Konsequenzen auseinander. Bei Konflikten jedoch ist der Rückzug aus der Verhandlung nicht das einzige Druckmittel; letztlich droht eine mit Kosten verbundene gerichtliche Auseinandersetzung, so daß der Suche nach Win-Win-Lösungen – einschließlich der Vermeidung von Kosten – eigentlich ein erhebliches Gewicht zukommt. Dennoch gibt es im Konflikt besondere oder zumindest verstärkte Hindernisse, einen Kooperationsgewinn zu entdecken oder eine entdeckte Gewinnchance auch zu nützen. Andernfalls wären die Gerichte arbeitslos und die Beschäftigung mit Alternativen gegenstandslos. Diese Klippen auf dem Weg zu einer für beide Seiten vorteilhaften Einigung (besser) übersteigen zu helfen, nehmen insbesondere die Befürworter von Mediation für sich in Anspruch. Die folgenden Abschnitte sind daher einem Überblick über einige wesentlichen Elemente gewidmet, die eine kooperative Lösung behindern und zum Scheitern von Verhandlungen – in unserem Sinne sowohl ‚avoidance', als auch dem Beginn eines Rechtsstreits – beitragen. Hier entsteht – beispielsweise durch die Forschungen des ‚Stanford Center on Conflict Resolution' – ein ständiger Erkenntniszuwachs. Zugleich wird jeweils der mögliche Beitrag eines Mediators zur Überwindung dieser Kooperationshürden gezeigt[273]. Die Vermeidung einiger dieser Barrieren scheint nicht

273 *Merry* 100 Harv. L. Rev., 2060 wendet sich allerdings mit Recht gegen die einfache Gegenüberstellung von Verhandlungsproblemen und möglichen Lösungen, die sich insbesondere in simplifizierenden Verhandlungsübungen findet: „At best, this ... gives students a false sense of easily being able to get to the bottom of issues and settle cases; at worst, it fosters the kind of quick typification and routine treatment of

mehr als common sense zu erfordern. „But in the heat of an emotional dispute, common sense is often the first victim."[274]

Ruinöse Arbeitskämpfe, eskalierender Rüstungswettlauf und nicht zuletzt kostspielige und langwierige Prozesse sind uns nur zu vertraut, gleichzeitig jedoch für die Beteiligten eine solche Bürde, daß die Frage, warum sie nicht statt dessen eine Einigung anstreben, auch wenn der einzige Kooperationsgewinn in der Vermeidung von Kosten besteht, entweder naiv ist oder doch auf harte Einigungs-Barrieren hinweist, die nicht unbedingt offensichtlich sind. Verhandlungen scheitern nicht nur, weil sich die Parteien in kompetitiven strategischen Operationen verstricken und sich davon mehr (im Verhältnis zu einem Kooperationsgewinn *noch* mehr) versprechen (II.). Sie scheitern auch, weil Kooperationsmöglichkeiten nicht *wahrgenommen* werden, oder erkannte Kooperationsperspektiven – was den Gewinn für die eigenen Präferenzen betrifft – falsch bzw. verzerrt *gewertet* werden (I.). Verhandlungsvertrauen, das Verhältnis der Parteien zueinander, beeinflußt dabei oft die *Ausprägung* dieser Einigungsbarrieren.

I. Verdeckte Kooperationsgewinne

Die Konfliktparteien befinden sich in einer Welt *un*vollständiger Information. Kooperationsmöglichkeiten, der Ausgang eines eventuellen Zivilprozesses oder auch der jeweilige Informationsstand der anderen Seite sind ihnen mehr oder weniger verborgen.

---

cases that, ironically, ADR advocates often cite as the central problem with conventional adjudication." Die Darstellung der verschiedenen, ineinander verschränkten Verhandlungsperspektiven und der komplizierten Genese von Konflikten sollte hier gerade zur Vorsicht mahnen. Dennoch können die Interventionen Dritter bei der Überwindung von Verhandlungsbarrieren helfen, wobei die Identifizierung einer nie monokausalen, aber vielleicht dominierenden Einigungsbarriere ein erster Schritt und Ansatzpunkt ist.

274 *Susskind/Cruikshank*, S.93

1. Fehlende Kenntnis der Möglichkeit von Kooperationsgewinn

Die Identifizierung möglichen Kooperationsgewinns unterbleibt häufig schlicht deshalb, weil es den Parteien an Phantasie, Erfahrung[275] oder auch nur genügendem Bemühen fehlt. Schon die Vorstellung, in einem Verteilungskonflikt könnten sich Kooperationsgewinne verbergen, die eine für beide Seiten akzeptable Lösung ermöglichen, ist ihnen oft fremd[276].

Behind opposed positions lie shared and compatible interests, as well as conflicting ones. We tend to assume that because the other side's positions are opposed to ours, their interests must also be opposed. ... If we have an interest in minimizing the rent, then their interest must be to maximize it. In many negotiations, however, a close examination of the underlying interests will reveal the existence of many more interests that are shared or compatible than ones that are opposed."[277]

Daß dies auch für Verhandlungsstrategen auf höchster Ebene gilt, zeigt ein Beispiel von *Thomas Schelling*. Er berichtet in einem neuen Vorwort zu „The Strategy of Conflict" von Großbritanniens ehemaligem Verteidigungsminister John Strachey, einem Politiker, der in vielen (Ab-)Rüstungsverhandlungen große Verantwortung getragen hatte und der enthusiastisch davon sprach, wieviel er aus der Lektüre dieses Buches gelernt hätte. *Schelling* wunderte sich, welche seiner „sophisticated ideas" soviel Eindruck hinterlassen hätten

275 *Dieffenbach*, 7 Ohio State J. on Dispute Resolution, 261 ff weist anhand von psychologischen Studien (m.Nw.) nach, daß für amerikanische Kinder aus städtischer Umgebung die Erzeugung einer kooperativen Win-Win-Situation fern liegt, da Kompetition kulturell so stark verwurzelt sei, daß sie die Wahrnehmung dominiere; zur kulturellen Prägung von Konfliktverhalten vgl. oben § 8

276 *Bazerman/Neale* halten die „fixed pie perception" für eine fundamentale Fehlprägung des menschlichen Urteilsvermögens, die der Beilegung von Konflikten im Wege steht (S.319 f); vgl. auch *Susskind/Cruikshank*, S.14: „Most participants in public disputes are so accustomed to thinking in win- lose terms that they cannot imagine an approach that seeks to ensure mutual gain for all contending parties."

277 So die „Getting to Yes"-Philosophie von *Fisher/Ury*, S.43; zustimmend insoweit *White* 34 J.Legal Educ., 115 ff, der allerdings solchem das ganze Buch durchziehenden Optimismus vorwirft, die am Ende einer Verhandlung sich doch auf Verteilungsprobleme reduzierende Situation („ultimate hard bargaining") naiv zu übersehen – neben den *Chancen* eben nicht auf die *Risiken* zu achten.

und wollte die erschreckende Antwort kaum glauben: „..., he had simply not comprehended that an inherently non-zero-sum conflict could exist."[278]

Die Entdeckung bzw. die Mithilfe bei der Entdeckung von Kooperationsgewinnen wird als wesentlicher Verhandlungsbeitrag von Mediation angesehen: „In essence, the mediator plays a transforming role – helping the parties out of a zero-sum mindset into an integrative bargaining framework."[279] Er wirkt der am gerichtlichen Verfahren kritisierten Polarisierung der Positionen entgegen, indem er die Gemeinsamkeit der Interessen mit den Parteien herausarbeitet.

So wird dem Mediator gerade in Scheidungsauseinandersetzungen zugeschrieben, er fördere „insbesondere die gemeinsame Suche, brachliegende Potentiale im Interesse beider Seiten einzusetzen." Als Beispiel wird hier angeführt: „So kann es beispielsweise Herrn und Frau Santis dienen, wenn Herr Santis einen überobligationsmäßigen Unterhalt während eines bestimmten Zeitraumes zahlt und die Kinder zu sich nimmt, damit Frau Santis ihre Ausbildung als Sozialpädagogin abschließen kann, und so jeder für sich und beide zusammen anschließend für die Kinder durch Arbeitsteilung besser sorgen können."[280]

Dabei ist es entscheidend, überhaupt einmal die *wirklichen* Interessen der Parteien, die sich hinter ihren Positionen und Forderungen verbergen, herauszuarbeiten[281]. Jede Konfliktpartei muß überhaupt erst ihre *eigenen* Interessen kennen (lernen), um zu einer Kooperation auf der Basis der unterschiedlichen Gewichtung von Interessen gelangen zu können. Das ist insbesondere in von Emotionen überschatteten Scheidungsauseinandersetzungen keineswegs selbstverständlich. Hierfür formulieren *Mähler/Mähler*: „Das Bewußtwerden der persönlichen Interessen, die auf das engste mit der persönlichen Willensbildung zusammenhängen, ist ein bedeutsamer Teil des Mediationsprozesses. Dies mit den Parteien zu erarbeiten, ist eine der wichtigsten Funktionen des Mediators."[282]

278 *Schelling*, S.VI

279 *Susskind/Cruikshank*, S.163; vgl auch das Beispiel a.a.O., S.166 f

280 *Mähler/Mähler* in: *Krabbe*, S.155

281 Vgl. auch das gerade wiedergegebene Zitat von *Fisher/Ury*, S.43

282 *Mähler/Mähler* Mediation, S.4; ähnlich z.B. *Shaw/Phear* 16 Mediation Q., 67 ff mit einem Musterdialog, der auf einem nicht-linearen, systemischen Verständnis der Konflikten zugrundliegenden Themen und Interessen aufbaut (68 f): „Just as the process of framing issue parameters involved integrated discussion of needs and interests rather than

2. Tiefere Konfliktursachen als Störfaktoren möglicher Kooperation

Selbst wenn Kooperationsgewinne im Rahmen eines Konfliktpunktes auf der Hand liegen, so kann doch die (scheinbare) Einbindung dieses Punktes in eine größere bzw. grundsätzlichere Auseinandersetzung einer Einigung im Wege stehen. Die „tiefer" liegenden Konfliktursachen können sich für die Beteiligten insgesammt als ein übergreifendes Nullsummenspiel darstellen, das *begrenzte* Einigungschancen überschattet und sie diese nicht wahrnehmen läßt[283].

Hier wird eine der wichtigsten Funktionen des Mediators gesehen. Ihm wird die Fähigkeit zugeschrieben, diese Nullsummen-Struktur des Konfliktes zu überwinden, indem er insbesondere die Möglichkeit zum Austausch, zum Handel von Positionen identifiziert, wenn schon keine gemeinsamen Interessen, keine „joint gains" zu finden sind. „The transformation from zero-sum to integrative bargaining requires the invention and packaging of items to trade."[284] Geht es um mehrere Konfliktpunkte oder –aspekte, kann der Mediator zeigen, daß die Parteien ihnen unterschiedlichen Wert zumessen und so einen Handel ermöglichen.

Ein alltägliches Beispiel berichtet *Weber*[285] aus seiner Praxis als Richter, in der er den Parteien versucht „bewußt zu machen, daß der Prozeß die erneute Möglichkeit der Kommunikation gibt," und so aus ihrer sachnahen Sicht Vorschläge entstehen können: „In einem ... Fall machte der Kläger seine Klagerücknahme davon abhängig, daß der Beklagte seine anwaltlichen Kosten selbst zahle. Der Beklagte weigerte sich. Daraufhin schlug der Kläger ihm vor, er werde ihm beim nächsten Geschäftsabschluß eine Gutschrift in Höhe der anwaltlichen Kosten erteilen, falls er seine Kosten selbst zahle. Dies akzeptierte der Beklagte."[286]

Dabei kann es besonders wichtig sein, daß der Mediator den Verhandlungsgegenstand erweitert („enlarging the pie") und so erst

---

the sequential discussion of discrete issues, now the process of resolution will involve discussion of the links between these needs and interests before a sequential discussion of the discrete terms of agreement." (71)

283 *Ross/Stillinger*, S.6

284 *Susskind/Cruikshank*, S.180

285 DRiZ 1985, 168

286 Vgl. auch das Beispiel von *Susskind/Cruishank*, S.180, die darauf hinweisen, daß sich auch *symbolische* Verpflichtungen als kostengünstige Tauschpositionen gegen materielle Verhandlungspositionen eignen.

durch eine größere Auswahl an einzubeziehenden Positionen (und ihre unterschiedliche Wertschätzung durch die Parteien) den Spielraum für Win-Win-Lösungen schafft[287].

3. Reaktive Kommunikationsmuster

Ein trivialer, dennoch grundlegender Faktor, der jede Einigungs-Barriere auslösen oder zumindest verstärken kann, liegt in der Art und Weise der gegenseitigen Wahrnehmung der Parteien auf der Bandbreite zwischen Freundschaft und Feindschaft[288]. Je feindlicher sie sich gegenüberstehen, um so weniger sind sie gewillt, der Position der anderen Seite irgendeine Legitimation zuzugestehen, und um so mehr tendieren sie zu strategischen Manövern und dem Einsatz ihrer Druckmittel. Gerade dem gerichtlichen Verfahren wird die Verstärkung einer solchen Ausrichtung zugeschrieben, beispielsweise bei der Ehescheidung: „[D]ie Betonung des Anspruchsdenkens entwickelt eine Dynamik, von Gegnerschaft. ... Durch die Polarisierung verkümmert erlebnismäßig ‚die andere Seite', die jede Partei ja auch in sich trägt. Der Verlust der Ambivalenz verfestigt die gegensätzlichen Überzeugungen und Positionen der Parteien."[289] Ein begrenzter Konflikt tendiert zum globalen Nullsummenspiel; jedes Angebot, jede Konzession wird in diesem Lichte wahrgenommen,

---

287 Ein vielzitiertes Beispiel für ein aufgrund eines vorhergehenden Mini-Trials erzieltes win-win-Resultat in einem Streit über 200 Millionen $ berichtet *Wilkinson* in: *Wilkinson*, § 2.10: „After a minitrial, the business executives on the minitrial panel entered into negotiations and, ultimately, they returned with a truly remarkable result involving a new gas supply contract between the companies which had nothing to do with the underlying dispute but was perceived by both sides as a real moneymaker."

288 Zu Vorurteilen und Feindbildern aus der Sicht der psychologischen Friedensforschung *Nicklas* in: *Wasmuth*, S.156 ff: Der außenpolitische Entscheidungsprozess der politischen Eliten wird durch „die in der Bevölkerungsmeinung vorhandenen emotional aufgeladenen Freund-Feind- Stereotypen" und durch ihre *eigene* Prägung von diesen Stereotypen „in ihrer Perzeption und Interpretation der politischen Realität" beeinflußt (S.157).

289 *Mähler/Mähler* in: *Krabbe*, S.152

interpretiert und bewertet[290]. Kein Element des Verhandlungsprozesses bleibt davon unbeeinflußt. Je negativer die andere Seite belegt ist, um so mehr nimmt man nur noch wahr, was diesen Eindruck bestätigt („selective perception"[291]), und um so mehr wertet man ihre Vorschläge nicht nach dem sachlichen Gehalt sondern entsprechend der Einschätzung ihrer Quelle („attributional distortion"[292] bzw. „reactive devaluation"[293]). Das führt gleichzeitig dazu, daß auch die *eigenen* Interessen tendentiell nur in jeweiliger Reaktion auf die andere Partei gesehen werden. Nicht nur die Vorschläge der anderen Seite, sondern auch die eigene Position wird reaktiv bewertet und bestimmt.

Auch in der Überwindung dieser Kooperationshürde, der „Auflösung des affektgebundenen, reaktiven Kommunikationsmusters"[294] sehen Mediatoren ihre besondere Fähigkeit: „My strategy is to try to get the recalcitrant person to see the other's view. If the other person doesn't do it, I do it in caucus myself. It usually works to point out how the other person sees things – that usually produces an agreement."[295] Ein (Erfolgs-) Bericht von einem komplizierten Mediation-Verfahren faßt diesen Aspekt so zusammen: „In short, she [the mediator] concentrated on enhancing the parties' ability to understand each other. Through her active interventions, the parties were able to reframe issues, share and generate new informa-

290 Es entsteht, so aus richterlicher Sicht *Freund* DRiZ 1981, 223, eine Generalisierung, in die „die Konfliktbeteiligten ... quasi ihre gesamte Persönlichkeit einbringen."
Im Bereich der Politik ergibt eine Studie von *Holsti* 6 Conflict Resolution, 244 ff, über die schriftlichen und mündlichen Äußerungen des amerikanischen Außenministers *Dulles* in den Jahren 1953 bis 1958, daß seine Politik alle Informationen über die Sowjetunion, den Gegner im Kalten Krieg, nur im Rahmen seines fest verankerten Feindbildes verwertete. *Lebow* Beiträge zur Konfliktforschung 13,2 zeigt an einem Beispiel aus jüngster Zeit, wie massive Fehlperzeptionen in eine kriegerische Auseinandersetzung, den Falkland-Krieg, mündeten.

291 *Susskind/Cruikshank*, S.92

292 *Susskind/Cruikshank*, S.92

293 *Stillinger/Epelbaum/Keltner/Ross* passim; näher dazu unten 4. c)

294 *Mähler/Mähler* Mediation, S.7

295 Strategie eines Mediators, wiedergegeben bei *Silbey/Merry* 8 Law & Pol.,25

tion, and develop procedures that allowed them to work together in spite of a lack of trust."[296]

4. Spezifische Erkenntnisbarrieren

Darüber hinaus lassen sich jedoch *spezifischere* Erkenntnisbarrieren identifizieren, die die Wahrnehmung von Konfliktlösungsmöglichkeiten erschweren, gleichzeitig aber auch aufgrund ihrer konkreteren Gestalt besser den Weg zu Gegenmitteln weisen. Es handelt sich dabei um Bemühungen der Kognitionspsychologie, deren wichtigste Ergebnisse für diesen Zusammenhang kurz berichtet werden müssen.

a) Die Aussicht auf *Gewinn* wird anders gewertet als die Erwartung eines *Verlustes*: Ein drohender Verlust bewirkt eine größere Risikobereitschaft[297].

Bazerman[298] konfrontierte Versuchsgruppen mit folgender Fragestellung:
„A large car manufacturer has recently been hit with a number of economic difficulties and it appears as if three plants need to be closed and 6000 employees laid off. The vice-president of production has been exploring alternative ways to avoid the crisis. She has developed two plans:
Plan A: This plan will save 1 of 3 plants and 2000 jobs.
Plan B: This plan has a 1/3 probability of saving all 3 plants and all 6000 jobs, but has a 2/3 probability of saving no plants and no jobs.
Which plan would you select?"
80 % der Befragten entschieden sich für Plan A. Anders sah das Ergebnis aus, als die *gleichen* Pläne nur anders *formuliert* wurden:
„Plan C: This plan will result in the loss of 2 of the 3 plants and 4000 jobs.
Plan D: This plan has a 2/3 probability of resulting in the loss of all 3 plants and all 6000 jobs, but has a 1/3 probability of losing no plants and no jobs.

---

296 *Susskind/Cruikshank*, S.168 (Einfügung vom Verf.); *Freund* DRiZ 1981, 224 sieht es für einen gerichtlichen Vergleich zwar als unwahrscheinlich an, daß er einen Grundkonflikt lösen kann. Es könne jedoch eine „neue Beziehungsstruktur" hergestellt werden, die „exemplarisch" aufzeigt, wie auch der weitere Konflikt behandelt werden kann.

297 Grundlegend *Kahnemann/Tversky* 47 Econometrica, 263 ff, deren „prospect theory" Entscheidungen durch eine wie ein „S" geformte Funktion darstellt: Bei potentiellen Gewinnen (im Verhältnis zum gegenwärtigen Besitzstand) ist sie konvex und zeigt so die tendenzielle Vermeidung von Risiko; bei drohenden Verlusten ist sie entsprechend der Risikoorientierung konkav.

298 Zitiert nach *Bazerman/Neale*, S.314 f

Which plan would you select?"
Jetzt entschieden sich 80 % der Befragten für Plan D. Bei objektiv *identischer* Wahlmöglichkeit führte die Umformulierung des Ergebnisses von geretteten Fabriken und Arbeitsplätzen (=Gewinn) in verlorene Arbeitsplätze und Fabriken (=Verlust) zu einem Wechsel in der Auswahl der Notpläne. Statt der risikolosen Alternative entschieden sie sich nunmehr für den *riskanten* Rettungsweg, der aber versucht „Verlust" zu vermeiden.

Ein drohender Verlust provoziert demnach mehr Anstrengung, ihn abzuwenden, und größere Risikobereitschaft. In Entscheidungen – und jeder Verhandlungsvorschlag der anderen Seite erfordert notwendig eine Entscheidung – kommt möglichen Verlusten folglich ein stärkeres Gewicht zu als Gewinnmöglichkeiten *gleichen* Ausmaßes. Ein eigentlich, gemessen an der Skala subjektiver Werte, Präferenzen etc., interessanter Kooperationsvorschlag, der jedoch Verlust reduziert statt Gewinn verteilt, kann so als unannehmbar gewertet werden. Entscheidend ist daher insoweit, wo Verhandlungsparteien den Referenzpunkt für die generelle Einschätzung einer Situation als Gewinn oder Verlust ansetzen. Ein Arbeitgeber beispielsweise, der einem ausscheidenden Arbeitnehmer eine Abfindung zahlen muß, kann davon ausgehen, daß er nie mehr als DM 5000 als Abfindung gezahlt hat. Jeder höhere Betrag wird dann als Verlust empfunden. Berücksichtigt er jedoch bei seinen Überlegungen *von vorneherein* die bisher noch nicht erreichte Dauer der Betriebszugehörigkeit, kann er DM 8000 als realistisch ansehen, sodaß jede Einigung unterhalb dieser Erwartungsgrenze als ein Gewinn erscheint. Forderungen des Arbeitnehmers zwischen DM 5000 und DM 8000 werden je nach Ausgangseinschätzung dann tendenziell unterschiedliches Risikoverhalten des Arbeitgebers und damit ebenso unterschiedliche Einigungschancen auslösen[299].

Wer seine Erwartungen und seine Einschätzung der Situation zu hoch ansetzt, wobei diese Tendenz ebenfalls grundsätzlich bei Verhandlungen gegenwärtig ist[300], nimmt damit gleichzeitig eine nega-

299 *Bazerman/Neale* weisen darauf hin (am Beispiel von Auseinandersetzungen zwischen Tarifparteien), daß bei Verhandlungen die Parteien oft argumentieren, ein bestimmtes Ergebnis wäre für sie *notwendig*. „If this is indeed the case, the negotiators would adopt negative frames, exhibit rik- seeking attitudes, and be less likely to reach a settlement." (S.315; vgl. a. das Beispiel S.314 f).

300 Ähnlich erscheint die Tendenz, nur wegen den für die Verteidigung einer Verhandlungsposition bereits eingesetzten erheblichen Ressour-

tive Ausgangshaltung für die Bewertung der Angebote der Gegenseite an. Fast sicher werden diese sich für ihn als Verlust darstellen, mit der Konsequenz, daß er versucht, risikoorientiert den Verlust zu vermeiden. Eine Einigung wird so weniger wahrscheinlich, insbesondere wenn sie *beidseitig* stattfindet und die Standpunkte daher noch weiter auseinanderdriften.

b) Bisherige Untersuchungen über Entscheidungsverhalten und Abschätzung von Wahrscheinlichkeiten zeigen, daß Individuen ihr eigenes Urteilsvermögen überschätzen. Die Parteien in einer Auseinandersetzung halten tendenziell nur ihre eigene Wirklichkeit für die ‚richtige', nur ihre eigene Sichtweise für adäquat[301]. Bei Verhandlungen führt dies konkret dazu, daß jede Partei (tendenziell) eine zu optimistische Sicht von der eventuellen Entscheidung eines neutralen Dritten hat. Konsequent tendieren sie dann dazu, in die Durchsetzung ihrer Position (übermäßig) zu vertrauen[302], wenn sie nur nicht nachgeben würden. Die Folge der überschätzten Aussichten, die die Wahrnehmung von Kooperationsgewinn hindern und die Verhandlungsposition formen, ist, daß damit auch der Bereich möglicher Win-Win-Lösungen schmaler wird oder ganz verschwindet. Je stärker die subjektiven Einschätzungen über die Erfolgsaussichten so auf jeder Seite überschätzt werden und damit divergieren, um so größer ist die Wahrscheinlichkeit, daß es zu einer gerichtlichen Auseinandersetzung kommt[303]. Bei *technisch* komplexen Konfliktgegenständen kommt noch hinzu, daß es *beiden* Seiten regelmäßig gelingen wird, Experten(gutachten) zu finden, die ihre jeweilige Sicht unterstützen. Kaum ein Arzthaftungsprozess verläuft ohne Gutachten und Gegengutachten. Das Gleiche gilt für Auseinandersetzungen um Computersoftware, Patentverletzungen etc. Beharren beide Parteien so vor dem Hintergrund zusätzlicher Expertise auf ihren Positionen, wird eine gerichtliche Entscheidung wahrscheinlicher[304].

---

cen auf dieser Position zu beharren, vgl. dazu *Bazerman* in: *Breslin/Rubin,* S.203

301 Vgl. z.B. *Mähler/Mähler* Mediation, S.4

302 Vgl. z.B. *Susskind/Cruikshank*, S.84

303 Vgl. die Modellrechnung bei *Kotzorek*, in *Blankenburg/Klages/Strempel,* S.42 f

304 *Susskind/Cruikshank*, S.70

Der Überschätzung des eigenen Urteilsvermögens entgegenzuwirken und den Parteien eine realistischere Sicht ihrer Position (des BATNA) zu ermöglichen, ist eine der wichtigsten Aufgaben des Mediators[305]. Er fungiert als „agent of reality"[306].

c) Eine weitere Barriere für eine Einigung ist, daß die Bewertung von Verhandlungspaketen sich *verändert*, weil und soweit man weiß, daß der Vorschlag von der *anderen* Partei stammt („reactive devaluation" barrier [307]). Die Attraktivität einer (zunächst theoretischen) Einigungsmöglichkeit für eine Partei kann sich allein deshalb ändern, weil diese als Einigungs*vorschlag* von der anderen Seite präsentiert wurde.

Eine sogar wörtliche Wiedergabe einer reaktiven Entwertung findet sich in dem Transkript eines US-Hearings zu den SALT-Verhandlungen. Der Representative Floyd Spence formulierte seine Sicht so: „I have had a philosophy for some time in regard to SALT, and it goes like this: the Russians will not accept a SALT treaty that is not in their best interest, and it seems to me that if it is in their best interest, it can't be in our best interest."[308]

Die Gründe für diesen Mechanismus sind vielfältig und schließen wiederum andere der hier beschriebenen Barrieren ein, können hier aber nur unter einem Aspekt weiterverfolgt werden[309]. Wichtig ist,

305 *Susskind/Cruikshank*, S.84

306 *Blankenburg* in: *Morasch*, S.177 sieht eine Funktion von Schlichtungsstellen in ihrem Beitrag zur Zufriedenheit der Parteien, indem sie durch den Abbau unrealistischer Erwartungen deren „Einsicht" fördern.

307 *Stillinger/Epelbaum/Keltner/Ross* passim, insbes. S.5; diese Tendenz wird von den Autoren mit vier Studien belegt: Eine Studie zeigt die unterschiedliche Bewertung eines Abrüstungsvorschlags durch Testpersonen je nachdem, ob der Vorschlag Reagan oder Gorbachev zugeschrieben wurde. Weitere Studien betreffen eine Kontroverse an der Stanford University, wo es den Studenten um den sofortigen Abzug von Südafrika-Investitionen ging, während die Treuhänder der Universität eine moderatere Lösung anstrebten. Die Reaktionen auf zwei mögliche Strategien unterschieden sich je nach der Zusatzinformation, welchem Vorschlag die Universität angeblich positiv gegenüberstand; schließlich wurde ein identischer Plan eines Kommitees von identischen (!) Testpersonen verschieden bewertet, einmal bevor und ein zweites Mal nachdem dieser von der Universität formell angenommen wurde.

308 Zitiert nach *Stillinger/Epelbaum/Keltner/Ross*, S.17 f Fn.6

309 Vgl. aber *Stillinger/Epelbaum/Keltner/Ross*, S.12 ff

daß es durchaus *auch* rationale Gründe für eine solche Haltung gibt. *Jedes* Angebot der anderen Seite hat einen erheblichen Informationsgehalt. Konzessionen, die in einem Angebot der anderen Seite enthalten sind und solche, die sie für sich selbst zu erreichen sucht, reflektieren natürlich deren Prioritäten, Wertungen und Bedürfnisse. Andernfalls, würde all dies bei beiden Parteien vollständig übereinstimmen, käme es erst gar nicht zu einem Angebot. Über seine *eigenen* Interessen weiß der Empfänger des Angebots jedoch selbst am besten Bescheid. Was auch immer er aus einem Angebot an Informationen über die andere Partei zu gewinnen versucht, die (sich in der Entwertungsreaktion offenbarende) Annahme, nunmehr die *eigenen* Bedürfnisse anders beurteilen zu müssen, entbehrt jeder Grundlage. Wer für das eigene, selten benutzte Fahrrad eine von der Anbieterseite ebenso selten genutzte Rudermaschine eintauschen kann, mag daraus auf ihre sportlichen Vorlieben schließen. Er kann, soweit durch einen schwebenden Konflikt bereits keine Vertrauensgrundlage mehr besteht, sich auch Gedanken über möglicherweise notwendige Reparaturen an der Rudermaschine machen. Deswegen jedoch *sein* Fitnessprogramm umzustellen und eine plötzliche Affektion für das Fahrrad zu entwickeln, wäre schlicht unvernünftig[310].

Entscheidend ist hier, daß ohnehin schon unterschiedliche Bewertungen eines Verhandlungspaketes durch die Tatsache, daß es von der anderen Seite vorgeschlagen wurde, noch verstärkt bzw. weiter auseinandergetrieben werden. Dies mag sogar dann gelten, allerdings wohl nur in geringerem Maße, wenn eine Partei einem Vorschlag nur *zustimmt*[311].

d) Eine weitere Barriere für eine Einigung von Verhandlungsparteien betrifft nicht die Wahrnehmung von Kooperationsgewinn, sondern eine besondere Barriere bei seiner *Verteilung*[312]. Selbst wenn ein Einigungsvorschlag die Position einer Partei verbessern würde, kann sie ihn – unabhängig von der Überlegung, ob sie *für sich selbst* ein noch besseres Ergebnis erzielen kann – allein deshalb zurück-

310 Beispiel von *Stillinger/Epelbaum/Keltner/Ross*, S.13

311 *Ross/Stillinger*, S.4; auch das SALT-Beispiel betrifft die Reaktion auf die Zustimmung zu einem Verhandlungspaket

312 Aus der Sicht der ökonomischen Analyse *Cooter/Rubinfeld* 27 J. Econ. Lit., 1078 ff

weisen, weil er *für die andere Seite* verhältnismäßig *mehr* Vorteile zu versprechen scheint[313]. Darin spiegelt sich das Streben nach „equity", nach einer fairen und billigen Lösung[314], was hier bedeutet, daß nicht nur beide Seiten durch Einigung einen Gewinn verbuchen, sondern daß sie *gleichermaßen* gewinnen sollen[315]. Der Vergleich der beiderseitigen Gewinne aus einem Verhandlungsvorschlag ist jetzt natürlich wieder allen Wahrnehmungs- und Bewertungsproblemen ausgesetzt, so daß allein aus diesem Grund[316] ein *möglicher* noch lange nicht einen *realisierten* Kooperationsgewinn bedeutet.

Der Mediator kann hier immerhin versuchen, einem unverhältnismäßigen Verlangen einer Seite durch Hinweise auf die Konsequenzen für die Suche nach kooperativen Lösungen entgegenzuwirken. „[N]eutrals have to keep an eye on the overall ‚score card' as the parties search for joint gains."[317]

II. Kompetitive Strategie als Einigungsbarriere

Der Weg zur Erzielung von Kooperationsgewinn wird jedoch nicht nur durch Wahrnehmungs- und Bewertungsbarrieren erschwert. Die Parteien bewegen sich insbesondere auch auf einer ständigen Gratwanderung zwischen *kooperativem* und *kompetitivem* Verhalten[318]. Zur Identifizierung von für beide Seiten attraktiven Einigungsmöglichkeiten ist Kooperation und Kommunikation erforderlich. Ohne den Austausch von Informationen über Ziele, Werte, Prioritäten etc. bleiben solche Einigungsbereiche verborgen. Dagegen bildet der Versuch, ausschließlich die eigene Position durchzu-

313 *Ross/Stillinger*, S.3; *Susskind/Cruikshank*, S.181; das kompetitive Verhalten kann so weit gehen, daß man versucht, den Gewinn der anderen Seite zu reduzieren, auch wenn man selbst dabei *nichts* gewinnt, wie *Dieffenbach*, 7 Ohio State J. on Dispute Resolution, 272 f (m.w.Nw.) anhand von Experimenten mit amerikanischen Kindern zeigt.

314 Dahinter kann sich auch die Sorge verbergen, daß die andere Seite die Zustimmung als Zeichen für unausgenutzte Forderungs-Spielräume wertet und sie als Startpunkt für *Nach*forderungen nimmt.

315 *Ross/Stillinger*, S.3

316 Daneben wirken etwa strategische Überlegungen weiter.

317 *Susskind/Cruikshank*, S.181

318 *Rubin* 27 Am. Behav. Sci., 135; *Susskind/Cruikshank*, S.33

setzen bzw. zu verbessern, Wert anzueignen, den anderen Pol des strategischen Kontinuums und soll hier als Kompetition bezeichnet werden. Hier wird der Einsatz von Information kalkuliert; Positionen werden verkürzt oder unrichtig dargestellt, um besser dazustehen. Angebote der anderen Seite werden herabgewürdigt, um mehr herauszuschlagen; eigene Angebote werden als das äußerste Limit bezeichnet, um nicht weiter nachgeben zu müssen („commitment")[319]. Insbesondere gehört dazu auch der Einsatz von (vermeintlichen) Machtressourcen.

1. Verhandlungsdilemma und Strategie

Die rückhaltlose Offenbarung der eigenen Position als kooperatives Angebot birgt die Gefahr der Ausbeutung durch die andere Seite. Diese kann den Informationsvorteil nutzen, ohne selbst ihre Position offenzulegen. Ist man selbst kooperationsbereit, bleibt daher immer noch die Frage: Was tut der andere? Verhält er sich auch kooperativ oder kompetitiv? Für diesen stellt sich umgekehrt natürlich die gleiche Frage, denn absolute Offenheit der einen Seite bedeutet nicht, daß die andere Seite auch daran *glaubt*. So ist offener Informationsaustausch auf der einen Seite Voraussetzung der Erzielung von Kooperationsgewinn, andererseits jedoch eine potentielle Gefahr für die eigenen Interessen. Jeder Moment der Verhandlung birgt daher eine Entscheidung über das graduelle Mischverhältnis zwischen Offenheit und Verschleierung, zwischen kooperativem und kompetitivem Verhalten[320]. Da diese Entscheidung von jeder Partei zu treffen ist, ohne jeweils Kenntnis von dem wahren Entschluß der anderen Seite zu haben, ist damit das Feld für „The Strategy of Conflict"[321] umrissen. Für jede Partei stellt sich die Situation als das gleiche *Verhandlungsdilemma* („negotiator's dilemma"[322]) dar[323]: Wirken beide Parteien interessengerichtet und

319 *Lax/Sebenius*, S.124 ff; *Schelling*, S.23 ff.

320 *Rubin* 27 Am. Behav. Sci., 135; *Susskind/Cruikshank*, S.88: „inherent tension ... between treating the situation as a zero-sum negotiation (in which openness and cooperation could lead to exploitation by others) or as integrative bargaining (in which openness and cooperation are essential in the search for joint gains".

321 So der Titel des berühmten Buches von *Thomas Schelling*

322 *Raiffa*, S.123 ff

323 Dieses Dilemma spiegelt sich in der Ratgeberliteratur zur Verhandlung

damit kooperativ zusammen, so ist Kooperationsgewinn möglich. Für sich allein weiß oder meint eine Partei jedoch zu wissen, daß eine kompetitive Strategie ihr unabhängig vom Verhalten der anderen Seite mehr verspricht. Die Konsequenz ist, da jede Partei mit ihrer strategischen Entscheidung allein gelassen ist, daß sie sich wohl für kompetitives Verhalten entscheiden wird, selbst wenn sie *weiß*, daß die Verwirklichung von Interessen durch gemeinsames, kooperatives Vorgehen mehr gefördert wird[324].

Strategie ist so, da nun einmal keine Welt vollständiger Information existiert, *notwendiges* Element jeder Verhandlung und daher auch nicht per se negativ zu bewerten, als ob sie etwa einer Einigung im Wege stehe. Die Orientierung und Richtungswahl der Parteien zwischen Kooperation und Kompetition *ist* Strategie. Die Wechselwirkungen ihrer Strategien können die Parteien schrittweise an Kooperation heranführen; sie können auch eine Einigung unter Verlusten für eine Partei bedeuten oder vollständige Kapitulation. In unserem Zusammenhang ist entscheidend: Je mehr nur die strategische Interaktion die Parteien in Richtung eines kompetitiven Verhalten führt, desto geringer wird die Chance der Entdeckung und/oder Realisierung von Kooperationsgewinn, und desto größer das Risiko des Scheiterns der Verhandlung.

2. Mediation als kooperativer Ansatz

Im Gegensatz zum kompetitiv geprägten gerichtlichen Verfahren definiert sich Mediation als kooperativer Ansatz[325]:

„Der mediative Ansatz bezieht sich polar auf das herkömmliche ‚kontradiktorische System'. Deshalb stehen den prägenden Elementen des klassischen Ansatzes jene des mediativen Ansatzes gegenüber: dem normativen Positionsdenken das bedürfnis- und leistungsbezogene Interessendenken, der

---

wieder. Auf der einen Seite steht die optimistische Sicht von *Fisher/Ury/Patton* in „Getting to Yes", die sich auf die Möglichkeiten zur und von Kooperation konzentriert, während sich Ratschläge zu (erfolgreicher) kompetitiver Strategie z.B. bei *Craver* finden.

324 Das spieltheoretische „Gefangenendilemma" weist eine ähnliche Konstellation auf; vgl. zum Gefangenendilemma und seiner kooperativen Lösung in einem Computer-Turnier *Axelrot*, S.25 ff

325 Einen Überblick über die individuellen und strukturellen Vorschläge zur Überwindung des Verhandlungsdilemmas durch die Parteien allein (ohne Hilfe eines Dritten) gibt *Nelle* 2.Kap. § 3 I. 6.

richterlichen Drittentscheidung das persönliche Aushandeln der Lösung durch die Parteien selbst mit Unterstützung eines Mediators und dem anwaltschaftlich delegierten Parteienmodell das kooperative Verhandeln."[326]

Es ist gerade die Funktion des Mediators, die Parteien bei der kooperativen Ausrichtung der Konfliktbehandlung zu unterstützen. Experimentelle Untersuchungen in simulierten Konfliktsituationen haben ergeben, daß Interventionen Dritter mehr Konzessionsbereitschaft und insgesamt ein kooperativeres Konfliktverhalten erzeugen, solange dieser sich nicht parteilich oder unfair zeigt[327].

Die Veränderung eines richterlichen Verhandlungsstils, der nunmehr darauf abzielt, „zur aktiven Mitarbeit bei den bestehenden Problemen zu bewegen"[328] zeigt ebenfalls bemerkenswerte Ergebnisse: „In meiner Abteilung verteilten sich die Erledigungsarten im Jahr 1976 wie folgt: Versäumnisurteil 20,3%, Klagerücknahme 12,5%, Anerkenntnis 4,5%, Urteil 28,9% und Vergleich 8,9%. Im letzten Jahresbericht lauten die Zahlen dagegen: Urteil 14,2%, Versäumnisurteil 20,9%, Anerkenntnis 9,9%, Vergleich 12,0% und Klagerücknahme 17,7%."[329]

Auch eine Feldstudie über Konfliktverhalten zwischen Vermieter und Mieter zeigt, daß sich die kompetitive Verhaltensorientierung der Parteien in einer Mediation-Sitzung verringert und kooperatives Verhalten verstärkt wird[330].

– Dabei kann der Mediator insbesondere durch das Aufzeigen kooperativer Alternativen („inventing options"[331]) die kompetitive Haltung der Parteien aufbrechen.

– Wenn die Parteien befürchten, durch die kooperative Aufdeckung ihrer Optionen und Interessen der anderen Seite Waffen für eine kompetitive Ausnützung der Situation an die Hand zu geben, kann er diese Gefahr beseitigen. In Einzeltreffen („caucussing"[332]) hat er die Möglichkeit, von den Parteien vertraulich Kooperationsinfor-

---

326 *Mähler/Mähler* in: *Krabbe*, S.154
327 Vgl. die Nachweise bei *Rogers* 18 Mediation Q., 62
328 *Weber* DRiZ 1978, 167
329 *Weber* DRiZ 1978, 169
330 *Rogers* 18 Mediation Q., 62 ff
331 *Susskind/Cruishank*, S.146
332 Vgl. unten bei der Skala der Eingriffsmöglichkeiten des Mediators § 13 II. 2. a) gg)

mationen zu erlangen, ohne daß diese sich dadurch nach außen strategisch verwundbar machen: „I won't say it loud in the meeting, but if I were offered Y and Z, yes, I would trade X."[333] Durch hypothetische Fragen kann er dann unter Wahrung der Vertraulichkeit die Realisierbarkeit bei der jeweils anderen Seite testen. „What if I could get them to give up X? Would you trade Y and Z?"[334] Bei einer positiven Antwort kann er den möglichen, für beide Seiten vorteilhaften Handel dann als eigenen Vorschlag in vollständiger Runde unterbreiten.

3. Gründe kompetitiven Verhaltens

Im Verhandlungsdilemma lassen sich spezifische Gründe für eine (mehr) kompetitive Ausrichtung der Verhandlungsstrategie einer Partei (oder beider Parteien) isolieren, die hier nur kurz gestreift werden. Jede der bereits aufgeführten Kooperationsbarrieren kann zu kompetitivem Verhalten führen, sich darin fortsetzen und so verstärken.

– Fehlt es bereits an dem Glauben an einen möglichen Kooperationsgewinn, und sind die Parteien daher nicht offen für eine Analyse ihrer eigenen Prioritäten, stellt sich also für sie der Konflikt von vorneherein als ein Nullsummenspiel dar, so ist eine kompetitive Strategie die selbstverständliche Folge.

– Auch bei grundsätzlicher Bereitschaft zur Kooperation kann jede Fehleinschätzung der eigenen Verhandlungsposition oder des möglichen Kooperationsgewinns zu kompetitivem Verhalten führen. So kann gerade die *Überzeugung* von der Rechtfertigung und der gerichtlichen Durchsetzbarkeit der eigenen Position eine Tendenz zum konzessionslosen Verhandeln bewirken. Wahrnehmungs- und Bewertungsbarrieren, die diese Überzeugung beeinflussen, sind daher gleichzeitig Einfallstore für die (zumindest verstärkte[335]) Wendung zum kompetitiven Verhandeln und der Gefahr[336] einer damit

333 *Susskind/Cruikshank*, S.147

334 *Susskind/Cruikshank*, S.147

335 Es kann hier nur nochmals darauf hingewiesen werden, daß (auch) die angeführten Einigungsbarrieren analytischer Natur sind, weswegen sie in vielfältiger Weise verbunden auftreten. Verhandlungsmacht ist als Verhandlungsmoment immer gegenwärtig.

336 Strategische Vorteile können auch „nur" genutzt werden, um die *Ver-*

verbundenen Abwendung von der Möglichkeit der Einigung mit Kooperationsgewinns. Die Konzessionen der anderen Seite werden als ungenügend angesehen, während das eigene Nachgeben überschätzt wird. Die Folge ist, daß eine kooperative Strategie als gescheitert betrachtet wird und nun auf hartes Verhandeln geschaltet wird.

– Trotz einer erkannten Möglichkeit von Kooperationsgewinn können sich die Parteien von kompetitiver Strategie *noch* mehr versprechen. Das kann schon mit der bloßen Demonstration von Unnachgiebigkeit beginnen, von der sich die Partei noch weitere Zugeständnisse der anderen Seite erhofft[337]. Insbesondere verführen aber *Machtressourcen* dazu, sie auch einzusetzen. Selbst wenn eine Partei die Möglichkeit eines Kooperationsgewinns sieht, kann sie durch den Einsatz dieser Machtressourcen dennoch versuchen, mehr zu erreichen, als durch Kooperation zu erzielen wäre.

– Schließlich kann jedes wirklich oder nur vermeintlich kompetitive Verhalten der einen Seite in mehr kompetitiven Reaktionen der anderen Seite resultieren. Bloßes Mißtrauen genügt bereits, um eigentlich bevorzugtes kooperatives Verhalten in kompetitive Strategie umschlagen zu lassen und keinen Informationsaustausch über ihre wahren Ziele mehr zuzulassen[338]. Schon der Verdacht von Täuschungsmanövern auf der anderen Seite kann eine Partei selbst zu solcher Taktik verleiten. Trotz grundsätzlicher eigener Kooperationsbereitschaft muß sich jede Partei die bereits erwähnte Frage stellen: Was tut die andere Seite?[339]

4. Ergebnis

Der Überblick hat gezeigt, daß in der Erforschung von konkreten Kooperationshindernissen bei Verhandlungen zunehmend Erkenntnisse gesammelt werden. So sind beispielsweise die zitierten Studien von *Stillinger/Epelbaum/Keltner/Ross* („The ‚Reactive Devaluation' Barrier to Conflict Resolution") und *Ross/Stillinger* („Psy-

teilung des Kooperationsgewinn zu beeinflussen und müssen nicht notwendig die Parteien zu weit auseinandertreiben

337 *Stillinger/Epelbaum/Keltner/Ross*, S.3; *Rubin* 27 Am. Behav. Sci., 135

338 *Susskind/Cruikshank*, S.33

339 Vgl. oben 1.

chological Barriers to Conflict Resolution") am Stanford Center on Conflict and Negotiation entstanden, wo interdisziplinär u.a. Juristen, Psychologen und Ökonomen daran arbeiten, „the full range of cognitive, cultural, economic, institutional, legal, social and strategic barriers which impede or prevent a negotiated resolution of conflict" zu erforschen.

Die Identifizierung der Barrieren auf dem Weg zur Kooperation fördert gleichzeitig Erkenntnisse über die Möglichkeiten Dritter, durch Mediation den Parteien bei der Überwindung dieser Barrieren zu helfen. Mediation wird damit konkretisierbar hinsichtlich des Interventionsrepertoires und so zu einem gewissen Grad *vermittelbar* und *lernbar*. Mediation kann so einen *gezielten* Beitrag zur Beseitigung von Kooperationshürden leisten, ohne daß die Komplexität der Verhandlungssituation, die sich in der analytischen Unterscheidung von Kooperationshürden kaum widerspiegelt, unterschätzt werden sollte.

Den *Chancen* kooperativer Konfliktbehandlung – zu der es u.U. erst nach der Beseitigung von Kooperationshürden durch Mediation kommt – stehen *Risiken* entgegen: Im offenen Raum der Interessenverfolgung kann die *Verhandlungsmacht* einer Seite durch kompetitive Strategie die Überhand gewinnen. In der richterlichen Steit*entscheidung* – so scheint es zumindest – wird Verhandlungsmacht dagegen neutralisiert[340]. Ihre Elemente sind daher im folgenden Abschnitt als letzter Baustein für das Verständnis dyadischer Konfliktbehandlung zu analysieren. Nur durch die Berücksichtigung von Verhandlungsmacht lassen sich die Chancen von Mediation nicht überschätzen und ihre Risiken differenzierter berücksichtigen.

§ 11 Ungleiche (Verhandlungs-)Machtverhältnisse

Verhandlungen sind das Einfallstor für Verhandlungsmacht[341]. Aus Wertschöpfung kann so der (möglicherweise nicht offensichtliche

340 Vgl. aber unten § 20 IV. 8. und das Beispiel von *Ekelöf* GS Bruns, S.15, behandelt in § 22 II. 2. b)

341 Überlegene Verhandlungsmacht zeigt sich u.U. schon darin, daß Ver-

und damit um so gefährlichere) Kampf um Wertverteilung werden. Einer der wesentlichsten Einwände gegen die Behandlung von Konflikten durch Mediation ist die befürchtete Konsequenz, daß die „stärkere" Partei sich nicht auf kooperatives Verhandeln einläßt, ihre Strategie dagegen kompetitiv ausrichtet und dadurch (noch mehr) die Gelegenheit erhält, ihre Vorteile auszuspielen. Daß es Verhandlungsmacht in unterschiedlicher Ausprägung gibt, und sie daher auch ungleich verteilt sein kann, leuchtet intuitiv ein, markiert aber nur den Ausgangspunkt für unsere Schwierigkeiten. Definitionen von Verhandlungsmacht knüpfen meist ein tautologisches Band zwischen dem Endergebnis und der Machtposition: Wer über Macht verfügt, setzt seine Position durch, erreicht das bessere Ergebnis, „gewinnt". Und wer sich durchsetzt, hat eben Macht. Verhandlungsmacht läßt sich so nicht von dem Ausgang der Verhandlung unterscheiden. Eine klare Absage an solche Konzepte findet sich bei Thomas Schelling: „,Bargaining power', ,bargaining strength', ,bargaining skill' suggest that the advantage goes to the powerful, the strong, the skillful. It does, of course, if those qualities are defined to mean only that negotiations are won by those who win."[342]

Ohne zu klären, worin denn nun präzise die „Stärke" der als überlegen angenommenen Partei besteht, welche Elemente dazu beitragen[343], manövriert man sich daher allzu leicht in eine Sackgasse pauschaler und tautologischer Vermutungen. Schelling mahnt jedoch noch weitere Vorsicht an: „But, if the terms imply that it is an advantage to be more skilled in debate, or to have more military

---

handlungen gar nicht erst begonnen werden, vgl. nur *Nader* 132 U. Pa. L. Rev., 640: „[S]ome parties are so powerless in terms of economic and political resources and procedural access that their grievances are never voiced and consequently are not processed, resolved, managed, or settled."

342 *Schelling*, S.22

343 Für eine solche Analyse spricht sich beispielsweise Circuit Judge *Harry T. Edwards* 21 Willamette L.Rev., 438 f aus; auch diese Forderung eines Richters wird jedoch nur im Zusammenhang mit ADR erhoben und scheint ein „inferior system of justice for weaker parties" (438) eben nur dort zu befürchten, nicht aber ähnliche Auswirkungen des Machtungleichgewichts im gerichtlichen Verfahren – mit Ausnahme allerdings der Abhängigkeit des Zugangs zum Recht von dem Machtfaktor der finanziellen Ressourcen der Parteien (438)

potency, or more ability to withstand losses, then the term does a disservice. Those qualities are by no means universal advantages in bargaining situations; they often have a contrary value."[344] Es lassen sich nun in der Tat genügend Beispiele finden, die zeigen, wie Machtressourcen leerlaufen oder sich sogar nachteilig auswirken[345]. Dennoch kann das nicht dazu führen, das Problem einfach zu ignorieren. Wenn im folgenden Abschnitt der Versuch unternommen wird, solche Elemente von Verhandlungsmacht in den hier relevanten Konfliktsituationen zu identifizieren, so wird damit ein *Potential* beschrieben, das sich nicht notwendig im Ergebnis niederschlagen muß, das gleichwohl aber Plausibilität und eine Erfahrungsbasis für sich in Anspruch nimmt.

Eine vollständige Analyse der Faktoren von Verhandlungsmacht würde allerdings ein ebenso vollständiges theoretisches Verhandlungsmodell voraussetzen, was hier offensichtlich nicht zu leisten ist. Für unsere Zwecke, rechtspolitisch präziser mit alternativen Verfahren umzugehen, müssen einige Elemente, die Verhandlungsmacht (mit)bestimmen, als Eckpunkte genügen[346]. Dabei ist zunächst isoliert auf die Vorteilsverteilung bei der Verhandlung zweier Parteien ohne Einbeziehung eines Dritten einzugehen. Auf dieser Basis können dann die Auswirkungen der Verhandlungsmacht im Verfahren mit Dritten, vom Mediator bis zum Richter[347], analysiert werden. Die Rückführung von Verhandlungsmacht auf die folgenden Elemente ist jedoch wiederum nur analytischer Natur. Sie

344 *Schelling* S.22

345 Ein Beispiel, das dem Verfasser selbst in der Praxis begegnet ist: In Unterhaltsauseinandersetzungen ist eine mögliche Anzeige wegen nicht erfüllter Unterhaltspflichten (oder auch – aufgrund der in den guten Zeiten der Ehe erlangten Kenntnisse – wegen Steuerhinterziehung) ein gewichtiges Druckmittel. Kann der Unterhaltspflichtige jedoch durch eine Verurteilung die Berechtigung zur Berufsausübung verlieren, wie beispielsweise ein Rechtsanwalt, so verliert es seine Schärfe, da damit wiederum künftige Unterhaltszahlungen gefährdet sind.

346 Es ist insbesondere das Anliegen von *Laura Nader*, z.B. in 132 U. Pa. La. Rev., 639 ff m.w.Nw. in Fn.90, „[to] treat power as a central variable in ... study of the disputing process".

347 Eine extreme Position nimmt hier *Galtung* in: *Bühl*, S.162 ein, der bei allen Versuchen, Konflikte zu regeln, tendenziell die jeweils stärkere Seite bevorteilt sieht.

bilden tatsächlich ein vielfältig ineinander verwobenes Geflecht gegenseitiger Abhängigkeit, wo nur auf die in diesem Zusammenhang wesentlichen Verknüpfungen hingewiesen werden kann. Eine weitere Steigerung der Komplexität wird bei der Hinzunahme des Faktors „Zeit" offenbar, da jedes der Elemente graduellen Veränderungen im Zeitablauf unterworfen ist, was dann wiederum Auswirkungen auf die anderen Elemente hat[348].

I. Die Rechtslage

Verhandlungen finden im Schatten des Rechts[349] statt. Der voraussichtliche Ausgang eines Gerichtsverfahrens, m.a.W. die voraussichtliche Bewertung der Verhandlungspositionen der Parteien durch ein beiden Seiten prinzipiell[350] zugängliches Gericht, beeinflußt die Stärke dieser Positionen[351]. Die mögliche, erfolgreiche Anrufung eines Gerichts ist auch unausgesprochen ein starkes Argument. Sie begründet Verhandlungsmacht[352]: Eine Drohung mit

348 Vgl. *Bacharach/Lawler*, S.47: „(A)nalysis of bargaining power ... requires a framework that (1) identifies the multiple dimensions constituting each party's potential bargaining power, (2) identifies the major types of bargaining tactics, (3) shows how the dimensions of bargaining power affect tactical action, (4) shows how tactical action can alter bargaining power, (5) examines the conditions under which given tactics affect the bargaining outcomes, and (6) examines how outcomes at any given time affect potential power at later time."

349 Diese überaus treffende Formulierung ist dem Titel des berühmten und häufig, meist jedoch nur gerade wegen des griffigen Ausdrucks zitierten Aufsatzes von *Robert Mnookin* und *Lewis Kornhauser* „Bargaining in the Shadow of the Law", 88 Yale L. J., 950, entlehnt; vgl. dort insbesondere S.968 ff

350 Zur Berücksichtigung der damit verbundenen Transaktionskosten vgl. sogleich III.

351 Für *Abel* 19 Clearinghouse Rev., 383 ist daher die Konsequenz die Ablehnung informeller Verfahren: „[O]nly within the legal system can advocates even hope to pursue the ideal of equal justice in a society riven by inequalities of class, race and gender and dominated by the power of capital and state. Formal law cannot eliminate substantive social inequalities, but it can limit their influence. Law is the sole arena within which unequals can hope to achieve justice."

352 *Nader* 88 Yale L. J., 998 bringt das auf die Formel, daß eine Auseinandersetzung ohne „the force of law" eine verlorene Schlacht ist.

gerichtlichen Konsequenzen – „Wenn du nicht..., dann.... " – ist oft überhaupt erst die Basis für die Verhandlungsbereitschaft der anderen Partei. So kann selbst eine nicht einmal gesetzlich festgelegte, sondern nur statistisch überwältigende Entscheidungspraxis, wie beispielsweise – zumindest in Bayern – die Zusprechung des Sorgerechts in der Scheidungsauseinandersetzung an die Mutter, eine erhebliche Stärkung ihrer Verhandlungsposition bedeuten[353]. Das gilt allerdings nur insoweit, als nicht nur der Konflikt als solcher, sondern gerade das spezifische Verhandlungsziel überhaupt in die Verfügungsmacht des Gerichts fällt. So kann es beispielsweise keine Entschuldigung oder (i.d.R.) keine künftigen Liefer- bzw. Geschäftsbeziehungen durch Urteil anordnen. Immerhin kann auch hier in den meisten Fällen eine rechtlich faßbare Alternativposition – statt der eigentlich angestrebten Entschuldigung kann das Gericht z.B. Schadenersatz zusprechen – den im Ergebnis gleichen Effekt, die Stärkung der Verhandlungsmacht, erreichen.

Voraussetzung ist allerdings subjektiv die *Kenntnis* der Verhandlungspartei von der sie begünstigenden Rechtslage[354]. Information über Recht verursacht entweder Transaktionskosten[355], meist in Form von Entgelt für anwaltliche Beratung, oder setzt in einfacher gelagerten, auch für den Laien erfaßbaren Fällen eben bereits bestimmte Kenntnisse über diesen Bereich oder zumindest das Basiswissen, sich diese selbst anzulesen, voraus. Daß beispielsweise mangelhafte Ware „zurückgegeben" werden kann, ist sicher eine der verbreitetsten Formen rechtlicher Laienkenntnisse; wann jedoch in Grenzfällen Mangelhaftigkeit vorliegt oder welche Fristen hier gelten, ist nur über teuren Rat in Erfahrung zu bringen. Je

353 Jede Änderung der Sorgerechtsregelungen oder -praxis hat damit in einer Anzahl von Fällen potentiell erheblichen Einfluß auch auf die vermögensrechtliche Seite einer privaten Scheidungsvereinbarung.

354 Auch ohne Kenntnis hat die objektive, als solche aber eben nicht wahrgenommene rechtliche Position insoweit einen eigenständigen Wert, als dieses dem Verhandlungspartner gegenüber nicht offenbar ist. Je offensichtlicher es wird, daß sein Gegenüber seine Rechte nicht kennt, um so mehr kann er die für ihn ungünstige Rechtslage aus seinem strategischen Verhalten ausblenden.

355 *Mnookin/Kornhauser* 88 Yale L.J., 979 sehen Transaktionskosten nur bei Rechtsnormen, die keine eindeutige Entscheidungsprognose zulassen (vgl. dazu II.); auch die meisten (relativ) klaren rechtlichen Regelungen sind jedoch ohne fachlichen Rat nicht zu überschauen.

komplexer der Ausschnitt aus der Lebenswelt und/oder seine rechtliche Regelung ist, um so mehr hängt die Kenntnis der *Rechts*position und damit der *Verhandlungs*position und eines Teils der Verhandlungs*macht* vom Zugang zur Beratung ab. Soweit sie nicht anderweitig angeboten wird, kommt es mit dem Grad der Komplexität des Problems, was nicht notwendig durch die Höhe des Streitwertes widergespiegelt wird, für die Etablierung einer *eventuellen* Machtposition auch entsprechend mehr auf die Bereitschaft und die Fähigkeit an, Kosten – zunächst – zu übernehmen. Selbst ein Dritter (z.B. eine Beratungsstelle), der die Rechtslage darstellt, schaltet zwar Transaktionskosten aus, nicht aber die unterschiedliche Einstellung und damit Bereitschaft zum Risiko. Die Bereitschaft zur Investition in die eigene Verhandlungsmacht wird von dem zweiten Element der Verhandlungsmacht einer Partei, ihrem Verhältnis zum Risiko[356], gesteuert, während die Fähigkeit zur Übernahme von Transaktionskosten ein drittes Element[357] bildet.

Kosten spielen jedoch nicht nur bei der *Ermittlung* der eigenen Rechtsposition, sondern gerade auch für die Möglichkeit ihrer *Durchsetzung* eine Rolle. Derjenige, der für die andere Partei offensichtlich keine finanziellen Resourcen besitzt, um sich Zugang zum Recht zu verschaffen, kann aus seiner rechtlichen Position kaum Gewinn für seine Verhandlungsposition ziehen. „Access to justice" ist daher nicht nur ein Problem der *ultimativen* Durchsetzung des eigenen Rechts, sondern ein – oft graduell unterschiedlich ausgeprägtes – Element von Verhandlungsmacht[358].

II. Einstellung zum Risiko

Selbst bei vorzüglicher Information beider Seiten hinsichtlich der Rechtslage bleibt jedoch in vielen Fällen ein Bereich von Ungewissheit. Diese kann sich beispielsweise auf Beweisschwierigkeiten oder etwa eine uneinheitliche oder sogar nicht vorhandene Rechtsprechung gründen. In einigen Rechtsgebieten, insbesondere aber

356 Dazu sogleich II.
357 Dazu unten III.
358 Auch wenn ein Streit das gerichtliche Verfahren erreicht hat wird aus richterlicher Sicht ein „Informationsgefälle" in Bezug auf Recht festgestellt, vgl. *Kniffka* DRiZ 1982, 14 und *ders.* ZRP 1981, 166 ff

im familienrechtlichen Bereich Unterhalt/Sorgerecht[359], im Wettbewerbsrecht oder auch, soweit es um die Anwendung des AGB-Gesetzes geht, sind die betreffenden Rechtsvorschriften aufgrund der Komplexität der möglichen Sachverhalte so weit gefaßt, daß eine sichere Entscheidungsprognose der Gerichte nicht in Betracht kommt. Bei diesem Bereich von Ungewissheit kommt es für die Verhandlungsmacht auf die Risikotoleranz („risk preferences") der Parteien an. Auch wenn der Einfluß von Ungewissheit auf Verhandlungssituationen eine weitaus komplexere Analyse erfordert, so ist doch jede verhandlungsstrategische Reaktion auf Ungewissheit zumindest auch Ausdruck eines Grades von Risikofreudigkeit oder -feindlichkeit[360]. Je risikofeindlicher eine Partei im Verhältnis zu ihrem Verhandlungspartner ist, desto größer ist bei Ungewissheit über den Ausgang einer gerichtlichen Auseinandersetzung ihr Verhandlungsnachteil[361]. Eine weitere Konsequenz einer ungewissen Rechtslage ist, daß sie gleichzeitig mehr Spielraum für strategisches Verhalten eröffnet und so den besseren Verhandlungsstrategen bevorzugt[362].

III. Transaktionskosten

Ein weiterer wesentlicher Faktor, der die Verhandlungsmacht einer Partei begründet, ist ihre Fähigkeit, in dem und durch den Verlauf der Verhandlung anfallende Kosten – die Transaktionskosten – zu tragen. Dabei ist neben der finanziellen auch die emotionelle Belastung von Gewicht[363]. Die Austragung eines Konflikts verschlingt Anwalts- und eventuell Gerichtskosten, Zeit und vermag durch die psychische/emotionelle Beanspruchung einen Schatten auf alle an-

359 Für *Mnookin/Kornhauser* 88 Yale L. J., 969 sind – bezogen auf die USA – Vorschriften aus diesem Bereich so unpräzise, daß sie „a bargaining backdrop clouded by uncertainty" ergeben.

360 *Mnookin/Kornhauser* 88 Yale L. J., 970; zur Ungewißheit des Prozeßausgangs, die bei Privatpersonen gegenüber routinierten Prozeßparteien zu Vergleichsdruck selbst im Prozeß führt, *Röhl* Der Vergleich im Zivilprozeß, S.232

361 Vgl. nur *Mnookin* 18. U. Mich. J. L. Ref., 1025

362 *Mnookin/Kornhauser* 88 Yale L.J., 979 f

363 Zu den „nicht-pekuniären" Kosten vgl. *Kotzorek*, in: *Blankenburg/Klages/Strempel*, S.43 ff

deren Lebensbereiche zu werfen[364]. Diejenige Partei, die der Belastung durch diese Transaktionskosten verhältnismäßig besser gewachsen ist, verfügt über mehr Verhandlungsmacht[365]. Daß eine Schlüsselfunktion der Fähigkeit zukommt, *überhaupt* den Schutz eines Gerichts finanzieren zu können, wurde bereits hervorgehoben[366].

Eine Sonderstellung nehmen solche Streitigkeiten ein, die von Art und Umfang her nicht wichtig genug sind, um die Verfahrenskosten und insbesondere den sonstigen Aufwand eines Zivilprozesses in Kauf zu nehmen. Das sind insbesondere Verbraucherstreitigkeiten. Hier geht es nicht in erster Linie darum, wer eher Transaktionskosten tragen kann, sondern darum, daß sich Transaktionskosten im Verhältnis zum Streitobjekt – zumindest im gerichtlichen Verfahren – überhaupt nicht lohnen[367].

---

364 Judge *Learned Hand* hat den emotionellen „Preis" drastisch beschrieben: „(A)s a litigant I should dread a lawsuit beyond almost anything else short of sickness and death." (hier zitiert nach *Mnookin/Kornhauser* 88 Yale L.J., 972 Fn. 74); ähnlich stellt Trial Lawyer *Robert V. Wills*, S.133 die Seite des Beklagten dar: „Individuals react in vastly different ways to the stress and threat of a lawsuit over a period of years. Suicides and bankruptcies are extreme examples of reactions to litigation stress, but we all know of cases where lives have been substantially and permanently altered by litigation, even if the outcome was not horrific." *Wills* schlägt daher für den erfolgreichen Beklagten eine Entschädigungsregelung nicht nur für die aufgewendeten Anwaltsgebühren, sondern auch für solche, gerade beschriebenen Prozeßfolgen vor (insbes. S.134 f), was natürlich die Verhandlungsposition entscheidend verändern würde (vgl. S.135); um zu verhindern, „daß rechtmäßige Ansprüche durch nicht-pekuniäre Kosten entwertet werden," erwägt auch *Kotzorek*, in: *Blankenburg/Klages/Strempel*, S.45 einen zusätzlichen Ausgleichsbetrag für die obsiegende Partei, verwirft dies jedoch zu Recht, da diese Kosten objektiv nicht quantifizierbar sind und daher bei zu hoher Festlegung gerade nicht erwünschte Prozeßanreize geboten würden; nur die *Vermeidung* von nicht-pekuniären Kosten durch schnelle und unbürokratische Streitbeilegung mit Hilfe von *privaten Alternativen* zur staatlichen Gerichtsbarkeit (private Gerichte oder Schlichtungsstellen) würde die Durchsetzung von Ansprüchen erleichtern.

365 Vgl. *Kotzorek*, in: *Blankenburg/Klages/Strempel*, S.44 f, der den Einfluß auf die „Chancen der Rechtsdurchsetzung" aufzeigt

366 Vgl. oben I. a.E.

367 Vgl. nur *Morasch/Blankenburg*, ZRP 1985, 218 zu Schieds- und

IV. Öffentlichkeit

Einige Konfliktstoffe sind öffentlichkeitswirksam. Aus einer Vielzahl möglicher Gründe könn(t)en sie über die unmittelbar am Konflikt Beteiligten hinaus nicht nur Interesse erregen, sondern, worauf es in diesem Zusammenhang entscheidend ankommt, eine *Reaktion* der Öffentlichkeit verursachen. Mit dieser Reaktion kann man *rechnen* und sie daher auch strategisch einsetzen[368]. Ein Haftungsprozess kann für einen Hersteller eine Imageeinbuße bedeuten – vorausgesetzt Thema und Konstellation sind zumindest eine Nachricht wert. Das „Licht der Öffentlichkeit" auch nur eines zivilrechtlichen Gerichtssaales kann strafrechtliche Konsequenzen haben. Und in der Auseinandersetzung mit einer Bank oder Versicherung würde in entsprechenden Fällen ein Brief an das jeweilige Aufsichtsamt genügen, um Öffentlichkeit herzustellen[369]. Die Partei, für die Öffentlichkeit eine negative Konsequenz befürchten läßt, wird bereit sein, entsprechend nachzugeben, um dies zu vermeiden[370]. Der anderen Partei, der eine wahrscheinliche öffentliche

---

Schlichtungsstellen, die Verbraucherbeschwerden schnell, billiger und mit „weniger emotionalem Einsatz" bereinigen.

368 Der politische und moralische Druck eines Publikums kann, etwa bei internationalen Konflikten oder bei Verhandlungen zwischen Arbeitnehmerorganisationen und Gewerkschaften, fast den Charakter der Intervention einer dritten Partei annehmen, vgl. *Koch* in: *Bierbrauer/Falke/Giese/Koch/Rodingen*, S.90 f

369 Eine Drohung mit entsprechenden Schritten wird zwar regelmäßig an den Tatbestand der Nötigung heranreichen, ist jedoch für die Untermauerung der Verhandlungsposition keineswegs erforderlich. Wenn das Wissen um diese Möglichkeit nicht ausreicht, um Eindruck zu machen, pflegen Anwälte die Situation so darzustellen, als ob der jeweilige Schritt an die Öffentlichkeit *sicher* und unabhängig vom Verhandlungsausgang erfolgt. Die strafrechtliche Dimension entfällt oder ist zumindest nicht zu beweisen, und der späteren Verzicht auf dieses Mittel steht dennoch offen.

370 Vgl. *Hegenbarth*, in: *Blankenburg/Klausa/Rottleuthner*, S.64, der auf die Kulanzpraxis von Unternehmen verweist, aber auch die gegensätzliche Situation aufzeigt: Wer beispielsweise ein Produkt vertreibt, das in der Öffentlichkeit angegriffen wurde, muß sich u.U. jeder Einigung verweigern und auf gerichtlicher Klärung bestehen. Wurde die ‚Waffe' der Öffentlichkeit erst einmal eingesetzt, so kann ihr strategischer Nutzen leicht in das Gegenteil umschlagen.

Reaktion eine Waffe in die Hand legt, wächst in demselben Maße Verhandlungsmacht zu[371].

V. Strategisch-taktische Fähigkeiten

Bei Verhandlungen liegen meist nicht alle Karten offen auf dem Tisch. Je mehr der bisher beschriebenen Elemente, die die Verhandlungsposition einer Partei konstituieren, der jeweils anderen Partei oder auch beiden Parteien gleichermaßen – so etwa eine höchst ungewisse Prognose für eine gerichtliche Entscheidung – verborgen sind, um so größer ist der Spielraum für strategisch-taktisches Verhalten. Auf die Verbesserung der eigenen Position gerichtete, kompetitive Verhandlungsstrategie ist neben der Arbeit an konstruktiven (win-win-)Lösungen das zweite mögliche Muster der Auseinandersetzung. Die Parteien versuchen positive Aspekte ihre Positionen zu übertreiben und negative herunterzuspielen. Ihre Verhandlung besteht aus fortlaufendem Informationsaustausch. Diese Informationen betreffen Verhandlungsziele, Positionseinschätzungen, Ressourcen, beispielsweise in Form von Zeit oder finanziellen Mitteln, die die jeweilige Partei für ihre Ziele einzusetzen bereit ist, oder ihre Entschlossenheit und Risikobereitschaft. Jede Mitteilung kann dabei der Wahrheit entsprechen oder sie gerade zu verbergen oder zu manipulieren suchen. Strategisch-taktisches Verhalten bedeutet demnach in diesem Zusammenhang, daß die Parteien Elemente ihrer Position absichtlich anders, als sie es tatsächlich sehen[372], darstellen, um einen strategischen Vorteil für den Fortgang der Verhandlung zu erreichen[373].

Die Fähigkeiten in diesem Bereich können höchst ungleich verteilt sein. Ein guter Verhandlungsstratege weiß seinen Gegner zu „nehmen". Er kann taktisch reagieren, Information für seine Zwecke geschickt darstellen, bis hin zur blanken Manipulation. Schwächen seiner Verhandlungsposition überspielt er so, daß sie für seinen

371 Zur Öffentlichkeit als wirksame Waffe eines nicht mit materiellen Entscheidungsbefugnissen ausgestatteten *Dritten* (Bürgerbeauftragten) vgl. *Bull* in: *Blankenburg/Gottwald/Strempel*, S.110

372 Ich spreche hier nicht von „verfälschen" o.ä., um nicht pauschal strategisches Verhalten negativ zu belegen.

373 Ebenso *Mnookin/Kornhauser* 88 Yale L.J., 973 Fn.78

strategisch unterlegenen Gegner weitaus stärker erscheint, als es der objektiven Lage entspricht. Auch Erfahrung spielt hier im übrigen eine nicht zu unterschätzende Rolle, was dem „repeat player"[374] – neben der Verteilung eines Risikos eines möglichen Prozesses auf eine Vielzahl von Fällen[375] – Vorteile verschafft.

VI. Ausblick

Verhandlungsmacht und ihr kompetitiver Einsatz zur Wertverteilung ist der Risiko-Gegenpol zu den Chancen einer interessenbestimmten Verhandlungslösung, die durch kooperative Wertschöpfung beiden Konfliktparteien dient. Damit sind die Dimensionen der *dyadischen* Konfliktbehandlung, der Verhandlungen zwischen den Parteien, dargestellt. Der Überblick über die Kooperations*hürden* hat gleichzeitig die Ansätze für die Einschaltung eines *Dritten*, eines Mediators, gezeigt, womit der Konflikt in die Phase der *triadischen* Streitbehandlung gelangt. Auch der gem. § 279 ZPO auf eine Einigung der Parteien hinwirkende Richter trifft auf diese Ausgangssituation – gescheiterte Kooperationsversuche, die es wiederaufzunehmen gilt, Kooperationshindernisse, die es zu beseitigen gilt. Die Einschaltung eines Dritten beendet jedoch die Verhandlungsphase nicht, sondern ist untrennbar mit ihr verwoben („single process of disputing: litigotiation"[376]). Gerade darauf bauen die Interventionen des Mediators bzw. die mediativen Elemente in der richterlichen Tätigkeit.

Die Ziele eines in den Konflikt eingeschalteten Dritten sind jedoch mit „Einigung der Parteien" nur unzureichend beschrieben. Die folgenden Kapitel analysieren die z.T. völlig unterschiedlichen oder sich sogar widersprechenden *Ziele*, die sich hinter den Konfliktinterventionen eines Dritten verbergen (können), und die Verhaltens-

374 *Galanter* 9 Law & Soc. Rev., 97 ff

375 *Ross* zeigt dies in seiner umfassenden Studie am Beispiel der Auseinandersetzungen zwischen Versicherungsgesellschaften und ihren Kunden: Die Versicherer hätten den Vorteil von „relative indifference to the uncertainty of litigation"; „the insurance company as a whole in defending large numbers of claims is unaffected by the uncertainty with respect to any one claim" (S.214).

376 *Galanter* 34 J. Legal Educ., 268; vgl. oben § 4 IV.

weisen und Verfahrensgestaltungen, die sich aus dem Wechselspiel von Konfliktpraxis und theoretischer Zielvorgabe ergeben. Die Untersuchung erfolgt am *Beispiel* der ADR-Bewegung in den USA[377]. Belege und Beispiele aus der deutschen Literatur und Mediationspraxis, wie auch ergänzend aus anderen Ländern, zeigen, daß die beschriebenen analytischen Kategorien auch in anderen kulturellen Räumen und Rechtssystemen wirksam sind. Sie finden sich eben nur in unterschiedlichen Ausprägungen und Mischverhältnissen. Die analytische, „idealtypische" Erfassung der Ziele und Ausgestaltung von Konfliktinterventionen sind ebenfalls Voraussetzung für eine Streit*behandlungs*lehre, eine erweiterte Verfahrenslehre.

377 Ausführlich zur Untersuchungsmethode oben § 3.

4. Kapitel
Ziele und Gestaltung von Mediation

ADR hat in den USA eine Vielzahl von Verfahrenstypen hervorgebracht. Gerade der informelle Charakter von ADR-Verfahren bereitet bei ihrer Erfassung jedoch Schwierigkeiten. Es fehlen formalisierte Regelungen von Verfahrensabläufen als Anhaltspunkte für die Beschreibung des Verfahrens. Auch wenn theoretisch verschiedene Grundformen und darauf aufbauende hybride Verfahrensarten anhand von Kategorien wie „Degree of Formality", „Third Party" oder „Nature of Proceeding" unterschieden werden[378], trägt dies doch zum Verständnis der Praxis alternativer Konfliktbehandlung zunächst nur wenig bei[379]. Bereits die Einteilung in verschiedene Verfahrenstypen und -subtypen ist keineswegs einheitlich. Wesentlich ist jedoch, daß in der Theorie klar definierte Verfahrensvarianten in der Praxis erhebliche Unterschiede aufweisen.

Das gilt insbesondere für die hier zu behandelnden Verfahren, die im Kern eine *Mediations*komponente enthalten. Der informelle Charakter von Mediation bedeutet für diesen Dritten einen erheblichen Gestaltungsspielraum, dessen Ausnutzung entscheidend zu den unterschiedlichen Erscheinungsweisen von theoretisch identischen Verfahren beiträgt. Die Darstellung des Kontinuums von Mediation, der Bandbreite der Strategien und Praktiken, ist daher entscheidend (§ 13)[380], während äußere Verfahrensmerkmale – Organisationsform, Träger, Einleitung des Verfahrens etc. im Rahmen dieser Untersuchung vernachlässigt werden können. Das diverse Spektrum, das sich dabei bieten wird, hängt wiederum mit den völlig unterschiedlichen Zielvorstellungen zusammen, die mit ADR verbunden werden (§ 12). Sie sind daher als erstes zu behandeln.

---

378 Vgl. insbesondere die Übersicht bei *Goldberg/Sander/Rogers*, S.4 f

379 Kritisch zu der simplifizierenden und statischen formalen Darstellung *Merry* 100 Harv.L.Rev., 2064 insbesondere Fn.27

380 Ebenso *Folberg/Taylor*, S.10

§ 12 Die Ziele von ADR

Ansatzpunkte zu einem Verständnis des Kontinuums von ADR-Varianten sind die *Ziele*, die damit verfolgt werden (I.). Einzelne Zielvorstellungen wiederum lassen sich jedoch nur vor dem Hintergrund bestimmter prinzipieller Ansätze bzw. Tendenzen verstehen, die ihnen ihre konkrete Prägung vermitteln (II.).

I. Einzelne Zielvorstellungen

Die Gestalter, Befürworter und Praktiker alternativer Konfliktbeilegung verfolgen die unterschiedlichsten Ziele, ohne daß diese immer offengelegt werden. Diese Ziele sind für die Erfassung der ADR-Praxis von entscheidender Bedeutung[381]. Sie beeinflussen die konkrete Ausgestaltung des Verfahrens und das Verhalten der Verfahrensleiter. Um die Varianten von ADR zu erfassen, gilt es, zunächst die Ideen und Vorstellungen, die damit verwirklicht werden sollen und die dem Verfahren Sinn verleihen, zu erschließen[382].

1. Zielvorgaben aus den Schwächen des gerichtlichen Verfahrens

Gemeinsamer Ausgangspunkt ist, daß der status quo der Konfliktbehandlung im Justizsystem und die ihm *zugeschriebenen* Qualitäten als unzureichend angesehen werden. Das Spektrum der wahrgenommenen Probleme reicht vom fehlenden Zugang zum Recht bis zur beklagten Verrechtlichung der Konfliktbehandlung. Das einzige daraus resultierende gemeinsames Ziel der ADR-Formen, die auf Mediation basieren, ist eine *Einigung* der Parteien. Gemeinsam ist ihnen auch die Überzeugung, daß eine Einigung eben *besser* ist als die anderen, als problematisch angesehenen Alternativen, insbesondere als eine gerichtliche Auseinandersetzung. Als Zielvorstellung wird daher häufig der unterstellte Vorteil, die besondere (vergleichs-

381 Vgl. nur Alternatives Special Issue: ADR in the Courts, July 1991, 118

382 *Merry* 100 Harv.L.Rev., 2064: „In order to understand disputing or any other social process, an observer must get ‚inside the heads' of the actors to discover what they think they are doing and what it means to them."

weise) Qualität des entsprechenden ADR-Verfahrens genannt. Damit hören jedoch die Gemeinsamkeiten schon auf. Wie eine solche Einigung beschaffen sein soll, warum sie der *bessere* Weg ist im Verhältnis zu der Entscheidung eines Richters und daher überhaupt angestrebt wird, differiert von Programm zu Programm, von Mediator zu Mediator und von Autor zu Autor. Ob und welcher „Preis“ für diese Ziele bzw. Vorteile zu entrichten ist, welche *Nachteile* auf der anderen Seite in Kauf genommen werden, bleibt im übrigen meist offen.

Ein Überblick über die am häufigsten genannten Ziele bzw. Vorteile von Mediation zeigt, daß – nimmt man alle zusammen – es im Bereich von Konfliktbehandlung kaum einen Vorzug gibt, der Mediation nicht zugeschrieben wird.

So heißt es beispielsweise bei den möglichen Zielen von (hier allerdings allen) ADR-Programmen in der Ziviljustiz: „Court ADR objectives can include reducing backlog, freeing judicial resources, promoting earlier settlements, rationalizing the pretrial process, providing litigants with more dispute resolution options or better results, tailoring process to certain cases or categories of cases, and saving litigants time and money.“[383]

Auf eine – in vielfältiger Weise mögliche[384] – Strukturierung der einzelnen Zielvorstellungen wird im Folgenden verzichtet, da sich die entscheidenden Schwerpunkte aus den im Anschluß darzustellenden übergeordneten Grundtendenzen ergeben, die erst die Einzelaspekte verständlich machen. Einzelne explizit genannte Zielvorstellungen sagen in dieser isolierten Form nämlich nur wenig aus. Zwei der am häufigsten, meist zusammen genannten Vorteile von Mediation sind beispielsweise Schnelligkeit und Kostengünstigkeit. Hier ist bereits unklar, ob eine schnelle Konfliktbehandlung eine eigenständige Bedeutung hat[385], oder ob sie nur ein Instru-

383 Alternatives Special Issue: ADR in the Courts, July 1991, 118

384 Vgl. z.B. *Tomasic* in: *Tomasic/Feeley*, S.221 f, der jedoch seinen eigenen Kategorien – auf die Parteien bzw. den Streitgegenstand, auf Mediation und Mediators, sowie auf den Vergleich mit dem Gericht bezogenen Vorteile – keine besondere Bedeutung einräumt und ihre gegenseitige Abhängigkeit betont

385 So interpretieren *Adler/Hensler/Nelson*, S.3 ff in ihrer Studie über compulsory arbitration in Pittsburgh (Court of Common Appeals) eine Beschleunigung der durchschnittlichen Fallbehandlung als reine Zeitersparnis.

ment zur Erreichung des eigentlichen Ziels der Kostenersparnis ist[386]. Bei der Kostenersparnis fragt sich, wessen Kosten reduziert werden sollen – die Kosten der Parteien oder die Kosten des Justizapparates. Soll die Kostenentlastung der Parteien angestrebt werden, ist wiederum offen, ob dies ein eigenständiges Ziel ist, oder nur helfen soll, das übergeordnete Ziel des Zugangs zum Recht zu verwirklichen? Eine Bewertung des „Erfolgs" der Konfliktbehandlung hängt von der Beantwortung dieser Frage ab.

2. Zwei Quellen von Zielvorstellungen

Die einzelnen Ziele von Mediation müssen hinterfragt bzw. in einen Zusammenhang gestellt werden. Dabei ergibt sich eine Staffelung von untergeordneten und übergeordneten Zielvorstellungen, die sich letztlich auf zwei Quellen zurückführen lassen: Die Interessen der beteiligten Gruppen (a) und ein Menschenbild, ein Bild der Gesellschaft, das durch den Modus der Konfliktbehandlung verwirklicht werden soll (b).

a) Bei der Formulierung der Ziele von Mediation finden die Interessen der Beteiligten gelegentlich direkt Ausdruck, oft läßt sich ihr Einfluß zumindest nicht ausschließen[387]. Die Justizverwaltung hat mit dem Problem der Überlastung der Gerichte zu kämpfen, Mediatoren wollen den Fortbestand ihrer Programme sichern[388], der Gesetzgeber ist an kostengünstigen Lösungen interessiert – um nur einige pauschale Interessentendenzen zu nennen. Die Zufriedenheit der Parteien ist so schon unter Marketinggesichtspunkten ein natürliches Ziel für Mediations-Programme, die um Marktanteile zu kämpfen haben[389].

b) Widersprechende Interpretationen und Gewichtungen einzelner Ziele lassen sich häufig in letzter Konsequenz nur vor einem weltanschaulichen Hintergrund erklären. So kann die Zielvorstellung *Transformation der Parteien* bedeuten, daß sie in die Lage versetzt

386 *Lind/Shapard*, S.5 behandeln in ihrer Evaluierung von court–annexed arbitration in drei federal district courts Zeitersparnis als Kostenersparnis

387 Ähnlich *Tomasic* in: *Tomasic/Feeley*, S.221;

388 Daß dies zu einer Neuformulierung ihrer Ziele führen kann, wird unten § 13 II. 2. d) cc) dargestellt

389 *Luban* 66 Den. U. L. Rev., 404

werden sollen, aktiv ihre Probleme in die Hand zu nehmen und ihre (Konflikt-)Situation selbst zu gestalten, was insbesondere auch oft mit der Vorstellung einer Stärkung der Position der schwächeren Seite verbunden ist. Sie kann aber auch eine Transformation der *Beziehung* der Parteien anvisieren, eine veränderte Sichtweise auch des Standpunktes der anderen Seite, die eine *Versöhnung* ermöglicht[390]. Beide Möglichkeiten sind Ausdruck konkurrierender Vorstellungen von Gesellschaft[391], die praktisch nie ausdrücklich angesprochen werden, jedoch Auswahl und Interpretation der Ziele von Mediation entscheidend prägen. Dem hier weiter nachzugehen würde eine eigenständige Monographie erfordern.

c) Aus der rechtspolitischen Perspektive dieser Abhandlung soll ein verkürzter Weg eingeschlagen werden, um das Spektrum der Ziele von Mediation zu strukturieren und einer Bewertung zugänglich zu machen. Statt auf einer theoretischen Ebene die philosophischen oder politischen Vorstellungen[392] zu analysieren werden auf

390 Beispiel von *Luban* 66 Den. U. L. Rev., 402

391 Ausführlich *Bush* 66 Den. U. L. Rev., 374 ff, der drei „underlying vision[s] of society" unterscheidet; vgl. auch *Luban* 66 Den. U. L. Rev., 402 („conflicting visions of the human good")

392 *Bush* 66 Den. U. L. Rev., 349 f ordnet 50 (Sub–) Ziele von ADR sechs Gruppen von „general quality goals" zu, die sich jedoch von den hier gewählten 5 „Projekten" – trotz einiger Überschneidungen – unterscheiden. Sie sind mehr politisch ausgerichtet, statt wie hier nach operablen Zielvorstellungen auf einer mittleren Ebene zu suchen, die als Leitlinien für die Konzeption von konkreten Verfahren dienen können. Eine Gruppe von Zielen wird von *Bush* a.a.O., S.348 folgendermaßen definiert: „... they facilitate or strengthen the control of public and private institutions, and the interests they represent, over exploitable groups, and over possible sources of social change or unrest (Social Control)". Diese insbesondere von *Laura Nader* vertretene politische Interpretation der Ziele der ADR-Promoter (Nw. bei *Bush* a.a.O, S.351 Fn.33) wurde bereits oben in § 3 kurz angeführt. Vergleichbar ist das mögliche Motiv von Schlichtungseinrichtungen, die *Selbstkontrolle* beispielsweise einer bestimmten Branche zu fördern, vgl nur *Demant/Dotterweich/Morasch/Reichelt* in: *Morasch*, S.50 zu einer Umfrage unter den Schiedsstellen im Gebrauchtwagen-Handel: „Disziplinierung der weniger seriösen Gebrauchtwagenhändler". Eine weitere Seite dieses Bemühens kann es auch sein, „einer möglicherweise aggressiveren oder unbequemeren Form der Konfliktlösung durch die Justiz oder auf Betreiben der Verbraucherseite den Wind aus den Segeln zu nehmen." (*Röhl* in: *Blankenburg/Gottwald/Strempel*, S.23)

einer ‚mittleren' Abstraktionsebene fünf Haupt-„Projekte" unterschieden. Diese Projekte versuchen die Grundtendenzen in den Zielvorstellungen von Mediation aufzufangen und so eine Zuord-

---

Diese Untersuchung sieht die Frage der Konfliktbehandlung aus der Sicht der Parteien und der Verwirklichung ihrer Interessen und Bedürfnisse im konkreten Konflikt, vgl. oben § 9 V., worauf auch die im folgenden zu behandelnden Mediations-Projekte bezogen sind. Ausnahme ist das Social-Transformation-Projekt, das über den konkreten Konflikt hinaus die gesellschaftliche Ebene einbezieht, jedoch wieder aus der Sicht der Konfliktparteien. Bei Zielsetzungen wie ‚Social Control' oder ‚Selbstkontrolle der Wirtschaft' ist zu unterscheiden:
– Entweder mahnen sie (auch dann, wenn sie nicht direkt intendiert sind, *Röhl* a.a.O., S.24) an bestimmten Punkten – z.B. Neutralität des Mediators oder bei der Unterscheidung zwischen Überzeugung, Manipulation und Harmoniedruck – und ihrer Bewertung in konkreten Verfahren zur Vorsicht, ob hier wirklich die Interessen der konkreten Konfliktparteien gewahrt sind.
– Oder sie weisen auf Aspekte der Konfliktbehandlung hin, die über die Interessen der Parteien im konkreten Konflikt hinausgehen, dennoch aber berüchsichtigt werden sollten. So sind z.B. im Zivilprozeß neben dem Interesse der Parteien an „guter" Rechtsprechung auch – aus gesellschaftlicher Sicht – die Kosten der Justiz zu beachten. Bei dem Ombudsmann der Banken wird von Verbraucherschützern kritisiert, daß es offenbar das Ziel sei, „verärgerte Kunden von dem Gang zum Gericht abzuhalten und damit verbraucherfreundliche Urteile zu verhindern", Die Zeit v. 3.4.1992, S.25. Hier sollten jedoch zwei Ebenen nicht verwechselt werden, vgl. bereits oben § 9 V.. Im vor allem zu beachtenden Interesse der konkreten Konfliktpartei, hier des Verbrauchers, ist es, daß als Ergänzung zum Gericht eine schnelle, kostengünstige und faire Konfliktbehandlung zur Verfügung steht. Unterstellt, daß dies durch ein gut konzipiertes Ombudsmann-Verfahren grundsätzlich möglich ist, sollte dann erst in einem zweiten Schritt gefragt werden, ob nicht auch über den konkreten Konflikt hinausgehende Interessen der Allgemeinheit zusätzlich Berücksichtigung finden sollten. Die Argumentation der Verbraucherschützer übersieht zunächst jedenfalls, daß auch bei direkten Verhandlungen mit einer Bank und daraufhin erfolgender Abhilfe andere Kunden, „die von ihrer Bank möglicherweise genauso ungerecht behandelt worden sind" (Die Zeit a.a.O.), nichts von der Kulanz der Bank erfahren. Das gleiche gilt selbst für einen kurz vor Abschluß eines Zivilprozesses geschlossenen Vergleich, bei dem häufig sogar gerade Vertraulichkeit der getroffenen Regelung essentieller Bestandteil ist. Das mag bedauerlich sein, ist aber die Folge der auch im Konflikt grundsätzlich dominierenden pri-

nung von Einzelzielen zu ermöglichen; gleichzeitig jedoch sind sie noch konkret und operabel genug, um als Basis für eine rechtspolitische Bewertung zu dienen, die insbesondere auch zu klären hat, ob es sich um *widersprüchliche* Tendendenzen handelt, und die wiederum als Grundlage für die Konzeption von Verfahren dienen kann. *ADR* oder *Mediation* bilden den Hintergrund für eine teilweise völlig unterschiedliche Vorstellungswelt der Mitwirkenden wie der Kritiker[393]. Diese ist zu analysieren.

II. Die Mediations-Projekte

Die Ziele von Mediation lassen sich idealtypisch in folgende grundlegende Ausrichtungen unterteilen:

– Hilfe bei der schnellen und effizienten Beilegung des *konkreten* Konflikts (Service-Delivery-Projekt)

– Abbau der (Macht-)Nachteile schwächerer Parteien, zu *ihrem* Recht zu kommen (Access-To-Justice-Projekt)

---

vatautonomen Interessenverfolgung. Wünschenswert ist die Veröffentlichung der Entscheidungen eines Ombusmannes. Ansonsten kann die Verbraucherseite diesem strukturellen Vorteil eines „repeat players" (lesenswert dazu *Galanter* 9 Law & Soc. Rev., 95 ff, und zu den Vorteilen beim Verhindern oder Fördern von Präjudizien 100 ff) nur durch andere Strategien begegnen: „... ‚public interest law' can be thought of as a combination of community organizing, class action and test-case strategies, along with increase in legal services." (*Galanter* a.a.O., 143 f) Entscheidend ist, daß die Ausgestaltung individueller Konfliktbehandlung nur ein Ausschnitt aus dem Gesamtbild der Konfliktbehandlung einer Gesellschaft ist und nicht alle Probleme allein lösen kann.

393 Das gilt auch für die Formulierung des § 279 ZPO: „... auf eine Einigung hinwirken", die in der richterlichen Praxis mit ebenso unterschiedlichen Zielvorstellungen verbunden ist. So unterscheidet *Röhl* Der Vergleich im Zivilprozeß, S.17 zwischen dem „erledigungsorientierten" Richter, dessen Ansatz, den Streit möglichst schnell zu vergleichen, wohl dem Service-Delivery-Projekt entspricht, und dem „befriedungsorientierten" Richter, dessen Tätigkeit sich zwischen dem Individual-Autonomy-Projekt und dem Reconciliation-Projekt bewegen dürfte. Auf eine dem Social-Transformation-Projekt zu vergleichende Tendenz, im Vergleich ein Instrument sozialen Ausgleichs zu sehen, weist *Röhl* warnend hin (a.a.O., S.16).

– Vorrang der selbstbestimmten Konfliktlösung und Vermittlung persönlicher Fähigkeiten im Umgang mit dem aktuellen Konflikt, insbesondere aber auch für *zukünftige*, über den gerade vorliegenden Konflikt hinausreichende Konfliktsituationen (Individual-Autonomy-Projekt)

– Veränderung der Beziehung der Parteien in Richtung auf eine Versöhnung (Reconciliation-Projekt)

– Gesellschaftliche Veränderung (Social-Transformation-Projekt)

1. Service-Delivery-Projekt

Das Service-Delivery-Projekt[394] konzentriert sich auf die instrumentelle Verhandlungsperspektive und will die Barrieren, die das Ziel einer Einigung der Parteien hindern, aus dem Weg räumen. Im Vordergrund steht eine pragmatische Ideologie, Mediation sei für die Behandlung von Konflikten *das* geeignete Service-Unternehmen. Einem erfahrenen Dritten könne es in den meisten Fällen gelingen, die Parteien auf eine Lösung hinzuführen. Verbunden mit heftiger Kritik am Gerichtsverfahren als für die Konfliktbeilegung zu langwierig, zu kostspielig, zu unbeweglich und – wegen mangelnder Berücksichtigung der Interessen der Parteien – schlechthin inadäquat bietet Mediation in diesem Sinne das Versprechen einer effizienten, flexibel auf die jeweiligen Auseinandersetzungen zugeschnittenen, angemessenen Verfahrensalternative[395]. Die emotionellen Komponenten des Konflikts werden als Hindernis auf dem Weg zur Interessenlösung angesehen und in diesem Sinne möglichst vermieden.

Das Spektrum der Erscheinungsformen des Service-Delivery-Ansatzes ist weit. Z.B. der special master oder andere Formen von interest-based mediation, aber auch die Verfahren, die eine schnelle

394 Bezeichnung von *Harrington/Merry* 22 Law & Soc. Rev., 710 ff, für eine der drei von ihnen identifizierten „Ideologien“ im Bereich von community mediation; hinter der analytischen Unterscheidung von verschiedenen Ideologien steht – ähnlich wie hier – (u.a.) der Versuch „to highlight the fact that visions of community mediation are associated with differing organizational interests, models, and resources.“ (710)

395 *Harrington/Merry* 22 Law & Soc. Rev., 714 f

Bewertung der rechtlichen Positionen der Parteien liefern (rights-based mediation), gehören dazu. Wo eine schnelle Einigung im Vordergrund steht, werden jedoch teilweise erhebliche Eingriffe des Mediators in das Verfahren in Kauf genommen. Je mehr der vergleichsweisen Einigung als solcher bereits ein Wert zugeschrieben wird, um so stärker fallen die Eingriffe des Mediators aus. Nicht die Selbstbestimmung der Parteien (Individual-Autonomy-Ansatz) oder eine Versöhnung gilt es zu erreichen, sondern – im Extremfall – eben nur das Faktum einer Einigung, ein Vergleich um jeden Preis. Ein sicher außergewöhnliches Beispiel ist der Bericht eines Mediators über ein gerichtsgebundenes Mediations-Programm:

„We sat there with power, at least people thought we had it. We did anything we thought we could get away with. We would tell them they were on Prosecutor's Probation, which doesn't exist, or that if in six months we found they weren't complying we'd have them brought in. We'd come in there in suit and tie – we played the part. And it's interesting, in follow-ups, you know it really worked, those agreements still held despite being thrust down on the disputants."[396]

Die Abnehmer dafür finden sich in den verschiedensten Lagern. Der eher technische Ansatz trifft sich gerade bei den Justizverwaltungen mit der Suche nach Entlastung für die überbeanspruchten Gerichte[397]. Ebenso interessiert sich die Unternehmenswelt aus Kostengründen für ADR-Verfahren[398], was nicht zuletzt das regelmäßige Erscheinen von größeren Berichten in nahezu allen Wirtschaftsmagazinen und -zeitungen zeigt. Auch wenn die ganz überwiegende Zahl der ADR-Verfahren daher dem Service-Delivery-Gedanken zuzuordnen ist, so sind doch die weiteren Projekte zum Verständnis der Bandbreite von mit Vermittlung im Konflikt verbundenen Zielvorstellungen notwendig.

---

396 Wiedergegeben bei *Beer*, S.109

397 *Röhl* Rechtssoziologie, S.514; *Harington/Mery* 22 Law & Soc.Rev., 715

398 Die Grundhaltung der ADR-Befürworter in den Unternehmen bringt die Anthropologin *Laura Nader* auf die simple, jedoch – wie ich in vielen Gesprächen feststellen konnte – zutreffende Formel: „There are people in the corporations that were screaming because of intra-corporate litigation and discovery, the bill for which came to something like $80 billion annually. ‚Too much', they said, ‚just too much'." (Barriers, S.8)

2. Access-to-Justice-Projekt

Zumindest in der Phase der Anfangseuphorie fügte sich zwar die unter dem Schlagwort „access to justice" geführte, von der empirischen Justizforschung ausgelöste und vorangetriebene Debatte um „Zugangs- und Erfolgsbarrieren auf dem Weg zum Recht"[399] in das Service-Delivery-Projekt ein[400]. Informelle Foren und Verfahren, so die sich in der gesamten Bandbreite zwischen Hoffnung und Überzeugung bewegenden Initiatoren und Befürworter, könnten für potentielle Kläger attraktiver und leichter zugänglich sein[401]. Dennoch wird das Access-To-Justice-Projekt hier getrennt aufgeführt. Im Mittelpunkt steht hier eben nicht nur die Beseitigung der einer Einigung im Weg stehenden Barrieren. Es geht um eine Möglichkeit für schwächere, über keine Machtressourcen verfügende Parteien, diesen Nachteil zu überwinden und ihren Konflikt statt vor das kostenintensive und einschüchternde Gerichtssystem vor ein dieses ergänzendes, leichter zugängliches Forum zu tragen[402], das aber nicht nur pragmatische, sondern auch im Sinne des Rechts befriedigende Lösungen produzieren soll. Es ist *ein* Anspruch, Parteien zu einer Behandlung und Beilegung des Konflikts zu verhelfen, ein anderer Anspruch ist es jedoch, in solchen informellen Verfahren fehlende Machtressourcen für den Zugang zum Recht zu kompensieren. So ist etwa die folgende Aussage eines professionellen Mediators und führenden Mitglieds von S.P.I.D.R.[403] kaum geeignet, in seiner Rolle mehr als den Ansatz des Service-Delivery-Projekts zu vermuten:

---

399 *Röhl* Rechtssoziologie, S.514

400 *Harrington/Merry* 22 Law & Soc. Rev., 715; *Cappelletti/Garth/Trocker* sprechen von: „The ‚Third Wave' of the Access-to-Justice-Movement" (RabelsZ 46, 686)

401 So kündigte beispielsweise der Leiter des für die Einrichtung der ersten drei Neighborhood Justice Center verantwortlichen Kommitees – Attorney General *Griffin Bell* – diese als „new and improved mechanisms to provide more just and efficient resolution of disputes arising in daily life" und damit *zugleich* als „an avenue of justice for many persons now shut out of the legal system" an (64 A.B.A.J., 53); weitere Nw. bei *Tomasic/Feeley,* S.228 f

402 *McEwen* 12 The Justice System Journal, 257 f, spricht daher von „(t)he pragmatic access to justice vision"

403 Society of Professionals in Dispute Resolution

„Pressing the weaker party at what is aptly called ‚crunch'time is not evidence of bias, because it is necessary to recognize differences in power. If mediators ignored the ‚real world' and attempted to base all settlements on reason and brotherly love, stronger parties would obtain little benefit from mediation and would soon avoid it."[404]

Es ist weniger die äußere Erscheinungsweise, als dieser unterschiedliche Anspruch, der das Access-To-Justice-Projekt von dem Service-Delivery-Projekt trennt.

Gerade bei Verbraucherbeschwerden liegt häufig die besondere Situation vor, daß der Streit es insgesamt nicht lohnt, einen Zivilprozeß anzustrengen[405]. Hier sollen informelle und damit leicht erreichbare, kostengünstige und schnelle Schieds- und Schlichtungseinrichtungen verhindern, „daß der Zugang zum Recht insgesamt abgeschnitten bliebe" und damit die Justiz *ergänzen*[406]. Bestätigt wird dies durch die Erfahrung mit den (in Deutschland) bereits vorhandenen Einrichtungen dieser Art, die zu einem hohen Prozentsatz Fälle erledigen, die ohne solche Schieds- und Schlichtungsstellen nicht vor Gericht gelangen würden[407].

3. Individual-Autonomy-Projekt

Der Wesenszug von Mediation ist, daß die Parteien über den Ausgang des Konflikts entscheiden, daß eine Einigung in ihren Händen liegt und nicht ein Dritter eine Entscheidung trifft. Ein Dritter, der Mediator, wirkt jedoch in diesem Prozeß mit. Im Individual-Auto-

---

404 *Honeyman* 1985 Mo.J.Dispute Resolution, 146; ganz im Sinne des instrumentell ausgerichteten Service-Delivery-Projektes soll der Druck auf die schwächere Partei dann einsetzen, wenn alles, was von der stärkeren Seite an Konzessionen zu erwarten ist, erreicht ist (146); auch *Nicolau/Cormick* 27 Arb.J., 111 nehmen es in ihrer Sicht von community mediation hin, daß das Ergebnis die Relation der Machtverteilung zwischen den Parteien wiederspiegelt und versagen es daher dem Mediator, seine Sicht korrigierend einzubringen; für sie steht jedoch nicht die effiziente Konfliktbeilegung im Vordergrund, sondern die Selbstbestimmung der Parteien (Individual-Autonomy-Projekt);

405 Vgl. oben § 11 III.

406 *Blankenburg* in: *Morasch*, S.10; einen Überblick über Schieds- und Schlichtungsstellen als entwicklungsfähigen Teil der Rechtspflege findet sich bei *Morasch/Blankenburg* ZRP 85, 217 ff

407 So z.B. aus richterlicher Sicht *Herr* in: *Morasch*, S.145

nomy-Projekt[408] liegt nun das Schwergewicht weniger darauf, *daß* durch sein Mitwirken eine Einigung erzielt wird, sondern mehr darauf, daß die *Parteien* und *ihre* Interessen sich darin spiegeln, oder darüber hinaus daß sie *selbst* sie erreichen, daß sie selbst die Einigungsbarrieren wegräumen und so an einer Erfahrung wachsen. Der Mediator sollte nur ein bloßer Katalysator[409] sein, der dies den Parteien erleichtert. Während im Access-To-Justice-Projekt der objektive Schutz des Rechts angestrebt wird, ist hier die subjektive, autonome Komponente entscheidend[410]. Der Prozeß und nicht das Ergebnis ist hier Ziel und damit gleichzeitig Erfolgsmaßstab[411]. Daß die Parteien *ihre* Interessen am besten kennen, ist mehr ein Argument für das Service-Delivery-Projekt; das (Selbst-)Gefühl, seine Probleme selbst in die Hand genommen zu haben, will das Individual-Autonomy-Projekt vermitteln.

„The goal is to help people retain control over what is happening in their own lives."
„Mediation is based on the assumptions that all disputing parties have a legitimate problem, that they have the inner resources to find a solution, and that they will have a personal investment in making a solution work if they have been actively involved in creating it."[412]

So wird beispielsweise bei Ehescheidungen darauf hingewiesen, daß die Betroffenen von ihrer „Ohnmacht" im herkömmlichen (gerichtlichen) System sprechen, sowie davon, „daß ihnen die Lösung des Konfliktes weggenommen wurde."[413] Sie seien ausgeliefert und würden nicht verstehen, was mit ihnen passiert. Mißachtung der „Eigenständigkeit und Autonomie der Betroffenen" im Scheidungs-

408 Mit „Individual Autonomy" faßt *Bush* 66 Den. U. L. Rev., 347 f, eine Gruppe von Bewertungskriterien für den Erfolg von ADR zu einem (von insgesamt sechs) Qualitätsstandards zusammen

409 Vgl. unten § 13 II. 2. a) aa)

410 *Nicolau/Cormick* 27 Arb.J., 111 f: Dem Mediator in community mediation obliege es nicht das Ergebnis zu bewerten; vielmehr ginge es für die Parteien um „controlling one's own destiny" (112)

411 *Danzig/Lowy* 9 Law & Soc.Rev., 689; ähnlich *Mähler/Mähler* in: *Krabbe*, S.154: „Im ‚kontradiktorischen System' zählt in erster Linie das Ergebnis, der Weg spielt eine nur untergeordnete Rolle. Im mediativen Ansatz kann das Ergebnis nicht besser sein als der Weg dahin."

412 Programmsätze aus einem Community Mediation Programm, wiedergegeben bei *Beer*, S.136

413 *Mähler/Mähler* in: *Krabbe*, S.153

verfahren mache es daher sinnvoll, „vor- und außergerichtlich die Autonomie der Parteien und ihre Fähigkeit, eigene Lösungen zu finden, zu stärken."[414]

Entsprechend steht nicht nur der aktuelle Konflikt, sondern auch der künftige Umgang der Parteien mit Konflikten im Blickfeld[415].

„When people have actively helped build a workable solution to a problem their image of themselves and their feelings about others generally become more positive. And they may develop some confidence in their ability to deal with conflicts in the future."
„CDS [Community Dispute Settlement] provides a model for settling future disputes. People see that they can work through their own problems with each other."[416]
„Die sich trennenden Eheleute verhandeln oft zum erstenmal ihre Angelegenheiten gemeinsam: Für sie sind dann die Vereinbarungen der Mediation nachgeholte Ehekontrakte; für die Familie ensteht mit den Mediationsverhandlungen ein zukünftiges Konfliktlösungsmodell."[417]

Die Mediation-Sitzung, die den aktuellen Konflikt behandelt, wird zum „Trainingsprogramm" („educational process")[418] für Techniken, die den eigenverantwortlichen Umgang auch mit künftigen Konfliktsituationen ermöglichen sollen[419]. Der Einzelne soll durch

---

414 *Mähler/Mähler* a.a.O., S.154; vgl. die Heranziehung des Individual-Autonomy-Gedankens auch für das familien*gerichtliche* Verfahren *Eschweiler* Familiendynamik 1992, 374: Der Richter könne im Sinne einer gütlichen Einigung seine Autorität nützen, „um in der Verhandlung den Kontakt zur *eigenen Verantwortlichkeit* der Eltern aufzunehmen und zu halten, wenn er es vermag, die Bedürfnisse der Kinder wieder in ihren Blick zu rücken." (Hervorh.v.Verf.)

415 *Shonholtz* 5 Mediation Q., 14

416 Aussage eines Mitarbeiters des von *Beer* beschriebenen Mediationsprogramms (S.136) und Zitat aus einem Handbuch des Programms (S.137); ähnlich als Zusammenfassung seiner familienrichterlichen Tätigkeit *Prestien*, in: Deutsches Familienrechtsforum, S.79: „Die Menschen, die mit mir zu tun hatten, habe ich weitgehend zu einem *Lernprozeß* hinführen können, an dessen ‚verfahrensmäßigem' Ende *sie* in der Lage sein *wollten* (und dies nach meiner Einschätzung auch waren), die *Verantwortung für sich selbst* wieder in die *eigene Hand* zu nehmen und an den Richter nicht länger unerfüllbare Forderungen zu stellen oder Erwartungen zu richten (Mündigkeit)!" (Hervorh. im O.)

417 *Diez/Krabbe* in: *Krabbe*, S.110

418 *Danzig/Lowy* 9 Law & Soc. Rev., 692

419 *Shonholtz* 5 Mediation Q., 29 (Übersicht): „Builds skills, gives individuals feelings of accomplishments"; ebenso *Menkel-Meadow* wieder-

die Erfahrung darin bestärkt werden, seine Angelegenheiten selbst in die Hand zu nehmen. Die (erfolgreiche) Mediation-Sitzung soll so helfen, ein besseres Selbst(wert)gefühl zu entwickeln. M.a.W., persönliches Wachstum der Parteien[420] und nicht pragmatische Konfliktbeilegung steht im Vordergrund[421].

Jennifer Beer faßt diesen Ansatz für das von ihr untersuchte Community-Mediation-Programm so zusammen:
„1) Taking responsibility, not expecting someone else to fix it, seeing yourself as part of the problem.
2) Finding confidence and energy, breaking through hopelessness and helplessness. Feeling ‚I can do something about this.'
3) Learning new skills for coping with conflict."[422]

Die Entsprechung zu der schon sprichwörtlichen amerikanischen Psychotherapie-Freudigkeit drängt sich hier auf[423]. So tendieren Mediatoren, die sich dem Individual-Autonomy-Projekt verpflichtet fühlen, in ihrem Verfahrensstil auch eher zu therapeutischer Integration als zu pragmatischem, instrumentellem Verhandeln[424].

---

gegeben bei *Luban* 66 Den.U.L.Rev., 413 Fn.88; *Folberg/Taylor* in: *Goldberg/Green/Sander*, S.97; auch *Freund* DRiZ 81, 224 sieht im gerichtlichen Verfahren „über eine erfolgreiche Kommunikation im Metakonflikt, die zum Vergleich führt, eine neue Beziehungsstruktur" wachsen. So werde „den Parteien exemplarisch eine Möglichkeit und ein Weg gezeigt, wie sie nunmehr ohne das Gericht auch ihren Ursprungskonflikt beenden können."

420 *Harrington/Merry* 22 Law & Soc.Rev., 715 f, 720 sprechen daher auch von dem „personal growth project"

421 Vgl. z.B. die Aussage von *Beer*, S.141 über das von ihr untersuchte Community Dispute Settlement (CDS) Programm: „The question for mediators is how to use their own power in such a way that the disputants begin to understand the large part they themselves played in working things out. For some mediators this empowerment is more important for the disputants' future than the particular terms of settlement reached at that particular time."

422 *Beer*, S.137

423 *Harrington/Merry* 22 Law & Soc.Rev., 715 sehen die Betonung des persönlichen Wachstums der Parteien als Teil einer „more general psychotherapeutic disposition increasingly pervasive in American society"

424 Ein solche Ausrichtung fordert z.B. (allerdings für Strafverfahren ersetzende Mediations-Projekte) auch *Rosellen*, in: *Blankenburg/Klausa/Rottleuthner*, S.216 ff: Statt instrumenteller Pendeldiplomatie (caucussing) solle direkte Kommunikation zwischen den Parteien in An-

Die Vermittlung persönlicher Fähigkeiten für künftige Konfliktsituationen bezieht sich bei fortbestehenden Beziehungen der Parteien natürlich besonders auf *ihren* zukünftigen Umgang miteinander. Das gilt vor allem in Scheidungsauseinandersetzungen[425]. Entsprechend dem gesetzten Schwerpunkt wird dann auch in Kauf genommen, daß sich der Konfliktlösungsweg über Mediation u.U. sogar als teurer und damit – zumindest vordergründig – weniger effizient herausstellt.[426]

In der bisherigen Schilderung des Individual-Autonomy-Projektes stand mehr die Vision des selbstbestimmten Individuums im Vordergrund, die als Leitbild und Triebkraft dieser Version von ADR dient. In seiner konkreten Ausformung ist es von dem Versuch des Mediators geprägt, die (Macht-)Ausgangsbasis der schwächeren Partei zu verbreitern, um selbstbestimmtes Handeln im Konflikt überhaupt erst zu ermöglichen („empowerment"[427]). Der einen Partei wird geholfen, damit beide Parteien mit (möglichst) gleichwertigen Waffen an dem Mediation-Verfahren teilnehmen können[428]. Mediatoren sollen bei einem Verhandlungs- Ungleichgewicht „compensa-

lehnung an Ehepaar- und Familientherapie zu Lernerfolgen bei Konfliktlösungsstrategien führen; a.A. für den Richter trotz grundsätzlicher Orientierung an der Selbstbestimmung der Betroffenen *Freund* DRiZ 1981, 222; zum therapeutisch ausgerichteten Verhandlungsstil im Gegensatz zu instrumenteller Verhandlungstechnik vgl. ausführlich unten § 13 I.

425 Vgl. bereits oben im Text und z.B. *Bastard/Cardia-Voneche* Familiendynamik 1992, 322

426 Vgl. beispielsweise *Wheeler* Diskussionsbeitrag in: Barriers, S.27, der auf die Sicht der Parteien abstellt: „If it is merely a document that says your marriage is over, then it is possible that going to a lawyer is the cheapest and fastest route. But if you are trying to have some kind of transformation of the relationship that is going to be workable, efficient, and fair, the additional money for mediation may be well spent."

427 *Engram/Markowitz* 8 Mediation Q. 23; *Beer, S.135* ff; *Luban* 66 Den.U.L.Rev.413: „[E]mpowerment is an attractive conception of justice, appealing to a vision of human autonomy and self-reliance and to active political participation..." (Im Ergebnis lehnt *Luban* allerdings diese Zielvorstellung von Mediation ab; näher dazu unten § 18 II. 3. b) bb))

428 *Engram/Markowitz* 8 Mediation Q. 23: „...giving assistance to one of the parties so that both parties have equally valued input into the decision- making process of mediation."

te for low-level negotiating skills"[429] und sogar im Falle ergebnisloser Ausspielung aller Möglichkeiten, das Machtungleichgewicht auszubalancieren, eine Beendigung der Mediation-Sitzung in Erwägung ziehen[430]. Die Erkenntnis, daß Mediation am besten funktioniert, wenn die Parteien von gleicher Verhandlungsstärke sind, führt hier nicht zu dem Schluß, Mediation sei dann bei einem Machtungleichgewicht eben eine inadaequate Konfliktbehandlungsform[431]. Vielmehr soll dann der Mediator (zunächst) für Ausgleich sorgen, zum einen, um im konkreten Verfahren die Parität herzustellen, zum anderen aber vor allem, um für künftige Konflikte (am Beispiel der aktuellen Konfliktsituation) die entsprechenden Fähigkeiten mit auf den Weg zu geben.

„Die Mediatorin achtet in den folgenden Sitzungen darauf, daß die Machtbalance zwischen Frau und Herrn D. erhalten bleibt und sich nicht das alte Beziehungsmuster der Ehe in der Mediation wiederholt. Frau D. hat sich anscheinend meistens angepaßt und ihre Wünsche sowie Interessen zurückgestellt. Verstärkt durch Schuldgefühle wegen ihres Trennungsentschlusses stimmt sie jetzt häufig schnell zu. Hier ist es wichtig, sie zu ermutigen, sich des öfteren bei ihrem Rechtsanwalt über die Streitpunkte zu informieren und ihre Rechtspositionen genau kennenzulernen."[432]

Im Grunde tragen alle Mediations-Programme oder Mediatoren, die es (sich) gestatten, zur Sicherung der Fairness des Verfahrens die neutrale Rolle zumindest graduell zu verlassen, einen Teil des Individual-Autonomy-Ansatzes in sich[433]. Dies nähert sich der Autonomieauffassung von *Rousseau*, bei der dem Individuum zunächst einmal Autonomie beigebracht wird.

Ausgehend von der zentralen Feststellung, daß vielen Konflikten Kommunikationsprobleme zugrundeliegen, verselbstständigt ein Teil des Individual-Autonomy-Projekt die Erkenntnis, daß Mediation im Gegensatz zum formellen Gerichtsverfahren insbesondere

429 *Davis/Salem* 6 Mediation Q., 25

430 *Davis/Salem* a.a.O.

431 So vor allem *Nader* Manuskript, S.19f

432 So der Ausschnitt aus dem Bericht über eine als Musterfall vorgestellte Mediation-Sitzung bei *Diez/Krabbe* in: *Krabbe*, S.123

433 Vgl. zur Neutralität des Mediators, sowie zum Verhältnis von Neutralität und Fairness des Verfahrens unten § 13 III.

die kommunikativen Fähigkeiten der Parteien verbessert[434], und verwandelt Mediation zu einem eigenständigen, konfliktnahen Ausbildungsansatzprogramm. Konsequenterweise werden zunehmend Konfliktbeilegungstechniken ohne aktuellen (Konflikt-)Anlaß als reine Unterrichtsprogramme angeboten. Insbesondere geschieht das an Schulen[435], in Unternehmen, in Universitätsseminaren[436] oder etwa in Gefängnissen, wie folgender (Erfolgs-)Bericht illustrativ belegt:

> The first prison we worked in in New York was a big maximum security place, a couple of thousand men locked up. And one of the men ... was a guy named Heavy. I don't remember what his first name was but they called him Heavy because he just sat there. I don't know how smart Heavy was, he was just a moose of a guy who apparently had a very quick temper, which we saw a little bit of, and who also in his earlier days had been very quick with his fists.
> When we got this thing going, Heavy got the training. Sometime after it started, a grievance clerk said, „I can't believe it. Yesterday Heavy got into an argument and I thought he was going to drop the sucker right in his tracks. Heavy just kept talking to him!" I don't know how much of this you can attribute to the training, but the guy who was talking to us was attributing all of it to the fact that Heavy had learned that he didn't have to drop people in their tracks, he could just talk to them and get something out of that.[437]

Zwei Punkte sind für den weiteren Gang der Untersuchung bereits hier festzuhalten: Der Erfolg eines Mediation-Programms, das das persönliche Wachstum der Parteien zu fördern sucht, ist besonders schwer zu bewerten. Mitentscheidend ist in diesem Zusammenhang vor allem, ob dieser Anspruch auch in der Praxis und unter

434 So z.B. *Felstiner/Williams*, zitiert nach *Tomasic* in: *Tomasic/Feeley*, S.223: „[The] ideology of mediation states that unlike court processing mediation hearings improve the parties' capacity to communicate.."

435 Vgl. oben § 2 IV.; in Deutschland berichtet das *Netzwerk Konfliktlösung* in seinen Nachrichten vom Mai 1992 von Aktivitäten „im Bereich Schule (konstruktive Konfliktbewältigung im Klassenzimmer und Mediation)".

436 Neben dem klassischen ADR-Seminar, das einen Überblick über Institutionen, Programme und Verfahren bietet, werden an juristischen Fakultäten zunehmend praktische Übungen zum Thema „Negotiation" und „Mediation" abgehalten.

437 Wiedergegeben bei *Ury/Brett/Goldberg*, S.24

dem dort herrschenden Erfolgsdruck, den aktuellen Konflikt beizulegen, aufrechterhalten wird.

4. Reconciliation-Projekt

Auch das Reconciliation-Projekt setzt bei persönlichem Wachstum an, strebt jedoch auf diesem Wege eine Transformation der *Beziehung* der Parteien in Richtung auf eine Versöhnung an[438].

Im Gegensatz zur gerichtlichen Auseinandersetzung liege die zentrale Qualität von Mediation – so Lon Fuller in einem einflußreichen Aufsatz – in: „its capacity to reorient the parties toward each other, not by imposing rules on them, but by helping them to achieve a new and shared perception of their relationship, a perception that will redirect their attitudes and dispositions toward one another."[439] Diese Art von Wachstum der Parteien strebt nicht wie das Individual-Autonomy-Projekt danach, die Problemlösungs- und Kommunikationsfähigkeiten des Einzelnen zu verbessern und so seine Position zu stärken. Das kann gerade dem Vorhaben entgegenstehen, die Parteien für die Person auf der anderen Seite und *deren*

438 *McThenia/Shaffer* 94 Yale L.J., 1665 (Herleitung aus religiösen Traditionen): „reconciliation of brother to brother ... defendant to plaintiff"; in abgeschwächter Form auch *Goldberg/Green/Sander*, S.314 („repair of the frayed relationship); vgl. z.B. auch *Hegenbarth* in: *Blankenburg/Klausa/Rottleuthner*, S.71: „Die Chancen entrechtlichter Konfliktregelung liegen im Bereich der personenbezogenen Konflikte, in denen nach einer umfassenden Erörterung der Streitbeziehung eine Generalbereinigung mit dem Ziel der Versöhnung angestrebt werden kann." Auch der Sicht des Richters spricht *Weber* DRiZ 1985, 169 von der durch entsprechende Verhandlungsführung möglichen „... Versöhnung der Parteien. Sie gehen aufeinander zu und geben sich die Hand. Dies kann eine streitige Entscheidung in der Regel nicht leisten." Deutlich setzt sich von dieser Tendenz z.B. eine Broschüre des *Arbeitskreises Partnerschaftskrise, Trennung, Scheidung e.V.* in Frankfurt ab: „MEDIATION ist kein Schlichtungs- oder Schiedsverfahren – Meinungsverschiedenheiten sollen nicht unterdrückt, Beziehungen nicht gekittet werden."

439 *Fuller* 44 S. Cal. L. Rev., 325; vgl. auch *McThenia/Shaffer* 94 Yale L.J., 1665: „They [ADR-Befürworter] assume not that justice is something people get from the government but that it is something people give to one another." Ähnlich *Millhauser* Leg.Times, 10.Aug.1987, 16

Anliegen zu sensibilisieren[440]. So berichtet *Mahatma Gandhi* von einem erfolgreichen Schlichtungsversuch, den er sogar nach einem rechtskräftigen Urteil noch durchführen konnte. Dabei wurde schlicht Ratenzahlung der festgestellten Schuld vereinbart. Ein Vorgang, den man eher im Service-Delivery-Projekt einordnen würde, erhält von *Gandhi* eine grundlegend andere, visionäre Bedeutung zugemessen:

„[B]oth were happy over the result, and both rose in the public estimation. My joy was boundless. I had learnt the true practice of the law. I had learnt to find the better side of human nature and to enter men's hearts. I realized that the true function of the lawyer was to unite parties riven asunder."[441]

Die Hinwendung zum Anderen, „growth in the self-transcending sense"[442], steht im Mittelpunkt[443]. In der persönlichen Integrität der Parteien und ihrer Bereitschaft, Verantwortung zu übernehmen und Fehler zuzugeben, wird der einzige Weg zu wirklichen Lösungen gesehen[444].

Das Reconciliation-Projekt ist jedoch nicht ausschließlich auf das Ideal einer ultimativen Versöhnung der Parteien ausgerichtet[445]. Sein Spektrum beginnt bereits bei dem (bescheideneren) Ziel, daß die Parteien die Position und Perspektive der anderen Seite erkennen und *an*erkennen und so zu einer Wandlung ihrer Beziehung

440 *Bush* 66 Den. U. L. Rev., 348 Fn.31: „..increasing responsiveness to others may not be possible except by measures that involve limiting individuals' autonomy to some degree.."; das mögliche Argument, in letzter Konsequenz seien Problemlösungsfähigkeiten untrennbar gerade mit der Bereitschaft verbunden, sich in die Position des anderen zu versetzen, kann hier nicht weiter verfolgt werden.

441 *Gandhi*, S.168

442 *Bush* 66 Den. U. L. Rev., 348 Fn.31; vgl. auch *Hegenbarth*, in: *Blankenburg/Klausa/Rottleuthner*, S.71: „Die nachhaltige Verbesserung eines gestörten Interaktionsverhältnisses erfordert, daß die alltagsweltlichen Deutungsschemata der Konfliktparteien und ihrer Umgebung durch die Übersetzung des Konflikts in ein neues Interpretationsschema, das Parteinahme und Schuldzuschreibung vermeidet, ersetzt werden."

443 Auch *Luban* 66 Den. U. L. Rev., 402 unterscheidet bei dem Ziel/Qualitätsmerkmal „transformation of the parties" zwischen „empowerment" und „reconciliation"

444 *Millhauser* Leg.Times, 10.Aug.1987, 16

445 So aber offensichtlich *McThenia/Shaffer* 94 Yale L.J., insbesondere 1664

ansetzen, die zumindest einen Schritt in Richtung auf eine Versöhnung darstellt[446]. *Luban* faßt diese Sichtweise von ADR zusammen: „[I]t is not too much to expect that it can transform them into people who grudgingly and reluctantly admit that the other has a point and who settle their dispute with a not-terribly-enthusiastic fairness, a mumbled ‚live and let live', and a handshake."[447]

Gerade religiös motivierte Mediation-Programme sind häufig an der Vorstellung von persönlichem Wachstum durch verbesserte Fähigkeiten, Konflikten zu begegnen, ausgerichtet[448]. Aber auch dem deutschen Prozeßrecht war dieser Gedanke nicht fremd. Der bis zum 30.6.1976 gültige § 608 ZPO a.F. bestimmte die Notwendigkeit eines Sühneversuchs bei der Ehescheidung, dessen Ziel es war, die Ehe aufrechtzuerhalten und „die Parteien auszusöhnen"[449].

5. Social-Transformation-Projekt

Das Social-Transformation-Projekt sucht über den konkreten Konflikt hinaus die gesellschaftliche Ebene der Auseinandersetzung einzubeziehen und zu verändern[450]. Auf die historischen Versuche, gesellschaftliche Veränderungen in den Vereinigten Staaten durch

---

446 So z.B. *Münchener Team Mediation* Werbebroschüre: „Mediation ermöglicht, wieder gegenseitig Respekt zu gewinnen." Vgl. auch *Mähler/Mähler* in: *Krabbe*, S.157 f

447 *Luban* 66 Den. U. L. Rev., 415

448 Vgl. *Beer*, S.105 ff

449 Wieczorek/Rössler/*Wieczorek* § 710 ZPO a.F., C I

450 In China z.B. setzen die 1954 gegründeten Volksvermittlungskomitees, denen zivilrechtliche Streitigkeiten und kleinere strafrechtliche Fälle zugewiesen sind, die konfuzianische Tradition der Bewahrung von Harmonie durch konsensuelle Streitbeilegung fort. Sie sind jedoch nicht nur ein Forum zur individuellen Konfliktbehandlung, sondern dienen der Durchsetzung der sozialistischen Ideologie: „Issues which the disputants consider to be purely personal may be transmuted by mediators into much larger and more abstract issues of national policy, and disputes may be resolved to assist implementation of policies" (*Lubman* 55 Calif. L. Rev., 1342); im (zu diesem Zeitpunkt noch) kommunistischen Polen wurde das Ziel der als Schlichtungsinstitution ausgerichteten *Gesellschaftsschiedsgerichte* definiert als „die Entwicklung gesellschaftlicher Harmonie und Kooperation innerhalb der Nachbarschaft" (*Kurczewski*, in: *Blankenburg/Klausa/Rottleuthner*, S.427)

neue Formen von Justiz zu erreichen, wurde bereits hingewiesen[451]. Im Zentrum des Social-Transformation-Projekts in seiner neueren Ausprägung steht nunmehr die „community"-Idee[452]: Unabhängig vom staatlichen Justizsystem soll ADR die (örtliche) von den Gerichten durch ihre isolierte Fallbehandlung fragmentierte Gemeinschaft stärken[453] bzw. einen neuen Sinn für diese Gemeinschaft entwickeln helfen. Das Schwergewicht wird – weg von der individuellen Fallösung – auf den übergreifenden Zusammenhang zwischen Konflikten und der Gemeinschaft, in der sie auftreten, gelegt[454]. Die Anbindung sozialer Kontrolle über die Behandlung von Konflikten an die Gemeinschaft soll sozialen Wandel fördern. Nicht professionalisierte „Dritte", sondern aus der Gemeinschaft und ihrem Wertgefüge stammende Mediatoren sollen in diesem Sinne tätig werden. Diese Vision ging, zumindest zu Beginn der Entwicklung, bis zu der Bezeichnung von Mediation als „the last hope of a regained sense of community" in „our alienated and divisive society."[455]

Ihren Ausgangspunkt hatte die Forderung nach gruppenunmittelbarer[456] Konfliktbehandlung in den Forschungsberichten von Kulturanthropologen über Konfliktbehandlungsformen in weniger arbeitsteilig differenzierten (Stammes-) Gesellschaften, die über kein zentralisiertes und formalisiertes Justizsystem verfügen. Die statt dessen beobachteten Vermittlungs-/Schlichtungsmechanismen unter Beteiligung von Familie und Nachbarn oder einzelner, mit besonderer Autorität versehener Gruppenmitglieder dienten als Vorbild für Forderungen nach einem dezentralisierten System von „community moots" (Nachbarschaftsforen), deren Aufgabe die Schlichtung von Streitigkeiten ist[457]. Der Schwerpunkt dieser Auseinandersetzungen war allerdings im Strafrecht angesiedelt.

451 Vgl. nur *Auerbach* passim
452 Vgl. aus soziologischer Sicht *Röhl* Rechtssoziologie, S.517
453 Die Beschreibung eines solchen Programms findet sich beispielsweise bei *Silbey/Merry* 8 Law & Pol., 10 f: „The staff was attracted by the idea of furthering social change by providing a way of handling disputes that locates social control within the community."
454 *McEwen* 12 The Justice System Journal, 258
455 *Sander* 70 F.R.D., 128
456 Zur Terminologie vgl. nur *Hegenbarth*, in: *Blankenburg/Klausa/Rottleuthner*, S.54 ff
457 Vgl. nur *Danzig* 26 Stan.L.Rev., 1 ff

Auch wenn diese Vorschläge direkt nur experimentell umgesetzt wurden und z.T. als äußerst extrem erscheinen, so erwiesen sie sich doch als einflußreich und prägend für die weitere Entwicklung von ADR.

Diese Gedanken einer gruppenunmittelbaren Konfliktregelung auf der Basis der örtlichen Gemeinschaft trafen auch deshalb auf fruchtbaren Boden, weil sie eine (vermeintliche) Antwort auf die Kulturkritik an der „*Entpersönlichung* des gesellschaftlichen Lebens" in der Industriegesellschaft[458] zu bieten hatten. So wurde darauf die Forderung gegründet, entgegen der professionellen Behandlung von Konflikten durch Juristen, die als „Diebstahl" des Konflikts zu werten sei, gehörten diese als „Eigentum" und aktive Partizipationschance in die Sphäre der Beteiligten, für die daher laien- und opferorientierte Nachbarschaftsgerichte[459] einzurichten seien[460].

6. Die Mediations-Projekte in der Konfliktrealität

Diese idealtypische Unterscheidung besagt nicht, daß sich die beschriebenen Positionen in der Praxis der Projekte und Programme oder auch nur in den theoretischen Forderungen in Reinform wiederfinden. Überschneidungen und Mischformen sind die Regel, so daß sich die genannten Projekte meist nur als Aspekte einzelner ADR-Verfahren finden[461], häufig ohne sorgfältige Berücksichtigung möglicher immanenter Widersprüche und Inkonsistenzen[462]. Ursprünglich mit einer bestimmten Absicht begonnene Programme

458 *Christie*, S.16 (Hervorh. i. O.)

459 *Christie*, S.18 f

460 Zur Kritik vgl. *Hegenbarth*, in: *Blankenburg/Klausa/Rottleuthner*, S.68, der darin das Selbstbild und -vertrauen einer Mittelschicht sieht, diese „hedonistische Konflikttheorie" bei „sozial deprivierten Populationsteilen", deren aktiver (Macht-)Beitrag zum Konfliktgeschehen beschränkt ist, jedoch als „deplaciert" betrachtet. Betrachte man den mit Konflikten verbundenen seelischen Druck und „ferner den Andrang zu psycho-sozialen Beratungsstellen, dann [werde] vollends unwahrscheinlich, daß ‚das Volk' über das ‚Eigentum', mit dem es Christie beglücken will, so richtig erfreut wäre." (a.a.O. Fn.150)

461 *Harrington/Merry* 22 Law & Soc. Rev., 716

462 *McEwen* 12 The Justice System Journal, 257

können auch im Laufe der täglichen Praxis ihr Gesicht verändern und – bewußt oder unbewußt – eine andere Richtung annehmen[463].

Ebenso können einzelne der oben genannten Ziele bzw. Qualitäten je nach dem gesetzten Schwerpunkt unterschiedlichen Richtungen zugeordnet werden. Die Annahme beispielsweise, daß Mediation zu den tieferen Konfliktursachen vordringen kann, erhält in jeder der fünf unterschiedenen Ausrichtungen eine andere Färbung. Für ein Service-Delivery-Projekt kann sie bedeuten, daß gerade dies eine Qualität von Mediation ist, die zu *schnelleren* Erfolgen führt, weil die „richtigen" Probleme angefaßt werden und im Gegensatz zum auf die rechtliche (Meta-)Ebene fixierten, gerichtlichen Verfahren der Konflikt jeweils adäquat behandelt wird. In einem Individual-Autonomy-Projekt läge das Gewicht mehr auf der Vermittlung von Fähigkeiten der Konflikthandhabung, wovon erst die „Aufdeckung und Bearbeitung tiefer liegender Ursachen von Konflikten"[464] erwartet wird. Dies hätte damit nicht (nur) eine *instrumentelle* Bedeutung, etwa Zeit- oder Kostenersparnis damit zu erreichen, sondern einen *eigenständigen* Wert, der sich gerade auch auf die Bewältigung künftiger Auseinandersetzungen richtet. In einem dem Community-Gedanken verpflichteten Programm schließlich wird die Behandlung der tieferen Konfliktursachen als Möglichkeit des Nachdenkens gesehen und zwar über diese Ursachen „*and* beyond this about the role social organization plays in causing, defining, and resolving such matters"[465]. Hier ist die persönliche Konfliktursache Schlüssel zur und Instrument der gesellschaftlichen Auseinandersetzung und Transformation.

Bei dieser grundsätzlich unterschiedlichen Ausrichtung unter den Befürwortern und Praktikern von Mediation überrascht es nicht, daß die Debatten über ADR häufig aneinander vorbeizugehen scheinen[466]. So spricht beispielsweise ein erfahrener Mediator von „the tension felt between those who advocate its use as a vehicle of democratic decisionmaking and those who value it as an efficient tool of court administration"[467]. „Dispute resolution is shaped by

463 Vgl. unten § 13 II. 2. d) cc) zum Erfolgsdruck
464 So *Rosellen*, in: *Blankenburg/Klausa/Rottleuthner*, S.217
465 *Danzig/Lowy* 9 Law & Soc. Rev., 691 f (Hervorhebung v.Verf.)
466 *McEwen* 12 The Justice System Journal, 258
467 *Stulberg* 4 J. on Dispute Resolution, 339

the culture of those who practice it."[468] Bei der Beschreibung und Bewertung von bestehenden Programmen ist es daher – ebenso wie bei der Aufarbeitung der kritischen Positionen – unabdingbar, sich über diese prinzipiellen Richtungen bzw. Möglichkeiten präzise Rechenschaft abzulegen.[469]

7. Ausblick

Nach der Analyse der Zielvorstellungen, die mit der auf eine Einigung der Parteien zielenden Konfliktbehandlung verbunden werden, sind im folgenden die Bandbreite der möglichen Verfahrensgestaltung, insbesondere des (Eingriffs-) Verhaltens des Mediators, zu untersuchen. Erst die Verbindung zwischen Zielen und (Verfahrens-) Umsetzung ermöglichen eine rechtspolitische Bewertung (5. Kapitel).

Im Zentrum aller ADR-Verfahren steht der Versuch, eine richterliche Entscheidung des Konflikts zu vermeiden. Die Verfahrensarten, die die richterliche durch eine andere bindende, insbesondere eine *schiedsrichterliche* Entscheidung ersetzen, sind nicht Gegenstand dieser Untersuchung. Alle anderen Alternativen enthalten im Kern zwei Ansätze: Entweder handelt es sich um eine *Mediations*-Komponente, innerhalb derer ein Dritter aktiv auf eine Einigung der Parteien hinwirkt. Dieser Ansatz steht hier im Mittelpunkt und wird zuerst behandelt (§ 13). Oder das Verfahren ist weder auf eine Entscheidung noch auf eine aktive Unterstützung einer Einigung angelegt, sondern strebt eine bessere *Information* der Parteien über Fakten, Chancen und Perspektiven ihrer Auseinandersetzung an, um so die Basis für eine dann von ihnen auszuhandelnde Übereinkunft zu schaffen (minitrial, summary jury trial, neutral-expert fact-finding). Da die Information der Parteien *Teil* der Handlungsmöglichkeiten eines Mediators ist, werden auch diese Verfahrensalternativen kurz behandelt (§ 14).

468 *Merry* 100 Harv.L.Rev., 2064
469 Ebenso z.B. *Easton* Diskussionsbeitrag in: Barriers, S.37

§ 13 Mediation

Mediation erlaubt nur eine Basisdefinition als Ausdruck der äußerst begrenzten Gemeinsamkeiten: Ein neutraler Dritter *ohne* Entscheidungsgewalt oder Zwangsmittel versucht den Parteien auf dem Weg zu einer Einigung zu helfen[470]. „Mediation is negotiation carried out with the assistance of a third party."[471] So setzt Mediation direkt bei der (bis zu diesem Zeitpunkt gescheiterten) Konfliktbehandlung durch *Verhandlung* an und ist damit „nichts anderes als die Aktivität einer dritten Partei, bilaterale Verhandlungen zu katalysieren, zu lenken und zu fördern"[472]. Darüber hinaus macht die Vielfalt der Verfahrensalternativen, die unter der Bezeichnung *Mediation* angeboten werden oder die eine Mediation-Komponente enthalten, eine präzisere Definition unmöglich[473]. Für Mediation gilt allgemein nur: „ ... it is all process and no structure."[474] Seine weit gefaßte Aufgabe „Hilfe bei der Einigung der Parteien" eröffnet dem Mediator einen ebenso weiten Handlungs- und Gestaltungsspielraum. Unterschiedliche Ziel- und daraus resultierende Rollenvorstellungen führen dazu, daß Mediation nicht nur von Programm zu Programm, sondern selbst innerhalb eines Programms von Mediator zu Mediator ein völlig anderes Gesicht zeigen kann[475].

Eine sinnvolle Beschreibung muß daher ein Kontinuum von nur analytisch/ideal auffindbaren Handlungsmustern oder – Elemen-

---

470 So z.B. *Goldberg/Green/Sander*, S.91; vgl. zu den Schwierigkeiten, selbst diese Elemente (einschließlich der hier bereits ausgelassenen *Freiwilligkeit* der Teilnahme der Parteien) in allen Verfahrensvarianten wiederzufinden *Riskin*, 37 U.Fla.L.Rev., 24 f

471 *Goldberg/Sander/Rogers*, S.103

472 So *Falke/Gessner* in: *Blankenburg/Gottwald/Strempel*, S.291 als Definition von „Vermitteln"

473 *Sander* 37 U. Fla. L. Rev., 24; ebenso aus anthropologischer Sicht *Gulliver* Disputes and Negotiations, S.220 und *Greenhouse* 20 Man, 91: „ .. the word itself represents something of a residual category, filling the gap between formal judicial institutions and systems of violent self-help."

474 Fuller 44 S.Cal.L.Rev., 307

475 *Sarat* 21 Law & Soc.Rev., 709: „At their extremes this may mean that mediators have less in common with each other than with those employing analytically distinct dispute processing techniques such as negotiation or arbitration."

ten[476] enthalten, aus denen Verfahren und Verhalten von Mediatoren zusammengesetzt sind. Sie müssen zu den verschiedenen Zielvorstellungen in Bezug gesetzt werden. Die Schwierigkeit ist, daß diese Elemente in der Praxis komplexe Verbindungen eingehen.

Diese analytische Zergliederung des Spektrums des Geschehens in Mediations-Verfahren ist einerseits notwendig, um überhaupt den Zugang zu einer rechtspolitischen Bewertung zu eröffnen. Auf der anderen Seite ist damit eine konzeptionelle Check-Liste für jeden Verfahrensentwurf vorgegeben. So muß sich beispielsweise jedes auf die Förderung der *Selbst*bestimmung orientierte Mediation-Programm eine klare Gestalt in Bezug auf die Frage geben, welche Eingriffsintensität des Mediators sich mit dem Individual-Autonomy-Ansatz (noch) verträgt oder welcher Grad von Einflußnahme mit Rücksicht auf den erfolgreichen Verfahrensabschluß (durch eine Einigung als sichtbares Ergebnis) noch hingenommen wird.

Die diversen Zielvorstellungen, die mit ADR verbunden werden, wurden bereits dargestellt[477]. Die konkreten Zielvorstellungen eines Mediators prägen sein strategische Vorgehen. Sein Strategie-Spektrum reicht vom Verhandeln/Aushandeln bis zur therapeutischen Integration (I.). Auch wenn er keine Entscheidungs- oder Sanktionsgewalt besitzt, stehen ihm dabei dennoch typische Machtmittel oder Einflußressourcen zur Verfügung, in deren Rahmen sich wiederum – analytisch – verschiedene Stufen von Eingriffsintensität, von Aktivität ausmachen lassen (II.). Erst die Beobachtung des Zusammenspiels der so gewonnenen Kategorien ermöglicht die Analyse der Neutralität des Mediators, der Fairness des Verfahrens und letztlich überhaupt erst eine rechtspolitische Bewertung.

476 Vgl. *Folberg/Taylor* in: *Goldberg/Green/Sander*, S.96: „The variables that shape mediation are so numerous that it is more helpful to view the possible approaches to mediation as a matter of style dependent on a number of intersecting continuums, each with many shadings, rather than attempting to define specific mediation models."

477 Vgl. oben § 12 II.

I. Die Variationen des Mediator-Verhaltens: Zwischen Verhandeln und therapeutischer Integration

Im (Prozeß-)Verhalten der Mediators lassen sich als Pole in einem Kontinuum strategischer Ausrichtung zwei verschiedene Ansätze finden – Verhandeln und therapeutische Integration[478]. Auch hier kann ein Mediator nicht schematisch in der einen oder anderen Kategorie untergebracht werden. Prinzipiell hat jeder Mediator generell Züge von beiden Richtungen inkorporiert, so wie auch jede einzelne Sitzung zugleich oder zumindest an verschiedenen (Verhandlungs-)Zeitpunkten beide Elemente zeigen kann[479]. Diese Kategorien spiegeln zunächst also nur die *Bandbreite* dessen wider, was Mediatoren in der Praxis tun[480].

Besonders deutlich wird das immer bestehende Spannungsverhältnis zwischen beiden Strategien in folgender Aussage:

„Surely lines must be drawn so that every mediation session is not converted into a long-term psychological counseling session or a searching seminar on one's philosophy of life; at the same time, however, court-referred mediation conferences should be something more than an intervenor's assessment of the strenghts of the competing legal cases."[481]

---

478 So insbesondere *Silbey/Merry* 8 Law & Pol., 12; *Merry* 100 Harv.L.Rev., 2065; als zwei getrennte Wege bei Golding, S.113 ff (conciliation/therapeutic integration) und *Röhl* Rechtssoziologie, S.475 ff (Vermittlung als Verhandlungshilfe/Vermittlung als Versöhnungshilfe); beim Schiedsmann unterscheiden *Bierbrauer/Falke/Koch* in: *Bierbrauer/Falke/Giese/Koch/Rodingen*, S.176 ff zwischen sozialtherapeutischer Hilfeleistung und verwaltungstechnischer, bürokratischer Amtshandlung, wobei erstgenannte Rollenverständnis nach ihren Beobachtungen erfolgreicher ist; entscheidend ist, daß es sich bei der im Text vorgenommenen Unterscheidung nur um eine *analytische* Trennung handelt, diese verschiedenen Ansätze jedoch in der Mediations-*Realität* ein, wenn auch graduell jeweils höchst unterschiedliches Mischverhältnis eingehen (dazu sogleich im Text).

479 *Silbey/Merry* 8 Law & Pol., 19

480 *Silbey/Merry* 8 Law & Pol., 8

481 *Stulberg* 4 Journal on Dispute Resolution, 339 (einer der bekanntesten Ausbilder von Mediatoren in den USA); vgl. auch *Sarat* (Diskussionsbeitrag) in: Barriers, S.39: „So on the one hand I often say that mediation is not therapeutic enough but on the other hand, with equal intensity and equal frequency, I say that mediation is too therapeutic."

1. Verhandlungs-Strategie[482]

Das Erreichen einer Einigung, die Förderung eines konsensualen Prozesses zwischen den Parteien steht bei der Verhandlungs-Strategie im Zentrum der Bemühungen des Mediators. Zu diesem Zweck wird das Verfahren von ihm strukturiert und kontrolliert, unterstützt durch die Inanspruchnahme professioneller Autorität insbesondere auf rechtlichem Gebiet. Auf direkte Kommunikation der Parteien wird wenig Wert gelegt. Häufig sind daher auch separate Sitzungen mit nur einer Partei (caucussing). Statt emotionale Konfliktpunkte anzusprechen, fragt der Mediator direkt nach den Verhandlungszielen der Parteien, die nach *rationalen* Gesichtspunkten in ein Lösungskonzept eingebracht werden können. Positiv sucht er nach Möglichkeiten für einen Kooperationsgewinn, negativ arbeitet er unrealistischen Erwartungen der Parteien entgegen (agent of reality[483]). Der Suche nach dem Kooperationsgewinn entspricht es, daß zunächst ein relativ weites Spektrum von Forderungen und Zielen der Parteien einbezogen wird. Dann jedoch beginnt der im Verhandlungsstil operierende Mediator sofort mit der Stukturierung und Begrenzung des Verhandlungsstoffes. Gegenseitiges Nachgeben im Rahmen der verbliebenen Diskussionspunkte wird durch Kompensationsvorschläge unterstützt, insbesondere dann, wenn der Streitgegenstand – wie etwa das Sorgerecht für ein Kind – nicht geteilt werden kann[484]. Emotional belastete Punkte werden zugunsten einer ökonomisch orientierten Betrachtungsweise des Konflikts gemieden. So stellt auch das Gericht, das einen Prozeßvergleich erreichen will, die Unsicherheiten der Rechtslage und einer eventuellen Beweisaufnahme und das daraus den Parteien erwachsende Risiko in Form von Kosten und zeitlicher Beanspruchung dar und versucht, eine wirtschaftlich sinnvolle Teilung dieser Risiken vorzuschlagen[485]. Dazu gehört es auch, möglichst viele (Verhaltens-)Forderungen in leicht in eine Gesamtrechnung einzubringende Zahlungsposten zu verwandeln. Der Mediator wird schließlich eher ohne direkte Mitwirkung der Parteien versuchen, aus den vorge-

482 Die folgende Darstellung entspricht im wesentlichen den Ergebnissen der Analyse von *Silbey/Merry* 8 Law & Pol., 19 ff

483 Dazu sogleich

484 *Röhl* Rechtssoziologie, S.476

485 *Röhl* Rechtssoziologie, S.475

brachten Positionen eine Einigungsmöglichkeit herauszudestillieren und ihnen in Form eines Vorschlags zu unterbreiten.

2. Therapeutische Integration

Das der Verhandlungsstrategie entgegengesetzte konzeptuelle Muster des Mediator-Verhalten ist der therapeutische Ansatz. Statt nach Sach-Forderungen zu forschen, konzentriert sich der Mediator auf Vorgeschichte und Stand der Beziehungen der Parteien. *Emotionen* werden hier nicht vermieden, sondern gelegentlich geradezu herausgefordert. Der Diskussionsbereich wird tendenziell eher erweitert, um den Konfliktursachen auf den Grund zu gehen.

„Die Verhandlungen ... geraten in eine kritische Phase, in der die Mediation fast gescheitert wäre. Erst als in einem ‚therapeutischen Exkurs' die ambivalenten Gefühle des Paares hinsichtlich ihrer Trennung aufgedeckt werden und beiden klar wird, daß sie mit der Anschaffung eines so schwierigen, bissigen Hundes unbewußt ihre Trennung verhindern wollten, können weitere Punkte besprochen werden. Die Betreuungsregelungen für den Sohn und den Hund werden danach rasch gefunden."[486]

Daher liegt das Hauptgewicht mehr auf dem der Problematik angemessenen Verfahrensablauf, als auf bestimmten Ergebnissen in der Sache selbst[487]. Eine „Einstellungsänderung" als Basis für eine Versöhnung[488] und/oder künftige autonome Problemlösung und nicht die Lösung des aktuellen Sachproblems wird angestrebt[489]. Formuliert man es mit letzter Konsequenz, so läßt sich das „Resultat" therapeutischer Integration gar nicht in Handlungsregeln oder Ansprüchen fassen; die hier entscheidende *psychische* Veränderung der Parteien bzw. ihrer Beziehung zueinander entzieht sich der Festschreibung in einer vertragsähnlichen Vereinba-

486 Bericht von *Diez/Krabbe* in: *Krabbe*, S.120

487 „I look for people's concerns, the reasons why this issue is important to each of them, and try to create an environment where they feel safe enough to articulate that concern. I do this by being open and nonjudgmental and by listening to their feelings." Aussage eines Mediators über seinen Weg, Einigungen zu erreichen, wiedergegeben bei *Silbey/Merry* 8 Law & Pol., 25

488 So *Hegenbarth*, in: *Blankenburg/Klausa/Rottleuthner*, S.71 f

489 *Röhl* Rechtssoziologie, S.477 mit Hinweisen auf psychologische Literatur dazu

rung[490]. Ein – dadurch natürlich nicht ausgeschlossener – Vergleich in der Sache wird grundsätzlich mit den Parteien zusammen überlegt und entworfen.

3. Mischverhältnis in der Praxis

In der Praxis findet sich meist eine unterschiedliche Mischung beider Ansätze je nach Art des Konfliktes, Zeitpunkt der Konfliktbehandlung und Zielvorstellungen des Mediators. Gerade in der Mediation von Scheidungsauseinandersetzungen wird die Mischung beider Elemente gleichzeitig jedoch auch die Abgrenzung zur Trennungsberatung und Therapie betont.

> „Die Erkenntnisse aus der Berater- und Therapiearbeit sind deshalb hilfreich, definieren Mediation aber ebensowenig wie die juristische Vorgehensweise. Mediation ist die eigenständige Verbindung beider Ebenen. Sie ermöglicht damit, den psychischen und ökonomisch-rechtlichen Trennungsprozeß als Einheit zu sehen und in der Auflösung der Fragmentierung der beiden Bereiche eine der Komplexität entsprechende, ganzheitliche Antwort zu geben."[491]

Zum Umgang mit Emotionen heißt es beispielsweise, es gelte „den Ausdruck von Gefühlen zu lenken und oft auch zurückzuhalten im Blick darauf, daß es in erster Linie um die befriedigende Regelung praktischer Probleme geht."[492] Mediation erfordere „die Fähigkeit zuzuhören und mit emotionalen Problemen umgehen zu können." Der Unterschied zur Therapie liege darin, daß „sie das Schwergewicht auf das Erarbeiten von Entscheidungen im Hinblick auf die

---

490 *Golding*, S.115; *Gibbs*, Africa 33, 6 schreibt z.B. dem Palaver (moot) der Kbelle (Liberia), einer Alternative zur auf Schuldzuschreibung ausgerichteten Stammesgerichtsbarkeit, in der ein Vermittler in Anwesenheit von Verwandten und Nachbarn bei möglichst offener Kommunikation eine Versöhnung anstrebt, aus diesem Grund das Potential zu dauerhafter Konfliktlösung zu: „This is because the moot is not only conciliatory, but *therapeutic*. Moot procedures are therapeutic in that, like psychotherapy, they re-educate the parties through a type of social learning brought about in a specially structured interpersonal setting"

491 *Mähler/Mähler* Mediation, S.5

492 *Bastard/Cardia-Voneche* Familiendynamik 1992, 332 mit Betonung der „trotz bestimmter Ähnlichkeiten" starken Unterscheidung von Mediation und Therapie

konkrete Gestaltung der Zeit nach der Scheidung legt."[493] Die therapeutische Verarbeitung der persönlichen Beziehungsgeschichte und der mit ihr verbundenen Enttäuschungen und Wunden verbleibt der klassischen Psychotherapie (jedes Partners einzeln oder auch gemeinsam als Paartherapie). Werden diese Themen in der Scheidungsmediation dennoch behandelt, so erfolge „dies aus instrumentellen Gründen, um den konsensualen Prozeß zu unterstützen."[494]

II. Machtressourcen und Autorität

Die Entscheidung über den Ausgang des Mediations-Prozesses liegt ausschließlich in der Hand der Parteien. Dennoch gibt der Prozeß selbst dem Mediator Einfluß, Macht in die Hand[495]. Unabhängig davon, ob er sich nun bewußt für ihren Gebrauch entscheidet, übt er unvermeidlich an *jedem* Punkt seiner Tätigkeit diesen Einfluß aus[496]. Damit stellen sich zwei Fragen:

– Der Mediator verfügt über keine (direkten) Zwangsmittel; er hat keine Anordnungs- oder Entscheidungsgewalt[497]. Der Verlauf und das Ergebnis der Mediation-Sitzung können grundsätzlich von den Parteien bestimmt werden. Was ist nun die Quelle seines Einflusses auf die Parteien? Woher nimmt er seine Autorität? Aus welchen (Macht-)Ressourcen schöpft er, um seiner Vermittlungsaufgabe entsprechend die Parteien an eine Einigung heranzuführen?

– Notwendig ist diese Frage allein schon deshalb, weil damit die Basis für die Beurteilung der *Legitimation* seines Vorgehens gelegt wird. Will man sich nicht damit begnügen, in der (im übrigen nicht

493 *Bastard/Cardia-Voneche* Familiendynamik 1992, 326

494 *Bastine/Link/Lörch* Familiendynamik 1992, 380

495 Insbesondere *Sarat* 21 Law & Soc. Rev., 697 weist daraufhin, daß die Feststellung, Mediatoren hätten keine Entscheidungsgewalt, „directs attention away from the power that mediators do exercise, from the characteristics of their exercise of that power, or from the contingencies that shape its exercise."

496 *Mayer* 16 Mediation Q., 75

497 *Goldberg/Green/Sander*, S.91 stellen daher nur fest: „[T]he mediator, in contrast with the arbitrator, has no power to impose an outcome on disputing parties".

immer) freiwilligen Teilnahme der Parteien am Verfahren eine zureichende Legitimationsquelle für jede Art von Einflußnahme des Mediators zu sehen, muß man nicht nur den Inhalt, die Zielrichtung seines Wirkens, sondern zunächst auch die Art seiner Einflußmöglichkeiten verdeutlichen. Die Kenntnis der Einflußmöglichkeiten des Mediators ist die Voraussetzung für die bewußte Entscheidung über Art und Ausmaß ihrer Verwendung: „[Power] is a necessary consequence of the structure of the intervenor's role in conflict resolution. What mediators can choose is whether to exercise this power in a deliberate way and with a specific purpose."[498]

Nun könnten die Einflußmöglichten Dritter ebenso wie Verhandlungen zwischen zwei Parteien allein Gegenstand von Monographien beispielsweise aus spieltheoretischer oder psychologischer Sicht sein. Für unsere Zwecke genügt ein Überblick über typische Formen von „Machteinsatz".

Zu einem erheblichen Teil sind die Einflußmöglichkeiten des Mediators identisch mit seinem Eingriffsspektrums bezüglich Art und Inhalt des Verfahrensablaufes: *Eingriffs*möglichkeiten sind gleichzeitig *Einfluß*möglichkeiten. Der Mediator kann in den Verfahrensablauf lenkend eingreifen, er kann aber auch die Verhandlungsthemen (mit)bestimmen. Normen und Wertvorstellungen können von ihm verdeutlicht oder überhaupt erst in die Verhandlung eingebracht werden; darüber hinaus kann er versuchen, ihren Geltungsanspruch dadurch zu verstärken, daß er selbst Wertungen vornimmt. Das Spektrum seiner Eingriffsmöglichkeiten läßt sich nach ihrer Intensität ordnen (dazu 2.). Diese Eingriffe müssen die Parteien jedoch (mehr oder weniger) *zulassen*. Eine bedeutende Einflußressource ist für den Mediator daher als Basis der verschiedenen Eingriffsmöglichkeiten die entsprechende Darstellung seiner eigenen Person bzw. der Organisation, in deren Rahmen er tätig ist (dazu 1.)[499].

498 *Mayer* 16 Mediation Q., 75

499 *Beer*, S.84 unterscheidet zwischen dem Spektrum der Eingriffsmöglichkeiten, aus denen „reale" Autorität entstehe, und der Selbstdarstellung des Mediators, die ihn als „perceived authority" begleite

1. Die Quellen der Autorität des Mediators

Alle Versuche des Mediators, auf Verfahren und Verfahrensgegenstand Einfluß zu nehmen, sie in Richtung auf eine Einigung der Parteien zu kontrollieren, wären vergeblich, würden die Parteien schlicht jegliche Mitwirkung verweigern[500]. Seine Persönlichkeit (b) und seine Selbstdarstellung (c) sind neben seiner Neutralität (a) *die* Möglichkeit für den Mediator, seine Existenzberechtigung als Dritter in diesem Konflikt, sowie den Grund, dessentwegen die Parteien ihm in dieser Rolle Vertrauen und Zusammenarbeit entgegenbringen sollen, zu erklären – m.a.W. Autorität herzustellen.

a) Ein zentraler Faktor für die Autorität des Mediators ist seine Stellung als *neutraler*, keiner Seite verpflichteter Dritter[501]. „Mediator" hat seinen Ursprung in dem lateinischen Wort „mediare" – in der Mitte sein. Dieser Mitte wird instinktiv eine Position von Autorität zugemessen[502]. Daher ist es auch ein struktureller, grundsätzlicher Unterschied, ob z.B. ein Anwalt in der Tätigkeit für seine Partei mediative Elemente einsetzt, um zu einer Einigung zu gelangen, oder ob ein neutraler Dritter hinzutritt, der von der dyadischen in die tryadische Konfliktbehandlung in der Form von Mediation überleitet.

b) Daß Persönlichkeit und Charisma eine Basis bilden, als Dritter in einem Konflikt erfolgreich zu vermitteln, bedarf keiner weiteren Ausführung. Auch die Aussage, daß die Fähigkeiten eines Mediators nur begrenzt erlernbar sind, mag zum Teil einfach auf die Bedeutung seiner Persönlichkeit bei seiner Tätigkeit hinweisen. Von Interesse ist hier, aus welchen Quellen er *zusätzlich* Autorität bezieht.

500 *Beer*, S.130 berichtet von einer solchen Situation: „The woman dropped her pretense of polite cooperation and announced that she had requested mediation to impress the judge, but she would never never never agree to anything. Her disabled son was out waiting in the car, she said, and she couldn't leave him any longer. She walked out with visible pleasure. How much can mediators do when faced with such determination to find revenge?"

501 So z.B. *Stulberg* 6 Vt.L.Rev., 117; *Beer*, S.102

502 *Beer*, S.83

c) Selbstdarstellung[503] ist das Medium für den Mediator, um – zumindest zu Beginn – Autorität herzustellen. Sie bezieht sich sowohl auf die eigene Person, schließt aber auch das Programm und sonstige Institutionen ein, die den Rahmen für seine Tätigkeit bilden. Die beste Gelegenheit dazu bietet sich bei der Einführung in die Mediation-Sitzung. Die Selbstdarstellung setzt sich jedoch mehr oder weniger explizit im gesamten Sitzungsverlauf fort. Man sollte dabei erwarten, daß die Art der Präsentation der theoretischen Ausrichtung seines Programms entspricht.

aa) Der Mediator kann seine Darstellung nicht nur auf eine irgendwie geartete Heraushebung seiner Position aufbauen, sondern gerade die Gemeinsamkeiten betonen, die ihn mit den Parteien als Mitbürger oder Mit-Bewohner im gleichen Lebensbereich (z.B. örtlicher Nachbarschaft) verbinden. Dazu gehören die Werte, die man teilt, und die Normen, deren Verbindlichkeit man gemeinsam anerkennt. Auf dieser Basis kann er für sich in Anspruch nehmen, mit ihren Problemen vertraut zu sein und aus dieser Position heraus zu ihrer Behandlung beitragen zu können. Gerade Mediation, die sich dem Social-Transformation-Projekt, insbesondere dem Community-Gedanken, verpflichtet sieht, müßte eine solche Selbstdarstellung erwarten lassen. In der Realität ist jedoch der Bezug auf diese Art von Autorität äußerst selten[504] oder höchstens in Verbindung mit einer eher traditionellen Darstellung von im Verhältnis zu den Parteien überlegenen Fähigkeiten vorzufinden.

bb) Ganz überwiegend betonen Mediatoren dagegen, was sie in Bezug auf (den) Konflikt der Parteien hervorhebt und so für eine erfolgreiche Behandlung der Situation prädestiniert oder sogar notwendig macht – eine *Expertenstellung.*

– Mediations-Programme, die sich an Privatleute wenden, legen Wert auf die Darstellung der Kenntnisse und der Erfahrung, die sie durch Training und Praxis erworben haben. Je nach Programm und Hintergrund der Mediatoren beziehen sie sich auf rechtliche Exper-

503 Grundlegend für diesen Abschnitt sind die Beobachtungen von *Silbey/Merry* 8 Law & Policy, 12 ff; bei 175 Mediations-Sitzungen von drei verschiedenen Programmen mit 40 verschiedenen Mediatoren, die sich in den mir zugänglichen Beschreibungen in der Literatur, sowie bei gezielten Fragen an Praktiker von Mediation bestätigt finden

504 So die Beobachtungen von *Silbey/Merry* 8 Law & Policy, 12 f

tise, auf psychologisch/therapeutische Fähigkeiten oder schlicht auf Konflikt(lösungs)erfahrung. Dies wird gerade bei therapeutisch orientiertem Ansatz auf Grund der Komplexität der Aufgabe auch für unerläßlich gehalten: „[Es] dürfte die Effektivität justizsubstituierender Konfliktregelungsinstanzen nur dann gewährleistet sein, wenn die Laienvermittler auf Sonderwissen und Autorität staatlicher oder gesellschaftlicher Institutionen zurückgreifen können, die ihnen einen gewissen Expertenstatus verleihen."[505] Bei vielen deutschen Schlichtungsstellen „steht der branchenspezifische Sachverstand und nicht die antagonistische Verfahrensexpertise von Juristen"[506] im Vordergrund.

Je mehr Autorität der Mediator für sich in Anspruch nimmt, um so weniger fühlen die Parteien sich allerdings gehalten, ihren Konflikt selbst in die Hand zu nehmen. Das zeigt beispielsweise die Aussage eines Mediators, der sich bemüht, ein solches Autoritätsverhalten gerade zu vermeiden:

„Hiding that I'm an attorney is hard. A couple of times, mediators mentioned it. The whole mediation took on a different tone. They get away from working it out themselves. Now they have someone to ask questions."[507]

– Wendet sich Mediation vorwiegend an Unternehmen, so stehen häufig Mediatoren zur Verfügung, die in bestimmten Sachgebieten – oder auch bestimmten Rechtsgebieten[508] – besondere Qualifikationen haben[509]. So bieten die „Specialized ADR Panels" des Center for Public Resources in New York Sachkunde in Konfliktthemen,

505 *Hegenbarth*, in: *Blankenburg/Klausa/Rottleuthner*, S.72, der auf ähnliche Aussagen in den USA verweist

506 *Morasch/Blankenburg* ZRP 1985, 218

507 Wiedergegeben bei *Beer*, S.110

508 In den USA sind die entsprechenden Fachleute meist zusätzlich im Mediation ausgebildet. Ein typisches Beispiel – eine Auseinandersetzung im Kraftwerksbau – wird von *Hoellering* in: *Niklisch*, S.527 berichtet: Die Parteien standen vor einem auf mindestens 15 Tage angesetzten Schiedsgerichtsverfahren. „The parties agreed to mediate, and an attorney specializing in construction litigation and trained by the AAA in mediation techniques was chosen as mediator." Wie bei Erfolgsberichten nicht anders zu erwarten, wurde binnen eines Tages eine Einigung erzielt.

509 Zum Schlichtungsverfahren der Deutschen Gesellschaft für Informatik und Recht e.V., das mit einem Juristen und einem EDV-Experten besetzt ist, vgl. *Bartsch* CR 1988, 692 ff und unten § 19 I. a.E.

die von gewerblichen Schutzrechten bis zu Auseinandersetzungen um Sondermüll reichen: „Some disputes call for a neutral with specific legal or technical expertise or knowledge of a particular business or industry.“[510]

cc) Die gemeinsame Grundaussage der Mediatoren ist, daß ihr Angebot „besser“ für die Parteien ist als die Alternative des Gerichtes. Das wird neben den eigenen Fähigkeiten im Konfliktmanagement mit der generell besseren Eignung von Mediation für die Konfliktbehandlung (im Vergleich zum Gericht) begründet. Belohnung wird so allein dadurch versprochen, daß die Parteien den grundsätzlich erfolgreicheren Weg gewählt haben, ihrem Konflikt beizukommen. Dieses strukturelle Argument ergänzt die Präsentation der eigenen Person ideal, macht es doch diesen konkreten Umgang mit dem Konflikt im Wege von Mediation für die Parteien – soweit dem Mediator die Argumentation überzeugend gerät – quasi zum *Sach*zwang. Die Darstellung beruht neben den Segnungen von Mediation häufig gerade auf den behaupteten *Schwächen* der Alternative Gericht.

dd) Andererseits wird die mit dem Rechtssystem verbundene *offizielle* Autorität gelegentlich gerne in Anspruch genommen[511]. Als ergänzende Autoritätsquelle dient so in mit der staatlichen Gerichtsbarkeit verbundenen Programmen der Hinweis auf diese Verbindung, auf den damit vorgegebenen Auftrag, auf den Amtseid oder auch – eventuell sogar gänzlich ohne Zutun oder Absicht des Mediators – das schlichte Faktum des Zusammenhangs mit der offiziellen Autorität. So wird beispielsweise aus derartigen Mediations-Sitzungen berichtet, daß die Parteien den Mediator mit „Your Honor“ ansprechen[512]. Unabhängig davon, ob diese Autoritäts-Posi-

---

510 CPR-Broschüre „The ADR Panels“, S.8; zu den Vorteilen *Wilkinson* in: *Wilkinson*, § 2.4

511 Für *Hegenbarth* in: *Blankenburg/Klausa/Rottleuthner*, S.72 ist dieser Rückbezug auf eine Autorität bei einem „Laienvermittler“ sogar notwendig; ein extremes Beispiel findet sich auch in der Aussage eines Mediators bei *Beer*, S.109, die zeigt, wie ‚erfolgreich‘ ein solches Vorgehen sein kann

512 *Vidmar* 18 Law & Soc.Rev., 547 Fn.22; in dem von *Beer* untersuchten Mediations-Programm setzen die Parteien den Mediator mit einer bekannten Autoritäts-Rolle gleich und sehen in ihm daher die Macht eines Richters. Nur selten fände man Parteien, die den Mediator als eine gewöhnliche Person, die nur zufällig Konfliktbehandlungsfähigkeiten habe, akzeptierten. (*Beer*, S.87)

tion kalkuliert und gewollt ist[513] oder von den Parteien nur ungewollt an den Mediator herangetragen wird, hilft sie ihm, das Verfahren zu gestalten und „im Griff" zu behalten[514].

2. Einwirkungsmöglichkeiten des Mediators im Verfahren

Auf der Basis der so hergestellten Autorität versucht der Mediator in Richtung auf eine Einigung der Parteien zu wirken. Ohne Entscheidungsgewalt und daraus sich ableitenden Druckmitteln sind seine Möglichkeiten von Eingriffen in den Verfahrensablauf und (Mit-)Gestaltung der behandelten Themen beschränkt. Das Verhalten des Mediators läßt sich dabei nach der Intensität seiner Eingriffe aufgliedern (a). Welche Eingriffsmöglichkeiten der Mediator nutzt, hängt von den Anforderungen der konkreten (Konflikt-)Situation ab, bewegt sich aber grundsätzlich in den von seinem Rollenverständnis – bzw. dem von seinem Programm verlangten Rollenverständnis – gesetzten Grenzen (b). Letztlich sind es jedoch die Parteien, die durch ihre Mitwirkung oder Zurückweisung seinen Eingriffen Schranken setzen (können) (c).

a) Unterschiedliche Intensität von Eingriffen

Die Fülle der Handlungsmöglichkeiten des Mediators kann in graduellen Abstufungen der Stärke, der Intensität seiner Eingriffe erfaßt werden[515]. Die folgenden Handlungstypen (aa–gg) sind allerdings wiederum nur analytischer Natur. Sie sind markante Punkte in einem Kontinuum von Handlungsmustern, denen die reale Tätigkeit der Mediators mehr oder weniger nahekommt[516]. Es reicht von der rein passiven Rolle als Katalysator über Verhandlungsführung bis hin zum Versuch, *seine* Sicht einer Konfliktlösung den Parteien

513 Vgl. oben das Zitat von *Beer*, S.109 („We sat there with power ...") wiedergegeben bei der Darstellung des Service-Delivery-Projektes § 12 II.

514 Ebenso *Beer*, S.87

515 *Susskind/Cruikshank*, S.151 sprechen von „different degrees of procedural responsibility"

516 Vgl. *Gulliver* Disputes and Negotiations, S.220; ähnlich *Raiffa* The Art and Science of Negotiation, S.218

als Inhalt einer Einigung nahezulegen[517]. Aus kulturanthropologischer Sicht hat *Gulliver* typische Formen von Vermittlung identifiziert, die diesen Eingriffsstufen in etwa entsprechen[518] und jeweils in Klammern hinzugefügt sind. Das Eingriffs-Arsenal eines Mediators läßt sich in eine begrenzte Zahl analytischer Kategorien zerlegen, die sich am Beispiel afrikanischer Stammesgesellschaften ebenso beobachten lassen wie in US-amerikanischen ADR-Verfahren[519].

aa) Rein passive Rolle als Katalysator[520] („generalized other")[521]; er sorgt nur für die Beachtung minimalster Regeln im gegenseitigen Umgang. Seiner bloßen Anwesenheit wird eine „symbolische Funktion"[522] zugeschrieben.

„A wise mediator once said that the mere presence of an outsider in collective bargaining negotiations, regardless of anything he says or does, brings about a change in the behaviour of the parties at the bargaining table. This is true enough, and where the parties are hopelessly deadlocked, any change in behaviour is presumably for the better."[523]

---

517 Vgl. auch die feiner abgestufte Auflistung von unterschiedlich aktivem Verhalten des Mediators bei *Riskin* 37 U. Fla. L. Rev., 26

518 *Gulliver* Disputes and Negotiations, S.221 ff; ihm folgend *Holtwick-Mainzer*, S.86 ff; in der Literatur finden sich eine Fülle ähnlicher Einteilungsversuche von Handlungsvariationen des Mediators, die z.T. darauf hinauslaufen, eigenständige Verfahrenstypen im Verhältnis zu Mediation auszudifferenzieren: So z.B. facilitation, medatiation und nonbinding arbitration (*Susskind/Cruikshank*, S.150 ff)

519 Die Beobachtung der Konfliktbehandlung in anderen Kulturen kann so helfen, das Verständnis für mögliche Strukturen zu vertiefen und durch Beispiele zu illustrieren. *Nicht* möglich ist es dagegen, Verfahren der Konfliktbehandlung in ihrer *konkreten* Ausprägung direkt in eine andere Kultur zu übertragen, wie es beispielsweise mit der community-Idee versucht wurde; vgl. unten § 18 V. 2. b)

520 *Stulberg* 6 Vt.L.Rev., 91 f

521 *Gulliver* Disputes and Negotiations, S.221

522 *Mähler/Mähler* Mediation, S.7; bei der Scheidungs-Mediation sei diese Anwesenheit „ein ständiger Bezug dafür, daß neben den Partikularinteressen jeder einzelnen Partei ein übergeordnetes gemeinsames Interesse besteht, das seine Quelle in dem ursprünglich beiderseitigen Entschluß hat, sich gemeinsam zu trennen. Das ist das Eingangstor des interessebezogenen Verhandelns."

523 *Rehmus* 9 Journal of Conflict Resolution, 118; einen Überblick über Studien zum Einfluß eines Dritten auf die Kooperationsbereitschaft der Parteien geben *Bierbrauer/Falke/Koch* in: *Bierbrauer/Falke/Giese/Koch/Rodingen*, S.153 f

In Abgrenzung zu den (im folgenden dargestellten) stärkeren Eingriffen wird die Rolle eines therapeutisch orientierten Mediators bei Scheidungsauseinandersetzungen[524] so beschrieben:

„[H]e facilitates best by facilitating least – that is, by allowing the couple to resolve the matter on their own and by intervening only when they are having difficulty. Second, while he carefully controls what it is that takes place in the mediation, he does so more by his presence, by the subtle structure he provides to it, and by his casual interventions, than by any specific rules or procedures he insists upon following. (He provides the setting, he sets the tone, and he sits by and listens carefully to the discussions.)“[525]

bb) Aktive Verhandlungsführung („chairman“)[526]; er bestimmt den prozessualen Ablauf. Seine Tätigkeit regelt nur das Procedere der Diskussion[527], betrifft jedoch nicht ihren Inhalt[528].

Ein Bericht über die erfolgreiche Beendigung des RiverEnd Disputes, hinter dem sich ein realer Konflikt zwischen Stadtentwicklungsinteressen und Umweltschützern verbirgt, schreibt seine erfolgreiche Beilegung reiner Verhandlungsführung zu: „By managing meetings to ensure effective communication and by assisting the participants in programming their time, Lawrence created a climate in which joint problem solving was possible. Significantly, he did not offer proposals. He did not meet privately with the parties between meetings. ... He did not help the parties produce a written agreement, or design mechanisms for binding each other to their commitments. Lawrence basically ‚managed‘ the group discussions – and by the time those discussions concluded, all parties felt they had achieved a fairer, more stable, more efficient, and wiser agreement than would otherwise have emerged.“[529]

Dabei kann seine wichtigste Aufgabe bereits in einer auslösenden Handlung bestehen – dem Ansetzen des Verfahrens an sich. In man-

524 Vgl. dazu unten § 20 IV. 3.

525 *Marlow* 18 Mediation Q., 88

526 *Gulliver* Disputes and Negotiations, S.222; das entspricht der Darstellung von „facilitation“ bei *Susskind/Cruikshank*, S.152

527 „... facilitators rarely volunteer their own ideas. Instead, they monitor the quality of the dialogue, and intervene with questions designed to enhance understanding. ‚Are you really listening to each other?‘ ...‚Are you sure you've identified what's most important to you?‘“ (*Susskind/Cruikshank*, S.152)

528 *Raiffa* The Art and Science of Negotiation, S.218: „nonsubstantive, neutral discussion leader“; *Susskind/Cruikshank*, S.152: „Comments ... certainly touch on the substance of the issues being discussed, but the facilitator's emphasis is on communication.“

529 *Susskind/Cruikshank*, S.156 ff

chen Fällen geht eine (oder zugleich auch die andere) Partei den Mediator an, eine Verhandlung anzuberaumen, jedoch mit der Maßgabe, den Urheber des Vorschlags zu verschweigen. „When the mediator schedules the meetings, the sign-of-weakness stigma can be averted. There is no loss of face in acquiescing to a mediation request."[530]

cc) Hinweis auf Fakten, Regeln, Normen („enunciator")[531]; er erweitert die Informations- und damit die Argumentationsbasis der Parteien[532].

Das gilt insbesondere für einen spezifischen Bereich des *Fachwissens* des Mediators: Er informiert z.B. in Scheidungsauseinandersetzungen über steuerrechtliche Konsequenzen, staatliche Unterstützungsmöglichkeiten, Grundlagen für die Vermögensbewertung etc. oder verweist auf entsprechende Spezialisten[533].

Das kann beispielsweise auch durch den Beitrag seiner analytischen (Problemlösungs-)Fähigkeiten geschehen[534], der den Parteien eine klarere Sicht des Konfliktstandes vermittelt, womit allerdings die Schwelle zur nächsten Eingriffsstufe erreicht ist.

dd) Interpretation und Reformulierung der Aussagen und Standpunkte der Parteien („prompter")[535]; auf dieser Stufe versucht der Mediator nicht nur den Verfahrensablauf zu lenken, sondern auch den *Inhalt* der Auseinandersetzung zu koordinieren. Er hebt bestimmte, für eine Einigung erfolgversprechende Punkte hervor, andere regt er an zu vernachlässigen.

Interventionen auf dieser Eingriffstufe schildert *Weber*[536] aus der richterlichen Vergleichspraxis: „Besonders bei den Vergleichsgesprächen der Parteien muß der Richter das Verhalten der Parteien beobachten. Recht häufig

530 *Simkin/Fidandis*, S.60; ähnlich *Susskind/Cruikshank*, S.161; auch die Vorausverpflichtung in dem „pledge" des CPR (Center for Public Resources, vgl. oben § 3 II. 2.), in einem zukünftigen Streit erst ADR-Verfahren einzusetzen, bevor der Weg zum Gericht gesucht wird, dient diesem Zweck.

531 *Gulliver* Disputes and Negotiations, S.223 f

532 *Stulberg* 6 Vt.L.Rev., 93 („expand the resources available")

533 *Mähler/Mähler* Mediation, S.8

534 So insbesondere die instrumentell ausgerichtete Havard-Schule wie etwa *Raiffa* The Art and Science of Negotiation, S.220

535 *Gulliver* Disputes and Negotiations, S.224 f; *Mähler/Mähler*, Mediation, S.7 sprechen von der „kommunikative[n] Funktion" des Mediators

536 DRiZ 1978, 168

machen sie, zum Teil schon bei der Anhörung, unbewußt Äußerungen, aus denen sich ihre Vorstellungen zu einer gütlichen Beilegung ergeben, ohne daß dies vom Gegner bemerkt wird. Dieses Nachgeben ist klar hervorzuheben und dem Gegner bewußt zu machen."

Die Hervorhebungen unterstützt er durch eine interpretierende Wiederholung von Standpunkten der Parteien („Am I right in saying that your position is thus and thus?")[537]. Seine Klarstellungen weisen auf mögliche Übereinkunftszonen hin („trying tactfully to stem irrelevancies and to dissipate smoke screens")[538]. Sie reichen bis zu echten ‚Übersetzungen' der Aussagen der Parteien[539].

„If ... a mediator perceives his or her role to be one of eliciting information and reframing it into specific details about needs and interests and then helping the parties identify links between those needs and interests that will form elements of resolution, the potential for the intrusion of mediation bias and judgement is minimized. The mediator is then a processor of information as he or she reframes information in terms of the mediation process, rather than a searcher for solutions."[540]

Obwohl sich in jeder inhaltlichen Fokussierung und jeder interpretierenden Wiedergabe von Argumenten der Parteien bereits *eigene* Wertungen andeuten, stehen sie jedoch nicht im Vordergrund[541].

ee) Beitrag eigener Wertungen, Meinungen („evaluator")[542]; dazu gehört insbesondere auch das Aufdecken von unrealistischen Erwartungen der Parteien („agent of reality"[543]).

---

537 *Gulliver* Disputes and Negotiations, S.224

538 *Gulliver* Disputes and Negotiations, S.224

539 *Stulberg* 6 Vt.L.Rev., 92 f: „The proposal of an angry neighbor that the ‚young hoodlum' not play his stereo from 11:00 p.m. to 7:00 a.m. every day becomes, through the intervention and guidance of a mediator, a proposal to the youth that he be able to play his stereo on a daily basis from 7:00 a.m. to 11:00 p.m."

540 *Shaw/Phear* 16 Mediation Q., 73

541 *Gulliver* Disputes and Negotiations, S.225: „He does this not so much by offering his opinion as by orienting the parties' attention and efforts so that coordination becomes possible."

542 Diese Bezeichnung ist nicht von *Gulliver*.Für ihn beginnt hier bereits die Rolle des „leader". Nach meinen Beobachtungen ist es jedoch sinnvoller, den ‚Sprung' auf die nächste Eingriffsstufe zwar dort anzusetzen, wo eigene Wertungen des Mediators einfließen, dann aber nochmals die Rolle des „leader" an dem Punkt auszugrenzen, an dem er zu konkreten *Lösungs*vorschlägen übergeht.

543 *Stulberg* 6 Vt.L.Rev., 93; *Folberg/Taylor*, S.247

Auf dieser Stufe beginnt der Mediator, *Normen* nicht nur als Informationsgrundlage anzusprechen, sondern die Verhandlungspositionen der Parteien mit ihrer Hilfe zu *bewerten*. Diese Tätigkeitskomponente ist häufig auch verselbständigt, so etwa bei ‚early neutral evaluation'[544] oder wenn sich eine ärztliche Schlichtungsstelle in einem Gutachten „zur Frage der Haftpflicht dem Grunde nach" äußert[545]. Damit werden dort, wo die Einschätzungen der Partei stark differieren, diese Einschätzungen (bei Vertrauen auf das Fachwissen und die Neutralität der Beurteilung) realistischer und so ein Einigungsbereich eröffnet. Das gleiche gilt im Zivilprozeß, wenn der Richter eine vorläufige rechtliche Beurteilung zu einem bestimmten Verfahrenszeitpunkt abgibt[546].

Der Mediator ist meist nicht mit der natürlichen Autorität ausgestattet, die die Parteien seine Meinung schon aus diesem Grund akzeptieren läßt. Seine Wertungen bedürfen – ebenso wie die Urteile eines Richters – einer Begründung. Ohne einen normativen Bezugspunkt haben sie wenig Überzeugungskraft und sind, soweit sie die Position einer Seite (mehr) stützen, dem Verdacht der Verletzung der Neutralität ausgesetzt. Der Mediator beruft sich daher auf Normen – ohne daß er allerdings im Gegensatz zum Richter ihre Befolgung verlangen kann.

Zwei Grundtypen lassen sich dabei unterscheiden: Rechtliche und außerrechtliche Normen.

– Verhandlungen zwischen den Parteien finden im Schatten des Rechts statt[547]. Soweit die Auseinandersetzung bereits verrechtlicht

---

544 Zu den Verfahrenstypen von rights-based mediation vgl. oben § 3 I. 1. b)

545 § 6 der Geschäfts- und Verfahrensordnung der Schlichtungsstelle für Haftpflichtstreitigkeiten bei der Bayerischen Landesärztekammer; dieses Gutachten kann auch „einen Vorschlag zur Streitbeseitigung" enthalten, womit dann eine andere (Eingriff-)Stufe, der „leader" – dazu sogleich unter ff) – erreicht ist.

546 Ist dieser Bewertung – wie in den wohl meisten Fällen – mit einem Vergleichsvorschlag auf dieser Basis verknüpft, so handelt der sich um Vermittlung bemühende Richter als „leader" und wirkt so in Richtung auf eine (weitere) Verrechtlichung; reine Hinweise lassen dagegen immer noch Raum, um statt der Perspektive des Rechts auch andere *Interessen* in eine Einigung einzubeziehen.

547 Ausführlich oben § 11 I.

ist, kann der Mediator zumindest die von den Parteien angesprochenen rechtlichen Aspekte nicht ignorieren. Auch wenn dies noch nicht erfolgt ist, kann er aus der rechtlichen Würdigung der Positionen heraus (in diesem Sinne) unrealistische Forderungen identifizieren und Einigungsvorschläge[548] ableiten[549].

– Einer der Vorteile/Zielvorstellungen von ADR ist es, für die Behandlung von Konflikten nicht nur rechtliche, sondern auch vor Gericht nicht anerkannte bzw. durchsetzbare, „person- oriented"[550] Normen zu nutzen[551]. Der Mediator wirkt auf die Parteien „toward deference to norms of fairness, social resposibility, reciprocity and equity of exchange"[552]. Solche Normen beinhalten hier auch soziale oder moralische[553] Wertvorstellungen, wie etwa Familienzusammenhalt, gute Nachbarschaft, besondere Stellung älterer Mitbürger, mit denen bestimmte Verhaltenserwartungen verknüpft sind – Rücksicht, Hilfe etc[554]. Auch diese Normen sind jedoch keinewegs eindeutig bestimmt.

548 Damit ist bereits die nächste analytisch unterscheidbare Eingriffsstufe erreicht.

549 *Brunet* 62 Tul.L.Rev., 27 f

550 *Folberg/Taylor*, S.245

551 In anderen Rechtskreisen ist es jedoch nicht ungewöhnlich, daß auch solche Normen in das Rechtssystem einbezogen sind. „Tribal law", indianisches Stammesrecht, bezieht sich in vielen Fällen auf „custom" als Rechtsquelle, wie z.B. Art. VIII Sec. 2 der Verfassung des Pascua Yaqui Tribe von 1987, zit. nach *Cooter/Fikentscher*, S.26, zeigt: „The jurisdiction of the courts shall extend to all cases in law and equity arising under this constitution and the laws, traditions, customs or enactments of the Pascua Yaqui Tribe ...". Title 7, Art. 204 Navajo Tribal code zeigt auch einen prozessualen Weg der Feststellung von Gebräuchen: „(b) Where any doubts arise as to the customs and usages of the Navajo Nation the court may request the advice of counssellors familiar with these customs and usages." (zit. nach *Cooter/Fikentscher* a.a.O.)

552 *Rubin/Brown*, S.103

553 Im japanischen *Tschotei*, einem durch Gesetz geregelten, gerichtlichen Verfahren, in dem ein Schlichter (auch ein Laie) eine zivirechtliche Streitigkeit durch Einigung zu lösen versucht, ist das Ausweichen auf außerrechtliche Normen vorgesehen – z.B. wenn „das Beharren auf der Realisierung des Rechts unter *moralischen* Gesichtspunkten nicht als richtig erscheint" (*Rokumoto*, in: *Blankenburg/Klausa/Rottleuthner*, S.394, sowie allgemein zu Tschotei S.390 ff).

554 *Wolf* in: *Gottwald/Hutmacher/Röhl/Strempel*, S.154 f gibt ein Beispiel

ff) Eigene Einigungsvorschläge („leader"[555]); ohne darauf zu warten, daß zumindest eine Partei von sich aus einen Vorschlag macht, bringt der Mediator eine entsprechende Lösungsmöglichkeit vor. So kann ein Schlichter nach Art.13 UNCITRAL-Schlichtungsordnung, sobald er die Grundlage für eine Einigung der Parteien gegeben sieht, ihnen einen Vergleichsvorschlag zur Stellungnahme vorlegen.

Hier macht es – was die Intensität des Eingriffs anbetrifft – wiederum einen erheblichen Unterschied,

– ob der Vorschlag ursprünglich von einer Partei stammt (oder sogar von beiden)[556] und ihm etwa bei einem separaten Treffen anvertraut wurde, oder doch von einer Partei in den Verhandlungen zumindest angedeutet wurde[557]: hier ist der Eingriff noch vergleichsweise geringfügig;

– ob dieser Vorschlag aus seiner Sicht zumindest dem Verhandlungsverlauf oder den Interessen der Parteien entspricht;

Golding beschreibt in diesem Sinne den „conciliator" (im Vergleich zum „adjudicator"): „He does not weigh the arguments in order primarily to decide who is right or whose demands are justified. Rather, the arguments give him an understanding of the complexities of the conflict and a sense of the weight that the *sides* assign to their claims and counterclaims, of what interests are at stake and what significance is attached to them... . He learns what common interests could supply a basis for a settlement, and thus can formulate and present *proposals* to this end."[558]

---

aus einer Erbauseinandersetzung für die Berücksichtigung von Sozialnormen im Zivilprozeß, die er unter engen Voraussetzungen für zulässig hält.

555 *Gulliver* Disputes and Negotiations, S.225 f

556 Vgl. zum Aufgreifen eines Parteien-Vorschlages durch den Mediator *Simkin/Fidandis*, S.84 f: „... a face-saving situation. ... The content of the package is known to both sides in advance. Both parties have privately committed themselves to acceptance. A purist might say that if the parties are willing to use this method, they should be able to reach agreement by themselves. This criticism ignores certain bargaining realities. Pride and face are important aspects of human behavior, even in a non-Oriental society. In public or bargaining-table statements, both parties may have gone out on a limb too far to retreat without an assist. The mediator recommendation provides just the necessary element for agreement."

557 Vgl. das Beispiel bei *Silbey/Merry* 8 Law & Pol., 10

558 *Golding* Philosophy of Law, S.113 (Hervorh.i.O.)

– oder ob der Mediator versucht, damit ein Verfahrensergebnis durchzusetzen, das *seinen* Wertmaßstäben entspricht. Hier handelt es sich um die intensivste Eingriffsmöglichkeit des Mediators. Die nächste, ihm nicht mehr zur Verfügung stehende Eingriffsstufe wäre es, den Konflikt entsprechend seiner Sicht zu *entscheiden*.

gg) Eine besondere Handlungsform, die auf jeder Eingriffstufe zusätzlich vom Mediator eingesetzt werden kann, ist der Informationsmittler bzw. Bote („go-between"[559]). In separaten Treffen mit den Parteien[560] („caucussing") scheint er im wesentlichen eine passive Rolle zu spielen. Der Umgang mit den von den Parteien erhaltenen Informationen eröffnet ihm jedoch die ganze Skala der bereits angeführten Eingriffsintensitäten. Er kann tatsächlich nur von den Parteien erhaltene Informationen weitergeben, kann aber auch von eigenen Interpretationen bis zu seinen Wertungen und schließlich Lösungsvorschlägen alle Varianten hinzufügen. Das Besondere an seiner Position ist, daß die Parteien kaum Kontrolle darüber haben, bis zu welchem Grad er die in den separaten Treffen erlangten und dort wiederum weitergegebenen Informationen verändert oder manipuliert hat[561].

b) Kombinationen und Überlagerungen in der Praxis

Diese Eingriffsstufen sind in Mediation-Sitzungen häufig nicht so klar erkennbar und unterscheidbar, wie es die Beispiele vielleicht nahelegen[562]. Es gibt Kombinationen und Überlagerungen; schließlich wechseln mit dem Verlauf der Auseinandersetzung zwischen den Parteien auch die Eingriffsmuster und Aktivitäten des Mediators. Eine bestimmte Reihenfolge von Handlungen bzw. Eingriffen läßt sich dabei entgegen dem durch Anleitungsbücher nahegelegten Eindruck kaum feststellen. Der Verlauf einer Auseinandersetzung

559 *Gulliver* Disputes and Negotiations, S.227 f

560 *Ponschab* AnwBl 1993, 431 will auch den anwaltlichen „Verhandlungshelfer" (§ 22 I. 2.) mit ausdrücklicher Ermächtigung der Parteien eine Botenfunktion ausüben lassen, um in den Einzelgesprächen den ganzen „Lebenssachverhalt" zu erforschen und über „vertrauliche Bereiche", deren Erschließung von der „vertrauensfördernden Fähigkeit" des Schlichters abhängt, eine „durchgreifende Lösung" zu ermöglichen.

561 *Gulliver* Disputes and Negotiations, S.227; *Silbey/Merry* 8 Law & Pol., 14 f, sowie 22 f (Fallbeschreibung)

562 *Gulliver* Disputes and Negotiations, S.227; *Simkin/Fidandis*, S.59

hat zu viele Gesichter, als daß sich Rezepte für eine feste zeitliche Abfolge aufstellen ließen.

Prinzipiell spiegelt die dargestellte Abfolge die graduelle Steigerung der möglichen (Eingriffs-)Aktivitäten des Mediators wider. Noch komplexer wird das Bild jedoch dadurch, daß sich bereits auf einer (an dem rein äußerlichen Vorgehen gemessen) niedrigen Eingriffsstufe viel weitergehende Eingriffe einer höheren Stufe verbergen können.

So kann beispielsweise der Beitrag eigener Wertungen durch den Mediator einen sehr viel weitreichenderen, weil die Parteien von *ihren* Präferenzen wegführenden Eingiff darstellen als ein Einigungsvorschlag, der gerade Ausdruck dieser (Parteien-) Präferenzen ist.

c) Einflußnahme des Mediators trotz fehlender Sanktionsmöglichkeiten

Der Mediator kann keinen Zwang ausüben; er hat keinen (direkten) Sanktionsdruck zur Verfügung[563]. Das bedeutet jedoch nicht, daß alle seine Eingriffe in das Verfahren (unabhängig von ihrer unterschiedlichen Intensität) von gleicher ‚Qualität' sind. Auch die Art und Weise des Vorgehens kann unterschiedlich bewertet werden. „Bringt" der Mediator die Parteien zu einer Einigung, so kann es sich dabei positiv formuliert um geschicktes, *überzeugendes* (aa), negativ

563 Vgl. aber aus der anthropologischen Literatur das Beispiel eines „Vermittlers" bei den Manga von *Pospisil,* S.63 für „eine autoritäre ‚Entscheidung', bei der ... nicht ein einziges Wort gesprochen wurde" und wo nur „ein Forscher mit einem Unterscheidungsvermögen und einer Kenntnis der Eingeborenensprache und den Feinheiten informeller sozialer Kontrolle, die der Cooks vergleichbar wäre," diese Bedeutung erkennen würde: „Der Führer eines Subklans aus dem Dorf Kwiop, Wando mit Namen, der versuchte, einen Streit wegen der Heirat eines Mädchens zu schlichten und die ‚schuldige Partei' als eine Art öffentliches Ärgernisses zu bestrafen, gab kurzerhand einen Bogenschuß ab und tötete einen Mann .. . Sechs Jahre später, während Cooks Forschungsaufenthalt bei den Manga, entstand ein ähnlicher Streit und zwar wegen einer Entführung. Ganz ähnlich wie vor sechs Jahren entschied Wando, daß die Agnaten des Mädchens nunmehr genug gestritten hätten. Wortlos ging er zu seinem Haus, holte sich Pfeil und Bogen, kehrte zum Ort der Auseinandersetzung zurück und begann schweigend, den Pfeil zu spitzen. ... Das Ergebnis war, daß der Streit beendet wurde ... ."

formuliert um *manipulatives* Vorgehen (bb) handeln. Schließlich kann auch die Auswirkung von *sozialem Druck* vorliegen (cc).

(aa) Überzeugung ist der erfolgreiche Appell an eine rationale Entscheidung. Sie liefert Gründe oder Lösungsmöglichkeiten, die eine Veränderung der Sicht bewirken, die einleuchten. Im Gegensatz zur Manipulation arbeitet Überzeugung *offen*, hält nichts zurück und fügt nichts (Falsches) hinzu.

Sie strebt eine vollständige Sicht des Problems an und nimmt für sich in Anspruch, auf dieser Basis die beste Lösung bereit zu haben. Gerade in therapeutisch orientierten Mediation- Programmen muß dies im Vordergrund stehen: „Im psychosozialen Bereich wird ein individueller Ausgleich vorgenommen, die Lösungen müssen von den Betroffenen selbst akzeptiert werden, um wirksam zu werden. Veränderung muß durch Überzeugung und nicht durch Machtandrohung herbeigeführt werden."[564] An solcher Überzeugungsarbeit läßt sich nichts aussetzen – es sei denn, der Schwerpunkt liegt auf dem Individual-Autonomy-Projekt, das – in seiner reinen Ausprägung – eben gerade keine von außen herangetragene Überzeugung duldet, sondern die Parteien *selbst* zur Suche nach Konfliktlösungen motivieren und befähigen will. Fühlt der Mediator sich diesem Ansatz (in seiner extremen Form) verpflichtet, so darf er eben die Parteien von seinen guten Gründen *nicht* überzeugen.

bb) Manipulation ist „bewußter und gezielter Einfluß auf Menschen *ohne* deren Wissen"[565]. Sie ist gerade nicht offen, sondern bedient sich insbesondere absichtlicher „Verfälschung von Informationen durch Auswahl, Zusätze und Auslassungen"[566]. Das gilt insbesondere, wenn das vom Mediator *eigentlich* verfolgte Ziel des Mediations-Verfahrens vor den Parteien nicht aufgedeckt wird – so etwa, wenn es ihm statt um die Behandlung des individuellen Konfliktes um soziale Veränderung geht[567]. Manipulation steht einer selbständigen rationalen Entscheidung im Weg; sie hindert Autonomie. Auch eine ‚gute Absicht' – den Konflikt zu beenden, die für alle Seiten beste Lösung durchzusetzen etc. – ändert nichts am manipulativen Charakter von Verhalten.

564 *Reiter/Steiner/Strotzka*, in: *Richter/Strotzka/Willi*, S.91
565 Duden Fremdwörterbuch (Wortbedeutung 1)
566 Duden Fremdwörterbuch (Wortbedeutung 2)
567 Vgl. dazu unten § 18 V.

Welches Verhaltensmuster eines Mediators bereits als manipulativ bezeichnet wird[568], ist eine Wertungsfrage, die von den Zielvorstellungen in bezug auf das Mediation-Verfahren geprägt wird. Was für Anhänger des Service-Delivery-Projektes ein (trainierbarer) Kunstgriff des auf das Erreichen einer schnellen Einigung verpflichteten Mediators ist, stellt sich für das Individual-Autonomy-Projekt als manipulativer Verhandlungstrick dar. So ist beispielsweise die Anweisung, die Parteien eine gerade gefundene Einigungsmöglichkeit nicht mehr diskutieren zu lassen, damit nicht das Tor zu neuem Konfliktpotential (durch eben doch unterschiedliche Sicht des anvisierten Inhalts) geöffnet wird und so die Einigung doch wieder in Frage gestellt wird, fester Bestandteil eines verbreiteten Mediatoren-Trainings. Für *Rosellen*, der als primäres Ziel von Mediations-Verfahren (allerdings im Strafrecht) die Vermittlung von „Techniken und Fähigkeiten der Konflikthandhabung und -lösung"[569] sieht, gehört dies bereits zu den „manipulativen Verhandlungstricks ..., die aus der Ecke des ‚hard-selling' stammen."[570] Die größten Möglichkeiten zur Manipulation bieten sich dem Mediator allerdings beim „caucussing", den separaten Treffen mit jeder Partei.

cc) Fehlende *direkte* Sanktionsmöglichkeiten bedeuten nicht, daß der Einfluß des Mediators nicht auch eine Form von Zwang annehmen kann, die hier als „sozialer Druck" bezeichnet werden soll. Insbesondere der Einsatz von *Harmonie*-Ideologie[571] kann einen erheblichen Einigungsdruck auf die Parteien ausüben[572]. Die folgende

---

568 *Gottwald*, S.72 befürchtet, daß von Richtern (!) besuchte gruppendynamische Seminare diese nicht nur sensitiver für die emotionale Verhandlungsebene werden lassen, sondern auch zum Versuch führen kann, „die Parteien zu gütlicher Einigung zu manipulieren".

569 *Rosellen*, in: *Blankenburg/Klausa/Rottleuthner*, S.216

570 *Rosellen*, in: *Blankenburg/Klausa/Rottleuthner*, S.217

571 Grundlegend am Beispiel einer mexikanischen Kultur *Nader* Harmony Ideology. Justice and Control in a Zapotec Mountain Village, passim, sowie S.291 ff zu Parallelen in nicht-westlichen und westlichen Gesellschaften

572 *Magnis-Suseno*, S.62 ff beschreibt die Wirkung von Harmonieprinzipien für eine ganze Gesellschaft: In Java haben sie Vorrang vor dem positiven Recht, so daß es nicht gebilligt wird, sein Recht unter Störung der Harmonie durchzusetzen. Das Individuum „darf sich nicht mehr auf seine persönliche Verantwortung berufen, sondern hat sich nach dem zu richten, was die Gesellschaft für richtig hält." (a.a.O., S.67)

Beschreibung einer von mir als – sicherlich in dieser Form extremes – Negativbeispiel protokollierten Mediationssitzung im Rahmen der möglicherweise bekanntesten Community-Mediation-Einrichtung illustriert diese wohl größte Gefahr für die autonome Entscheidungsfindung der Konfliktparteien.

Exkurs: Eine Sitzung der San Francisco Community Boards (SFCB)

Die drei vom Community Board Program an diesem Vormittag eingeteilten Mediatoren (das Panel) sind ausschließlich Frauen zwischen fünfunddreißig und sechzig Jahren. Sie erwarten Marietta C., etwa vierzig Jahre alt, und Alice P., 72 Jahre, Nachbarn aus Little Hoolywood. Marietta ist gebürtige Mexikanerin und wird von ihrer Schwester begleitet, die wesentlich besser Englisch spricht und ihr im Laufe der Sitzung bei Verständnisschwierigkeiten hilft. Neben uns als Beobachtern ist noch ein fester Mitarbeiter des SFCB anwesend, der sich betont im Hintergrund hält, später jedoch die Nachbesprechung des Panels leitet. Nach einer kurzen Begrüßung werden die folgenden, standardisierten „Opening Remarks" vorgelesen[573].

Welcome (read by the first Panelist)
Welcome to Community Boards. We would like to begin by introducing ourselves (MAKE SURE EVERYONE IN THE ROOM IS INTRODUCED)
[Alle Beteiligten und ihre Rollen werden vorgestellt.]
Thank you for being here. We respect you for choosing to resolve your differences in a peaceful way. We are your neighbors and we are here today to help you work together to reach your own agreements that are best for each of you.
We do not take sides and we do not judge nor lecture anyone.
We will try to make it as comfortable as possible for you to talk to each other about what is important to you.
The Method (read by the second Panelist)
The way we work is simple. In the first part of the meeting we ask you to talk only to us, the panelists. Tell us how you see and feel about what happened and what is going on now. Then you will have the chance to talk to each other. Don't worry about having to prove anything. This will be a time to talk things over and to look for common ground.
For the last part of the meeting, we will all work together to form the agreements that will come from you and be what both/all of you want. We

573 Der Text wurde aus den Unterlagen der Mediatoren zur Verfügung gestellt und enthält in Klammern an sie selbst gerichtete Anweisungen.

will record those Agreements on paper and all of us will sign it. It is not a legal document.
The Ground Rules (read by third Panelist)
For this meeting to work we need your agreement to two ground rules: First, we ask you to not interrupt each other,even if you don't like what is being said. You will each get a chance to say what you want. The second ground rule is to treat each other with respect. It's okay to disagee and to say how you feel about something. But it's not okay to insult anybody.
Do you agree to these ground rules?
We will now read a brief overview of the problem you are here to resolve.

(Der von einem Mitglied des SFCB beim Vorgespräch mit Marietta aufgenommene kurze Überblick über den „Fall" wird jetzt verlesen.)

Overview
Marietta C. and Alice P. are neighbors in Little Hollywood.
Marietta is concerned about a large tree from Alice's yard that drops leaves into her yard.
Alice is aware of the tree and wants to do something to lessen the problem for Marietta, but she is concerned about the expense of trimming the tree.
*Alice and Marietta have agreed to meet with the Community*_Boards Panel this morning to reach a mutually agreeable solution to their concerns.

Die anschließende Mediation-Sitzung folgte der angekündigten Dreiteilung. Die Parteien stellten ihre Sicht des Problems den Mediatoren dar (1). Sie wurden dann aufgefordert, direkt miteinander zu sprechen (2). Der dritte Teil der Sitzung war der „resolution" gewidmet (3).

(1) Zu Beginn betonen die Mediatoren, wie gut es sei, sich einfach hinzusetzen und zu reden, zu entspannen, loszulassen und alles zu sagen. Dabei stellt sich sehr schnell heraus, daß nicht die auf ihr Pflanzenbeet fallenden Blätter von Alice' Baum das eigentliche Problem von Marietta sind. Sie hat Angst, daß der große Baum – etwa bei einem Sturm oder einem Erdbeben – direkt auf ihr Haus und das dem Baum zugewandte Schlafzimmer fallen könnte. Anzeichen dafür, daß der Baum instabil ist, meint sie entdeckt zu haben. Daher schläft sie schon nicht mehr in ihrem eigentlichen Schlafzimmer, sondern in dem auf der anderen Seite des Hauses liegenden Wohnzimmer. Der Grund, daß sie das SFCB eingeschaltet hat, ist ihre Hoffnung, daß diese Institution *etwas tun* könne.

Im Gegensatz zu Marietta spricht Alice perfekt Englisch. Sie hat schon einmal positive Erfahrungen mit dem SFCB gemacht und daher der Mediation-Sitzung zugestimmt. Sie wirkt im Gegensatz zu Marietta gebildeter und erfahrener im Umgang mit Institutionen. Ihr Standpunkt bleibt während der ganzen Sitzung unverändert: Freundschaftliche Nachbarschaft sei ihr natürlich wichtig, aber Kosten könne sie nicht tragen. Obwohl Mariettas' eigentliche Sorge der Stabilität des Baumes gilt, wird immer wieder über die Kosten gesprochen, die Äste zu stutzen und so herabfallende Blätter von ihrem Grundstück fernzuhalten.

Die Mediatoren, insbesondere die jüngste unter ihnen, betonen unterdessen in ständiger Wiederholung den Begriff des *Nachbarn*. „I'm supposed to be a friend, because we are neighbors." „We are neighbors, we are friends." lautet ihr Botschaft für Marietta und Alice. Immer wieder werden durchaus sachliche Differenzen zwischen den beiden von diesen Aufforderungen begleitet. „We are neighbors, we have to work things out." Dennoch ändert sich Alice' Standpunkt nicht: Sie verweist weiterhin auf die Kostenbelastung. Marietta wiederum sagt an einer Stelle, sie verstehe unter „community", daß bei so teuren Dingen geholfen werde.

(2) Entsprechend den vorher verlesenen Regeln werden die beiden nun aufgefordert, in einem neuen Abschnitt der Mediation-Sitzung ihre Stühle so zu verrücken, daß sie sich direkt gegenüber sitzen. Sie sollen nicht mehr die drei Mediatoren ansprechen, sondern sich direkt aussprechen. Nach anfänglicher Unsicherheit kommt auch tatsächlich ein Gespräch zustande. Dabei zeigen beide, daß sie die von den Mediatoren so häufig wiederholten Botschaften verinnerlicht haben. Insbesondere Marietta nimmt diese bei der Wiederholung ihres Anliegens auf und betont immer wieder, daß sie doch eigentlich nichts anderes als gute Nachbarschaft wolle. Natürlich seien Nachbarn Freunde und müßten sich verstehen. Das gelte selbstverständlich auch für sie. Beide blicken häufig von der Seite zu den drei Mediatoren hin. Sachlich zeichnet sich jedoch keine Lösung ab.

(3) Abrupt kündigt ein Mediator – wiederum die jüngste Frau – die fest geplante dritte Phase an: „We should come to the resolution!" Alice und Marietta wenden sich wieder ganz den drei Mediatoren zu. Erneut heißt es: „Everybody comfortable? Ready for the resolution?" Beiden wird nun erklärt, daß die Vereinbarung, die man gemeinsam aufsetze, kein rechtlich bindendes Dokument sei. Man zeige dadurch jedoch seine Bereitschaft, als Nachbarn sich zu ver-

ständigen. Angeleitet von den Mediatoren erklärt Alice, sie wolle überprüfen lassen, ob der Baum sicher stehe. Außerdem werde sie versuchen, günstige Angebote für das Stutzen des Baumes einzuholen. Marietta erklärt im Prinzip nur, dies abwarten zu wollen. Beide unterzeichnen die Vereinbarung und geben sich die Hand. Dabei entschließt sich Marietta zögernd, Alice zu umarmen. Zum letzten Mal in dieser Mediation-Sitzung wiederholt dabei ein Mediator den Satz: „We are neighbors, we are friends."

Als Beobachter kann ich hier nur hinzufügen, daß eine extrem gezwungene Atmosphäre ihren Höhepunkt fand und diese eigentlich schöne Geste ebenso gezwungen wirkte. Der von den Mediatoren aufgebaute Harmonie-Druck war im Raum fühlbar. Wirklich nähergekommen waren die beiden Nachbarinnen sich nicht. Mariettas' eigentliches Anliegen war eher unbestimmt beantwortet worden. Vielleicht war es ein Erfolg, daß sie überhaupt begonnen hatten, miteinander zu sprechen. Vielleicht würden sie das in Zukunft selbst in die Hand nehmen. Jedenfalls war es das Ergebnis eines massiven Drucks auf die Teilnehmer, insbesondere auf Marietta, die sich am wenigsten wehren konnte.

Der suggestive Gebrauch des Satzes „We are all neighbours, we are all friends!" wird in der beschriebenen Sitzung gefolgt von dem Postulat „We have to work things out". Der Harmonie- und damit Konformitätsdruck, der in einer solchen Situation auf die noch einigungsunwillige Partei ausgeübt wird, ist *physisch* im Raume spürbar. Hier will man nicht als Aussätziger gelten, der sich nicht als Nachbar verhält und einer Einigung im Wege steht.

Rechtliche Normen *gelten*. Der Geltungs-„Druck", der von ihnen ausgeht, ist daher willkommen. Werden jedoch vom Mediator außerrechtliche Normen eingebracht – „So verhält man sich nicht..." – darf der von ihnen möglicherweise ausgehende soziale Druck nicht übersehen werden[574]. In der eben geschilderten Situation wurde als zentrale Norm hingestellt (bzw. suggeriert), daß Nachbarn sich einigen *müssen*. Das ist mit Autonomie nicht vereinbar.

574 *Rothschild*, insbesondere S.142 ff, 301 ff berichtet ebenfalls von den SFCB, daß Mediatoren versuchen, ihr grundsätzliches bzw. trainiertes Verständnis von Konflikten als „Kommunikationsproblemen" und von Nachbarschaft als Kommunikationsprozeß über Gefühle den Parteien aufzudrängen.

dd) Als Ergebnis ist festzuhalten, daß eine wertende Betrachtung der Einflußnahme des Mediators diese als Überzeugung, Manipulation oder Ausübung sozialen Drucks einordnen kann. Von den Parteien *und ihrer Durchsetzungsfähigkeit* hängt es ab, ob sie sich überzeugen, manipulieren oder unter Druck setzen *lassen*.

d) Wahl der (Eingriffs-)Mittel durch den Mediator

Welcher der geschilderten (Ver-)Handlungsmöglichkeiten sich der Mediator bedient, hängt prinzipiell von zwei Faktoren ab: Zunächst von der konkreten Konfliktsituation, wozu neben dem Gegenstand und den Beteiligten des Konflikts insbesondere die Verhandlungsphase[575] gehört, in der die Parteien sich gerade befinden (aa) und von seinem Rollenverständnis[576], was meist eine Selbstbeschränkung bedeutet (bb). Erfolgsdruck in der Praxis kann jedoch zu einer (teilweisen) Aufgabe der Vorgaben seines Rollenverständnisses führen (cc). Einziges, wohl den meisten Mediatoren gemeinsames Grundprinzip ist allenfalls, die geringstmögliche Eingriffsstufe zu wählen (dd). Fehlende Sanktionsgewalt des Mediators bedingt jedoch, daß die Parteien sich auf seine Verhandlungsführung einlassen müssen (ee).

aa) Die Literatur zur Konfliktbehandlung durch Mediation enthält auch eine Fülle von Praktikerhinweisen, zu welchem Zeitpunkt und bei welcher Problemkonstellation welche Intervention des Mediators angemessen und notwendig ist[577].

Entscheidender jedoch als eine bestimmte *Technik* ist für das Eingriffsverhalten sein Rollenverständnis.

bb) Sein ideologischer Hintergrund, seine Prägung durch ein bestimmtes Mediations-Projekt, und die davon beeinflußten konkreten Zielvorstellungen für seine Tätigkeit „Mediation" ergeben ein bestimmtes *Rollenverständnis* des Mediators. Was er für die Parteien und ihren Konflikt anstrebt, von der Entwicklung persönlicher Fähigkeiten bis zur schnellen Einigung um jeden Preis, bildet eine Vorgabe für seine Eingriffe, den Grad von Kontrolle, den er zu erreichen sucht. Wem es nur um das Faktum einer Einigung geht,

575 Vgl. oben § 13 II. 2. d) aa)
576 Vgl. oben § 13 II. 2. d) bb)
577 Vgl. nur zur Familienmediation *Haynes*, insbesondere S.57 ff

wird sich ohne Probleme mit seinem Rollenverständnis der ganzen Skala der Eingriffsmuster – wenn es die Situation erfordert – bedienen. Aus den meisten Zielsetzungen ergibt sich jedoch – soweit sie tatsächlich bestimmend für seine Tätigkeit sind – zwangsläufig eine Begrenzung des Eingriffsrepertoires des Mediators. Steht etwa die Durchsetzung der *eigenen* Wertvorstellungen der Parteien im Vordergrund, so ist damit schlecht aggressives Konfliktmanagement zu vereinbaren.

Dem Individual-Autonomy-Projekt ist z.B. folgende Aussage verpflichtet: „Ein letztes Merkmal der [Familien-]Mediation besteht darin, daß die Konfliktlösung in die Verantwortung der Partner und nur in ihre fällt. Grundsätzlich wird ihnen vom Mediator keine Lösung vorgeschlagen. Ihnen obliegt es, die Art und Weise festzulegen und in die Tat umzusetzen, wie sie ihre Scheidung regeln wollen."[578]

Mediatoren, die sich vor allem der community-Idee verpflichtet sehen, betonen so den absoluten Vorrang der Kommunikation zwischen den Parteien und ihre eigene Zurückhaltung bei dem Einbringen von Werturteilen[579]:

„[T]he basic division between the mediator's responsibility for *process* and the negotiating parties' responsibility for the content and *outcome* of the session is still useful. Our mediators report this helps them draw a clear line between appropriate and inappropriate intervention. ‚I remind myself during a session that ... this is not my problem. I have no responsibility for what they say, think, feel, or do. They don't have to come out with an agreement,' explains one man."[580]

Auch hier gibt es jedoch zahlreiche Abstufungen.

Theoretisch klar und eindeutig sind die diesbezüglichen Vorgaben in einem Trainings-Handbuch: „Mediators' principal attitudinal objectives are to be as follows: a. Non-judgemental. A panelist's own value system is irrelevant. Any agreement will be made by and for the disputants. It's their values that count."[581]

In der Praxis läßt sich jedoch das Prinzip des Nicht-Wertens, selbst wenn der Mediator sich damit identifiziert, nicht immer vollständig aufrechterhalten.

578 *Bastard/Cardia-Voneche* Familiendynamik 1992, 322
579 Vgl. *Harrington/Merry* 22 Law & Socy. Rev., 726 f
580 So *Beer*, S.89 f (Hervorh.i.O.) über die von ihr beobachteten Mediatoren
581 Zitiert bei *Felstiner/Williams*, S.227

Ein typisches Beispiel ist die Aussage eines Psychologen, beruflich als Management-Trainer tätig, der mit seiner Aufgabe als Mediator die Hoffnung auf soziale Veränderung verbindet. Bewertungen der Positionen der Parteien will er nur in Grenzfällen vornehmen: „I generally do not, but I am not rigid. I could [talk about my values] if it would be usefull, but I use it sparingly. I did do it when I got desperate in one case where a tenant refused to move out of an apartment owned by her ex-boyfriend but also refused to pay rent, but I just alluded to it. I said to the tenant, ‚You're not offering very much.' But that was the closest I wanted to come to being directive, to making a value judgement."[582]

Sobald mehr die schnelle und effiziente Konfliktlösung im Vordergrund steht, wird zwar auch als Grundsatz betont, daß es entscheidend sei, als Mediator eigene Wertvorstellungen zurückzuhalten – insbesondere dann, wenn die Parteien andere Wertvorstellungen haben; gleichzeitig wird jedoch die eigene Rolle als „agent of reality" beschrieben, „saying, this is the way it is, this is reasonable, this is not."[583] Bestimmte Wertmaßstäbe, die als so verallgemeinerungsfähig erscheinen, daß sie als eine (soziale) Realität gelten (müssen?) und damit bestimmen, was „reasonable" ist, werden dann ohne Zögern herangezogen. Daß man hier sehr schnell wieder „im Schatten" rechtlich anerkannter Maßstäbe, gesetzlicher Wertungen, anlangt, liegt auf der Hand.

cc) Das Rollenverständnis des Mediators ist nicht die einzige Größe, die seine Handlungsmuster und ihre Eingriffsintensität formt. Helfen die Mittel, die er sich selbst (eigentlich) zugesteht nicht, den Weg für eine Einigung der Parteien zu bahnen, so steht er vor der Wahl, die Mediation-Sitzung und seine eigenen Mission als gescheitert zu betrachten oder mit *mehr* Druck doch noch einen Durchbruch zu suchen. Neben dem immer *persönlich* schwierigen Eingeständnis, es diesmal nicht geschafft zu haben, ist es insbesondere *äußerer* Erfolgsdruck, der den Mediator in die zweite Alternative drängen kann, sein Rollenverständnis zurückzustellen. Dieser äußert sich zum einen in der Konkurrenz zu den anderen Mediatoren in einem Programm oder auf dem freien Markt, zum anderen aber auch in der Notwendigkeit, Mediation generell bzw. sein spezielles Programm als erfolgreich – im Verhältnis zu anderen Alter-

582 Wiedergegeben bei *Harrington/Merry* a.a.O., 726 f

583 So eine häufig als Mediatorin tätige Lehrerin in einem gerichtsverbundenen Mediations-Programm, zitiert nach *Harrington/Merry* a.a.O., 728

nativen, insbesondere dem Gericht – zu beweisen. Geldmittel, überhaupt Fortsetzung des Programms, sind erfolgsabhängig, gerade weil die Anerkennung von Mediation noch keineswegs unumstritten ist. Die einfachste, wenn auch nicht notwendig allein sinnvolle Art (gerade wenn man die verschiedenen Grundzielsetzungen von Mediation berücksichtigt), „Erfolg" zu messen[584], ist nun, die Quote der erzielten Einigungen heranzuziehen. Der wirkliche oder auch nur vorgestellte Druck, eine Einigung zwischen den Parteien zu erreichen, kann daher den Mediator veranlassen, *sein* Verständnis von seiner Tätigkeit zurückzustellen und um des zählbaren Ergebnisses willen *mehr* Kontrolle über Verfahren und Konfliktpunkte auszuüben. Das Auseinanderfallen von Anspruch (Rollenverständnis) und Wirklichkeit (Erfolgsdruck, festgefahrene Situation) ist eine latente Gefahr für jeden Mediator[585].

dd) Soweit sein Rollenverständnis nicht bestimmte Eingriffsmuster ausschließt, scheint dem Mediator grundsätzlich die freie Wahl aus dem verbleibenden Handlungsrepertoire – je nach den Erfordernissen des konkreten Konflikts – zugestanden zu werden. Die (insbesondere psychologisch ausgerichtete) Literatur zur Technik und Vorgehensweise des Mediators hat bereits ein eigenständiges Spezialgebiet entstehen lassen. Ein Prinzip läßt sich jedoch entsprechend dem zumindest behaupteten grundsätzlichen Ziel des Verfahrens, einer einverständlichen Konliktregelung *durch die Parteien*, herausstellen:

„*One basic principle, designed to promote the maximum of direct negotiation, is that the mediator should do just as little as is required.* If activities can be confined to appropriate procedural functions, that should suffice at the start. If procedural activity is not enough, it may become necessary to attempt communication functions. If this does not suffice, the mediator may then have to consider using those functions that are more agressive and hard-hitting."[586]

ee) Da der Mediator prinzipiell über keine Sanktionsgewalt oder Druckmittel verfügt – außer dem Abbruch seiner Bemühungen –

---

584 Vgl. dazu unten § 17

585 *Merry* 100 Harv. L. Rev., 2070 weist auf weitere, mögliche Veränderungen von Mediations-Programmen, z.B. Routinisierung und „burnout" der Mediatoren, hin.

586 *Simkin/Fidandis*, S.99 (Hervorhebung i. O.); ähnlich auch die Leitsätze zu „Ethics of Mediator Power" von *Mayer* 16 Mediation Q. 84

wird der Verlauf einer Mediation-Sitzung jedoch nicht nur von seinem Rollenverständnis (einschließlich der durch Zielkonflikte bedingten Abweichungen) und der daraus folgenden Handlungsinitiative geprägt. Entscheidend ist letztlich, ob die Parteien sich auf seine Verhandlungsführung einlassen[587]. Das gilt um so mehr, je erfahrener sie im Umgang mit Mediation sind, insbesondere also bei Tarifparteien:

„The parties always have the right to reject even a procedural move. Nor are they bashful in exercise of that right. No mediator can afford to be thinskinned or resentful if people do not agree to a ‚mediator move'."[588]

Die Erfahrung und Verhandlungsmacht der Konfliktparteien *kann* die Eingriffe des Mediators begrenzen, indem sein Verhalten schlicht zurückgewiesen wird. Dennoch wird meist die Erfahrung des Mediators überwiegen.

III. Unparteilichkeit und Neutralität des Mediators

Mediatoren haben ein großes Repertoire von Einflußmöglichkeiten, und sie nützen diese entsprechend ihrem Rollenverständnis. Die *Zulässigkeit* von Einflußnahme und damit ihre Grenzen, ihr akzeptierter Handlungsrahmen, wird unter dem Stichwort der *Unparteilichkeit* bzw. *Neutralität* des Mediators entweder als selbstverständlich vorausgesetzt oder problematisiert (dazu 1.). Es gilt dabei zwei Fragestellungen zu unterscheiden: Wie weit der Mediator auf das Ergebnis Einfluß nehmen *darf*, ist von der Frage zu trennen, wie weit er auf den Inhalt einer (möglichen) Einigung Einfluß nehmen *muß*. Dies wird meist als die „Fairness" angesprochen, der der Mediator (je nach Standpunkt mehr oder weniger) verpflichtet ist (dazu 2.).

587 *Stulberg* 6 Vt.L.Rev., 106

588 *Simkin/Fidandis*, S.100; vgl. auch *Gulliver* Disputes and Negotiations, S.226 f: „A dominating person as mediator might attempt to lead throughout, but the parties may frustrate his initiatives when they think he is pushing too hard and is ignoring their wishes and needs. He may be compelled to change strategy, even to retire altogether ..."

1. Grundsätzliche Forderung nach Neutralität

Der Grundsatz ist so einfach wie aussageschwach: Der Mediator muß unparteiisch und neutral sein. Diese Forderung wird universell erhoben.[589] Was nun genau darunter zu verstehen ist, welche konkreten Einschränkungen seines Verfahrensverhaltens daraus erwachsen, läßt sich anhand der kurzen, programmatischen Vorgaben in den Selbstdarstellungen und Verhaltenskodices nur ansatzweise erschließen. Es lassen sich in diesem Zusammenhang drei Aspekte von Neutralität unterscheiden:

a) Übereinstimmung besteht in einem ersten Punkt: Neutralität bzw. Unparteilichkeit der Verfahrensweise des Mediators dürfen nicht durch rein *persönliche* Aspekte der beteilgten Parteien beeinflußt werden. Ein Code of Professional Conduct legt dies so fest:

Neutrality – A mediator should determine and reveal all monetary, psychological, emotional, associational, or authoritative affiliations that he or she has with any of the parties to a dispute that might cause a conflict of interest or affect the perceived or actual neutrality of the professional in the performance of duties. If the mediator or any one of the major parties feels that the mediator's background will have or has had a potential to bias his or her performance, the mediator should disqualify himself or herself from performing a mediation service.[590]

Strikt festgelegt ist also ein Kernbereich von Neutralität: Die Zielrichtung der Einflußnahme des Mediators darf nicht von den Personen bestimmt werden[591]. Dies findet seine Parallele in den prozessualen Vorschriften über die Befangenheit des Richters und ist in dem engen Rahmen unumstritten. Auch hier gilt im übrigen: Genauso wichtig wie die *tatsächliche* Neutralität des Mediators ist, daß er den Parteien neutral *erscheint*.

b) Die Frage bleibt jedoch, ob oder wann diese neutrale Position des Mediators durch Eingriffe kompromittiert wird.

aa) Unterstellt man, zumindest analytisch, daß das Verhalten des Mediators nicht auf einen *bestimmten* Inhalt bei der Einigung der Parteien abzielt, sondern darauf, je nach Rollenverständnis über-

589 Vgl. z.B. *Stulberg* 6 Vt. L. Rev., 90

590 Code of Professional Conduct for Mediators, abgedruckt bei *Folberg/Taylor* Mediation, S.350 f

591 Ähnlich *Mayer* 16 Mediation Q. 83

haupt eine solche Einigung herbeizuführen[592], die Parteien einer Versöhnung näherzubringen usw., so bleibt es doch ein Faktum, *daß* seine Handlungen Auswirkungen auf das Verhandlungsergebnis haben. Schärfer formuliert: Hätte das Verhalten des Mediators *keinen* Einfluß, wäre er überflüssig. ‚Neutralität' des Mediators kann also nicht bedeuten, daß er keinen Einfluß auf den Ausgang der Verhandlung hat.

Eine Definition von Neutralität als „the absence of impact on outcomes"[593] geht demnach fehl. Vielmehr handelt es sich bei der Forderung nach Neutralität des Mediators um nicht mehr als eine Richtungsvorgabe, die je nach der konkreten Institution, in die der Mediator eingebunden ist, im praktischen Widerstreit mit anderen programmatischen Anforderungen an seine Tätigkeit stehen kann. Soweit es im weitesten Sinne um die *Sache*, um die aktuelle Konfliktsituation, den Verhandlungsverlauf geht, verläßt der Mediator graduell entsprechend dem Maß seiner oben geschilderten Eingriffsintensität seine neutrale Position. Soll er beispielsweise unrealistische Erwartungen der Parteien aufdecken (agent of reality), so muß er zwangsläufig – von der Sache her – Partei nehmen. „Thus, by limiting the alternatives for consideration, the mediator is affecting both the process of the negotiations and the content of the outcome, and may thereby compromise impartiality and neutrality."[594]

Eine besonders subtile Form der Einflußnahme auf eine von einseitigen Forderungen geprägte Konfliktsituation wurde mir über einen Mediator bei einer Scheidungsverhandlung berichtet: Nachdem er längere Zeit zugehört hatte, stellte er nebeneinander auf einem Blatt Papier zwei Kolumnen auf, in die er die Vermögensgegenstände eintrug, wie sie der Mann aufgeteilt haben wollte. Das bereits visuell offensichtliche Ungleichgewicht – für das natürlich Gründe vorgetragen worden waren – kommentierte er dann nur noch mit den knappen Worten: „So! You want the house and the car and... ." Eine Einigung wurde schnell erreicht.

Noch drastischer wird es, wenn der Mediator einer (vermeintlich) schwächeren Partei Schützenhilfe leistet, da man sich hier an der Grenze zur *personen*bezogenen Einflußnahme bewegt.

592 Vgl. die extreme Position von *Honeyman* 1985 Mo. J. Dispute Resolution, 146, dem es nur um das Faktum einer Einigung geht.

593 *Fisher/Keashly* Negotiation J. 1988, 384

594 *Fisher/Keashly* Negotiation J. 1988, 384

bb) Der Zusammenhang zwischen dem Rollenverständnis des Mediators (sowie der konkreten Konfliktsituation) auf der einen Seite und dem Ausmaß seiner Eingriffsintensität auf der anderen Seite wurde bereits bei der Analyse seiner Handlungsmuster deutlich. Seine Neutralität ist nichts anderes als die selbst gesetzte Grenze von Einflußnahme in seinem Rollenverständnis. Es handelt sich bei ihr um ein Kontinuum von je nach Mediator und Programm unterschiedlichen zulässigen Eingriffsintensitäten, das von dem uniformen Lippenbekenntnis zur Neutralität in der Regel verdeckt wird. Daher überrascht es nicht, daß z.B. bei der Entwicklung von Vorschlägen und neuen Lösungswegen („inventing options") durch den Mediator ganz pragmatisch das Problem nicht in der (objektiven) Wahrung seiner Neutralität gesehen wird; vielmehr sei Vorsicht geboten, daß nicht durch eine zu enge Bindung an eine bestimmte Option bei den Parteien *subjektiv* der Eindruck entstehe, seiner Neutralität könne nicht mehr vertraut werden. Das Gegenmittel heißt konsequenterweise aus dieser Sicht nicht Verzicht auf Eingriffe durch eigene Vorschläge, sondern ist mehr technischer Natur: „Skilled neutrals should know how to present ideas in a dispassionate fashion, thereby reassuring the participants that the intermediary is nonpartisan."[595]

Der in den Vordergrund geschobene Gegensatz zu einer richterlichen Entscheidung, die Selbstbestimmung der Parteien, darf nicht davon ablenken, daß der „unparteiliche" und „neutrale" Dritte erheblichen Einfluß auf die Übereinkunft in Selbstbestimmung nehmen kann, dessen – selbst gesetzte – Grenzen höchst unterschiedlich beurteilt werden. „It is better to be conscious about the use of power than to deny its reality in the name of neutrality."[596]

cc) Daß massive Einwirkungen des Mediators auf das Verfahren und sein Ergebnis häufig als unproblematisch in Bezug auf seine Neutralität angesehen werden, liegt wahrscheinlich auch an der Vorstellung von der Parteien-Herrschaft über das Verfahren:

„The question of neutrality is actually not difficult to resolve. Once again, ‚veto power' is the key. Any party to a dispute can disqualify a proposed helper who seems biased."[597]

595 *Susskind/Cruikshank*, S.146
596 *Mayer*, 16 Mediation Q., 82
597 *Susskind/Cruishank*, S.139

Hier klingt – allerdings gemünzt auf Konflikte im Bereich des öffentlichen Rechts – an, daß die Parteien es schließlich in der Hand haben, sich der Zusammenarbeit mit einem zu stark oder einseitig eingreifenden Mediators zu verweigern. Nur bei ihnen liegt das Ergebnis, eine Einigung. Aus zwei Gründen ist diese Sicht jedoch problematisch:

– Einerseits vernachlässigt sie die Auswirkungen von Machtungleichgewicht auf den Verfahrensverlauf. Je nach Rollenverständnis können die Eingriffe des Mediators auf einen Ausgleich hinwirken[598], sie können aber auch das Ungleichgewicht verstärken und ausnützen, um (im Sinne des Service-Delivery-Projektes) auf jeden Fall eine Einigung zu erreichen[599]. Verstärkt der Mediator auch noch ein ohnehin bestehendes Machtungleichgewicht, so kann sich die unterlegene Partei dem Druck nur schwer entziehen.

– Andererseits ist eine entscheidende Frage, ob und inwieweit die Parteien, die sich auf eine Mediations-Verhandlung einlassen, *wissen*, welche Ziele der Mediator verfolgt und welche Eingriffe *er* für legitim hält. Ihre Autonomie – und auch ihre Fähigkeit, sich einem bestimmten Verfahrensverhalten des Mediators zu widersetzen – wird gestärkt, wenn sie von vorneherein wissen, was sie erwartet, und nicht erst im Verfahren mit bestimmten Eingriffen des Mediators konfrontiert werden. Tarifparteien wissen, daß die Schlichter *alle* Register einsetzen werden, um eine Einigung zu erreichen (und ihre Verhandlungserfahrung genügt auf beiden Seiten, um sich Neutralitätsverletzungen zu entziehen). Dies ist daher in jedem Fall bei der Gestaltung der Mediations-Verträge zu berücksichtigen[600]. Manipulation und die Ausübung von Druck jedenfalls sind mit Neutralität nicht vereinbar: Je mehr ein Mediator seinen Einfluß verdeckt einsetzt und damit manipuliert oder je mehr er z.B. Harmonie-Ideologie einsetzt, um so mehr verläßt er neutralen Boden.

598 Auch dies ist nicht unproblematisch; vgl. unten § 18 II. 3. b) bb)

599 *Honeyman* 1985 Mo. J. Dispute Resolution, 146

600 Auch *Susskind/Cruikshank*, S.139 verlangen z.B. von einem Dritten „to submit a proposed contract enumerating his or her concerns and commitments"

2. Einschränkung der Neutralität durch Fairness-Gedanken

Im Mittelpunkt der bisherigen Betrachtungen stand die Rolle des Mediators, den Parteien bei einer einverständlichen Regelung ihres Konflikts zu helfen, die sich für *diese* als interessengerecht und damit fair darstellt. Andernfalls, so könnte man theoretisch argumentieren, würden sie schließlich nicht einer Vereinbarung zustimmen. In der Tat wird die subjektive Seite von Fairness, nämlich wie die Parteien das Verfahren *empfinden*, häufig als Vorteil von Mediation gegenüber dem gerichtlichen Verfahren herausgestellt. Ob es sich bei der Wahrnehmung der Parteien um ein geeignetes Kriterium zur (rechtspolitischen) Beurteilung von Verfahrensalternativen handelt, ist später zu behandeln[601]. Im Folgenden geht es zunächst darum, ob der Mediator nicht nur dafür zuständig ist, *daß* eine Vereinbarung erreicht wird, sondern ob er überhaupt Verantwortung dafür trägt, *wie* (fair) diese beschaffen ist.

Wie hat der Mediator sich in Bezug auf den *Inhalt* der angestrebten Einigung zu verhalten? Wie weit darf er, und wie weit muß er versuchen, die *Fairness* des Ergebnisses zu sichern? Wie paßt eine solche Orientierung zu der Forderung nach Neutralität?

Die graduelle Einschränkung der Neutralität des Mediators durch von ihm als zulässig angesehene Eingriffe wurde – vereinfacht – so dargestellt, als ob sein einziges Ziel eine Einigung der Parteien sei. Der *Inhalt* dieser Einigung und die Zufriedenheit des Mediators mit dem erreichten Ergebnis sind aus dieser Sicht zunächst ohne Bedeutung; seine Aufgabe hätte er erfüllt. Dennoch ist die Verantwortung des Mediators für das erreichte Ergebnis, seine inhaltliche Qualität eine in der theoretischen Diskussion ebenso wie unter Praktikern[602] erheblich umstrittene Frage, die meist unter dem Stichwort „Fairness" geführt wird, damit jedoch gleichzeitig erneut die Frage der Neutralität des Mediators thematisiert. Im Kern geht es darum, ob der Mediator seine Eingriffsmöglichkeiten auch für einen *bestimmten* Inhalt der Vereinbarung bzw. die *Verhinderung* eines bestimmten Ergebnisses einsetzen soll.

601 Vgl. unten § 16 I.

602 Vgl. die fiktive Debatte zwischen einem Professor und einem Mediator bei *Goldberg/Sander/Rogers*, S.171 ff unter dem Titel: „The Life of the Mediator: To Be or Not To Be (Accountable)"

a) Der Grund für diese Frage liegt auf der Hand: Einziger Maßstab für das Ergebnis des Verfahrens ist nun einmal die Zustimmung beider Parteien. Das Vertrauen in die Parteien, die doch eigentlich der Mittelpunkt der Verfahrensalternative Mediation sind, ist jedoch – zu Recht[603] – offensichtlich nicht grenzenlos. Es wird ihnen nicht uneingeschränkt zugetraut, sich in Selbstbestimmung zu behaupten. Auf der anderen Seite fehlt das ausbalancierte Zusammenspiel von materiellem Recht und Verfahrensrecht, das im gerichtlichen Verfahren versucht, den Weg für ein (im Sinne des Rechts) optimales Ergebnis zu bahnen. Ein Dritter, der die Vereinbarung auf ihre Fairneß hin überprüft, ist in der Regel nicht vorgesehen[604]. Im Wesentlichen werden daher drei Gefahren gesehen:

– Die stärkere Partei hat ihren schwächeren Gegner übervorteilt, m.a.W. ein *Machtungleichgewicht* hat sich auf das Ergebnis ausgewirkt[605].

– Die Vereinbarung benachteiligt eine dritte, nicht vertretene Partei[606], die aber von ihr betroffen ist, bei einer Scheidung beispielsweise das von der Unterhaltsregelung betroffene Kind.

– Schließlich können im weitesten Sinn Werte und Normen der Gemeinschaft/Gesellschaft nicht (genügend) berücksichtigt worden sein[607].

Riskin, einer der bedeutendsten ADR-Befürworter, berichtet von einer (erfolgreichen) Mediation, die ihm „the possibility of unfairness that springs from an imbalance in skill or power or information" zu Beginn seiner Tätigkeit als Mediator vor Augen führte. Im Houston Neighborhood Justice Center ging es um einen Vermieter (Mr. Alvarez), der von seiner Mieterin (Mrs. Grant) verlangte, innerhalb von drei Tagen auszuziehen. Zu Beginn der Mediations-Sitzung stellte jede Partei ihre Version des Konflikts dar. Mrs. Grant beklagte sich, daß notwendige Reparaturen an ihrem Apartment nicht durchgeführt worden seien, während Mr.Alvarez dagegenhielt, er habe keine Miete erhalten. Außerdem könne er sich die Reparaturen nicht leisten.

603 Vgl. oben § 11

604 Zur richterlichen Negativkontrolle bei der Scheidung § 20 II. 1.

605 Zu den Elementen, die ein Machtungleichgewicht begründen, vgl. oben § 11

606 *Susskind/Cruikshank*, S.150 bei „public disputes"

607 Vgl bei der Mediation von Umwelt(schutz)konflikten *Susskind*, 6 Vt. L. Rev., 70: Mediatoren hätten dafür zu sorgen, „that agreements reached are interpreted as intended by the community-at-large and set constructive precedents".

Auf einige wenige gezielte Fragen des Mediators hin einigten die Parteien sich innerhalb von zwei Minuten auf einen Auszugstermin in zwei Wochen. Auf eine weitere Frage, ob sie sich sonst noch etwas zu sagen hätten, ergab sich eine Bilderbuch-Situation. Mrs. Grant und Mr. Alvarez versöhnten sich, zeigten Verständnis und gaben wechselseitig ihrer Wertschätzung Ausdruck.
Riskin kommentiert: „It was nice, good, valuable. It was also dangerous." Mrs. Grant habe ihre klaren Rechte als Mieterin aufgegeben. Außerdem hätten sie und er selbst als Mediator sich letztlich widerspruchslos darauf eingelassen, daß Mr. Alvarez ständig und wahrscheinlich nach seinem eigenen Bekunden auch weiterhin gegen den „housing code" verstieße[608].

Das Beispiel von *Riskin* zeigt die Unsicherheit des Mediators, ob die schnelle Einigung unter Aufgabe rechtlicher Positionen Ausdruck eines Ungleichgewichts („imbalance in skill or power or information") zwischen den Parteien und damit unfair ist. Es verdeutlicht auch die Gefahr, daß im Mediations-Verfahren gesellschaftliche Interessen – hier die Instandhaltung von Mietwohnungen, wie im „housing code" angeordnet – vernachlässigt werden (können). In der Formulierung dieser „Gefahren" ist jedoch eigentlich bereits eine Wertung vorweggenommen. Die Annahme einer Übervorteilung bzw. Benachteiligung setzt eben neben der Zustimmung der Parteien einen weiteren, externen Maßstab voraus, an dem der *Über*-Vorteil, die „Fairness" der Vereinbarung gemessen wird. Wenn man das Basisprinzip ernst nimmt, daß die Parteien (mit Hilfe des Mediators) den Konflikt nach ihren eigenen Werten und Vorgaben lösen, bleibt kaum noch Raum für einen von außen an diese Konfliktlösung herangetragenen Maßstab. Welche Normen sollen dann dem Mediator anzeigen, daß es sich um eine für eine Seite „unfaire" Vereinbarung handelt? Welche Anhaltspunkte gibt es für eine Entscheidung, wann die Interessen der Parteien vor dem Interesse der Gemeinschaft oder konkreter Dritter an der Geltung oder Durchsetzung bestimmter Normen zurücktreten müssen und der Mediator sich daher zu einer Intervention verpflichtet sieht? Wenn es bei einer unfallbedingten Körperverletzung dem Geschä-

608 *Riskin* 37 U.Fla.L.Rev., 26 f; *nachdem* die Vereinbarung getroffen war, sah er sich offensichtlich als Mediator nicht mehr veranlasst, auf die rechtliche Position der Mieterin und den Gesetzesverstoß des Vermieters hinzuweisen. Sein Hinweis darauf, daß er damals nicht als Anwalt zugelassen war (Fn.39), macht es aber wahrscheinlich, daß er als Anwalt/Mediator anders gehandelt hätte.

digten entscheidend auf eine Entschuldigung ankommt, ist dann der daran geknüpfte Verzicht auf Schmerzensgeld ein ungerechtes oder unfaires Ergebnis? Wird dieses Ergebnis etwa nur dann als unfair empfunden, wenn die auf „ihr Recht" verzichtende Partei offensichtlich der schwächere Verhandlungspartner ist? Ist die Vereinbarung zwischen einem zufriedenen Vermieter und einem zufriedenem Mieter „unfair", wenn sie an gesetzlichen Wertungen vorbeigeht? Da es sich hier gleichzeitig um einen zentralen Punkt der Bewertung von Mediation und der Kritik an dieser informellen Konfliktbehandlung handelt, soll die weitere Diskussion zunächst zurückgestellt werden. Die folgenden Punkte stellen kurz nur die Bandbreite der in den verschiedenen Mediations-Verfahren selbst vorgesehenen Elemente zusammen, die in Richtung auf ein „faires" Ergebnis wirken sollen bzw. denen eine solche (korrigierende) Wirkung zugeschrieben wird.

b) Wie schon bei der dem Mediator zugestandenen Eingriffsintensität und den unterschiedlichen Sichtweisen des Neutralitätsgebotes zeigt auch die Einstellung zur Verantwortung eines Mediators für die Fairness des Ergebnisses eine große Bandbreite.

aa) Teilweise wird in der – allerdings mehr postulierten, als inhaltlich konkretisierten – Verantwortung des Mediators für die Fairness des Verfahrensergebnisses überhaupt kein Widerspruch zum Neutralitätsgebot gesehen:

„Given the scope of the intermediaries' involvement in most distributional disputes, it is important that they be willing to accept some responsibility for the fairness, efficiency, wisdom, and stability of the outcomes. This is not inconsistent with the concept of neutrality."[609]

bb) Andere wiederum weisen zumindest auf ‚zugelassene', Fairness *fördernde* Elemente hin, die das Mediationsverfahren enthält. Daß der Mediator unparteiisch ist, bedeute nicht, daß er unbeteiligt ist[610]. Je nach seinem Rollenverständnis und damit dem sich selbst zugestandenen Grad von Eingriffsintensität trägt seine Tätigkeit

609 *Susskind/Cruikshank*, S.150 (bezogen auf „public disputes"); sie begründen die Verantwortung für Fairness u.a. damit, daß ein Vergleich zum gerichtlichen Verfahren den gleichen Qualitätsstandard („tests of performance") erfordere

610 Vgl. *Folberg/Taylor* in *Goldberg/Green/Sander*, S.115: „There is a difference between being nonpartisan and being unconcerned..."

beispielsweise entscheidend dazu bei, daß die Parteien wissen, was sie tun, „that they can make reasoned decisions that seem fair to them *after considering all relevant factors*“[611] In dem bereits zur Frage der Neutralität angeführten Code of Professional Conduct heißt es dazu:

Empowerment – In the event a party needs either additional information or assistance in order for the negotiations to proceed in a fair and orderly manner or for an agreement to be reached that is fair, equitable, and has the capacity to hold over time, the mediator is obligated to refer the party to resources – either data or persons – who may facilitate the process.[612]

Der Mediator identifiziert unrealistische Erwartungen („agent of reality“)[613] und damit überzogene Forderungen. Er weist auf einschlägige rechtliche Normen hin, ebenso wie auf rechtliche Risiken. Seine Rolle weist ihn aus dieser Sicht zwar nicht als Garanten, aber als Förderer von Fairneß aus.

Bei der Mediation von Scheidungsfällen wird z.T. sogar von dem Mediator erwartet, ein annäherndes Machtgleichgewicht zwischen den Parteien zu erreichen[614]. Deutlich wird das in einem von *Haynes* beschriebenen Fall: Bei der Frage der Unterhaltsbeiträge hat die Frau gegenüber ihrem Partner, der als Alkoholiker gerade in eine Entzugsmaßnahme einwilligte, ein schlechtes Gewissen und rückt daher in der ersten Mediations-Sitzung deutlich von ihren Erwartungen ab. Der Mediator ermutigt sie daraufhin, ihre Forderungen höher anzusetzen, insbesondere auch unter Berufung auf ihre Rechte.

cc) Auch wenn die Verantwortung für das Ergebnis bei den Parteien liegt, und der Mediator für den letztlich dann erreichten Grad an Fairness nicht verantwortlich ist, wird es ihm doch in Grenzfällen durch Verhaltensregeln ermöglicht, auf ein seinen Wertungen *völlig* entgegenstehendes Resultat zu reagieren, und damit seinem Fairneß-Verständnis Wirkung zu verleihen[615]. Solche Grenzfälle können

611 *Folberg/Taylor* in: *Goldberg/Green/Sander*, S.115 (Hervorh. v. Verf.)
612 Code of Professional Conduct for Mediators, abgedruckt bei *Folberg/Taylor*, S.351; ein Konflikt mit dem Neutralitätsgebot wird darin offensichtlich nicht gesehen. Ebenso *Mayer* 16 Mediation Q., 83 unter Nr.4
613 *Folberg/Taylor* in: *Goldberg/Green/Sander*, S.115
614 Nw. bei *Bastard/Cardia-Voneche* Familiendynamik 1992, 338
615 Vgl. aus der Sicht eines Mediators *Greason* 66 ABAJ, 578: „The mediator, althoug shepherding people through a process, cannot entirely forget himself – nor should he.“

etwa darin bestehen, daß ein absolutes Mindestmaß an rechtlicher Ordnung mißachtet ist, das auch nach Vertragsrecht unter Institute wie Irrtum, Treu und Glauben oder Sittenwidrigkeit fallen würde, ohne daß auf diese Parallele allerdings hingewiesen wird.

Sonst bleibt es mangels Regelungsbefugnis des Mediators bei der Selbstbestimmung und damit Eigenverantwortung der Parteien. Die ihm offenstehenden Reaktionen ermöglichen ihm im Wesentlichen, seinem Ethos und Gewissen zu folgen und auf seine Vorbehalte hinzuweisen und/oder sich vom Verfahren zurückzuziehen[616].

dd) Um ständigen Gesetzesverletzungen – z. B. der Bestimmungen über die Instandhaltung von Mieteigentum (housing codes) – zumindest aus der Sicht der betroffenen Gegenpartei des konkreten Streitfalles zu begegnen, wird sogar vorgeschlagen (meines Wissens allerdings ohne praktische Umsetzung), daß das Mediation-Projekt Unterlagen führt, um Vermieter zu identifizieren, denen häufig solche Verstöße vorgeworfen werden. In entsprechenden Fällen könnten die Mieter dann darauf hingewiesen werden, daß wohl nur eine gerichtliche Auseinandersetzung angebracht ist[617].

ee) Schließlich kann auch das Ergebnis der Mediation einer richterlichen Kontrolle unterzogen werden. Bei der Mediation von Scheidungsauseinandersetzungen unterliegt die Einigung der Parteien, soweit sie das Sorge- und Besuchsrecht betrifft, zwingend einer richterlichen Negativkontrolle[618].

616 Diese Alternative sehen z.B. *Susskind/Cruikshank*, S.164, wenn die vom Mediator geäußerten Zweifel an der Fairness des Ergebnisses bei den Parteien keine Beachtung finden; *Mayer* 16 Mediation Q., 84 läßt dem Mediator die Wahl, nach ausdrücklicher Diskussion seiner Vorbehalte mit den Parteien, ein Ergebnis zu akzeptieren, „that does not incorporate the interests of an unrepresented third party or the larger community or which violates the values of the mediator."

617 *McGillis* 17 Urban Law Annual, 268 f; ein Problem für die neutrale Position des Projektes sieht er dabei ausdrücklich nicht (269).

618 Vgl. unten § 20 II. 1.

§ 14 Informatorische Verfahren als Unterfälle von Mediation

I. Institutionalisierte Selbstbeschränkung

Unabhängig vom Namen der jeweiligen Verfahrensvariante (Mediation, minitrial, early neutral evaluation usw.) sehen viele ADR-Verfahren eine (vorläufige) Bewertung der rechtlichen Positionen der Parteien durch den Dritten vor (rights-based mediation[619]). Auch diese Verfahren zielen auf eine freiwillige Einigung der Parteien. Die Intervention des Dritten beschränkt sich allerdings im wesentlichen auf *informatorische* oder nach einem vorher festgelegten Maßstab *bewertende*, jedoch *unverbindliche*[620] Tätigkeit. Den Parteien wird es darüber hinaus selbst überlassen, den Konflikt auf dieser Informationsbasis bzw. Bewertungsbasis zu einer Einigung zu bringen. So werden hier nur bestimmte Kooperationshürden angegangen, insbesondere etwa die u.U. stark differierende Perzeption der Erfolgschancen bei einer gerichtlichen Auseinandersetzung. Durch mehr Realismus in der Einschätzung der eigenen Position wird ein Einigungsbereich für beide Parteien möglicherweise eröffnet. Ein wesentliches Element ist dabei in der Regel die Teilnahme der Parteien selbst bzw. ihrer zu einer Einigung ermächtigten hochrangigen Vertreter. So heißt es z.B. zum minitrial: „The theory behind the minitrial is that the party representatives, once they are informed about the merits of the dispute, will be better able than the advocates or lower-level party representatives to appraise their positions and negotiate a mutually beneficial settlement."[621]

Die *Selbstbeschränkung*, die in diesem Modell von Drittintervention durch die Fixierung auf die *rechtliche* Bewertung angelegt ist, schließt allerdings meist eine *interessen*basierte Einigung aus[622].

619 Vgl. oben § 3 I. 1. b)

620 Soweit bei einigen Verfahrensausprägungen die Bewertung in Form eines Einigungsvorschlags bindend wird, wenn die Parteien innerhalb einer Frist nichts unternehmen, gehört das hier als besondere Variante einer Dritt*entscheidung* nicht zum Thema. Allerdings ist auf diese zusätzliche Entscheidungskomponente in einem Verfahrensvorschlag zu Mietstreitigkeiten im letzten Kapitel zurückzukommen.

621 *Goldberg/Sander/Rogers*, S.232

Die Verengung der Perspektive auf den für die Rechtsanwendung genügenden Sachverhalt läßt tendenziell nur ein Nullsummenspiel entstehen, ohne über die Erforschung weitergehender Interessen eine kooperative Win-Win-Lösung zumindest auszutesten.

Die wertende Stellungnahme führt eben trotz ihrer Unverbindlichkeit u.U. dazu, daß die Auseinandersetzung dann in den sehr engen Grenzen dieser Wertung verharrt. Eine Bewertung der rechtlichen Erfolgsaussichten führt so auch tendenziell zu einer (weiteren) Verrechtlichung des Streites.

Das minitrial ist sehr auf amerikanische Prozeß-Verhältnisse zugeschnitten, um die Zeit und Kosten einer umfangreichen pre-trial discovery zu sparen. Aber die Grundidee findet sich z.B. auch bei der persönlichen Ladung der Parteien oder ihrer entscheidungsverantwortlichen Vertreter durch den Richter, um über eine Darstellung der rechtlichen Lage, wie sie sich in diesem Stadium des Verfahrens mit allen Beweisschwierigkeiten etc. zeigt, eine Einigung (aufgrund einer realistischeren, nicht durch die Anwälte gefilterten Einschätzung der Chancen und Risiken der eigenen Position) zu erreichen. Allerdings hat der Richter als Streitentscheider ein völlig anderes Sanktionspotential bei der Ablehnung seiner Vorschläge.

Ein spektakuläres Beispiel aus jüngster Zeit, wo allerdings zusätzlich ein Einigungsvorschlag gemacht wurde: In der sog. „co-op-Affaire" wurden die Vorstandsvorsitzenden von Klägerin (Deutsche SB-Kauf, früher co-op) und Beklagter (Gewerkschaftsholding BGAG) des verbliebenen Zivilstreites persönlich vom Gericht geladen, weil es um einen „komplizierten Streitstoff" und einen immensen Streitwert (394 Millionen) gehe. Nach einer vereinfachten Präsentation des Sachverhaltes und einer Darstellung der bisherigen, auf den Indizien beruhenden Rechtsauffassung durch den Vorsitzenden Richter wird ein Vergleich in Höhe von 100 Millionen DM vorgeschlagen. „Schon die erste Instanz" – so der Bericht der SZ v. 31.10.92, S.25 – „koste zehn Millionen DM, die zweite bereits 12 Millionen ... . Dann droht er: die Beweisanträge sind unzählbar, der Prozeß werde sehr teuer, sehr zermürbend, er werde Geschäftsfreunde vergrätzen. Ob ein schneller Schlußstrich nicht besser wäre, folgt sodann der Appell an die Vernunft. Die Firmenchefs und Anwälte diskutieren noch ein wenig – und vertagen sich ..."

622 Vgl. aber z.B. das minitrial, das in einer außerhalb des Streitgegenstandes liegenden Vereinbarung resultierte, beschrieben bei *Wilkinson* in: *Wilkinson*, § 2.10

Ähnliches kann von Anwälten *ohne den vermittelnden Einsatz eines Dritten* praktiziert werden, die in Anwesenheit wiederum der in dem Streit entscheidungsberechtigten Vertreter der Parteien jeweils ihre Sicht der Auseinandersetzung und Argumentation präsentieren, worauf dann die Parteien einen möglichen Vergleich direkt beraten[623].

II. Einsatz nach Streittyp

Die Selbstbeschränkung im Vergleich zur interessenorientierten Mediation kann durchaus den Streitsachverhalten entsprechen, soweit z.B. der Service-Delivery-Aspekt im Vordergrund steht und insbesondere der Schwerpunkt nicht – wie bei der Mediation von Scheidungsauseinandersetzungen – gerade darauf liegt, daß die Parteien *selbst* eine Lösung finden (Individual-Autonomy-Projekt). Dazu kommt, daß eine möglichst schnell, kostengünstig und informell erreichbare Bewertung der Positionen bei Streitverhalten wie etwa Verbraucherbeschwerden[624], die für einen Zivilprozeß zu geringwertig sind, eine Möglichkeit der Konfliktbehandlung bedeuten kann, die sie auch *tatsächlich*, im Gegensatz zum aufwendigen Rechtsweg, wahrnimmt. So zeigt die Erfahrung mit Schiedsstellen, daß sie zu einem hohen Prozentsatz Streitfälle erledigen, die ohne sie auch nicht zu einer gerichtlichen Behandlung gelangen würden[625].

– Typische Verbraucherstreitigkeiten von der Qualität von Produkten über Güte und Preis von Reparaturen bis zu Schäden am Reinigungsgut bei der Textilreinigung eignen sich daher grundsätzlich für eine Selbstbeschränkung des Schlichters auf eine sachverständige Bewertung der Positionen, ohne daß damit allerdings im Einzelfall eine weitere Vermittlungstätigkeit, ein persönliches Eingehen

623 Vgl. dazu unten § 22 I. 3.

624 Auch hier kritisiert jedoch *Hegenbarth* in: *Voigt*, S.164, daß, soweit eine zentrale, aktenmäßige Erledigung erfolgt, die direkte Einwirkungsmöglichkeit des Konsumenten noch mehr als bei Gericht verlorenginge und so „die Partizipation am eigenen Konflikt" unterbunden werde.

625 Vgl. nur *Herr* in: *Morasch*, S.145

auf den Konflikt, ausgeschlossen sein sollte. Eine Reihe solcher Schlichtungsstellen existieren bereits in Deutschland[626].

– Gerade bei deliktischen Auseinandersetzungen ist tendenziell wenig Raum für Interessenlösungen, soweit die Parteien nicht in einer Dauerbeziehung verbunden sind. Hier kann die Funktion des Mediators zwar im wesentlichen sich auf die sorgfältige, auf den Vortrag der Parteien auch eingehende Bewertung ihrer Positionen beschränken[627]. Dennoch ist hier die Art und Weise seines Vorgehens besonders wichtig. So sind es z.B. gerade bei Verletzungen der Gesundheit meist starke Emotionen, die die Auseinandersetzung (mit) prägen. Es liegen oft im doppelten Sinne Verletzungen vor, die neben der rechtlichen Aufarbeitung der Schadenersatzpflicht ebenfalls ihren Raum in der Konfliktbehandlung verlangen. So wird bei Schlichtungsverfahren im Arzthaftungsrecht moniert, es finde keine „informelle, die berechtigten psychosozialen Bewältigungsbedürfnisse aufgreifende mündliche Verhandlung statt, obwohl Kommunikationsmängel in der Arzt-Patienten-Beziehung weitverbreitet sind"[628].

– Auf ein weiteres Beispiel für den Einbau einer informatorischen, allerdings nach Zeitablauf bindenden Komponente in ein Verfahren bei Mietauseinandersetzungen wird im letzten Kapitel zurückzukommen sein.

Voraussetzung für das Funktionieren, insbesondere die *Akzeptanz*, einer solchen schnellen vorläufigen Bewertung ist jedoch vor allem – neben der erforderlichen Sachkunde – die *neutrale* Position des Dritten. Dazu gehört, daß eine Schlichtungsinstitution nicht nur von einer typischen Konfliktseite besetzt wird. Das Interesse einer Branchenorganisation, schwarze Schafe auszusortieren, genügt nicht, um wirkliche Neutralität vorzuweisen.

---

626 Vgl. den Überblick über die Konfliktgegenstände bei *Demant/Dotterweich/Morasch/Reichelt* in: *Morasch*, S.92

627 Auch einer der schärfsten Kritiker der Gutachterkommissionen und Schlichtungsstellen in Arzthaftungsstreitigkeiten *Lothar Eberhard* sieht z.B. in diesen Stellen eine „brilliante Idee", bei der aber „der Teufel im Detail steckt." (zitiert nach *Gutachterkommissionen*, S.2)

628 *Stegers* in: *Gutachterkommissionen*, S.100; *Franzki* a.a.O., S.74 weist darauf hin, „welche starke Befriedungswirkung oft von einer mündlichen Erörterung mit der Gelegenheit, dem Gegner und dem Sachverständigen direkt Fragen zu stellen, ausgehen kann."

Der Schlichtungsvorschlag eines Dritten und die Verengung der Perspektive auf die rechtliche Bewertung des Streitfalls sind dort fehl am Platz, wo es um die autonome Konfliktbewältigung durch die Parteien selbst – wie eben in der Familienmediation – geht. Hier ist eine solche *auch* rechtliche Bewertung der Positionen zwar unverzichtbar, da es gerade zum Wesen autonomer Entscheidungen gehört, diese *informiert* zu treffen. Der Verrechtlichung ist jedoch hier dadurch entgegenzuwirken, daß die rechtliche Information ausdrücklich vom Mediator nur als einer von mehreren Aspekten des Konfliktes behandelt wird, sie also *neben* anderen, auf die autonome Interessenwahrnehmung gerichteten Interventionen steht[629].

629 Ausführlicher unten § 20 IV. 9.

5. Kapitel
Rechtspolitische Folgerungen

Gegenstand dieser Untersuchung ist die Frage, ob informellere Formen der Konfliktbehandlung *ohne* Dritt*entscheidung* rechtspolitisch gefördert und entwickelt werden sollten. Ist es erforderlich, dem Beispiel der ADR-Bewegung in den USA zu folgen und (über die vorhandenen Ansätze hinaus weitere) Alternativen zum Zivilprozeß einzurichten? Auf die bisherige analytische Betrachtung der Entwicklungsstadien eines Konfliktes, der Verhandlungen der Parteien, der Barrieren auf dem Weg zu einer Einigung und schließlich der Aspekte des vermittelnden Einsatzes von Dritten hat daher jetzt eine rechtspolitische Bewertung dieser beschriebenen Verfahrenselemente zu erfolgen.

§ 15 Rechtspolitische Bewertung: Gegenstand, Qualitätsmerkmale und ihr Maßstab

Zwei wesentliche Aspekte sind zunächst zu behandeln: Zu unterscheiden ist zwischen Zielen/Qualitäten von Konfliktbehandlung und dem Maßstab, an dem ihre Verwirklichung gemessen wird (I.). Wo und in welcher Weise die Bewertung ansetzt, ist dann zu klären (II.).

I. Die Unterscheidung von Qualität und Qualitätsmaßstab

Konfliktbehandlung zu bewerten heißt zunächst, sich auf (mindestens) einen „Wert", auf bewertbare Eigenschaften, auf Ziele zu einigen, deren Verwirklichung durch ein Verfahren als seine Qualität[630] ausmachen. Als Ziel/Qualität – im Folgenden werden beide Begriffe parallel verwendet – eines Verfahrens der Streitbehandlung wird etwa herausgestellt, wie schnell und kostengünstig es den

630 So spricht beispielsweise *Bush* 66 Den. U. L. Rev., 335 ff von „quality"

Konflikt beendet, in welchem Maße es das objektive Recht verwirklicht oder wie sehr es flexible Lösungen ermöglicht. Ohne eine Festlegung von Zielen von Verfahren ist es überflüssig, nach einer Meßmethode, einem (Vergleichs-)*Maßstab* für diese Ziele zu suchen. Von Vorteilen bzw. Nachteilen eines Verfahrens gegenüber einem anderen kann man erst sprechen, wenn man bestimmte Ziele in beiden Verfahren anhand eines solchen Maßstabs mehr oder weniger verwirklicht findet. Rechtspolitische Folgerungen für die Neukonzeption oder Änderung von Verfahren ergeben sich schließlich erst auf der Basis einer Entscheidung, welche Ziele höher bewertet werden, also einer Rangfolge von Qualitäten.

II. Bewertungsgegenstand und Gang der Untersuchung

Alternative Dispute Resolution ist ein Oberbegriff für eine kaum übersehbare Zahl von Verfahren oder Verfahrenstypen, die insgesamt als Alternative oder Ergänzung dem (traditionellen) Zivilprozeß gegenübergestellt werden. Auch die hier behandelten Verfahren, die im Kern eine Mediation-Komponente und damit keine Entscheidung eines Dritten enthalten, bieten immer noch eine Vielfalt, die einer einheitlichen Bewertung im Wege zu stehen scheint. Gilt es also, die Qualität von Konfliktbehandlungsverfahren zu beurteilen, eine Rangfolge von Zielen aufzustellen, so stellt sich zunächst die Frage nach dem Gegenstand der Bewertung: *Was* soll bewertet werden? ADR? Mediation als Verfahrenskomponente? Oder ein konkreterer Verfahrenstyp wie Mini Trial oder Court-annexed Mediation? Oder sind noch erheblich feinere Unterscheidungen zu treffen – etwa nach einer Verfahrensordnung einer konkreten Institution. Soll mit dem Idealbild des Zivilprozesses verglichen werden oder der Praxis in bestimmten Verfahren?

1. Keine Anknüpfung an einen absoluten Gegensatz zwischen Verfahrensarten

Nach den bisherigen Ergebnissen verbietet sich jedenfalls eine Vorgehensweise bei der Bewertung: Qualitäten oder Nachteile an einem (vermeintlichen) *absoluten* Gegensatz zwischen gerichtlichem Verfahren und Mediation und einem daraus aufstellbaren Leistungskatalog festzumachen[631]. Zum einen hält Konfliktbehandlung sich nicht an Verfahrensgrenzen. Verhandlungen, der informellste Weg der Konfliktbehandlung zwischen den Parteien, sind untrennbar verwoben mit der formellen gerichtlichen Auseinandersetzung („Litigotiation"). Sie finden im Schatten des Rechts und eines möglichen gerichtlichen Verfahrens statt, während das Stadium des Prozesses keineswegs das Ende der Verhandlungsbemühungen der Parteien und der Vermittlung des Richters bedeutet. Auch Mediation thematisiert Recht und kann nicht isoliert von dem Einfluß eines möglichen nachfolgenden gerichtlichen Verfahrens betrachtet werden[632]. Mediative Elemente bzw. Verfahrensinterventionen wiederum finden sich aber auch im prozessualen Vorgehen des Richters. Die verschiedenen Formen des Umgangs mit Konflikt interagieren und beeinflussen sich gegenseitig; sie sind Teil einer „larger ecology"[633]. Eines beinhaltet Elemente des anderen.

Auch Mediation ist wiederum nur eine Sammelbezeichnung für ein Spektrum von z.T. extrem unterschiedlichen Interventionen eines Dritten, die nur eines gemeinsam haben: Der Dritte hilft bei Verhandlungen, aber er *entscheidet* nicht. Dabei hat sich gezeigt, daß es nicht formal unterscheidbare Verfahrenselemente sind, die Mediation prägen, sondern inhaltliche Nuancen der Rollengestaltung des Mediators: Verhandelt er mehr oder geht es um therapeutische Integration? Wie intensiv greift er mit eigenen Wertungen oder Vorschlägen in das Verfahren ein? Gehören Überzeugung oder auch manipulative Elemente zu seinem Vorgehen? Diese inhaltlichen Varianten sind wiederum geprägt von den Zielvorstellungen, die er mit Mediation verbindet. Diese (eigentlichen) Zielvorstellungen schließlich werden in der Praxis von Erfolgsdruck und anderen, womöglich sich gegenseitig ausschließenden und daher Widersprü-

631 *Sarat* 21 Law & Soc. Rev., 698 warnt vor dem „new formalism ... to deduce, from the essential attributes of each technique or institution, an understanding of its distinctive capacities and limits and of the kinds of disputes or problems each is best equipped to handle. ... In this argument, fixed characteristics appear to impose fixed limits such that disputes appropriate for one dispute processing technique may be peculiarly inappropriate for another."

632 Häufig verwischen sich auch die Grenzen, indem viele ADR-Verfahren sogar auf richterliche Anordnung und unter richterlicher Aufsicht stattfinden.

633 *Galanter* 66 Den.L.Rev., XI

che produzierenden, externen Zielvorgaben umgeformt. Beide Pole, das Konzept „Mediation" mit seinen unterschiedlichen Leitideen und seine Ausprägung im Detail, müssen in eine rechtspolitische Bewertung einfließen.

2. Bewertungsansatz am Konzept Mediation zwischen Leitideen und Feinabstufung

Der richtige Ansatzpunkt für eine Bewertung ist in der Analyse der Verhandlungssituation und des Potentials von Verhandlungshilfe durch einen Mediator enthalten. Die Bewertung hat an dem Konzept „Mediation" und seinen Leistungsmöglichkeiten anzusetzen, deren Analyse eben bereits eine erste Wertung darstellt. Die beschriebene Bandbreite der möglichen Gestaltung von Mediation deckt gleichzeitig auch einen Teil der Risiken mediativer Konfliktbehandlung auf. Dazu kommt: Je ungleicher Verhandlungsmacht verteilt ist, um so größer sind dabei diese Risiken. Die zunächst abstrakt beschriebenen Chancen und Risiken von Mediation sind die Basis, auf der rechtspolitische Folgerungen konkretisierend aufzubauen haben.

Zuerst ist jedoch zu klären, ob dieses Chancenpotential von Mediation Ziele von Konfliktbehandlung betrifft, die es zu fördern gilt. In einem ersten Schritt wird nun untersucht, ob der *Inhalt* einer (durch Mediation) erreichten Einigung der Parteien, das Ergebnis in der Sache, bestimmte Qualitäten aufweist. Dabei wird sich jedoch zeigen, daß man über die Feststellung eines Potentials nicht hinauskommt. Es gibt keine geeigneten externen *Maßstäbe* für inhaltliche Qualitäten eines Vergleichs. Inhaltliche Qualität läßt sich nur – so wird sich weiter zeigen – auf dem Umweg über den Gedanken der *Privatautonomie* gewinnen.

Daher sind nun die bereits dargestellten Leitideen von Mediation – das Individual-Autonomy-Projekt, das Service-Delivery-Projekt, das Reconciliation-Projekt, das Social-Transformation-Projekt und das Access-to-Justice-Projekt – zu untersuchen, die für sich in Anspruch nehmen, Ziele/Qualitäten von Konfliktbehandlung darzustellen. Gemeinsam ist ihnen, daß sie Qualität von Konfliktbehandlung nicht (nur) am Ergebnis in der Sache, der inhaltlichen Auflösung des Streits festmachen, sondern andere, darüber hinausgehende Aspekte der Konfliktbeendigung für wichtiger halten – so z.B. im Reconciliation-Projekt die unabhängig vom sachlichen Inhalt der Einigung zu erreichende Versöhnung der Parteien. Bei der Untersuchung dieser idealtypisch unterschiedenen Ziele, die von Mediation in die Konfliktbehandlung eingeführt werden sollen, sind Zielkonflikte und innere Widersprüche zu beachten.

Die Analyse der Leitziele von Mediation wird im Ergebnis eine differenziertere Perspektive auf Chancen und Risiken von Mediation vermitteln. Erst dann ist es möglich, für bestimmte Streitsachverhalte und bestimmte Parteien(macht)konstellationen jeweils Potential und entgegenstehendes Risiko konkreter gegeneinander abzuwägen, durch Verfahrensvorgaben, insbesondere Verhaltensvorgaben an den Mediator das jeweilige Risiko zu mindern und so konkrete Verfahrensvorschläge herauszuarbeiten. Damit ist die Basis für eine Streit*behandlungs*lehre gelegt, die erst *Verfahrensdesign* möglich macht. Dabei wird sich zeigen, daß in bestimmten Konstellationen nur einzelne mediative Verfahrenselemente sinnvoll sind, womit sich die genaue Analyse der Elemente des Mediator-Verhaltens wiederum als fruchtbar erweist.

Als Ergebnis ist festzuhalten, daß es die Wechselwirkung von Leitideen/Qualitäten auf der einen Seite und Nuancen der Mediatortätigkeit auf der anderen Seite rechtspolitisch differenziert zu bewerten gilt. Konzept und Feinabstufung sind in ihrem dialektischen Verhältnis zu erfassen, um Verfahrensdesign im Kontinuum von Konfliktbehandlung zu ermöglichen.

§ 16 Das Ergebnis in der Sache: Inhaltliche Qualität von Konfliktbeendigung

Was sind nun die Qualitäten des Inhalts von Konfliktbeendigung? Als subjektive Qualität bietet sich die *Zufriedenheit der Parteien* an (I.). Als *objektive* Qualität wird insbesondere von den Gegnern einer vergleichsweisen Streitbeilegung die *Verwirklichung der rechtlich vorgesehenen Lösung* herausgestellt (II.).

I. Zufriedenheit der Parteien

Ein einfacher Ausweg scheint sich anzubieten, indem man als subjektiven Qualitätsstandard die Zufriedenheit der Parteien mit dem erreichten Ergebnis setzt. Das entspricht insbesondere dem Selbstverständnis des Service-Delivery-Ansatzes, der sich als Dienstleistung zur Konfliktbehandlung darstellt. Wenn man nicht schon aus der Tatsache, daß die Parteien überhaupt einem Vergleich zugestimmt haben, auf ihre Zufriedenheit mit dem Ergebnis schließt[634], so ist hier doch zumindest durch Befragung ein statistisch meßbares Ergebnis zu erzielen. Zunächst ist dabei die Frage zu klären, ob es sich bei der Zufriedenheit der Parteien um eine *eigenständige Qualität* handelt, die es bei der Konfliktbehandlung zu erreichen gilt (1.) oder sie sich als ein *Maßstab* darstellt, mit dem *andere* eigentliche Qualitäten nur gemessen werden (2.).

1. Bedenken gegen diesen Qualitätsstandard

Es hat den Charme der einfachen Lösung, sich über „objektive" Bewertungsprobleme hinwegzusetzen, indem man die Teilnehmer am Verfahren der Konfliktbehandlung subjektiv nicht nur die Qualität bewerten läßt, sondern den Grad ihrer Zufriedenheit auch als eigenständige zu verwirklichende Qualität ansieht. Neben der Vermeidung von Kosten und Zeitaufwand ist für diejenigen, die am Konfliktbehandlungs-„Markt" ihre Dienste als Mediatoren anbieten, eine statistisch untermauerte größere Zufriedenheit *ihrer* Klienten gegenüber den Teilnehmern gerichtlicher Verfahren Ziel, Bestätigung und Werbung. Auch Mediatoren, die sich (mehr) dem persönlichen Wachstum der Parteien verpflichtet sehen, also gerade mit den subjektiven Fähigkeiten und (therapeutisch) mit den subjektiven Einstellungen der Parteien arbeiten, werden sich zwar weniger zu *statistisch* meßbaren Erfolgen hingezogen fühlen, aber dennoch der subjektiven Antwort auf den Modus der Konfliktbehandlung Vorrang einräumen.

634 Vgl. zum Prozeßvergleich *Herbst* in: Gottwald/Hutmacher/Röhl/Strempel, S.40

Als Qualitätsstandard trifft die Zufriedenheit der Teilnehmer jedoch auf grundsätzliche Bedenken[635].

Zufriedenheit oder Unzufriedenheit ist kein absoluter Maßstab, sondern ein subjektives Werturteil, das im Verhältnis zu einer *Ausgangsposition* sich *entwickelt*. Werden positive Erwartungen erfüllt oder übertroffen, so ist das Resultat Zufriedenheit, treten negative Erwartungen nicht ein, so folgt ebenfalls Zufriedenheit. Je geringer nun die (Ausgangs-)Erwartungen der Teilnehmer sind, umso eher sind sie auch mit dem Ergebnis des Konfliktbehandlungsverfahrens zufrieden. Dieser Mechanismus ist nun eine der Grundstützen eines jeden auf Konsens zielenden Verfahrens: Eine Einigungszone kann eben nur erreicht werden, wenn die Erwartungen der Parteien entsprechend herabgesetzt werden. Je besser es dem Dritten oder dem eigenen Anwalt[636] gelingt, die Erwartungen zu senken, umso tiefer wird der „Gewinnpunkt" liegen und umsoweniger tritt das Problem der Verlust-Aversion auf. Neben der Identifizierung und Herabsetzung von unrealistischen Erwartungen, die einer Einigung im Wege stehen, ist jedoch je nach Rollenverständnis des Mediators auch jede Form von Manipulation möglich, die auch legitime Erwartungen um des zu erzielenden Konsenses willen herabschraubt. Beides führt zum gleichen Ergebnis: die Partei gibt sich mit weniger ab. Positiv ausgedrückt: sie ist mit dem Erreichten – im Verhältnis zu ihren manipulativ herabgeschraubten Erwartungen – zufrieden. Die Zufriedenheit der Partei kann ein Indiz für die Qualität von Konfliktbehandlung sein. Dennoch ist sie als Qualitätsstandard mit Vorsicht zu behandeln. Erst die Sicherstellung bestimmter Rahmenbedingungen – Neutralität, Offenheit, nichtmanipulierte Information etc. – lassen die Zufriedenheit der Parteien in anderem Licht erscheinen; doch sind diese Rahmenbedingungen selbst eigene Qualitäten von Konfliktbehandlung.

2. Maßstab für andere Qualitäten

Die Zufriedenheit der Teilnehmer kann nicht nur ein eigener, selbständig zu verfolgender Qualitätsstandard von Konfliktbehandlung

---

635 Die Argumentation hier folgt im wesentlichen *Luban* 66 Den. U. L. Rev., 403 ff

636 Zum Interesse des Anwalts vgl. *Luban* 66 Den. U. L. Rev., 405 f

sein, es kann sich auch um einen *Maßstab* handeln, an dem die Verwirklichung *anderer* Qualitäten aufgezeigt wird. Das, was ihre Zufriedenheit auslöst, womit sie zufrieden sind, kann im Vordergrund stehen[637]. In Betracht kommen dabei vor allem Elemente des Verfahrens: die Möglichkeit, *ihre* Sache vorzubringen, die Neutralität und Kreativität des Dritten usw.[638]. Wer also die Zufriedenheit der Parteien messen will, will damit unter Umständen indirekt die Fairneß des Verfahrens, die Neutralität des Mediators, die Einbeziehung von und den Umgang mit Emotionen bewertet wissen. Nur sollten dann diese in Wahrheit verfolgten Qualitäten von Konfliktbehandlung im Zentrum der Diskussion stehen. Denn als indirekter Maßstab erweist sich die Zufriedenheit der Teilnehmer als ebenso unsicher wie als eigenständige Verfahrensqualität. Zu leicht täuschen niedrige Erwartungen oder manipulative Techniken über das vielleicht gar nicht so faire Vorgehen des Dritten hinweg. Marietta jedenfalls, die Teilnehmerin an der beschriebenen Schlichtung in San Francisco (aus meiner Sicht das Opfer eines kaum zu ertragenden Konformitätsdrucks und einer Harmoniemanipulation – „We are neighbors, we are friends") hätte nach der Umarmung ihrer Kontrahentin bei der Frage nach der Zufriedenheit wohl zunächst mit ja geantwortet, auch wenn die Manipulation so drastisch war, daß sie diese Antwort zu einem späteren Zeitpunkt vielleicht anders geben würde[639].

II. Die Verwirklichung des (objektiven) Rechts als Qualität von Konfliktbehandlung

Ein anderes Qualitätsmerkmal kann darin liegen, daß sich in dem zu bewertenden Vergleich der Parteien (annähernd) die Lösung des

637 Daher ist für *Gessner*, in: *Gottwald/Hutmacher/Röhl/Strempel*, S.206 die Zufriedenheit „von den Inhalten der Erwartungen her gesehen ein recht variabler Faktor."

638 Die hier verfolgte Unterscheidung beruht auf einem Vorschlag von *Galanter*, wiedergegeben bei *Luban* 66 Den. U. L. Rev., 407; zu den verschiedenen, von Parteien für ihre Zufriedenheit vorgebrachten Gründen vgl. z.B. *Beer*, S.140

639 Auf die Bedeutung des Zeitpunkts der Befragung – „nach Vergleichsschluß oder später, wenn man die Folgen spürt" – weist *Gessner*, in: *Gottwald/Hutmacher/Röhl/Strempel*, S.206 hin

Rechts[640] verwirklicht. ADR produziere – so jedenfalls diejenigen, die billigere und schnellere Ergebnisse nicht mit Verlust von inhaltlicher Qualität erzielen wollen – die gleichen Resultate wie die Gerichte, nur schneller, billiger etc... . Gelegentlich wird sogar unterstellt, daß – durch den „Schatten des Rechts" – eine Einigung die wesentlichen Ergebnisse eines späteren Urteils vorwegnimmt. Der gleiche Maßstab findet sich – mit entgegengesetzten Vorzeichen – bei den entschiedenen Gegnern alternativer Konfliktbehandlung, für die die Wertschätzung rechtlicher Normen gleichzeitig bedeutet, daß sie auch der einzig mögliche Maßstab für die Qualität eines Vergleichs sind. Das führt dann häufig zu dem Urteil, daß Alternativen diese Qualität gerade vermissen lassen und deshalb zu verwerfen sind. Schließlich findet sich der Maßstab der rechtlich „richtigen" Konfliktlösung auch bei denjenigen, die – gerade bei bestimmten Konfliktarten – ein typisches Machtungleichgewicht der Parteien in den Vordergrund stellen und von einer Verfehlung der rechtlichen Lösung auf eine durchgängige Verkürzung oder Aufgabe von Rechtspositionen der schwächeren Partei im Vergleich schließen.

1. Ergebnis der bisherigen Untersuchung

Der Maßstab des Rechts als Qualität von Konfliktbehandlung erfordert eine differenzierende Betrachtung, die sich bereits aus den bisherigen Untersuchungen ergibt:

a) Im Zentrum der Konfliktbehandlung steht die privatautonome Entscheidung der Konfliktparteien über *ihren* Ansatz der Bewältigung der Auseinandersetzung. Dabei ist das Recht keineswegs alleiniger Schlüssel zu einer Konfliktbeilegung. Aus der Sicht der Parteien steht die Durchsetzung ihrer jeweiligen Interessen im Vordergrund. Die rechtlich vorgesehene Lösung eines Konflikts kann eben, muß aber nicht der am meisten den Interessen der Parteien entsprechende Weg sein. Die (häufige) Alles-oder-nichts-Lösung der gerichtlichen Entscheidung läßt Konflikte prinzipiell als Nullsummenspiele erscheinen, statt sie auf eine Interessenlösung (Win-Win-Situation) hin auszuloten. Im Gegensatz zur (auf Reduktion der zu

640 Zum „gerechten, idealen Recht" *Fikentscher* Methoden des Rechts Band IV, S.190

berücksichtigenden Elemente beruhenden) rechtlichen Normierung läßt die Einigung der Parteien gerade eine flexible, weil auf *erweiterte* Sachverhalte oder weitere Interessen und Normen zurückgreifende Lösung zu.

Ist eine Interessenlösung nicht möglich oder *erscheint* sie zumindest als nicht möglich, so steht gerichtlicher Rechtsschutz zur Verfügung, um eine nur von den stärkeren Machtressourcen diktierte Lösung zu verhindern.

b) Daraus ergeben sich die grundsätzlichen Vorgaben für die Ausgestaltung von Konfliktbehandlung[641]:

– An erster Stelle gilt es, eine Streit*behandlung* nach den Interessen der Parteien zu ermöglichen.

– Erst wenn sich eine Interessenlösung nicht verwirklichen läßt, gilt es, eine Streit*entscheidung* und damit *Recht*schutz statt von Machtressourcen erzwungene Lösungen zu verwirklichen.

– Machteinsatz ist so weit wie möglich aus der Konfliktbehandlung herauszuhalten.

c) Zwei wesentliche Konsequenzen ergeben sich daraus:

– Die Verrechtlichung eines Konfliktes und die (vollständige) Durchsetzung der Lösung des Rechts *kann* damit, muß aber nicht eine adäquate Form der Konfliktbehandlung sein.

– Auch die autonome Interessenlösung *ist* – nunmehr *selbstgesetztes* – Recht und schließt einen *anderen*, vorgegebenen Maßstab des Rechts als Meßlatte der inhaltlichen Qualität aus. Der (so gegenüber dem richterlichen Entscheidungsmodell erweiterte) Maßstab des Rechts kann sich daher sowohl in einer Entsprechung zu einer – so durch das Ergebnis der Einigung vorweggenommenen – richterlichen Entscheidung ausdrücken, als auch in einer selbstbestimmten, Interessen in subjektiv gestaltetes Recht kleidenden Entscheidung wiederfinden.

2. Urteil und Vergleich: Form und Inhalt

Ein *Urteil* ist die konsequente Durchführung der zweiten Ebene, des Schutzanspruchs durch *Recht*, auf dem eine Konfliktpartei be-

641 Ausführlich bereits dazu oben § 9 V.

stehen kann. Weil es in der vorgesehenen Form durch den gesetzlichen Richter ergangen ist, der den Parteien insbesondere die Gelegenheit zur Darlegung ihrer Position durch Argumente und Beweise gegeben hat[642], trägt es die *Vermutung* in sich, daß es auch tatsächlich die Verwirklichung dieses Schutzanspruchs ist. Der *Vergleich* als Konfliktbeendigungsform trägt eine solche Vermutung nicht. Er scheint sich daher *inhaltlich* gegenüber dem Urteil beweisen zu müssen.

III. Inhaltliche Anforderungen an einen Vergleich

Inhaltlich sinnvoll im Sinne der bereits dargestellten vorzugswürdigen Ausgestaltung von Konfliktbehandlung ist ein Vergleich, wenn er sich an den zwei genannten idealtypischen Anforderungen ausrichtet:

– Entweder ist er als Ausdruck der Interessen der Konfliktparteien ausgestaltet, die autonom die für sie entscheidende Perspektive auf den Konflikt einnehmen. Dazu können auch rechtliche Elemente gehören oder eben ganz andere (Interessen-)Überlegungen. „Die Rechtsschutzqualität des parteiautonomen Vergleichs" – so *Stürner* – „wurzelt nicht im Näherungswert an das Urteil ..."[643].

– Oder es verwirklichen sich, sofern eine Interessenlösung den Parteien nicht möglich ist, im Vergleich die rechtlichen Gesichtspunkte der Auseinandersetzung im Gegensatz zu bloßer Dominanz von Verhandlungsmacht.

In beiden Fällen ist es problematisch, einen Maßstab zu finden, der zeigt, ob sich tatsächlich Interessen oder Recht in der Einigung der Konfliktparteien durchgesetzt haben.

642 Ausgenommen sind hier das Versäumnisurteil und der Vollstreckungsbescheid

643 *Stürner*, in: *Gottwald/Hutmacher/Röhl/Strempel*, S.150, allerdings zum Prozeßvergleich

1. Chance der Interessenlösung ohne Überprüfung der Verwirklichung

Verhandlung von Interessen im Konflikt bewegt sich immer auf dem Grat zwischen Kooperation und Kompetition. Verhandlungs*macht ist* ein potentieller Faktor in diesem Verhandlungsrahmen. Die einzige Gewähr dafür, daß sich die Interessen *beider* Parteien in der Einigung verwirklicht haben, liegt in der beiderseitigen Zustimmung. Höchstens die Parteien selbst wissen, ob *ihre* Interessen angemessen in das Aushandlungsergebnis eingeflossen sind. Nur wenn das Ergebnis ein im Sinne von Interessen nicht nachvollziehbares, weil offensichtlich ungleichgewichtiges Gepräge hat, läßt sich *negativ* feststellen, daß das inhaltliche Ziel von Konfliktbehandlung verfehlt wurde.

Ergebnis: Das oberste Qualitätsmerkmal „Interessenverwirklichung der Parteien" läßt sich mangels eines objektiven Maßstabs inhaltlich nicht überprüfen. Die Interessenlösung als Vergleichsergebnis bleibt eine *Chance* der Selbstbestimmung, die ohne die Möglichkeit der Überprüfung der Chancen*verwirklichung* auskommen muß. Eine Parallele findet sich in der zivilrechtlichen Diskussion zur Vertragsgerechtigkeit[644]:

> „Mehr als die *Chance* zum gerechten Interessenausgleich soll der Vertrag auch gar nicht schaffen, weil sonst auf den Wert der Selbstbestimmung verzichtet werden müßte. Die ‚Richtigkeit' des Vertragsinstituts erweist sich für die Gesamtordnung deshalb nicht aus dem Inhalt des Vereinbarten, sondern dadurch, daß der Vertrag der Selbstbestimmung zur Entfaltung verhilft."[645]

2. Die Durchsetzung von Recht im Vergleichsergebnis

Die Frage der Durchsetzung des Rechts im Inhalt eines Vergleichs ist noch etwas komplizierter. Der rechtliche Maßstab kann sich hier nur in Form einer *Näherungslösung* wiederfinden (a). Auch die Vorstellung von einer Annäherung an die Rechtslage muß jedoch häufig relativiert werden. In vielen Fällen kann sich im Vergleichsergebnis nicht mehr widerspiegeln als die Schwierigkeit, überhaupt zu einem (für die rechtliche Näherungslösung zugänglichen) *Sach-*

644 Ausführlicher zu dieser Parallele sogleich
645 *Wolf*, S.73

verhalt zu gelangen. Je größer die im Vergleich zu verarbeitenden Unsicherheiten sind, desto größer ist außerdem auch der mögliche Einfluß von Verhandlungsmacht (b).

a) *Die* Rechtslage wiederzugeben, hieße sowohl im Besitz vollständiger Kenntnis über den Sachverhalt zu sein, als auch an die *eine* rechtliche Lösung eines solchen vorgegebenen Falles zu glauben. Ein richterliches Urteil bietet immerhin *Recht*sprechung als Verarbeitung der rechtlichen Gesichtspunkte auf der Grundlage des im Verfahren vorgebrachten und festgestellten Sachverhaltes. Ein Vergleich dagegen wird *vor* einer *vollständigen* verfahrensmäßigen Sachverhaltsaufklärung zu einem bestimmten Zeitpunkt und bei einem bestimmten Sachverhaltsstand geschlossen. In der einfachsten Konstellation ist „nur" zwischen den Parteien umstritten, wie ein Gericht einen bestimmten Sachverhalt rechtlich bewerten wird. Meist ist der Sachverhalt selbst umstritten, wozu insbesondere auch die Frage der Beweisbarkeit bestimmter Elemente dieses Sachverhalts gehört. Die rechtlichen Gesichtspunkte des Konfliktes werden so durch eine Reihe von „Unschärfen" relativiert. Auch der ideal die Perspektive des Rechts widerspiegelnde Vergleich kann daher nur eine „Näherungslösung"[646] (unter Berücksichtigung dieser Unschärfen) an das rechtliche Ergebnis eines vollständig durchgeführten gerichtlichen Verfahrens darstellen. Er kann höchstens die Rechtslage auf Grund eines womöglich unvollkommenen Sachverhalts und einer nur nach Wahrscheinlichkeiten zu beurteilenden Beweislage wiedergeben, eben nur „die wahrscheinliche Rechtslage"[647] zugrunde legen.

Leitbild und gleichzeitig rechtstatsächliches Hauptanwendungsfeld des *gerichtlichen* Vergleichs ist nach *Stürner* der richterliche Vergleichsvorschlag, der „unstreitige Tatsachen, Beweisrisiken und Rechtslage ordentlich aufgearbeitet" hat, die Annäherung an ein mögliches späteres Urteil je nach dem Stand des Verfahrens verbessert und dort, wo nur noch die förmliche Verkündigung des Urteils fehlt, „nahezu Identität mit dem Urteil" erreicht. Dies – so *Stürner* – sei mithin eigentlich ein „Schiedsspruch, der mit vereinfachten Mitteln das urteilsmäßige Ergebnis vorkalkuliert."[648] In der Tat

646 *Stürner*, in: *Gottwald/Hutmacher/Röhl/Strempel*, S.149 f
647 *Manfred Wolf* ZZP 89, 275 ff
648 *Stürner*, in: *Gottwald/Hutmacher/Röhl/Strempel*, S.150

scheint hier im Gegensatz zur Interessenlösung des Konfliktes ein (dem Verfahrensstand angepaßter) rechtlicher Maßstab für das Vergleichsergebnis möglich, wonach der Vergleichsinhalt als Quasi-Schiedsspruch von einem Dritten – nicht nur dem Richter – vorformulieren werden kann. Minitrial und early neutral evaluation sind *außer*gerichtliche Verfahren, die einen solchen Quasi-Schiedsspruch ohne Bindungswirkung aufgrund einer im Verhältnis zum Zivilprozeß verkürzten Sachverhaltsbehandlung zu ihrem Programm gemacht haben, um auf dieser informatorischen „Näherungs"-Basis Vergleichsverhandlungen zu erleichtern.

b) Dieses Bild von der möglichen „Näherungslösung" an das Recht ist jedoch eine Verkürzung der Vergleichsrealität. Es ist insbesondere aus zwei Gründen zu relativieren. In vielen Fällen scheitert eine Annäherung an rechtliche Maßstäbe schon an der Schwierigkeit, einen der Rechtsanwendung zugänglichen *Sachverhalt* zu ermitteln[649]. Hier kommt es daher aus der Fallkonstellation heraus zu einer „Abkehr von der Entscheidungsorientierung"[650] durch die Parteien. Selbst der Richter, der in einem möglichen Vergleich rechtliche Maßstäbe zur Geltung bringen will, kann sie nur durch die Präzisierung *seiner* Entscheidungsprobleme konstruktiv im Sinne einer informatorischen Vergleichsgrundlage (über eben diese Entscheidungsschwierigkeiten) unterstützen (aa). Zudem vermischen sich in der Vergleichsrealität Interessen der Parteien mit rechtlichen Aspekten (bb). Schließlich beseitigt selbst ein richterlicher (sorgfältig begründeter) Vergleichsvorschlag nicht die Faktoren von Verhandlungsmacht, sondern weist gerade auf ihre Einfallstore – Unsicherheiten und Risiken – hin (cc). Die Darstellung setzt als Beispiel immer wieder an der *richterlichen* Vergleichstätigkeit an, um zu zeigen, daß auch sie kein Garant für eine Näherungslösung an das Recht ist.

aa) Die Verarbeitung der möglichen Unschärfen wirft im Hinblick auf den Maßstab des Rechts, der ja im Vordergrund stehen soll, entscheidende Probleme auf. Wie diskontiert (selbst) der Richter Prozeßbarrieren? Wie setzt er eine lange Prozeßdauer neben der zum jetzigen Verfahrenszeitpunkt sichtbaren Rechtslage in einen

649 *Eike Schmidt* KritV 1989, 315 typisiert diese Gruppe von Streitverhalten als generalisierungsfeindliche Individualkonflikte

650 *Eike Schmidt* KritV 1989, 315

Vergleichsvorschlag um? Mit welchem Abschlagsfaktor geht ein Beweisrisiko in seinen Vorschlag ein? Das sind keine *Rechts*entscheidungen, sondern Wahrscheinlichkeitsüberlegungen. Die Probleme der „Faktenermittlung und -bewertung", nicht aber die „,Rechtsfrage'"[651] stehen im Mittelpunkt vieler Auseinandersetzungen und der ihnen folgenden Zivilverfahren. *Eike Schmidt* hat zwei Typen von Streitverhalten herausgearbeitet, die sich im Hinblick auf eine mögliche Rechtsanwendung unterscheiden. Im Gegensatz zum Typus des individualisierungsfeindlichen „entscheidungsorientierten Massenkonflikts"[652] beinhalte eine zweite Gruppe gerade generalisierungsfeindliche Individualkonflikte, wo sich „der Rekonstruktions- und der Beilegungsaspekt ineinander" verschränke[653], eben weil bereits die *Fakten*ermittlung schwierig sei[654]. Gerade unter dem Gesichtspunkt eines Vergleichs solle daher „offen über die damit verbundenen Präzisierungsprobleme" gesprochen werden[655]. Eher als eine „Näherungslösung" an die „volle verfahrensförmige Aufklärung und Rechtsfindung"[656] enthält eine solche richterliche Darlegung bei diesem Konflikttypus als Vergleichsgrundlage eine Darstellung der *Schwierigkeiten* der Aufklärung und Rechtsfindung. Der Maßstab des Rechts spielt daher bei solchen Fallkonstellationen nur insofern eine Rolle, als der (bisher ermittelte) Sachverhalt gerade seiner Einführung und Anwendung die für die Hinwendung zu einer vergleichenden Lösung entscheidenden Schwierigkeiten *entgegensetzt*. Genau deswegen verschränken sich

651 *Eike Schmidt* KritV 1989, 315

652 *Eike Schmidt* KritV 1989, 310: Dieser Konflikttypus benötige „fallübergreifende Zukunftsgestaltung per richterlicher Entscheidung nach entsprechender Gesamtschau und -abwägung repräsentativer Gruppen- wie Gemeininteressen" (KritV 1989, 306) und sei daher am besten der Revisionsinstanz zu überlassen (KritV 1989, 310 f).

653 *Eike Schmidt* KritV 1989, 315

654 Daher handele es sich hier nur „vordergründig" „um schlichte Rechtsanwendung, genauer besehen jedoch um individuelle Risikoverteilung im Rahmen eines sie ermöglichenden Programmsatzes." Aber auch für die Beurteilung besonderer Umstände vor dem Hintergrund der §§ 157, 242 und 254 gelte: „Was in concreto redlich bzw. treuwidrig ist, entzieht sich ebenso einer generalisierenden Betrachtungsweise wie die fallangemessene Schadensquotierung." (*Eike Schmidt* KritV 1989, 315)

655 *Eike Schmidt* KritV 1989, 315, dessen Argumentation sich allerdings insbesondere gegen eine Revision in solchen Fällen wendet.

656 *Stürner*, in: *Gottwald/Hutmacher/Röhl/Strempel*, S.149

tatsächlich „Rekonstruktions- und Beilegungsaspekt"[657]. Selbst ein richterlicher Vergleichsvorschlag enthält dann nur so weit wie eben möglich rechtliche Rahmenbedingungen des Konfliktes und läßt sich nur noch mit definitorischer Mühe als Näherungslösung an das Recht bezeichnen. Eher ist er die Aufforderung, hier Recht autonom zu setzen.

bb) Dazu kommt, daß hier nur die beiden idealtypischen Ausformungen des bei privatautonomer Konfliktbeilegung anzustrebenden Vergleichs – entweder die Durchsetzung der Interessen der Parteien oder zumindest die Lösung des Rechts – dargestellt wurden. In der (Rechts-)Wirklichkeit entstehen Vergleiche, die Interessen *und* Elemente des Rechts[658] verarbeiten wollen[659]. Sobald jedoch Interessenverwirklichung mit in das Ergebnis einfließt, verbietet sich schon der Maßstab des Rechts. Praktisch bedeutet dies, daß man zumindest bei der ex-post-Analyse der Rechtsschutzqualität gerichtlicher wie außergerichtlicher Vergleiche anhand einer Aktenanalyse einen Interessen verwirklichenden, parteiautonomen Vergleich nur schwer von einem das Recht verfehlenden Vergleichsergebnis, das aufgrund übermächtiger Verhandlungsmacht[660] oder unter unzulässigem Druck[661] des Richters zustande gekommen ist, unterscheiden kann[662].

cc) Neben die im Vergleichsvorschlag verarbeiteten Sachverhalts-Unsicherheiten und Beweisrisiken tritt nun noch die Erfahrung und Fähigkeit der Parteien, mit Unsicherheit umzugehen, *Risiken* zu tragen. Berücksichtigt werden von den Parteien bei ihren Vergleichsüberlegungen nicht nur die Kosten, sondern auch ihre jeweiligen Fähigkeiten, Kosten zu tragen. Die neben die rechtlichen Gesichtspunkte tretenden Unschärfen und Risiken bedingen unabwendbar auch hier den Fortbestand von Elementen von Verhandlungsmacht. Selbst bei einem richterlichen, dem Verfahrensstand

---

657 *Eike Schmidt* KritV 1989, 315

658 Oft ist das Recht gerade die BATNA (Best Alternative to a Negotiated Agreement) – vgl. oben § 9 III. 3. – einer Partei

659 Zum Einfluß von Verhandlungs*macht* sogleich cc)

660 Dazu sogleich cc)

661 *Stürner*, in: *Gottwald/Hutmacher/Röhl/Strempel*, S.150 spricht von dem „nur opportunistisch abseits der Rechtslage unter Hinweis auf Prozeßbarrieren" eine Erledigung ansteuernden Richter

662 Ähnlich *Stürner*, in: *Gottwald/Hutmacher/Röhl/Strempel*, S.150

entsprechenden Vergleichsvorschlag bleibt es für jede Partei eine auch auf ihrer Verhandlungsmacht beruhende Entscheidung, ob sie sich dem richterlichen Vorschlag anschließt. Folgen die Parteien dem richterlichen Vorschlag, so vielleicht gerade deswegen, weil sie trotz des Wissens um ihre eigentliche (Rechts-)Position sich dem in diesem Vorschlag eingearbeiteten Beweisrisiko gerade nicht aussetzen können. Nicht nur, „[w]enn es die Parteien genauer haben wollen, geht der Prozeß weiter"[663], sondern vor allem dann, wenn sie damit verbundenen Aufwand und Risiken tragen wollen und können. Selbst der – immerhin gewichtige – richterliche Schiedsansatz schirmt Verhandlungsmacht nicht ab, sondern verarbeitet mit dem Hinweis auf „Prozeßbarrieren" ihre Ansatzpunkte. Im übrigen verbleibt es *auch hier* bei strategischen Überlegungen oder unterschiedlichen Fähigkeiten, Kosten und Risiken zu tragen, die auch zu einem Vergleich mit anderem als dem vorgeschlagenen Inhalt führen können, eben weil die im Vergleichsvorschlag berücksichtigen, nach dem Verfahrensstand verbleibenden Risiken die Parteien mehr oder weniger abschrecken, als es der richterliche Vorschlag widerspiegelte. Der geschlossene Vergleich ist die Momentaufnahme und zugleich der – auch bei Akzeptanz eines richterlichen Vorschlags – (immer noch) *selbstgesetzte* Schlußstrich unter das „negotiators' dilemma". Bis zum Erlaß des Urteils reicht die Bühne von „litigotiation"[664]. Der richterliche Vergleichsvorschlag ist dabei eine Informationschance über ein mögliches rechtliches Endergebnis – mehr nicht.

Diese Überlegungen sollten zeigen, daß selbst der wohlverstandene, den Verfahrensstand widerspiegelnde richterliche Vergleichsvorschlag Verhandlungsmacht (weitgehend) im Spiel läßt. Er bietet immerhin *Information* über Chancen und Risiken und damit Hilfe für die verbleibende autonome Entscheidung. Das Gleiche kann jedoch auch ein sorgfältig konstruierter *außer*gerichtlicher Informationsbeitrag liefern, der dies jedoch mit dem Vorteil leichterer Zugänglichkeit verbinden könnte, so daß *mehr* potentielle Nutzer erreicht werden als normalerweise Kläger vor Gericht gehen[665].

663 So *Stürner*, in: *Gottwald/Hutmacher/Röhl/Strempel*, S.150
664 Vgl. oben § 5 IV.
665 Vgl. dazu unten § 19 II. 2.

c) Ein *Urteil* ist – soweit ein Konflikt überhaupt dorthin vorgedrungen ist und sich nicht in der Genese des Konfliktes der Zugang zum Recht als zu schwierig erwiesen hat – zumindest theoretisch[666] der Ausschluß von Verhandlungsmacht durch eine *Entscheidung eines Dritten*, des dafür legitimierten Spruchkörpers, nach den Regeln des materiellen Rechts und des Verfahrensrechts. Daher wird seine inhaltliche Qualität – die Verwirklichung des materiellen Rechts – in der Qualitätsdiskussion im Verhältnis zum Vergleich unterstellt. Der *Vergleich* muß sich inhaltlich erst noch beweisen, da hier (je nach Standpunkt ‚nur') die Konfliktparteien *selbst* entschieden haben. Seine Rechtfertigung liegt daher allein in der autonomen Willensentfaltung der Parteien, die durch den Verzicht auf die Entscheidung eines Dritten die Auswirkungen von Verhandlungsmacht als unausweichliches Moment in sich trägt. Rechtspolitisch vorzuziehen ist er einer gerichtlichen Entscheidung nur bis zu der Grenze, wo überlegene Verhandlungsmacht sich typischerweise erheblich im Ergebnis niederschlagen wird.

Andererseits gelangen viele Parteien gerade mangels Verhandlungsmacht nicht zur gerichtlichen Durchsetzung ihres Rechts, so daß die Frage der Vorzugswürdigkeit von Vergleich oder Urteil sich hier nur theoretisch stellt. Der Access-to-Justice-Gedanke bzw. verfahrensmäßige Alternativen zu Meidungsstrategien unterlegener Konfliktparteien rücken hier in das Zentrum. Darauf ist später zurückzukommen.

Es gilt daher nicht, den Inhalt eines Vergleiches am Maßstab des Rechts zu messen, sondern im Spannungsfeld von Privatautonomie und Verhandlungsmacht der privatautonomen Gestaltung *genügend* Raum zu verschaffen, ihre Ausübung zu erleichtern – so z.B. durch eine Verfahrenskomponente, die für eine informationsverbreiterte Entscheidungsgrundlage sorgt. Für den interessenbestimmten Vergleich ist eine mögliche spätere gerichtliche Entscheidung *inhaltlich* der falsche Maßstab[667]. Der Vergleich als Näherungslösung an das spätere rechtliche Urteil verarbeitet Unsicher-

---

666 Das Urteil ist (auch) Ergebnis der Fähigkeiten, Prozesse zu führen und insbesondere Prozeßrisiken auf eine Vielzahl von Fällen zu verteilen, wie sich an den Untersuchungen über „repeat players" zeigt, *Ross*, insbesondere S.214

667 *Stürner*, in: *Gottwald/Hutmacher/Röhl/Strempel*, S.150

heiten und Risiken, die – selbst wenn sie ordentlich als Entscheidungsgrundlage in einem „Schieds"-Vorschlag aufgearbeitet sind – je nach den Möglichkeiten der Parteien, mit ihnen umzugehen, zu unterschiedlichen privatautonomen Entscheidungen führen können. Auch hier ist also der Maßstab des Rechts zwar nicht gänzlich ungeeignet – er taugt jedoch nur als Information und damit Entscheidungsgrundlage für die selbst Maßstäbe setzenden Konfliktparteien, nicht jedoch zur Inhaltskontrolle.

Für den *Inhalt* selbstbestimmter Konfliktbeendigung gibt es keine zureichenden Maßstäbe. Privatautonomie gestaltet selbst inhaltlich, was gerade ihre Qualität ausmacht. Sie ist inhaltlichen (Rechts-)Maßstäben daher nur begrenzt zugänglich. Der Gedanke der Privatautonomie, der nur eine Bejahung des Verhandlungsdilemmas zwischen Kooperation und Kompetition impliziert, beseitigt das Spannungsfeld von Chancen und Risiko der Beilegung von Konflikt durch die Parteien nicht; der Chance der Selbst*bestimmung* steht die Selbst*verantwortung* für das Risiko gegenüber. Von Privatautonomie zu sprechen, heißt jedoch, das unausweichliche Moment dieses (Negotiators') Dilemma zu *akzeptieren*, da ohne das Risiko die Chancen nicht zu haben sind.

§ 17 Privatautonome Gestaltung im Konflikt

Der letzte Abschnitt hat gezeigt, daß weder die Verwirklichung von Interessen noch von Recht sich im Inhalt eines Vergleichs messen läßt. Eine Parallele zu der Schwierigkeit, *inhaltliche* Maßstäbe an einen von den Konfliktparteien geschlossenen Vergleich anzulegen, findet sich in der zivilrechtlichen Diskussion um das Verhältnis von (in der Parteiautonomie wurzelnder) Vertragsfreiheit und (inhaltlicher) Vertragsgerechtigkeit. Sie soll daher kurz dargestellt werden (I.). Die Antwort des Zivilrechts auf das Problem, Vertragsgerechtigkeit zu *messen*, findet sich einerseits in einer Fülle von Schutzvorschriften, die den *Rahmen* privatautonomer Vertragsgestaltung sichern, und andererseits in einigen Grenzsetzungen, die auf eine *Inhalts*kontrolle hinauslaufen (II.). Dann ist der Frage nachzugehen, ob privatautonome Gestaltung *im Konflikt* wesensmäßig von allgemeiner vertraglicher Gestaltung von Rechtsverhältnissen zu unterscheiden ist und daher u.U. mehr Sicherungsvorkehrungen bedarf (III.).

I. Vertragsfreiheit – Vertragsgerechtigkeit

1. Privatautonomie: Selbstbestimmung und Selbstverantwortung

Die Privatautonomie – das negotiators' dilemma – bietet jedem Rechtssubjekt die Möglichkeit, in freier Entscheidung seine (Rechts-)Verhältnisse selbst zu prägen und zu gestalten[668]. Sie beruht auf dem Prinzip der Selbstbestimmung[669]. Ihre grundgesetzliche Verankerung findet sie in Art.2 Abs.1 GG, der – nach der Rechtsprechung des Bundesverfassungsgerichts – die „allgemeine Handlungsfreiheit im umfassenden Sinne" sichert. Aus der Privatautonomie folgt die Freiheit der Gestaltung der eigenen Lebensverhältnisse mit Hilfe von Verträgen, also die *Vertragsfreiheit,* die sowohl den *Abschluß,* als auch den *Inhalt* eines Vertrages umfaßt. „Der Vertrag ist der Motor einer effektiven, freiheitlichen Wirtschaftsordnung, er ist das Instrument freiheitlicher Selbstbestimmung des Bürgers."[670]

Das Primat freier Willensentfaltung[671] bedingt notwendigerweise auch die Freiheit, Verträge mit (objektiv) nachteiligem Inhalt zu schließen und bringt neben der Selbstbestimmung die Selbstverantwortung für dieses Risiko mit sich. Grundsätzlich werden die Vereinbarungen als Willensbekundungen der Vertragsschließenden von der Rechtsordnung anerkannt, auch wenn sie für den Außenstehenden „unvernünftig oder unrichtig" erscheinen[672], da sie zumindest

668 *Flume,* § 1,1
669 Vgl. nur BVerfGE 81, 254
670 *Langenfeld,* Rdnr.163
671 Vgl. nur *Flume,* Rechtsgeschäft und Privatautonomie, S.141: „Anerkennung der Privatautonomie heißt Anerkennung des Satzes: stat pro ratione voluntas."
672 *Coester-Waltjen* AcP 190, 14 m.z.Nw. in Fn.81

eine grundsätzliche Richtigkeitsgewähr enthalten[673]. Die Frage des „richtigen" vertraglichen Interessenausgleiches, der *Vertragsgerechtigkeit*, wird jedoch insbesondere dadurch aufgeworfen, daß sich auch in der heutigen Rechtsrealität nicht die nach dem liberalen Vetragsbegriff vorausgesetzten gleichgewichtigen Parteien gegenüberstehen, sondern typische Macht-Ungleichgewichtslagen[674] auftreten. Das für einen inhaltlich ausgewogenen (gerechten) Vertrag neben dem Wettbewerb als bestimmende Voraussetzung notwendige Macht*gleichgewicht* der Vertragspartner[675] wird von ubiquitärer wirtschaftlicher und intellektueller Überlegenheit in den Bereich der Utopie verwiesen[676]. Die Frage nach der Vertragsgerechtigkeit beinhaltet daher insbesondere die Frage, ob nicht das BGB zu sehr auf die übereinstimmenden Willenserklärungen als (mehr) formelles Kriterium abgeschlossener privatautonomer Betätigung, zu wenig aber auf die inhaltliche Qualität des so entstandenen Vertrages achte[677].

2. Ist Vertragsgerechtigkeit meßbar?

Wenn Machtungleichgewicht das Prinzip der Selbstbestimmung als Grundpfeiler der Privatautonomie[678] gefährdet, so erfordert dies eine Auseinandersetzung mit dem „totgeglaubten Gedanken"[679] der Vertragsgerechtigkeit. Doch gibt es überhaupt einen Maßstab, mit dem sich Vertragsgerechtigkeit messen läßt? Schon die nähere Bestimmung des Begriffs der Vertragsgerechtigkeit bereitet Schwierigkeiten. Von *Manfred Wolf* werden beispielsweise drei Arten von Vertragsgerechtigkeit unterschieden: Der gerechte Ausgleich des Gesamtvertrages, das iustum pretium und der gerechte Ausgleich der einzelnen Vertragsbedingungen[680]. Die Ausgewogenheit der ge-

673 *Canaris* FS Lerche, S.875: Das „Sich-Vertragen" gewährleistet „zumindest rechtlich (wenngleich oft nicht auch faktisch) ... , daß die getroffene Regelung auf dem Einverständnis beider Parteien beruht".

674 *Lieb* AcP 178, 196

675 *Bydlinski*, S.62 ff

676 So gerade als Praktiker *Langenfeld*, Rdnr.190

677 So *Kramer* in seiner „Die ‚Krise' des liberalen Vertragsdenkens" betitelten Abhandlung

678 Vgl. BVerfGE 81, 254 f

679 *Bydlinski*, S.103

680 *Manfred Wolf*, S.32 f

samten vertraglichen Regelung ist jedoch mit rechtlichen Maßstäben nicht zu erfassen. Beurteilbar ist nur, was gänzlich *un*ausgewogen ist[681]. Der gerechte Preis beim Austauschvertrag, das iustum pretium oder auch die laesio enormis wurde nicht in das BGB aufgenommen, da der Preis eben gerade aus-*verhandelt* wird und seine Bestimmungsfaktoren nicht einem objektiven oder gar rechtlichen Maßstab zugänglich sind. Nur im Bereich der vertraglichen *Neben*pflichten wirken zwingendes Gesetzesrecht, ergänzende gesetzliche Bestimmungen und Inhaltskontrolle des Richters daraufhin, daß eine gerechte vertragliche Gestaltung erreicht wird.

3. Folge für das Verhältnis von Vertragsfreiheit und Vertragsgerechtigkeit

Daraus ergibt sich, daß die Vertragsfreiheit Vorrang vor der zwar anzustrebenden, jedoch eben nicht meßbaren Vertragsgerechtigkeit genießen muß. Es gibt nun einmal keinen Nachweis, daß die Wertung der Vertragspartner selbst schlechter ist als ein von außen herangetragener Maßstab. Auch die Aufgabe eigener Interessen, der Verzicht auf bestimmte Verhandlungspositionen, ist durch die sich in der Vertragsfreiheit betätigende Selbstbestimmung legitimiert[682]. Das bedeutet jedoch eben nicht, daß nur durch das Verhandeln von zwei Parteien mit gegensätzlichen Interessen und die Zustimmung der jeweils anderen Verhandlungspartei zum erzielten Ergebnis die Vertragsgerechtigkeit tatsächlich gewährleistet ist[683]. Die Auswirkung von Verhandlungsmacht *ist* ein Risikofaktum. Mehr als die *Chance* auf (annähernde) Vertragsgerechtigkeit ist in der Vertragsfreiheit nicht enthalten, allerdings mangels Alternativen auch nicht zu erreichen:

> „Mehr als die *Chance* zum gerechten Interessenausgleich soll der Vertrag auch gar nicht schaffen, weil sonst auf den Wert der Selbstbestimmung verzichtet werden müßte. Die ‚Richtigkeit' des Vertragsinstituts erweist sich für die Gesamtordnung deshalb nicht aus dem Inhalt des Vereinbarten, sondern dadurch, daß der Vertrag der Selbstbestimmung zur Entfaltung verhilft."[684]

---

681 *Canaris* FS Lerche, S.883 f

682 *Manfred Wolf*, S.74

683 So aber im Ergebnis *Schmidt-Rimpler* AcP 147, 155

684 *Manfred Wolf*, S.73 (Hervorh.v.Verf.)

II. Schranken und inhaltliche Kontrolle von Vertragsfreiheit

Im materiellen Recht sind folgerichtig die Konsequenzen des Vorrangs der Vertragsfreiheit festgeschrieben.

1. Sicherung der Rahmenbedingungen autonomer Willensbetätigung

Das materielle Recht erkennt die Ergebnisse privatautonomer Gestaltung[685] im Rahmen der Vertragsfreiheit grundsätzlich an[686]. Eingeräumt werden jedoch z.B. in bestimmten Situationen, in denen Zweifel an ausreichender autonomer Willensbetätigung bestehen, Überlegungsräume durch Widerrufsfristen (z.B. bei Haustürgeschäften wegen Überrumplungsgefahr) oder Formerfordernisse als Überlegungssignale für Unerfahrene (wie die Schriftform bei der Bürgschaft von Privatleuten). Anfechtbar sind Verträge, in denen das Zustandekommen der Willensbildung nicht mehr den Grundbedingungen von Autonomie entspricht (z.B. bei der arglistigen Täuschung gem. § 123 BGB). Im Rahmen des richterlich entwickelten Rechtsinstituts der culpa in contrahendo wird durch die Statuierung von Aufklärungspflichten auf eine Stärkung der Privatautonomie hingewirkt. Die Vertragsentscheidung soll in Kenntnis bestimmter Risiken und damit „aufgeklärt" fallen. Damit kann aber nicht das einer autonomen Entscheidung innewohnende Risiko beseitigt werden[687]. Das *„Informationsmodell"* endet dort, wo eine *Inhaltskontrolle* für notwendig erachtet wird, de lege lata insbesondere nach den Bestimmungen des AGB-Gesetzes[688], sowie auf dem Wege zwingenden Rechts bei typischen Ungleichgewichtslagen, so insbesondere im Arbeitsrecht und bei Wohnungsmietverträgen. Allgemeine Grenzen für die Anerkennung von autonomer Privatrechtsgestaltung zieht das BGB in den Fällen, in denen dem Ergebnis der Willensbildung auf Grund des sich darin abzeichnenden

---

685 Die Begrenzungen der Vertrags*abschlußfreiheit* bleiben hier außer Betracht

686 Zu den unbestrittenen Grenzen der Vertragsfreiheit *Coester-Waltjen* AcP 190, 2 f

687 Ausführlich *Breidenbach*, S.11 ff

688 Dazu sogleich

groben Ungleichgewichts zum Schutz des Benachteiligten die Anerkennung zu versagen ist (so insbesondere in den §§ 134, 138, 242 und 826). Bei Wegfall der Geschäftsgrundlage schließlich wird der ungerecht *gewordene* Vertrag den veränderten Umständen durch den Richter angepaßt, eine Inhaltskontrolle, die gerade (zumindest prinzipiell) nicht bei dem ursprünglichen Aushandlungsergebnis ansetzt[689].

2. AGB-Gesetz

Das Gesetz über die Allgemeinen Geschäftsbedingungen ist ein Versuch, eine Konstellation von überlegener Verhandlungsmacht, die sich im Diktat von Vertragsbedingungen des AGB-Verwenders gegenüber dem Verbraucher auswirkt, zu begrenzen. Während jedoch die Rechtsprechung bis zum Erlaß des AGB-Gesetzes ausdrücklich auf den Schutz des *Schwächeren* vor der überlegenen Machtstellung des AGB-Verwenders abstellte[690], verzichtet das Gesetz aus Gründen der Rechtssicherheit und eines umfassenderen Anwendungsbereichs darauf, die Normierung auf ein *Ungleichgewicht* zwischen den Parteien zu stützen. Die Rechtssicherheit erforderte es statt dessen, auf die einseitige Ausnutzung der privatautonomem Vertrags(gestaltungs)freiheit durch vorformulierte Vertragsklauseln eines AGB-Verwenders abzustellen. Auch das AGB-Gesetz läßt die ausgehandelten vertraglichen *Haupt*pflichten unangetastet (§ 8 AGBG[691]) und korrigiert nur *Neben*pflichten und -bestimmungen. Dem „Drang zur offenen Inhaltskontrolle"[692] und damit der richterlichen Kontrolle von vertraglichen Hauptpflichten wird im Prinzip[693] zu Recht nicht gefolgt.

3. Ergebnis

Das materielle Recht akzeptiert damit im Ergebnis die mit Privatautonomie verbundenen Risiken von (Verhandlungs-)Machtentfal-

689 Ausführlich zu der Inhaltskontrolle außerhalb des AGBG *Coester-Waltjen* AcP 190, 5 ff

690 Vgl. nur BGHZ 22, 94

691 Deutlicher die amtliche Begründung, BT-Drucksache 7/3919, S.22

692 *Schlosser* ZIP 1985, 452

693 Ausnahmen kritisiert *Schlosser* ZIP 1985, 453 und *ders.* JR 1988, 1

tung. Es werden jedoch Schutzmaßnahmen für die *Rahmenbedingungen* der Selbstbestimmung getroffen.

Nur das AGB-Gesetz versucht, bei Nebenpflichten korrigierend einzugreifen. Auch jüngste Vorschläge von *Fastrich*[693a] und *Singer*[693b] beinhalten nur eine vorsichtige Öffnung zu einer Inhaltskontrolle bei regelmäßig besonders ungleichgewichtigen Verhandlungsverhältnissen oder Evidenzfällen ungerechter Vertragsgestaltung.

III. Privatautonomie im Konflikt – Status Quo

1. Wesensmäßiger Unterschied?

Wie bereits oben gezeigt, herrscht auch im Konflikt grundsätzlich Privatautonomie in Form der Vertrags*abschlußfreiheit* und *-inhaltsfreiheit*. Die Konfliktparteien entscheiden grundsätzlich autonom über das Verfahren der Konfliktbehandlung und, soweit nicht ein Dritter, insbesondere der Richter, mit einer Entscheidung betraut wird, auch über den Inhalt einer Einigung unabhängig von der materiellen Rechtslage. Im status quo der Konfliktbehandlung kommt der Verwirklichung der rechtlich vorgesehenen Lösung nicht die überragende Qualität zu.

a) Nur ein geringer Teil des Konfliktpotentials erreicht überhaupt die Ebene der gerichtlichen Auseinandersetzung. Im Vorfeld – der Verhandlungsphase – werden Konflikte durch Rückzug einer Partei oder durch Einigung beigelegt. Es gibt keine *Verpflichtung* der Parteien, den Weg der rechtlich vorgezeichneten Lösung zu beschreiten[694]. Ihre privatautonome Interessenverfolgung, nicht die Durchsetzung rechtlicher Ordnungsmodelle, steht im Vordergrund. Das bedeutet gleichzeitig, daß eine Anzahl von Konflikten deshalb nicht ihren Weg zum gesetzlichen Richter findet, weil es einer Partei an Kenntnissen, Ressourcen, Fähigkeiten zur Risikotragung etc. fehlt, um *ihr Recht* zu verfolgen.

693a *Fastrich* Richterliche Inhaltskontrolle im Privatrecht

693b *Singer* Selbstbestimmung und Verkehrsschutz im Recht der Willenserklärungen

694 Zu den Ausnahmen vgl. sogleich

b) Auch von den Konflikten, die in einen Zivilprozeß münden, wird ein gehöriger Teil ohne richterliche Entscheidung beigelegt. Die vergleichsweise Beilegung der Auseinandersetzung steht den Parteien nicht nur – aus gesetzgeberischer Sicht – notgedrungen zu, sondern setzt sich im Zivilprozeß sogar in der als Verpflichtung des Gerichts gehaltenen Vorschrift des § 279 I 1 ZPO für den Richter fort, „in jeder Lage des Verfahrens auf eine gütliche Beilegung des Rechtsstreits oder einzelner Streitpunkte bedacht" zu sein und nicht etwa nur auf die streitige Erledigung durch Urteil (zur Durchsetzung der materiellen Rechtslage) hinzuarbeiten. Auch die vergleichsunterstützende Tätigkeit des Richters findet ihre (alleinige?) Grundlage in der „Privatautonomie der Prozeßparteien über das streitige Rechtsverhältnis"[695], der Anerkennung des negotiators' dilemma mit seinem kooperativen Potential und kompetitiven Risiko.

c) Als Ergebnis läßt sich festhalten: Soweit es um Auseinandersetzungen geht, die dem Zivilrecht unterfallen, ist Konflikt grundsätzlich *privat*. Die vergleichsweise Beilegung oder die Wahl eines privaten Schiedsrichters steht den Parteien frei: „Der liberale Staat zwingt die Parteien privater Streitigkeiten nicht vor seine eigenen Gerichte. Er läßt ihnen die Freiheit, sich ihre eigene Privatgerichtsbarkeit zu zimmern."[696]

2. Besonderer Schutz im Konflikt?

Auf das Aushandlungsergebnis im Konflikt finden die gleichen (Schutz-) Vorschriften, wie im ‚normalen', privatrechtsgestaltenden Vertragsrecht Anwendung.

Zusätzlich nimmt die Rechtsordnung im Konflikt nur wenige Streitgegenstände von autonomer Gestaltung oder zumindest von der schiedsgerichtlichen Erledigung aus. Einige Beispiele:

– Auf die Ehescheidung, wo jedoch insgesamt eine klare Privatisierungstendenz zu beobachen ist, ist noch ausführlich zurückzukommen[697].

695 MünchKomm/*Prütting* § 279 ZPO Rdnr.9
696 *Schlosser* Zivilprozeßrecht I, Rdnr.288
697 Vgl. unten § 20

– § 1025 a ZPO will die Umgehung des im Interesse des „gewöhnlich sozial schwächeren Mieters"[698] geschaffenen § 29 a ZPO verhindern.

– §§ 4, 2 Abs.1 u. 2 ArbGG schließen individuell vereinbarte Schiedsgerichtsbarkeit bei Arbeitsstreitigketen grundsätzlich aus, während die Tarifschiedsgerichtsbarkeit in begrenztem Umfang zugelassen wird.

Prinzipiell gibt es jedoch keinen Ausschluß privatautonomer Verfügung über Rechte aus Schutznormen. So zeigen z.B. empirische Untersuchungen über Vergleiche in Mietprozessen, daß dort ohne ersichtliche adäquate Gegenleistung Mieter auf ihnen zustehende Schutzrechte wissentlich verzichten.

Die Einschaltung eines Dritten im Konflikt unterliegt besonderen (Schutz-)Vorschriften nur, soweit es um *Rechts*beratung oder -entscheidung geht. So darf Rechtsberatung prinzipiell nur von Rechtsanwälten vorgenommen werden und für das gerichtliche Verfahren steht die Neutralität des Richters und eine genaue Verfahrensordnung im Vordergrund. Bei den Vergleichsbemühungen des Gerichts geht es insbesondere darum, die privatautonome Vergleichsentscheidung der Parteien vor unzulässigem Druck durch den aufgrund seiner Autorität und seiner zur letztlichen Streitentscheidung berufenen Position der Ausübung erheblichen Drucks befähigten Richter zu bewahren.

Schon der Versuch, auf die Parteien Druck auszuüben, um auf den Abschluß eines Prozeßvergleichs hinzuwirken, macht den Richter befangen[699], wie auch der Fall BGH NJW 66, 2399 zeigt: Hier hielt der BGH fest, daß „der Richter, der allzusehr auf einen Vergleich drängt, sich dem Verdacht aussetzt, er scheue die Mühe der Findung und Abfassung des Urteils"[700]. Im konkreten Fall hatte der Richter nach Meinung des BGH den unzutreffenden Eindruck erweckt, das Urteil sei schon beschlossen, falls er einen (letzten) Vergleichsvorschlag nicht annehme. Dabei stellte das Gericht insbesondere auch auf den Druck ab, der von dem im Konflikt eingeschalteten Dritten, dem Amtsrichter, nach seiner Auffassung ausgeübt wurde: Daß der Beklagte „glaubte, sich der Autorität des Gerichts beugen zu müssen," – so der BGH – „zeigt gerade der Umstand, daß er den Rat seines Anwaltes, den Vergleichsvorschlag weiterhin abzulehnen, nicht befolgte ..."[701].

698 *Baumbach/Lauterbach /Albers* § 1025 a ZPO Rdnr.1
699 Vgl. nur MünchKomm/*Prütting* § 279 ZPO Rdnr.4
700 BGH NJW 66, 2400
701 BGH NJW 66, 2401

3. Ergebnisse

Festzuhalten ist:

– Konflikte sind, soweit sie dem Zivilrecht unterfallen, aus gutem Grund privates Regelungsterrain. Selbst dort, wo zwingendes (Schutz-)Recht Ungleichgewichtslagen ausgleichen und abfedern will, ist doch privatautonome Verfügung über solche Rechte nicht eingeschränkt.

– Auch im Konflikt kommt privatautonomer Gestaltung daher eine eigene Qualität zu, allerdings nur bis zur Grenze typischer, erheblicher Ungleichgewichtslagen, die den für Autonomie notwendigen *Rahmen* nicht gewährleisten.

– Bei der Einschaltung Dritter im Konflikt gilt es, Drucksituationen und damit Selbstbestimmung gefährdende Manipulation oder Zwang zu verhindern. Die Einschaltung eines Dritten ist eine Chance auf eine gerechte Entscheidung bzw. Mithilfe bei Verhandlungsstörungen. Sie *kann* aber auch Gefahrenpotential erhöhen – durch das Vertrauen, das dem Dritten entgegengebracht wird, seine Autorität etc.[702]. Beispiele finden sich sogar im Zivilrecht: Selbst in der Mitwirkung eines Notars wird – allerdings in einem Extremfall – eine mögliche Störung von Vertragsparität gesehen[703], die zu richterlicher Inhaltskontrolle der so geschlossenen Verträge Anlaß gibt. Daraus folgt für die *Ausgestaltung* von Mediation, daß auf das Risikopotential des Eingreifens eines Dritten besonders geachtet werden muß.

§ 18 Weitere, nicht nur inhaltsbezogene Ziele von Konfliktbehandlung

Inhaltliche Qualitäten des Ergebnisses in der Sache bei Konfliktbeendigung durch Vergleich lassen sich – so hat sich gezeigt – kaum

702 Vgl. oben § 13 II. 1. zu den Quellen der Autorität eines Mediators

703 BGH BB 1989, 150 spricht davon, eine Partei sei von der Verwendung einer durch den Notar vorformulierten Klausel „überrumpelt" worden. Im Regelfall gelten jedoch die §§ 14 Abs.1 u. 2, sowie § 17 BeurkG.

messen. Es bleibt bei dem negotiators' dilemma: Dem Potential einer kooperativen Lösung steht das Risiko kompetitiver Ausnutzung von Verhandlungsmacht gegenüber. Der Gedanke der Privatautonomie mit seinen korrelierenden Kernbegriffen Selbstbestimmung und Selbstverantwortung akzeptiert jedoch dieses Dilemma, weil es eben bei der Verfolgung von Interessen unausweichlich ist – soweit allerdings bestimmte Rahmenbedingungen von Privatautonomie gewährleistet sind. Auf ihn ist bei der Bewertung des Service-Delivery-Projektes und des Individual-Autonomy-Projektes zurückzukommen.

Eine große Zahl von Zielvorstellungen geht jedoch über den (in der Sache erzielten) *Inhalt* des den Konflikt abschließenden Vergleichs hinaus. Um diese Zielvorstellungen bzw. behaupteten Qualitäten von Mediation sinnvoll erfassen zu können, wurden fünf prägende Grundausrichtungen analytisch unterschieden:

- Das Reconciliation-Projekt
- Das Social-Transformation-Projekt
- Das Service-Delivery-Projekt
- Das Individual-Autonomy-Projekt
- Das Access-To-Justice-Projekt

Diese angestrebten Ziele von Konfliktbehandlung gilt es nun auf ihre Realisierbarkeit, Gefahren und inneren Widersprüche zu überprüfen.

I. Service-Delivery-Projekt

Auch im Service-Delivery-Projekt ist Mediation ein Verfahrensangebot, um eine Einigung zu erzielen. Im Vordergrund steht hier jedoch nicht eine dem Vergleich innewohnende Versöhnung der Parteien oder eine von dem Mediation-Verfahren ausgehende gesellschaftliche Veränderung, sondern der Vergleich als die gegenüber dem bei Gericht zu erstreitenden Urteil bessere Beendigungs*form*. Die entgegengesetzte Argumentation stellt dagegen das Urteil als die Recht durchsetzende und damit bessere Form der Konfliktbeendigung dar. Zuerst ist daher zu untersuchen, ob ein Vergleich im Gegensatz zum Urteil die erstrebenswertere *Form* der Konflikt-Beendigung ist (1.). Insbesondere wird sich zeigen, daß die auf den ersten Blick so attraktive Einigung der Parteien nicht für sich genommen eine Qualität von Konflikt-Behandlung ist, sondern inhaltlich erhebliche Risiken enthält. Die Zufriedenheit der Teilnehmer, die von den Vertretern des Service-Delivery-Projektes als der einer Dienstleistung entsprechende subjektive Bewertungsmaßstab angeführt wird, ist jedenfalls kein geeigneter Qualitätsmaßstab. Der Vergleich erweist sich vielmehr als *Chance* auf Selbstbestimmung, die allerdings geeigneter Rahmenbedingungen und Sicherheitsvorkehrungen bedarf.

1. Der Vergleich als bessere „Form" der Konfliktbeendigung?

Zumindest tendenziell wird vom Service-Delivery-Ansatz die Qualität von Konfliktbehandlung an der *Beendigungsform* – Urteil oder Vergleich – festgemacht. In der extremen Ausprägung dieser Argumentation sind je nach Standpunkt der Abschluß der Auseinandersetzung in Form eines Urteils oder einer Einigung bzw. eines Vergleich das bevorzugte Ziel eines Verfahrens und damit gleichzeitig der Maßstab für Qualität von Konfliktbehandlung. So lautet z.B. der Titel des vielzitierten Aufsatzes von *Fiss* „Against Settlement"[704].

Die Diskussion wird dabei an einzelnen Vorteilen oder Qualitätsmerkmalen des (Prozeß-)Vergleichs[705] im Verhältnis zum „Standard"-Modell der gerichtlichen Entscheidung durch Urteil festgemacht. Dabei sind auf Seiten der Befürworter eines Vergleichs[706] zwei Gruppen von Argumenten zu unterscheiden:

– Entweder werden dem in der Form des Vergleichs erzielten Ergebnis besondere Qualitäten wie etwa größerer Interessenausgleich, Einbeziehung der tieferliegenden Konfliktursachen etc. zugeschrieben (b).

704 93 Yale L.J., 1073 ff

705 Vgl. die Zusammenstellung bei *Schönholz*, S.104 ff

706 Es wird an dieser Stelle nicht zwischen durch richterliche Vermittlung angestrebtem und durch andere Verfahrensarten gefördertem Vergleich unterschieden, weil auch bei den Befürwortern vergleichsweiser Streitbeilegung entweder nicht unterschieden wird oder die gleichen Argumente verwendet werden.

– Oder es wird argumentiert, daß der Vergleich eine Risiken minimierende, Zeit und Kosten sparende Lösung darstellt und damit effizienter ist (a)[707].

In der ersten Gruppe wird der Vergleich als eine Antwort auf die der richterlichen Entscheidung innewohnenden Limitierungen angesehen, während er für die zweite Argumentationsstruktur die Alternative zu den hohen Transaktionskosten des bis zum (bitteren Urteils-)Ende betriebenen Zivilprozesses darstellt[708].

a) Gerichtsverfahren sind langwierig, kostspielig und belastend für alle Beteiligten – die Justiz und die Parteien! Diese fast schon unwidersprochene Klage, Mitauslöser für die ADR-Bewegung, wird mit umgekehrten Vorzeichen zum häufigsten Argument für die Konfliktbeendigungsform ‚Vergleich'. Ein durch Vergleich beendeter (Rechts-)Streit verhindere eben den Anfall eines gehörigen Teils der beklagten Transaktionskosten, so argumentieren insbesondere die Anhänger des Service-Delivery-Projektes. Dabei geht man zum Teil pragmatisch auf den *Inhalt* des so erzielten Ergebnisses nicht weiter ein. Qualität ist hier die schnelle und kostengünstige *Beendigung* des Streits. Dem Vorwurf der Einseitigkeit versucht dieses Qualitätsargument im Einzelfall durch den Hinweis auf weitere, inhaltliche Vorzügen eines Vergleichs zu begegnen[709]. Eine mittlere Position mag etwa darin liegen, daß durch einen Vergleich keine *inhaltliche* Verschlechterung gegenüber einem Urteil entsteht, jedenfalls aber mehr Effizienz; was das Urteil erreiche, verwirkliche der Vergleich auch, nur eben schneller und billiger[710]. Im Extremfall jedoch scheint der Inhalt der Einigung schlicht gleichgültig zu sein, wenn sie nur Transaktionskosten vermeidet[711].

707 Ähnliche Unterscheidung bei *Galanter* 1988 J.Dis.Resol., 62 f und *Wolf* ZZP 1989, 262 f

708 *Galanter* 1988 J.Dis.Resol., 63

709 Vgl z.B. die Position von Mnookin/Kornhauser 88 Yale L. J.,950 zu den nicht nur kostenminimierenden Vorteilen einer Verhandlungslösung in Scheidungsstreitigkeiten

710 Diese Position unterstellt *Galanter* 1988 J.Dis.Resol., 63 den Verfechtern der „Cost Reduction Arguments"

711 Vgl. *Honeyman* 1985 Mo. J. Dis. Resol., 146 („Pressing the weaker party at ... ‚crunch'time")

Kostenersparnis als Qualitätsmerkmal eines Vergleichs kann sich auf eine Entlastung der Justiz (dazu aa) oder eine Ressourcenersparnis der Konfliktparteien selbst (dazu bb) beziehen.

aa) Entlastung der Gerichte

Das Argument der Kostenersparnis durch Vergleich hat eine besondere Zielrichtung, wenn es von Vertretern der Justiz vorgebracht wird. Hier geht es um die Verringerung der Inanspruchnahme staatlicher Ressourcen, um die Entlastung der Justiz. Es sind zwei Aspekte zu unterscheiden: Zum einen wird dieses Argument eingesetzt, um die Notwendigkeit *außergerichtlicher* Streitbeilegungsverfahren zu begründen, die durch erfolgreichen Abschluß in Form eines Vergleichs den Rückgriff auf die Justiz vermeiden helfen. Zum anderen wird *innerhalb* des gerichtlichen Verfahrens der Richter aufgerufen, die Einigung der Parteien zu fördern, um die streitige Auseinandersetzung bis zu dem Erlaß eines Endurteils zu vermeiden und so das Verfahren zu verkürzen.

Konfliktbehandlung ist im Rahmen dieser Untersuchung aus der Perspektive der Parteien und ihrer Interessen zu bewerten. Erst im Rahmen dieser Ergebnisse kann dann die Frage erörtert werden, ob ein bestimmtes Verfahrensdesign die Justiz entlastet und welche Qualitätseinbußen oder Risiken für die Parteien eventuell damit einhergehen und noch akzeptabel sind. Das ist jedoch hier nicht das Thema.

bb) Entlastung der Parteien

Die Beendigung eines Konfliktes durch Vergleich soll für die Parteien zunächst die Kosten im engeren Sinne reduzieren, insbesondere die Kosten der (weiteren) Rechtsverfolgung vor Gericht – Anwaltskosten, Gerichtskosten, Auslagen[712]. Aber auch Kosten im weiteren Sinne, wie den zeitlichen Aufwand der Prozeßparteien und die mit dem Zeitablauf bis zu einer richterlichen Entscheidung verbundenen Risiken und Unsicherheiten – das durch Zinsen nur ungenügend ersetzte eventuelle Fehlen von Betriebskapital und Handlungs-

712 Im Arbeitsgerichtsverfahren gilt dies auf Grund der geringeren Gerichtskostenkosten, der unabhängig vom Ausgang des Verfahrens in der ersten Instanz von den Parteien selbst zu tragenden Anwaltsgebühren (§ 61 I S.2 ArbGG), sowie der häufigen Kostenfreistellung durch Gewerkschaften z.B. nur bedingt (vgl ausf. *Schönholz*, S.107 f)

spielraum oder für den Arbeitnehmer die existentielle Unsicherheit über seine berufliche Zukunft[713]. Zu den „Kosten" muß man schließlich auch die emotionelle Belastung durch einen langwierigen Streit rechnen, den (nicht durch jeden Vergleich verminderten) Ärger. Je risikofeindlicher eine Partei ist, um so mehr kommt ihr – gerade bei unsicherer Rechtslage – die Berechenbarkeit eines Vergleichsschlusses entgegen[714].

– Die vorgetragenen Gewinne oder Ersparnisse scheinen unmittelbar einleuchtend, wenn man zum Vergleich ein (u.U. sogar durch mehrere Instanzen getragenes) durch Urteil beendetes gerichtliches Verfahren heranzieht. Sie werden nur jeweils isoliert betrachtet in besonderen Fallkonstellationen nicht vorliegen.

Ein möglicher Einigungsbereich *entsteht* schließlich überhaupt erst durch die Existenz von Transaktionskosten, die durch einen Vergleich eingespart werden können – sofern nicht die Erfolgserwartungen der Parteien sich ausnahmsweise decken. Differieren die Einschätzungen der Parteien von dem, was sie bei einer richterlichen Entscheidung gewinnen oder einbüßen werden, so gibt es in einer Welt *ohne* Transaktionskosten keinen Grund, sich (vorzeitig) zu einigen. In der Einigung erhält jede Partei ihren „Erwartungswert", von dem jedoch drohende Kosten und Risiken diskontiert sind.

Vergleicht man es mit den amerikanischen Verhältnissen, wo jeder die Kosten seines Rechtsstreits grundsätzlich selbst trägt und damit die Einsparung von Transaktionskosten durch einen Vergleich offensichtlicher ist[715], legt die deutsche Rechtsordnung mit ihrer Kostenerstattung für den Gewinner andere Rahmenbedingungen fest. Ein Vergleich erspart hier u.U. Zeit, Ärger, Unsicherheit und Risiko, *nicht* jedoch die Kosten des Rechtsstreits für denjenigen, der glaubt, vollständig zu gewinnen. Sind beide Parteien von einem obsiegenden Urteil zu ihren Gunsten überzeugt, stellt sich die Kostentragungspflicht für den Verlierer aus der Sicht vor dem Prozeß – im Gegensatz zu den USA – als bloßes *Risiko* dar.

713 *Schönholz*, S.108
714 So z.B. *Stürner* DRiZ 1976, 203
715 Vgl. die Beispiele von *Galanter* 1988 J.Dis.Resol., 69 ff

– Zeit, Ärger, Ungewißheit etc. und eben dieses Risiko lassen sich nun tatsächlich durch einen Vergleich einsparen – aber um welchen „Preis"? Der Einigungsbereich ergibt sich dadurch, daß jede Partei von ihrer Chancenerwartung in der *Hauptsache* die genannten Faktoren diskontiert und damit weniger erhält bzw. mehr gibt, als sie glaubt berechtigt bzw. verpflichtet zu sein.

Die „Kostenersparnis" bedeutet gleichzeitig auch einen Verlust an der „Hauptsache"-Position. Die durch den Vergleich geschaffene Situation stellt sich zwar gegenüber den Erwartungen bezüglich Prozeßchancen und entgegenstehenden Kosten *zusammengenommen* für *jede* Partei als verbessert dar. Die *Berechnungsgrundlagen* können jedoch für die Parteien völlig unterschiedlich sein.

Der von allen störenden Rahmenbedingungen der wirklichen Welt befreite Idealfall könnte beispielsweise so aussehen: Partei A erwartet eine Klage über DM 100 zu gewinnen, Partei B erwartet, DM 90 bezahlen zu müssen. Statt sich erwartete 3 Jahre zu streiten, sparen sich beide diese Zeit, einigen sich bei DM 95 und gehen damit jeweils DM 5 von ihren Erwartungen ab – für jeden ein Tausch von drei Jahren Zeitaufwand und Ärger gegen DM 5. Hier läßt sich gegen die Qualität des Vergleiches nichts vorbringen.

Ein etwas näher an der Wirklichkeit gelegener Fall könnte jedoch auch – immer noch vereinfacht – so aussehen: Partei A erwartet DM 100 aus einem Prozeß mit 80% Wahrscheinlichkeit, während Partei B glaubt, DM 100 mit 80% Wahrscheinlichkeit zahlen zu müssen. Die 20% Risiko, mit denen jede Position behaftet ist, werden von den Parteien jedoch höchst unterschiedlich bewertet. Partei A ist aufgrund ihrer wirtschaftlichen Position jedem Risiko abgeneigt, während Partei B bereit ist, es darauf ankommen zu lassen.

Man einigt sich auf DM 20. Subjektiv drückt sich für A im Verhältnis zu dem vermiedenen Risiko eines Prozesses, das für ihn einen so bedrohenden Stellenwert hat, immer noch in dem Ergebnis eine Verbesserung seiner Position aus – er hätte auf keinen Fall geklagt. B dagegen verbessert seine (Hauptsache-)Position enorm: Gegenüber der 80% Wahrscheinlichkeit, DM 100 zu zahlen, muß er tatsächlich nur DM 20 zahlen.

Obwohl sich – wegen seiner Risiko-Aversion – das Ergebnis für ihn unter dem Strich als günstig(er) darstellt, ist die Einbuße an der „Hauptsache"-Position für A enorm, während B insofern eine erhebliche Verbesserung erfährt. In diesem Beispiel war es nur die unterschiedliche Fähigkeit oder Bereitschaft, Risiken zu tragen, die als persönliche Berechnungsgrundlage beide Parteien ihre Vergleichslinie so unterschiedlich ziehen ließ: Für A ging dieses Risiko als hoher Kostenfaktor in seine Rechnung ein, der durch den Vergleich beseitigt wurde, ihn aber gleichzeitig mit nur einem Bruchteil seiner Forderung „zufrieden" stellte. B dagegen hatte erheblich weniger Kosten auf seiner Seite, so daß *sein* Spareffekt im Ergebnis erheblich größer war.

Nun geht aber nicht nur die Fähigkeit Risiken zu tragen in die Vergleichsrechnung der Parteien ein. Schon die Einschätzung ihrer Rechtsposition und der Wahrscheinlichkeit ihrer Durchsetzung, die Ausgangsposition, von der die Kosten einer gerichtlichen Auseinandersetzung diskontiert werden, hängt von Erfahrung, dem Grad der zur Verfügung stehenden Informationen und der Qualität der Beratung ab. Neben dem im Beispiel entscheidenden Umgang mit dem Verlustrisiko kann es weiter darauf ankommen, seine Position möglichst stark darzustellen, die Position der anderen Seite in ihren Schwächen zu überzeichnen; es zählen m.a.W. strategische Fähigkeiten. Ein überlegen verhandelnder B hätte A u.U. so beeinflußt, daß er statt 80% überhaupt keine Gewinnchance mehr sieht und daher auf seinen Anspruch verzichtet.

Die Faktoren von *Verhandlungsmacht* führen also dazu, daß auch wenn jede Seite ihre Kostenersparnis durch einen Vergleich hat, *der Spareffekt doch u.U. sehr unterschiedlich verteilt ist.*

„[S]ettlement permits the parties to reduce the exactions of transaction costs, but because parties differ in their ability to secure shares of these savings, settlement may add another layer of departure from equity."[716]

Ein *nur* auf die Tatsache einer Einigung fixierter Mediator kann diesen Effekt noch verstärken, so daß damit Mediation „another layer of departure from equity" bedeuten kann. Seine Tätigkeit kann aber umgekehrt auch allein durch seine Verhandlungsführung strategischem Druck entgegenwirken und dabei durch klare Bewer-

716 *Galanter* 1988 J.Dis.Resol., 72

tung der Positionen der Parteien auf eine gleichmäßigere Verteilung des Spareffektes des Vergleichs hinwirken, ohne daß allerdings z.B. fehlende Risikobereitschaft ganz ausgeglichen werden kann.

– Betrachtet man die Kostenpositionen isoliert, so ist es richtig, daß – basierend auf der jeweils subjektiven Kalkulation der Parteien – durch den Vergleich Kosten vermieden werden. Der von den *Faktoren von Verhandlungsmacht* beeinflußte individuell so unterschiedliche Kostenansatz kann jedoch zu erheblichen Einbußen an der *inhaltlichen* Position einer Partei führen. Sie verliert zwar in der Gesamtbetrachtung proportional zu ihrer Verhandlungsmacht, jedoch überpropotional an ihrem eigentlichen Begehren. *Aus fehlender Verhandlungsmacht werden ersparte Kosten im Vergleich.* Richtig ist, daß auch die schwächere Partei zumindest *glaubt*, ihre eigenen Interessen zu fördern. Die Interessen, die der Vergleich jedoch für die in der Hauptsache verlierende Partei fördert (z.B. Vermeidung von Risiko), beruhen ausschließlich auf ihren Verhandlungsschwächen. Die kooperativen Wertschöpfungen, die in den in Verhandlungslehrbüchern beschriebenen Win-Win-Situationen auf beiden Seiten verbucht werden, sehen anders aus[717].

Nicht alle Interessen, die sich im Vergleich widerspiegeln, sind damit *gleich* zu bewerten. Ohne den Rückgriff auf einen „equity"-Gedanken kommen wir nicht aus.

Daraus, *daß* ein Vergleich erzielt wurde, folgt daher noch nicht, daß die damit verbundene „Kostenersparnis" rechtspolitisch positiv zu bewerten ist. Noch einmal: „[S]ettlement may add another layer of departure from equity"[718]. Ohne Einbeziehung des *Inhalts* des Vergleiches kann das Argument der Kostenersparnis nicht sinnvoll verfolgt werden[719]. Eine Seite ist es, aus dem Gedanken der Privatautonomie heraus zu akzeptieren, daß sich Verhandlungsmacht durchsetzt. Ein anderes ist es jedoch, als Service-Delivery-Projekt – ohne Rücksicht auf den Inhalt – den Abschluß von Vergleichen *fördern* zu wollen, ohne sich um unterschiedliche Verhandlungsmacht zu kümmern.

717 Vgl. das Beispiel oben § 9 III. 2.
718 *Galanter* 1988 J.Dis.Resol., 72
719 Dazu sogleich b)

Niemand kommt schließlich auch auf die Idee, *avoidance* oder Rückzug („lumping it") grundsätzlich als ein Zeichen für Qualität von Konfliktbehandlung zu bezeichnen[720]. Dabei handelt es sich dabei häufig um die Situation, daß mit Rücksicht auf die im Verhältnis zum Streitbegehren für zumindest eine Seite zu hohen Kosten diese aus Kostenersparnis auf eine Verfolgung ihres Begehrens verzichtet. Im Ergebnis ist dies nichts anderes, als ein „Vergleich" mit dem Inhalt des vollständigen Verzichts. Das ist nur dann positiv zu bewerten, wenn auch tatsächlich kein Anspruch vorlag, die verzichtende Partei beispielsweise durch ergänzende Information von der Aussichtslosigkeit ihres Unterfangens überzeugt werden konnte oder wenn für den Verzicht auf das ursprüngliche Begehren andere Interessen durchgesetzt wurden[721].

Je größer in typischen Streitverhalten die Gefahr ungleicher Verhandlungsmacht ist, um so mehr besteht die Gefahr, daß nur sie sich im Vergleichsergebnis widerspiegelt und um so weniger Überzeugungskraft hat der Service-Delivery-Gedanke.

b) Der Konfliktbeendigung in Form des Vergleichs werden neben dem Effizienzgewinn allerdings auch inhaltliche Qualitätsgewinne zugeschrieben. Insbesondere sei der Vergleich gegenüber dem Alles-oder-Nichts des Urteils flexibler. Er erlaube eine Konfliktlösung, die „sachgerecht", „problemadäquat" und „zweckmäßig" sei. So könnten Nullsummenspiele vermieden werden und zu für beide Seiten vorteilhaften Lösungen durchgedrungen werden (win-win-Alternativen).

---

720 Zu avoidance als Meidungsstrategie für „technologically complex rich societies" und damit als Alternative zur verfahrensmäßigen Konfliktbehandlung *Felstiner* 9 Law & Socy. Rev., 63 ff. und *ders.* 9 Law & Socy. Rev., 695 ff; dafür erweisen sich jedoch die sozialen und insbesondere die psychischen Kosten als zu hoch, während die Bedingungen für die bei Meidungsstrategien vorausgesetzte Mobilität zu hoch sind (*Falke/Gessner* in: *Blankenburg/Gottwald/Strempel,* S.290 m.w.Nw. in Fn.6.

721 Auch unter umgekehrten Vorzeichen gilt: Die Tatsache, daß ein Endurteil unter großem Aufwand erkämpft wurde, bedeutet noch nicht, daß dieser Aufwand nicht *inhaltlich* gerechtfertigt ist, weil gerichtlicher Rechtsschutz eben in diesem Fall die einzige (Verhandlungs-) Machtposition der einen Seite darstellt.

Damit verbunden ist der Anspruch, im Gegensatz zu der Enge des Problemausschnitts, der der rechtlichen Behandlung zugänglich ist, zu den tieferliegenden Ursachen des Konflikts vorzudringen.

Letztlich steht hinter den genannten Vorteilen des Vergleichs die Behauptung, daß das *Potential* der Verhandlungssituation bzw. der Verhandlungshilfe durch das Eingreifen eines Dritten auch von den Parteien genutzt wird und in das Verhandlungsergebnis, den Vergleich tatsächlich einfließt. *Daß* ein Vergleich abgeschlossen wurde, sagt aber überhaupt nichts darüber aus, ob sich im Vergleichsinhalt auch tatsächlich das angesprochene Potential einer Interessenlösung widerspiegelt, ob es wirklich gelungen ist, die Barrieren auf dem Weg zu einer kooperativen Lösung zu überwinden. Der offene Raum der Verhandlungen und des Einsatzes von vermittelnden Dritten ist grundsätzlich eine *Chance*, deren Bestätigung nicht schon dadurch erfolgt, daß als Beendigungsform für den Konflikt ein Vergleich erreicht wird.

2. Zwischenergebnis für den Service-Delivery-Ansatz

Als Ergebnis für den Service-Delivery-Ansatz läßt sich festhalten: Er enthält die richtige Feststellung, daß ein Dritter bei Konfliktbehandlung helfen kann (Chance). Der so mögliche Beendigungserfolg in Form eines Vergleichs als solcher sagt jedoch noch nichts über Qualität aus. Der Service-Delivery-Gedanke in seiner reinen Form will nur die Einigung und nimmt dafür erhebliche Einwirkungen des Mediators in Kauf, die ein bestehendes Ungleichgewicht zwischen den Parteien noch weiter vergrößern können. Daß dann die Konfliktbeendigung durch Vergleich erreicht wird, ist für sich genommen kein rechtspolitisch wünschenswertes Ziel von Konfliktbehandlung, weil eben keine Rücksicht auf die Auswirkungen von Verhandlungsmacht genommen wird. Service-Delivery ist nur bei annähernd gleichen Machtverhältnissen bzw. bei einem Mindestmaß von Verhandlungsmacht rechtspolitisch förderungswürdig, da dann die Chancen einer kooperativen Konfliktbehandlung mit Hilfe des Mediators die Risiken überwiegen. Bei typischerweise ungleichen Machtverhältnissen dagegen überwiegt das Risiko, daß nicht Interessen, sondern Macht sich im Inhalt der Einigung niederschlägt und womöglich soziale Schutznormen ausgehöhlt werden. Ob die weiteren Mediations-Projekte hier zu einem anderen rechtspolitischen Ergebnis führen, ist in den nächsten Abschnitten zu untersuchen.

– Mediation als reiner Service-Delivery-Ansatz verstanden ist daher bei typischem Ungleichgewicht der Parteien – etwa für Konflikte zwischen Mietern und Vermietern – rechtspolitisch nicht förderungswürdig. Hier müssen Verfahren anders gestaltet werden[722].

– Sind beide Parteien typischerweise auf eher gleichem Niveau von Verhandlungsmacht – z.B. die Parteien bei komplexen Langzeitverträgen im Anlagenbau – so bietet es sich an, einen für das Konfliktthema sachverständigen und neutralen[723] Dritten als projektbegleitenden Mediator einzusetzen, der einen kostensparenden Vergleich anstrebt[724].

– Das gleiche gilt, wenn beide Parteien bereits durch Anwälte vertreten sind. So kann zwar nicht unbedingt von einem Machtgleichgewicht, aber zumindest von einem Mindest-Level von Verhandlungsmacht ausgegangen werden. Ein dritter Anwalt als Verhandlungshelfer[725] kann hier unter reinen Service-Delivery-Gesichtspunkten versuchen, einen Vergleich zu erzielen. Entscheidend ist als Auffang für eventuell überlegene Verhandlungsmacht, daß die Partei-Anwälte ihren Mandanten jederzeit raten können, doch eine gerichtliche Auseinandersetzung – als BATNA[726] – weiter zu verfolgen.

722 Vgl. den Vorschlag in § 21

723 Kritisch zum Rollenkonflikt des Projekt-Ingenieurs, der gleichzeitig quasi-schiedsrichterliche Funktionen übernimmt, *Nicklisch* FS Habscheid, 227 ff

724 Zur Notwendigkeit vertragsbegleitender Beilegung von Meinungsverschiedenheiten *Nicklisch* FS Habscheid, S.221 ff und zu mit der jeweiligen Technik besonders vertrauten Gutachtern der Internationalen Zentralstelle für technische Gutachten, deren eigentlich unverbindliche Feststellungen eine „erhebliche faktische Wirkung" entfalten, S.230

725 So ein Modell des Ausschusses für außergerichtliche Konfliktbeilegung im Deutschen Anwaltverein; vgl. dazu unten § 22 I. 2.

726 Vgl. oben § 9 III. 3.

II. Individual-Autonomy-Projekt

Programm des Individual-Autonomy-Projekts ist die Verwirklichung von Selbstbestimmung im Konflikt. Im Unterschied zum Service-Delivery-Projekt steht nicht die Tatsache, *daß* ein Vergleich – u.U. durch massive Einwirkung des Mediators – geschlossen wird, im Vordergrund. Vielmehr sollen die Parteien *selbst* zu einer Lösung kommen, was mögliche Interventionen eines Mediators begrenzt[727] – und einschließt, daß sie sich gerade *nicht* einigen. Hier geht es nicht in erster Linie um die Kostenersparnis, sondern um die inhaltliche Selbstverwirklichung. Nachdem es keine zureichenden Maßstäbe gibt, um den Inhalt eines Vergleichs zu bewerten, findet er seine inhaltliche Rechtfertigung in der Selbstbestimmung[728], die ‚Recht fertigt'. Privatautonome Selbstbestimmung ist ein wesentliches Ziel von Konfliktbehandlung[729].

Treffen der Service-Delivery-Gedanke und das Individual-Autonomy-Projekt aufeinander, so ergeben sich Widersprüche und Unvereinbarkeiten (dazu 1.). Das wirft die Frage auf, wann der Selbstbestimmungsgedanke im Vordergrund stehen soll (dazu 2.) und welche Folgerungen sich für die Gestaltung von Mediation daraus ergeben (dazu 3.).

1. Das widersprüchliche Verhältnis zum Service-Delivery-Gedanken

Ein immanenter Widerspruch zum Service-Delivery-Project ist vorprogrammiert[730]. Wo es darum geht, Konflikte schnell und effizient

727 Näher dazu unten zur Familienmediation § 20 IV. 5.

728 Vgl. oben § 17

729 *Stürner* in: *Gottwald/Hutmacher/Röhl/Strempel*, S.149 ff unterscheidet zwei Vergleichsformen im gerichtlichen Verfahren, denen er eine akzeptable Rechtsschutzqualität zubilligt. Neben dem Vergleich als „Näherungslösung" ist das der parteiautonome Vergleich: „Die Rechtsschutzqualität dieses Vergleiches wurzelt ausschließlich in der Vertragsautonomie, nicht in der Verarbeitung des ursprünglichen Streitgegenstandes; das spätere Urteil wäre hier der falsche Maßstab." (a.a.O., S.150)

730 Ebenso *Rosellen* in: *Blankenburg/Klausa/Rottleuthner*, S.217, der daher konsequenterweise fordert, daß nicht „die Erreichung von ‚agreements' ... sondern die Vermittlung von Konfliktlösungsstrategien"

aus der Welt zu schaffen, bleibt für die Anerkennung einer autonomen, und damit auch zeitlich keinen Beschränkungen ausgesetzten Entscheidungsfindung oder gar eines erzieherischen Prozesses wenig Raum[731]. Service-Delivery ist *ergebnis*orientiert, persönliches Wachstum *prozeß*orientiert.

„Der Zuwachs an Autonomie läßt sich auf das Ergebnis ebenso wie auf den Weg dorthin, auf das Wie und das Was, beziehen. Im ‚kontradiktorischen System' zählt in erster Linie das Ergebnis, der Weg spielt eine nur untergeordnete Rolle. Im mediativen Ansatz kann das Ergebnis nicht besser sein als der Weg dahin."[732]

Wird vom Mediator beides verlangt, so liegen darin widersprüchliche Verhaltensanforderungen[733]: Auf der einen Seite soll er den Parteien die Regie über Themen und Sicht des Konflikts überlassen und *ihren* Wahrnehmungen und Wertungen nicht *seine* Sicht der Auseinandersetzung entgegensetzen. Andererseits muß er mit dem Ziel, unbedingt eine Einigung zu erreichen, jede mögliche Annäherung sofort festhalten und verstärken[734], statt ihre Entwicklung durch die Parteien abzuwarten. Seine auf schnellen Konsens ausgerichtete Akzentsetzung muß mögliche neue Konfliktthemen – womöglich tieferliegende Konfliktursachen – ausblenden. So werden in einem Mediation-Programm beispielsweise eigentlich auf Individual Autonomy („Non-judgmental"/„Willing to be educated by the disputants"/„Slow to come to conclusions") ausgerichtete Mediatoren angehalten, wachsam sich abzeichnende Einigungsmöglichkeiten zu beobachten und dann sofort die Chance zu nützen: „[T]ake over the proceedings and speak for the parties ... People are hesitant

eine vordringliche Aufgabe von Mediation sei; so auch *Felstiner/Williams* in: *Blankenburg/Klausa/Rottleuthner*, S.212 (beide Beiträge allerdings bezogen auf den Einsatz von Mediation als Alternative zum strafrechtlichen Verfahren)

731 Es sei denn, Effizienz wird nicht am aktuellen Konflikt, sondern auf eine längere Zeitdauer untersucht; so meint z.B. *Wheeler* Diskussionsbeitrag in: Barriers, S.27, daß die im Verhältnis zum aktuellen Konflikt zusätzliche Ausgabe für Mediation in der Scheidung durch die Transformation der Beziehung sich rentieren mag.

732 *Mähler/Mähler*, in: *Krabbe*, S.154

733 S. ausführlich *Rosellen*, in: *Blankenburg/Klausa/Rottleuthner*, S.216 ff

734 Vgl die Anweisungen an die Mediatoren in dem von *Felstiner/Williams* beobachteten Programm in: *Blankenburg/Klausa/Rottleuthner*, S.200

to make decisions. Letting parties verbalize an agreement *as they see it* may open the door to a new conflict."[735] Jetzt steht allein die Einigung im Vordergrund, während das Aufspüren der eigentlichen Konfliktursachen aufgegeben wird. Bei ernsthafter Verfolgung des Individual-Autonomy-Projektes ist jedoch gerade der bei der Verbalisierung der vorgesehenen Einigung sich abzeichnende Konfliktstoff ein womöglich entscheidender Gegenstand der weiteren Aufarbeitung des Konfliktes durch die Parteien[736], ohne den keine *dauerhafte* Lösung möglich erscheint. Das Ziel einer Einigung läßt jedoch die angeblich entscheidende Sichtweise der Parteien („as they see it") bei drohendem, neuem Konfliktstoff plötzlich an Bedeutung verlieren.

Den Druck, *meßbare* Erfolge vorzuweisen, in erster Linie mit einer Einigung beendete Verfahren, zeigt auch das ausführlich beschriebene Beispiel des Community Board in San Francisco, in dem der Gedanke, daß Bürger ihre Angelegenheiten selbst regeln, zumindest auch ein Ziel ist. Die „resolution", die erfolgreiche Einigung, ist aber bereits vorprogrammierter Bestandteil des Ablaufprogramms einer Mediationssitzung. Die Mitbürger/Mediatoren hatten ihre Vorstellung von selbstbestimmter Konfliktlösung, die über die ständige Wiederholung ihrer massiven Harmoniedruck ausübenden Trainingssätze bis hin zu der denkwürdigen Aufforderung „lets come to the resolution" reichten. Ihre Überzeugung war, daß genau mit diesem Ansatz – und nicht etwa aus der Autonomie der Parteien – eine Lösung einfach erzielt werden müsse. Damit zeigt sich auch die Gefahr für jeden Selbstbestimmungsansatz, daß der Mediator korrigierend hin zu seiner Vision des Ergebnisses von Selbstbestimmung eingreift[737].

---

735 Wiedergegeben bei *Felstiner/Williams*, in: *Blankenburg/Klausa/Rottleuthner*, S.200 (Hervorh.v.Verf.); das Mediator-Training wird für dieses Programm – ebenso wie für viele andere Mediations-Projekte in den USA – vom Institute for Mediation and Conflict Resolution in New York durchgeführt (a.a.O., S.197), so daß der hier aufgezeigte immanente Zielkonflikt durchaus kein Einzelfall ist.

736 Ähnlich *Rosellen*, in: *Blankenburg/Klausa/Rottleuthner*, S.217

737 Vgl. das im Wortlaut widergegebene Beispiel aus der anwaltlichen Beratung bei einer Scheidung von *Eidmann/Roethe*, S.36 ff: Obwohl die Mandantin ihre Absicht deutlich äußert, daß ihr alkoholabhängiger Mann grundsätzlich ein Besuchsrecht für die Kinder erhalten soll, versucht die Anwältin ihre eigene Reaktion auf alkoholabhängige Vä-

Ergebnis: Service-Delivery ist ebenso wie die Verwirklichung von Selbstbestimmung ein Ziel von Konfliktbehandlung. Das Service-Delivery-Projekt muß sich jedoch dort, wo der Selbstbestimmungsgedanke im Vordergrund steht, diesem unterordnen. Das bedeutet, daß Druck zu Erreichung bestimmter Erfolgsquoten, die gerade als Qualitätsbeweis gegenüber dem gerichtlichen Verfahren herangezogen werden, vermieden werden muß. Das Paradoxon liegt gerade darin, daß die Abwendung von der Erfolgsorientierung erst den wirklichen Erfolg ermöglicht.

2. Wann steht Selbstbestimmung im Vordergrund?

a) Service Delivery als Ziel von Konfliktbehandlung ist dort förderungswürdig, wo nicht typischerweise ungleiche Machtverhältnisse ein zu großes Risiko darstellen. Selbstbestimmung steht dagegen als Ziel im Vordergrund, wenn es um die Gestaltung von fortdauernden Beziehungen im Konflikt geht. Ausführlich wird diese entscheidende Bedeutung von Selbstbestimmung später am Beispiel der Scheidungsauseinandersetzungen dargestellt, wo es gerade dann, wenn Kinder vorhanden sind, um eine unausweichliche, wenn auch anders als bisher zu gestaltende Dauerbeziehung geht[738]. Hier muß ein Überblick genügen:

– Je *dauerhafter* die Beziehung der Parteien angelegt ist, desto mehr ist Selbstbestimmung gerade zur Gestaltung der Zukunft notwendig.

– Je *personenbezogener* die Auseinandersetzung ist, um so mehr sollten diese Personen auch ihre Interessen und Präferenzen artikulieren und in eine – möglichst kooperative – Lösung einbringen. Gerade hier entwickeln sich oft „emotional besetzte Konflikte mit komplexer Tiefenstruktur"[739]. Eine „erhaltenswerte Sozialbezie-

---

ter durchzusetzen und Möglichkeiten zu konstruieren, ihm das Besuchsrecht ganz zu entziehen. *Eidmann/Roethe*, S.44 kommentieren, die Anwältin wäre, „wider besseren Wissens, nicht in der Lage, die Differenz zwischen dem, was ihrer Überzeugung nach geschehen sollte, und dem, was ihre Mandantin für die Aufrechterhaltung der Vater-Kind-Beziehung wünscht, aufrechtzuerhalten."

738 Vgl. unten § 20

739 *Hegenbarth* in: *Voigt*, S.160, der für diese Fälle therapeutische Beratung empfiehlt; Mediation kann eine solche therapeutische Orientierung enthalten

hung"[740] sollte nicht anhand der Vergangenheit abgewickelt werden, sondern ihre eigene Zukunft prägen. Rechtliche, von außen angesetzte Maßstäbe sind hier verfehlt.

Bei diesen Fallkonstellationen sollten Mediations-Bemühungen die Selbstbestimmung der Parteien in den Vordergrund stellen. Je weniger dagegen der Konflikt individualisiert ist – z.B. bei Unternehmen als Konfliktparteien – um so mehr kann der Service-Delivery-Gedanke in den Vordergrund rücken. Auch bei Tarif-Auseinandersetzungen steht traditionell das Faktum einer Einigung im Vordergrund.

b) Der Chance der selbstbestimmten Konfliktbehandlung steht das Risiko ungleicher Verhandlungsmacht gegenüber; Selbstbestimmung bedingt Selbstverantwortung. Mediation kann dieses Risiko nicht ausschließen. Es kann jedoch durch die Verfahrensgestaltung entscheidend gemindert werden. Ausführlich ist das am Beispiel der Familien-Mediation darzustellen[741]. Einige generelle Folgerungen für die Verfahrensgestaltung finden sich im nächsten Abschnitt.

3. Konsequenzen für die Verfahrensgestaltung

Aus dem Ziel ‚Selbstbestimmte Konfliktbehandlung' ergeben sich Konsequenzen für die Verfahrensgestaltung. Zwei Seiten des Individual-Autonomy-Projektes sind dabei zu unterscheiden.

a) Beim Individual-Autonomy-Projekt ist das Blickfeld über den aktuellen Konflikt hinaus erweitert auf den künftigen Umgang mit Konflikten, für den es Fähigkeiten und Selbstverantwortung zu erwerben bzw. zu erreichen gilt. Es geht auch um die erzieherische Funktion von Konfliktbehandlung, die sich in einem Beitrag zur Streitkultur niederschlagen soll.

aa) Es ist besonders schwer, die Verwirklichung dieses Ziels von Mediation zu messen[742]. Wo der Prozeß selbst das Ziel ist, hat das Ergebnis als solches nur begrenzte Aussagekraft. Eine „erfolgreiche" Beendigung des aktuellen Konflikts jedenfalls ist nicht unbedingt

740 *Hegenbarth* in: *Voigt*, S.160

741 Vgl. unten § 20 III.

742 Vgl. *Beer*, S.141: „Who is to know if the seed experience of one short intense evening will ever take root?"

ein Zeichen für einen Lernprozeß; sie kann genauso das resignative Einfügen in eine vom Mediator professionell vorbereitete „Lösung" bedeuten[743]. Die mit Hilfe der Fähigkeiten des Mediators erreichte Einigung kann u.U. sogar für künftige Konflikte den Glauben an eigene Fähigkeiten vermindern:

„Instead of glimpsing their own power, some disputants leave the session thinking that only talented, better-than-I-am experts can solve problems. After all, someone occasionally reasons aloud, the situation has improved drastically in two hours. And I haven't changed anything in three years of trying."[744]

Konsequenz: Die Behandlung des konkreten Konflikts ist um so mehr an der Stärkung und Verwirklichung von Selbstbestimmung auszurichten. Alle Eingriffe des Mediators müssen sich auf die Förderung von Selbstbestimmung beziehen und sollten sich eigener Wertungen prinzipiell enthalten[745]. Der Beitrag der Erfahrung eines konkreten Verfahrens, das privatautonome Konfliktbehandlung verwirklicht, zur Streitkultur[746] ist ein erwünschter Nebeneffekt.

bb) Wird die Offenlegung der durch die Mediations-Sitzung verfolgten Ziele ernstgenommen, so kann aus dem Anspruch, über das konkrete Verfahren hinaus zukünftiges Konfliktverhalten zu beeinflussen, ein weiterer Widerspruch entstehen: Die Konfliktparteien sind von ihrer konkreten persönlichen Auseinandersetzung geprägt, die für sie im Mittelpunkt steht. Ein eventueller Lern-Effekt für zukünftige Konflikte ist für sie selbst höchstens ein Nebeneffekt.

„Resolving the problem and protecting themselves are the disputants' two overwhelming concerns. Empowerment is CDS's agenda, not the participants'."[747]

---

743 Auch den „Erfolgen" von Strafjustiz vermeidenden Mediation-Verfahren – im konkreten Fall 83% ohne Beanstandungen in den ersten drei Monaten – mißt *Rosellen*, in: *Blankenburg/Klausa/Rottleuthner*, S.216 keine besondere Aussagekraft zu: Dies sage wenig über das Funktionieren einer Regelung aus, sondern könne ebenso (u.a.) an der Resignation der klagenden Partei liegen

744 *Beer*, S.141

745 Näher dazu unten § 20 IV. 5.

746 Vgl. auch unten bei der Bewertung des Social-Transformation-Projektes: Die *individuellen* Erfahrungen und Fähigkeiten können zu einer *gesellschaftlichen* Transformation des Streitverhaltens führen.

747 *Beer*, S.140

Auch in der Verfahrensdarstellung gegenüber den Adressaten, den Konfliktparteien, ist daher der Beitrag zur über das konkrete Verfahren hinausreichenden Streitkultur – entsprechend der tatsächlichen Gestaltung – allenfalls als möglicher Nebeneffekt darzustellen. Nur in den Auseinandersetzungen bei Ehescheidungen muß gerade auf zumindest ein konkretes künftiges Konfliktverhalten verwiesen werden. Sind Kinder vorhanden, so sind in dieser neuen *nach*ehelichen, aber *elterlichen* Dauerbeziehung Wege für einen ständigen, kooperativen Prozeß der Entscheidungsbildung zu suchen[748].

b) Kern des Individual-Autonomy-Projektes ist die selbstbestimmte Konfliktbehandlung, die an der Vision einer möglichen kooperativen Lösung ausgerichtet ist. Unter Umständen ist aber gerade der nicht erzielte Konsens, der Wille, mit den eigenen Mitteln nun sein Recht in einem gerichtlichen Verfahren durchzusetzen, ein Ausdruck für eine Verwirklichung des Individual Autonomy-Projects. So wird auch „eine Gefahr des mediativen Ansatzes in seiner eigenen Überschätzung" gesehen. „Wenn die Autonomie der Parteien das zentrale Moment von Mediation ist, muß es auch in der Autonomie eben dieser Parteien liegen, das ‚kontradiktorische Verfahren' und die Schutzmöglichkeiten in ihm zu wählen."[749]

Wesentlich ist also, den Gedanken der Selbstbestimmung ernst zu nehmen. Wiederum folgt daraus, daß das (Eingriffs-)Verhalten des Mediators ausschließlich an der Unterstützung der privatautonomen Parteigestaltung ausgerichtet sein muß. Das hat insbesondere folgende Konsequenzen:

aa) Der Individual-Autonomy-Gedanke verträgt keine Vermischung mit einem Befriedungskonzept im Rahmen eines Reconciliation-Projektes, *vor allem keinen Harmoniedruck*. Notwendig dagegen ist allerdings, daß der Mediator den Prozeß unterstützt, die Berechtigung der Position des jeweils anderen zu sehen und anzuerkennen[750]. Ohne die Öffnung für die Position und die Beweggründe der anderen Seite, nicht aber etwa deren von Harmoniedruck durchgedrückte, zwangsweise Akzeptanz, ist Mediation zum Scheitern verurteilt – was dann eben im Rahmen des Selbstbestimmungsge-

748 Dazu unten § 20 I. 2.

749 *Mähler/Mähler*, in: *Krabbe*, S.160

750 Vgl. dazu unten IV. die Auseinandersetzung mit dem Reconciliation-Projekt

dankens hinzunehmen ist. Die notwendige Gratwanderung, die ein Abgleiten in Zwangsbefriedung zu vermeiden hat, andererseits jedoch die kooperative Konfliktbehandlung betonen muß, ist schwankend und bedarf ständiger Selbstüberprüfung. Sie ist jedoch für das Konzept „Mediation" lebensnotwendig.

bb) Zur Selbstbestimmung gehört ein Mindestmaß an Fähigkeit zur Autonomie. Zur Entwicklung und Sicherung von Selbstbestimmung im Konflikt setzen dem Individual-Autonomy-Projekt verpflichtete Mediatoren auf die Vermittlung von Techniken, „tools" und Informationen, die die Ausgangsbasis an Verhandlungsmacht – insbesondere für schwächere Parteien – verbessern und so überhaupt erst die Voraussetzungen von individueller Autonomie schaffen wollen. Neben der Vision des selbstbestimmten Individuums im Konflikt findet sich die ‚praktische' Seite des Individual-Autonomy-Projects, die konkrete Hindernisse der Vision aus dem Weg räumen will – Verhandlungsmacht herstellen will („empowerment").

– Soweit es um die bloße Bereitstellung von Informationen geht, bedeutet dies zwar naturgemäß eine Unterstützung der Partei im Konflikt, die über diese Informationen so noch nicht verfügte, ist mit dem hier vertretenen Neutralitätsgebot eines Mediators jedoch noch vereinbar. Sobald sich jedoch sein Verhalten zu einer einseitigen Unterstützung der (vermeintlich) schwächeren Partei ausformt, so verletzt er das Neutralitätsgebot und schwingt sich zum Anwalt dieser Seite auf[751].

Dies stellt jedoch nicht nur die Position als ‚Dritter' in Frage. Dazu kommt, daß Mediation sich damit als auf die Teilnahme der Parteien angewiesener Prozeß mit der Zeit von selbst eliminiert. Keine stärkere Partei wird sich dauerhaft einer Konfliktbehandlungsform bedienen, die es mit kaum verhohlener Parteinahme darauf anlegt, auf ihre Kosten strategisch Raum für „Schwächere" zu gewinnen. Sie wird schlicht fern bleiben[752].

– Der Mediator hat die einseitige, Neutralität verletzende Unterstützung einer Partei zu vermeiden. Gleichzeitig ist jedoch diese Sichtweise seiner Möglichkeiten zu eng. Der Beitrag von Mediation

751 So z.B. *Luban* 66 Den. U. L. Rev., 413
752 *Luban* 66 Den. U. L. Rev., 413

zur Stärkung der Position beider Konfliktparteien (‚empowerment') liegt in dem geleiteten Herausarbeiten der persönlichen Interessen, die der Willensbildung zu mehr Selbstbestimmung verhelfen. „Das Interesse wird dann am klarsten definiert sein," – so die Familien-Mediatoren *Hans-Georg* und *Gisela Mähler* – „wenn es nicht mehr in der Abhängigkeit vom anderen, sondern eigenständig formuliert werden kann."[753] Mediation ist ein *dynamischer* Prozeß, in dem Verhandlungsmacht keine festgeschriebene Größe ist, sondern sich durch Einsicht in die Position der anderen Seite und in einer neuen Sicht der eigenen Interessen verändert.

c) Bei persönlich geprägten, andauernden Beziehungen ist die Förderung von Selbstbestimmung das dominierende Ziel von Konfliktbehandlung. Als Zielvorstellung bzw. Qualitätsmerkmal für Konfliktbehandlung kann das Individual Autonomy-Project allerdings auf erhebliche Widersprüche treffen, die darin begründet sind, daß das Ziel der selbstbestimmten Konfliktbehandlung von anderen, damit nicht zu vereinbarenden Zielvorstellungen überlagert wird. Wenn die Autonomie der Parteien das zentrale Ziel von Mediation ist, muß sie ernst genommen werden, und es muß eben auch respektiert werden, wenn diese sich gegen Mediation entscheiden und womöglich die streitige Auseinandersetzung bis an die Grenzen der prozessualen Möglichkeiten betreiben. Ein auf die Einigungsquote bezogener Erfolgsdruck verbietet sich daher. Insbesondere sollte auch mit Mediation keine Zwangsbeglückung, keine direkte oder indirekte Harmonieideologie verbunden werden. Versöhnung der Parteien ist nur ein Nebeneffekt, nicht aber ein eigenständiges Verfahrensziel.

III. Access-to-Justice-Projekt

Daß informelle, leichter zugängliche Verfahren für typischerweise benachteiligte Konfliktparteien einen – bisher verschlossenen – Zugang zum Recht bedeuten, ist der Kerngedanke des Access-to-Justice-Projektes. Daß Mediation diese Erwartungen nicht generell erfüllen kann, zeigt schon ein Überblick über die bisherigen Ergebnisse (1.). Am Beispiel der Konfliktkonstellation Verbraucher/Anbieter

753 *Mähler/Mähler* Mediation, S.3

zeigt sich jedoch, daß Schieds- und Schlichtungsstellen, soweit sie richtig konzipiert sind, die Justiz ergänzen können (2.).

1. Bisherige Ergebnisse

Für den Access-to-Justice-Gedanken läßt sich bisher festhalten: Einerseits ist in den dafür geeigneten Fallkonstellationen – persönlichen, andauernden Beziehungen – privatautonome Gestaltung interessenbestimmte Rechtsetzung und damit auch *Zugang zum selbstgestalteten Recht* – sofern die für Selbstbestimmung notwendigen Mindestvoraussetzungen vorliegen. Dort, wo es nicht um Selbstbestimmung geht, ist Mediation in den Fällen typischerweise überlegener Verhandlungsmacht, gerade wenn sich im materiellen Recht bereits soziale Schutzvorschriften finden, *kein* Verfahrensweg, der Zugang zum Recht verschafft:

– Zwar läßt der Neutralitätsgrundsatz dem Mediator Raum für Eingriffe in die Verhandlung; Partei ergreifen zum Schutz des Schwächeren im Konflikt kann er jedoch nicht, ohne sich dem Manipulationsvorwurf auszusetzen und letztlich seine Glaubwürdigkeit auf Dauer aufs Spiel zu setzen. Es besteht daher das Risiko, daß statt Interessen oder Recht sich überlegene Verhandlungsmacht sogar *mehr* durchsetzt, als bei normalen Verhandlungen zwischen den Konfliktparteien. Das liegt daran, daß ein u.U. *obligatorisches* Mediationsvorverfahren den Weg zu wirklicher Rechtsdurchsetzung – der gegebenenfalls einzigen Machtposition der schwächeren Partei – damit womöglich länger und noch unerreichbarer ist[754].

– Entscheidend ist, daß es besser geeignete Strategien gibt, typischerweise schwächeren Parteien den Zugang zum Recht zu erleichtern, von deren Verfolgung Mediation nur ablenkt: z.B. die Intensivierung von Beratung und als Gruppenlösung die Verbandsklage, was hier jedoch nicht zum Thema gehört.

754 So insbesondere *Nader* No Access to Law, S.16; den Vorwurf, daß dies sogar das politische Programm der Alternativen-Bewegung ist, erhebt *Richard Abel* z.B. in: *Blankenburg/Klausa/Rottleuthner*, S.31

2. Zugang zum Recht durch Schlichtungsstellen?

Die Access-to-Justice-Diskussion weist darauf hin, daß bestimmte Konflikttypen oder -konstellationen vergleichsweise selten das Gericht erreichen. Das gilt auch für *Verbraucherkonflikte*[755]. Individuelle Konfliktbehandlung ist dort ohnehin nur in den Fällen möglich, in denen der mögliche Konfliktstoff überhaupt vom Verbraucher wahrgenommen werden kann[756]. Nicht offen zu Tage tretende Gesundheitsgefährdungen, Produktmängel und Sicherheitsrisiken bedürfen anderer Lösungsansätze. In den verbleibenden Konflikten besteht in aller Regel ein Machtungleichgewicht zwischen Anbieterseite und Verbraucher. Darüber hinaus führen jedoch hier vor allem die hohen, im Verhältnis zum geringen Streitwert prohibitiven Kosten zu Meidungsstrategien der Verbraucher. Es lohnt sich nicht, zu Gericht zu gehen.

Auch hier wäre eine kooperative Behandlung des Konfliktes im Ergebnis für beide Seiten von Vorteil: Für den Kunden, weil ein Weg zum Gericht sich ohnehin nicht lohnt und für die Anbieterseite, weil sie sich so einen zufriedenen Kunden erhält. Viele Konflikte erledigen sich daher durch einfache Reklamation, der abgeholfen wird. In den verbleibenden Fällen hat das dazu geführt, daß sich bestimmte Branchenverbände Schieds- und Schlichtungsstellen schon aus eigenem Interesse eingerichtet haben. Einerseits geht es darum, bestimmte Mindeststandards in der Branche durchzusetzen und ‚schwarzen Schafen' das Handwerk zu legen. Unausgesprochen sollen jedoch durch die Selbstregulierung weiterreichende staatliche Maßnahmen verhindert und die Branchenmitglieder von gerichtlichen Auseinandersetzungen abgeschirmt[757], zu wenig jedoch die Interessen der Verbraucher gefördert werden[758].

Während Mediation eine sinnvolle Antwort auf eine zu starke Verrechtlichung eines Konfliktes ist, die kostspielig und langwierig ist (Service-Delivery-Ansatz) und/oder die Interessen-Lösungen und selbst gesetztes Recht verhindert (Individual-Autonomy-Projekt),

755 Vgl. bereits oben § 12 II.3.
756 Vgl. nur *Hegenbarth* in: *Voigt*, S.164
757 Zu den Zielen von Schiedsstellen vgl. nur die Ergebnisse einer Umfrage im KFZ-Bereich bei *Demant/Dotterweich/Morasch/Reichelt* in: *Morasch*, S.50
758 *Blankenburg* in: *Morasch*, S.9

ist hier jedoch das Hauptproblem, daß der Verbraucherkonflikt *zu wenig* verrechtlicht ist. Die fehlende Verhandlungsmacht, wozu insbesondere das Mißverhältnis zwischen Kosten und Gegenstandswert gehört, verhindert gerade die Thematisierung von Recht. Diese Verfahrens-Schutzlücke ist daher in erster Linie durch verbesserten Zugang zum Gericht zu schließen. Möglichkeiten dazu sind als individueller Ansatz Verbraucherberatung (auf dem Weg zum Gericht) und dort, wo geringe Streitwerte eine individuelle Konfliktbehandlung als zu kostspielig erweisen, als Gruppenansatz Musterprozesse und Verbandsklagen. Jedoch wäre die Justiz mit der Behandlung *aller* Verbraucherkonflikte, die sich durch Verhandlung nicht erledigen, schlicht überfordert. „Die ‚knappe Ressource' Recht würde schnell in eine faktische Justizverweigerung umschlagen."[759]

Für die daher notwendigen Verfahrensalternativen, die das Angebot der Justiz ergänzen, ist entscheidend, daß sie tatsächlich leichter zugänglich sind und – sonst nützt der Zugang nichts – die Position des Verbrauchers auf dem Weg zur Thematisierung von Recht als dem einzigen Machtmittel gegen eine überlegene Anbieterseite voranbringt[760]. Das kann ein Mediationsverfahren, das eine fachliche Informationskomponente zu den typischen Problemen der Auseinandersetzung (etwa eine Expertise) enthält, leisten, soweit deren Neutralität – durch paritätische Besetzung – sichergestellt ist. Ein dort zustandegekommener Vergleich, der auf einer ausreichenden informatorischen Grundlage geschlossen wird, stellt eine *Verbesserung* gegenüber den Frustrationen der Meidungsstrategien dar und ist damit immerhin einen Schritt zur Thematisierung von Recht, auch wenn sich überlegene Verhandlungsmacht immer noch im Ergebnis niederschlägt – nur eben weniger. Die Gefahr, daß eine solche Schlichtungseinrichtung die Konsumenten daran hindert, eigentlich notwendige, bessere Maßnahmen zur Durchsetzung ihrer Rechte zu ergreifen[761], ist in den angesprochenen Fallkonstellationen kaum gegeben, in denen es vor allem darum geht, für geringwertige Streitigkeiten überhaupt ein Forum der Konfliktbehandlung

759 *Reich* in: *Blankenburg/Gottwald/Strempel*, S.220

760 *Proppe/Krapp* JA 1990, 71 weisen darauf hin, daß es auch ein Vorteil von Schlichtungsstellen ist, daß die Parteien ein Ventil für ihren Ärger bekommen und sich dadurch oder durch zusätzliche sachliche Aufklärung ein weiteres Verfahren erübrigt.

761 So vor allem *Nader* No Access to Law, S.16

zu bieten, an dem auch die Verbraucherorganisationen beteiligt sind[762,763].

Man kann jedoch noch weiter gehen: Bei Verbraucherkonflikten liegen meist anonyme Massenprobleme vor, die keine selbstbestimmt zu regelnde, persönliche Beziehung zeigen und bei denen daher eine privatautonome Konfliktregelung zumindest nicht vorrangig ist, auch wenn die „Möglichkeiten, mit der Gegenseite in ein Gespräch zu kommen"[764] nicht unwesentlich sind. Eine weitere Verbesserung der Verfahrens-Alternativen des Verbrauchers liegt daher dann vor, wenn für die Anbieterseite die fachliche Stellungnahme *bindend* ist[765]. *Schlichtungs*stellen, deren Verfahren nur mediative und damit unverbindliche Elemente enthalten und den Parteien weiterhin die Entscheidung darüber belassen, ob sie sich einigen, sind hier dem *Schieds*modell unterlegen[766]. Abzuwägen ist je

762 Aus der Sicht der Verbraucherverbände erhofft sich *Erkelenz* in: *Morasch*, S.149 Erkenntnisse über Mißstände als Grundlage für weitere Arbeit.

763 Ebenso im Ergebnis *Hegenbarth* in: *Voigt*, S.163

764 *Morasch/Blankenburg* ZRP 1985, 222; *Hegenbarth* in: *Voigt*, S.164 will wegen der „emotionalen Bedürfnisse der Klienten" „auf Mündlichkeit und Informalität beruhenden Schieds- und Schlichtungsstellen den Vorzug geben."

765 Der vom Bundesverband Deutscher Banken geschaffene „Ombudsmann" klärt als Schiedsstelle seit dem 1. Juli 1992 Kundenbeschwerden bis zu einem Streitwert von 10.000 DM, wobei die Kosten des Verfahrens der Bundesverband trägt. Seine Entscheidung ist für die Banken-Seite bindend, nicht jedoch für den Kunden, dem der Rechtsweg weiter offensteht. Trotz der hochrangigen Besetzung mit *Leo Parsch*, dem ehemaligen Präsidenten des Bayerischen Verfassungsgerichtshofes, ist die Kritik von Seiten der Verbraucherschützer, die einseitige Auswahl hinterlasse „den Geruch des Heimschiedsrichters" (Handelsblatt Nr.46 vom 8.3.1993), nicht von der Hand zu weisen, vor allem auch, weil die Schiedssprüche ohne Begründung ergehen sollen.

766 Was ein solches Verfahren nicht leistet, ist die Rechtsposition des Verbrauchers durch Grundsatzentscheidungen auszubauen. Diese Entscheidungen müssen daher *veröffentlicht* werden, was z.B. bei den Entscheidungen des Ombudsmanns der Banken nicht der Fall ist. Verbraucherschützende Entscheidungen erhalten so die notwendige Publizität, damit andere sich darauf berufen können. Außerdem treten nur so Schutzlücken zu Tage, die dann z.B. von Verbraucherverbänden u.U. durch Unterstützung von Musterverfahren vor Gericht weiter verfolgt werden können.

nach Streitgegenstand jedoch, ob nicht die Bindungswirkung des Schiedsspruchs dazu führt, daß das Verfahren seinen informellen Charakter tendenziell verliert und so wieder das Verfahren für den Verbraucher unattraktiv wird.

Schließlich besteht Hoffnung, daß paritätisch besetzte Schlichtungsstellen einen indirekten Beitrag zum Access-to-Justice-Projekt leisten können. Soweit die Institution von ihren Adressaten gekannt und akzeptiert wird, kann nicht nur in einem Einzelfall abgeholfen werden, sondern es können Fallgruppen von Qualitätsmängeln bei Waren und Dienstleistungen identifiziert werden. Die Hoffnung liegt nun darin, daß dies durch die direkte Beteiligung beider Seiten zu freiwilligen Verbesserungen des Handels- und Dienstleistungsangebots führt[767].

Als Ergebnis ist festzuhalten: Mediation sollte grundsätzlich nicht unter dem Leitgedanken ansetzen, den Zugang zum Recht dort zu eröffnen, wo fehlende Verhandlungsmacht ihn bisher verhindert hat. Eine Ausnahme sind Verbraucherbeschwerden, wo ein informelles und kostengünstiges Setting hilft, Eintrittsbarrieren in eine Konfliktbehandlung zu beseitigen und so einen gewissen Zugang zum Recht eröffnen. Besser sind Verfahren, die zwar mediative Elemente enthalten, jedoch zum Schutz des Schwächeren eine *neutrale* Dritt*entscheidung* statt einer trotz der Wertung eines Dritten offenen Verhandlungssituation vorsehen. Ein Beispiel für ein so gestaltetes Verfahren wird später dargestellt.

IV. Reconciliation-Projekt

Die *Versöhnung* der Parteien als Ziel/Qualitätsstandard von Mediation bietet selbst in der gewählten analytischen Form immer noch kein einheitliches Bild. Die Positionen reichen von der ultimativen, religiös inspirierten Versöhnung bis zur bloßen Respektierung des Standpunktes der anderen Seite.

767 *Blankenburg* in: *Morasch*, S.10

1. Maßstab der Verwirklichung?

Für das ganze Spektrum des „Versöhnungs"-Gedankens gilt, daß seine Verwirklichung in der Praxis der Konfliktbehandlung sich nur äußerst schwer festmachen läßt. Ob Marietta in dem Mediationsbeispiel aus San Francisco wirklich versöhnt war, ob sie auch nur dem Standpunkt ihres Gegenübers nähergetreten war, war jedenfalls für uns als außenstehende Betrachter mehr als zweifelhaft. Die Mediatoren nahmen dagegen die Umarmung als Zeichen und damit Bestätigung[768]. Die Schwierigkeit, einen Maßstab zu finden, bedeutet nun allerdings noch nicht, daß dem Reconciliation-Projekt keine Bedeutung zukommt.

2. Harmonie-Ideologie

Wenn es jedoch darum geht, daß Mediation nicht nur eine „redirection of the parties towards each other"[769] erreichen *kann*, sondern als Ziel erreichen *muß*, weil das ihre Qualität und Bestimmung ist, dann ist aus dieser Sicht das Reconciliation-Projekt nur der Gipfel einer Entwicklung, die Laura Nader als *Harmonie-Ideologie* geißelt. Es soll nicht die Anerkennung von Versöhnung und Harmonie als grundsätzlicher Wert im menschlichen Leben in Frage gestellt werden. Wenn ihre Verwirklichung bei der Behandlung individueller Konflikte das verabsolutierte Ziel ist, so entwickelt sich ein *Harmoniedruck*, der in krassem Gegensatz zur vorgeblich autonomen Entscheidungsfindung der Parteien in Mediation steht. Zur Selbstbestimmung gehört auch und gerade das „Nein" zu einer „Beziehung", die sich eben nicht zur Harmonie transzendieren läßt. Wenn Mediation das Vehikel ist, um Emotionen zuzulassen, z.B. Ärger auszudrücken, so kann das nicht mit dem Anspruch verbunden werden, daß der einmal geäußerte Ärger nahtlos in Harmonie übergeht. Nicht wirkliche Harmonie, aber Harmonie, die durch Druck gefördert wird, tendiert dazu Probleme und ihre Ursachen zuzudekken, Trennendes zu negieren, statt es einzubeziehen. Eine notwendige Sicht auf Konflikte ist es, sie „as indicative of emergent political struggles for valued ends or as symptomatic of deeper social

768 So jedenfalls äußerten sie sich ausdrücklich in der internen Diskussion nach Abschluß des Verfahrens

769 *Fuller* 44 S. Cal. L. Rev., 325

problems requiring structural change" zu betrachten[770]. Das erfordert auch, sie nicht durch Harmonie-Ideologie als pathologisch abzuqualifizieren.

Ein sicherlich extremes Beispiel sind Mediatoren, die in den Fällen des Mißbrauchs von Ehefrauen versuchen, bei der *Frau* (!) zu einer Änderung des Verhaltens zu gelangen, das ihren Mann sie schlagen läßt[771]. Auch wenn man nicht zu solchen Extrembeispielen greift, so ist Versöhnung doch zuallererst ein Prozeß, der eine *autonome* Entscheidung darüber voraussetzt, was versöhnbar ist[772]. Die mag sich im Lauf einer Mediations-Sitzung ergeben – als Nebenprodukt und besonderer Erfolg[773] –, kann aber nicht Grundlage der Einrichtung eines Konfliktbehandlungs-Verfahrens sein. Zwangsbefriedung als negativer Ausdruck des Reconciliation-Projektes ist eine der größten Gefahren in Mediation[774].

3. Offenlegung der Verfahrensziele?

Die Versöhnungs-Idee würde zudem in entscheidenden Gegensatz mit der Forderung treten, daß der Mediator das Ziel und die Mittel seiner Tätigkeit offenlegt. Eine Versöhnung ist zunächst einmal wahrscheinlich das Letzte, was die Konfliktparteien im Sinn ha-

770 *Sarat* 21 Law & Soc. Rev., 700

771 *Luban* 66 Den. U. L. Rev., 416; auf einer allgemeineren Ebene sieht *Nader* Vortragsmanuskript, S.7 in community mediation zumindest im Beispiel der SFCB, die der Vorbeugung von Konflikten dienen soll, „suppression of conflict between individuals". Dies entspräche „the American tendency to blame the victim as part of the attempt to contain conflict."

772 Vgl. *Grunsky* in: Deutsche Landesberichte zum X. Internationalen Kongreß für Rechtsvergleichung, S.162 zum Wegfall des obligatorischen Sühneversuchs im Scheidungsverfahren: „Eine Versöhnung läßt sich nicht dadurch herbeibeschwören, daß man sie gesetzlich verordnet."

773 *Luban* 66 Den. U. L. Rev., 416

774 *Soong-Jong* in: *Rehbinder/Sonn*, S.27 f sieht eine solche Gefahr auch für die traditionell auf Vermittlung ausgerichtete konfuzianische Lebensweise in Korea, wo die Parteien „einem Druck seitens ihrer Familie, Bekannten, Kollegen, Vorgesetzten oder anderer sozialer Gruppen ausgesetzt" sein können, „die sie zwingen, einer Streitbeilegung auch entgegen ihrem Willen zuzustimmen."

ben[775]. Sie wollen eine Lösung, die ihren Interessen entgegenkommt, wobei sie dabei vielleicht eine Versöhnung nicht ausschließen. Könnte der Mediator wirklich ein Verfahren um geschäftliche Transaktionen oder auch nur ein Bündel von Forderungen und Vorwürfen bei einer Ehescheidung mit den Worten einleiten: Es geht hier nicht nur um die aktuelle Konfliktlösung. Jeder von ihnen soll sich so im Verfahren verändern, daß sie sich gegenseitig als brüderliche Mitglieder einer lebenden Gemeinschaft ansehen! So überspitzt stellt Luban[776] es dar. Ein solcher Versöhnungsgedanke liegt den Konfliktparteien zunächst zumindest fern. Er würde schlicht seine Klientel verfehlen. Der Mediator müßte daher seine eigentliche Vorstellung – Versöhnung der Parteien – vor ihnen verborgen halten. Unausgesprochener und damit manipulativer Harmonie-Ideologie wäre damit das Tor geöffnet.

4. Die Erkenntnis des Standpunktes der anderen Seite als Erfolgsfaktor von Mediation

Damit ist jedoch nicht das ganze Spektrum des Reconciliations-Projektes verworfen. Eine richtige Erkenntnis verbirgt sich hinter dem zu weit gehenden Versöhnungsanspruch: Das *Erkennen* des Standpunktes und der Argumente der anderen Seite *ist* integraler Bestandteil von Mediation, zu dem die Interventionen eines Mediators gerade erheblich beitragen können. Auf der Gratwanderung der Parteien zwischen kooperativen und kompetitiven Verhalten ist ein besseres Verständnis der Konfliktsicht der anderen Seite und der bessere Zugang zu ihrer Denkweise der Schlüssel zu einer kooperativeren Ausrichtung. Die Überwindung der Kooperationshürden besteht zum erheblichen Teil darin, Vorurteile hinter sich zu lassen und die Position des anderen so besser zu erkennen. Das wiederum läßt die Partei die eigene Position tendenziell realistischer formulieren und die Einigungszone so vielleicht eröffnen. Dabei verlangt Kooperation gerade nicht, daß Unterschiede der Positionen igno-

775 *Merry/Silbey* 9 Just.Sys.J., 153: „By the time a conflict is serious enough to warrant an outsider's intervention, disputants do not want what alternatives have to offer. At this point the grievant wants vindication, protection of his or her rights ... or a third party who will uncover the ‚truth' and declare the other party wrong."

776 66 Den. U. L. Rev., 416

riert oder zugedeckt werden, sondern im Gegenteil ihre unbedingte Hervorhebung. Denn nur so gelangen die Parteien über die Positionen hinaus in die Ebene ihrer wirklichen Interessen. „Es geht nicht um die Eliminierung der Unterschiede, sondern um deren Respektierung und Akzeptanz."[777] Dazu tragen auch Emotionen bei, wenn es der Fähigkeit des Mediators gelingt, ihnen an der richtigen Stelle Raum zur Äußerung und vielleicht auch für eine Art Anerkennung zu lassen. Auch sie lassen im Gesamtbild die Position der anderen Seite besser verstehen.

Für die Scheidungsmediation schildern *Mähler/Mähler* das wie folgt: „In der Mediation können vor allem *Kommunikationsbarrieren*, die im emotionellen Bereich verankert sind und sich in verstopften Ohren oder in Vorwürfen äußern, eher angesprochen und damit aufgelöst werden. Das mögen Verletzungen sein, die das Paar sich gegenseitig zugefügt hat, oder nichterfüllte Grundbedürfnisse, z.B. keine Anerkennung gefunden zu haben für die für die Familie geleistete Arbeit, o.a."[778]

5. Ergebnis

Ob ein solcher Erkenntnisgewinn über die andere Seite und eine solche Hinwendung zu ihr bereits als „Respekt" (gegenüber der gesamten Person) bezeichnet werden kann[779], ist eine Definitionsfrage und erscheint mir auch als Zielformulierung nicht notwendig. Jedenfalls handelt es sich um ein Kernelement der Bemühung eines Dritten bei der Überwindung von Kooperationsbarrieren, das im Reconciliations-Projekt nur eine programmatische Überhöhung und Verabsolutierung bis hin zu Harmoniedruck und Zwangsbefriedung erfährt. Das sehr viel bescheidenere Ziel des Ausleuchtens und Erkennens des Standpunktes der anderen Seite *ist* eine Qualität von Konfliktbehandlung – unabhängig im übrigen davon, ob gerichtet oder geschlichtet wird. Daher steht dem Mediator auch nichts im Wege, dieses Ziel seiner Tätigkeit den Konfliktparteien gegenüber offenzulegen. Denn ohne die grundsätzliche Bereitschaft der Parteien zu diesem Vorgehen wird es ohnehin zu keiner einvernehmlichen Regelung kommen. Es darf nur nicht dazu benutzt werden, den Parteien über die Hinführung auf die jeweils andere

777 *Mähler/Mähler* Mediation, S.4
778 *Mähler/Mähler* Familiendynamik 1992, 353 f
779 So wohl *Luban* 66 Den. U. L. Rev., 417

Sichtweise hinaus ihre *autonome* Entscheidung abzunehmen oder durch Harmonie-Druck zu präjudizieren. Was demnach vom Reconciliation-Projekt bleibt, ist eine dienende Verfahrensqualität, die bei erfolgreicher Anwendung durch die Erweiterung und Ergänzung der Sicht und des Verständnisses des konkreten Konfliktes mehr Selbstbestimmung ermöglicht, diese jedoch keinesfalls ersetzen kann. Jede Tendenz zur Zwangsbefriedung dagegen ist abzulehnen. Kommt es zu einer wirklichen Versöhnung, ist dies ein Nebenprodukt.

V. Social-Transformation-Projekt

1. Zielkonflikt mit den Parteien

Das Ziel, durch Mediation soziale Veränderungen in Gang zu setzen, trägt einen Widerspruch bereits in sich: die Behandlung des *individuellen* Konflikts soll auf einer anderen, *gesellschaftlichen* Ebene zu Veränderungen führen. Nicht der Gedanke ist ungewöhnlich, daß solche Veränderungen ihren Ausgang beim Individuum nehmen. Nur steht für die Parteien ihr konkreter Konflikt und seine Behandlung im Vordergrund. Auch hier ist das Problem, daß der Mediator ihnen mit dem Ansinnen nicht offen gegenübertreten kann, daß im folgenden Verfahren nicht eigentlich ihr Konflikt an erster Stelle zu einer Lösung gebracht werden sollte, sondern eine gesellschaftliche Veränderung, z.B. eine Stärkung des Gemeinschaftssinnes in ihrer Nachbarschaft, das eigentliche Ziel wäre – *ihr* konkreter Konflikt jedoch nur das Vehikel dazu darstellt. Die Verletzung des Offenheitsprinzips und damit Manipulation ist hier vorprogrammiert.

Häufig trifft sich das Ziel gesellschaftlicher Veränderung mit dem Reconciliation-Projekt, wenn die zu bewirkende und in den Vordergrund gestellte Veränderung gerade ein bestimmter zu entwickelnder Gemeinschaftssinn ist, der sich typischerweise eben in der harmonischen Beilegung von Konflikten zeigt. Hier wird diese Zielvorstellung dann zwar insoweit offengelegt. Das geschieht jedoch mit eher allgemeinen Worten, daß Konflikte in der Nachbarschaft beigelegt werden *können*. Wenn diese eher verhaltene Ankündigung im Verfahren selbst zu einem konstanten Harmoniedruck wird – wie im Beispiel der Community Boards in San Francisco („we are neighbors, we are friends") – so sind doch eben die wahren Absichten nicht aufgedeckt[780].

2. Keine Tragfähigkeit des Community-Gedankens

Auch die Konturen des Community-Gedankens bleiben z. B. in der Praxis der amerikanischen Neighborhood Justice Centers eher unscharf.

a) Die Gemeinschaft ist in aller Regel der Wohnbezirk, der jedoch in seinen Ausmaßen zwischen der Großstadt Atlanta und – im Falle des Community Board – kleineren Stadtbezirken von San Francisco schwankt.

b) Offen bleiben kann hier, ob der Nachbarschafts- oder Gemeinschaftsgedanke in den USA oder in der Bundesrepublik als Ausgangsbasis und Gestaltungsprinzip für Verfahren der Konfliktbehandlung *überhaupt* ein „lebensweltliches Substrat"[781] besitzt. Jedenfalls haben westliche, arbeitsteilige Gesellschaftssysteme eine völlig andere, strukturell weitaus differenziertere Prägung als die z.B von *Lowy* und *Danzig* als Vorbilder für nachbarschaftliche Konfliktregelungsforen herangezogenen dörflichen Gemeinschaften[782]. Hier geht es bei den meisten sozialen Kontakten nur noch um „rollen- oder normbezogene Erwartungen". „Die Person des Partners tritt zurück, Gegenstand des Austausches ist nur noch die von

780 *Laura Nader* Vortragsmanuskript, S.6 kommentiert die Aussagen von *Shonholtz*, dem Gründer der SFCB, – „it is possible to place citizens in a preventive role" oder „citizens can be trained" (wiedergegeben a.a.O., S.5 f) – zu Recht so: „Nobody who knows anything about what constitutes community would dare to call such a system *community* mediation. It would be more like indirect rule in the colonial context, a means to create local peace by the use of local peoples."

781 *Hegenbarth*, in: *Blankenburg/Klausa/Rottleuthner*, S.68, der dies für die Bundesrepublik jedenfalls ausschließt: „Nichts dürfte stärker geeignet sein, erbitterten Widerstand auszulösen, als ein Versuch der Etablierung der Nachbarschaft als Instanz von ‚moral control' "(S.69)

782 Dies geißelt z.B. *Posposil* 32 Human Organization, 212, zit. nach *Hegenbarth* in: *Blankenburg/Klausa/Rottleuthner*, Fn.153: „Lowy's rethorical proposal, lacking any trace of analytical arguments and supporting empirical data, may well be compared to an attempt to transplant on the American bald eagle the trunk of an African elephant"

der Rollenerwartung präformierte Funktionserfüllung."[783] Diese „alienated and divisive society"[784], in der die „Entpersönlichung des gesellschaftlichen Lebens"[785] beklagt wird, hat jedoch – und das ist hier entscheidend – „auch ihre emanzipatorische Kehrseite ... : Die Reduzierung von Sanktionspotentialen."[786] Das Individuum muß in der Regel auch nur mit rollenbezogenen Sanktionen rechnen, die nicht über den jeweiligen Rollenbereich hinaus auf seine Person durchschlagen. Es muß aber gerade nicht damit rechnen, daß beispielsweise der nachbarschaftlichen Gemeinschaft eine Konfliktbehandlungsautorität zuwächst, die ihr Kontrolle über Bereiche gibt, die gerade den selbstbestimmten Freiraum des Individuums ausmachen. „[U]ncritical celebration of harmony is at the base of acceptance of philosophies that undergird Community Boards. Such celebration has more to do with religion than with justice."[787]

c) Entscheidend ist also, daß dem Community-Gedanken verpflichtete Konfliktbehandlung neben der Harmonie-Ideologie der Gefahr von sozialer Kontrolle durch Konformitätsdruck unterliegt. Wenn nicht rechtliche Regelungen, sondern Werte der Gemeinschaft im Vordergrund stehen sollen, gerade diese Gemeinschaftswerte in der modernen pragmatischen Industriegesellschaft aber nur schwer festzumachen sind[788], so bleibt nur das Harmonie-Konzept und in seinem Fahrwasser eben auch die Anpassung des Verhaltens an den jeweils vorliegenden Mehrheitskodex[789]. Wenn andere Werte ins Spiel kommen, dann meist die Werte der mehrheitlich anderen[790].

783 *Hegenbarth*, in: *Blankenburg/Klausa/Rottleuthner*, S.69

784 *Sander* 70 F.R.D., 128

785 *Christie*, S.16

786 *Hegenbarth*, in: *Blankenburg/Klausa/Rottleuthner*, S.69

787 *Nader* Vortragsmanuskript, S.20

788 Daher die Argumentation von *Terrell* 36 Emory L. J., 542: „While advocates of ADR suggest that legalistic litigation is antithetical to our sense of community, I will contend that our community is legalistic, that law may constitute our only modern sense of community."

789 *Rothschild*, S.16 sieht entsprechend Gerechtigkeit in diesem Zusammenhang „not in relation to rights or explicit standards, but rather in relation to implicit standards of conformity."

790 So befürchtet auch *Hegenbarth*, in: *Blankenburg/Klausa/Rottleuthner*, S.70, daß „die Gründung von gesellschaftlichen Konfliktregelungsinstanzen weniger einer Vermehrung von Gelegenheiten zu nachbarschaftlicher Hilfe als die Schaffung einer Arena zur Degradierung von

d) In einigen seltenen Fällen scheint sich die Hoffnung auf soziale Veränderung und Neu-Organisation von Interessen zu erfüllen. So berichtet *Beer*[791] von einer Mediationssitzung, deren Gegenstand eigentlich die Lärmbelästigung durch ein von einer jungen Hausbewohnerin ständig an falscher Stelle geparktes Auto war. Nach zweistündigem Verfahren kam sie erstmals damit heraus, daß sie aus Angst vor Belästigungen in der Dunkelheit an dieser zwar verbotenen, aber beleuchteten Stelle, die ihr Freund vom Fenster einsehen könne, parken würde. Plötzlich schlug der Streit in Verständnis für solche, auch von anderen geteilte Ängste um. Im Ergebnis vereinbarten die Kontrahenten *gemeinsames* Vorgehen bei der Stadtverwaltung für sichere Parkplätze. Wahrscheinlich sind jedoch die Gelegenheiten, daß in der Konfliktbehandlung gleichgerichtete, auf Veränderung des gesellschaftlichen Umfeldes zielende Interessen zutage treten, zu gering, als daß dies sich institutionell fördern ließe.

3. Vorprogrammierter Widerspruch bei unterschiedlicher Verhandlungsmacht der Parteien

Häufiger werden jedoch die Konfliktparteien eher unterschiedliche gesellschaftliche Kräfte repräsentieren, deren Verhandlungsmacht unterschiedlich gewichtet ist. Soweit sich hier das Social-Transformation-Projekt mit der Idee der Stärkung der Konflikt-Position des Einzelnen („empowerment") trifft, so kommt es zu der folgenden Situation: Entweder versucht der Mediator den konkreten Konflikt zu einer Einigung zu bringen, wobei sich wahrscheinlich die stärkere Seite zu relativ wenigen Konsequenzen, die an gesellschaftliche Veränderung heranreichen, bereitfinden wird, oder er unterminiert und manipuliert das Verfahren, indem er den Konflikt so anheizt, daß die schwächere Partei schließlich den Konflikt auf die kollektive Ebene hebt und sich für Veränderungen einsetzt[792]. Je mehr Mediation „funktioniert" und andere Qualitäten in der konkreten Konfliktbehandlung erreicht, umso weniger wird aus diesen – so als handhabbar erscheinenden – Konflikten der Impuls für eine gesell-

Personen darstellt, die nach dem kollektiv geteilten Bezugsrahmen der Situationswahrnehmung als ‚nicht tragbar' gelten."

791 *Beer*, S.216

792 *Luban* 66 Den. U. L. Rev., 408

schaftliche Veränderung verstärkt werden. Dagegen eine ansonsten ineffektive Konfliktbehandlung nur deswegen zu praktizieren, weil aufgrund ihrer Unzulänglichkeiten der Ausweg der politischen Mobilisierung umso attraktiver erscheint, ist nur manipulativ.

4. Beitrag von Mediation zur Streitkultur

Mit dem Ziel der gesellschaftlichen Veränderung verläßt Mediation die Ebene des konkreten Konflikts und setzt sich selbst Widersprüchen aus. Die – sehr viel bescheidenere – gesellschaftliche Veränderung, die Mediation tatsächlich bewirken kann, weil sie andere Qualitäten hat, liegt in dem Beitrag zur *Streitkultur*. Wenn und soweit sich Mediation als eine Konfliktbehandlungsmöglichkeit erfolgreich erweist, dringt die Erkenntnis mehr in das Bewußtsein, daß es zwischen Konfliktvermeidung durch Rückzug und Anrufen des Gerichts auch andere Möglichkeiten der Konfliktbewältigung gibt und daß in vielen Fällen Kooperation weiterführt als Kompetition. Dann „könnte es Schule machen und die Bürger dazu ermutigen, das erlebte Modell der Konfliktschlichtung in ihrem Privat- und Arbeitsleben zur Anwendung zu bringen."[793] Es könnte sich eine „Kultur der Schlichtung entwickeln ..., die den Bürgern schrittweise eine *Reprivatisierung ihrer Konflikte* ermöglicht."[794] Soweit Mediation mehr praktische Bedeutung gewinnt und mehr als eine Möglichkeit von Konfliktbehandlung in das Bewußtsein der Beteiligten tritt, und gewisse die Parteien schützenden Grundvoraussetzungen eingehalten werden, ist dies – als Tendenz – der in Mediation angelegte Beitrag zum Social-Transformation-Projekt.

Allerdings sollte man hier keine Wunder erwarten. Die Analyse der Verhandlungen von Konfliktparteien hat das „negotiator's dilem-

793 *Pfeiffer* ZRP 1992, 345, allerdings zum „Reformpotential" einer Mediations- Variante, dem Täter-Opfer-Ausgleich im Strafrecht, von dem er sich auch eine Wirkung weit über die Grenzen des Strafrechts hinaus verspricht

794 *Pfeiffer* ZRP 1992, 345 (Hervorh.i.O.); neu sind diese gesellschaftlichen Hoffnungen keineswegs, wie z.B. der Beitrag von *Levin* DJZ 1915, 871 zeigt: Es müsse, insbesondere durch Rechtserziehung (z.B. an Grundschulen) „der Wille der Volksgenossen, einander gerecht zu werden, geweckt und gepflegt werden", damit die Zahl der *Rechts*streitigkeiten von selbst abnehme.

ma" aufgezeigt, nämlich die ständige Gratwanderung zwischen Kooperation und Kompetition, zwischen Wertschöpfung und Wertverteilung. Es wird sich daher keine Utopie einer rein kooperativen Konfliktbehandlung in allseitiger Harmonie verwirklichen lassen. Führt jedoch die Erfahrung einer gelungenen Mediation – oder auch nur die Einbeziehung von Verhandlungstechnik und Mediation in beispielsweise die juristische Ausbildung – zu dem einfachen Erkenntnissprung, daß nicht alle Konflikte Nullsummenspiele sind[795], so ist damit für zukünftiges Konfliktverhalten schon viel gewonnen.

§ 19 Rechtspolitische Folgerungen für die Einrichtung von Mediation

Die für Mediation (und überhaupt für den Abschluß von Vergleichen) vorgebrachten Gründe – Kostenersparnis, Vorstoß zu den tieferen Ursachen des Konfliktes, Zufriedenheit der Parteien usw. – lassen sich nur vor dem Hintergrund der dargestellten fünf Mediations-Projekte, der Grundausrichtungen von Konfliktbehandlung, verstehen. Die Bewertung dieser Mediations-Projekte hat nun gezeigt, daß – bei Konflikten, die grundsätzlich vom Zivilrecht erfaßt werden – zwei Projekte als Leitlinien für die Konfliktbehandlung nicht geeignet sind: Eine Versöhnung der Parteien (Reconciliation-Projekt) ist ein erwünschter Nebeneffekt, führt jedoch als Zielvorstellung zu einem der Selbstbestimmung widersprechenden Harmoniezwang. Auch vom Social-Transformation-Projekt bleibt nur die mögliche Veränderung der Streitkultur, die sich ebenfalls als Nebeneffekt von an anderen Zielen ausgerichteter Konfliktbehandlung darstellt. Die Bewertung der drei verbleibenden Projekte hängt entscheidend von den (Verhandlungs-)Machtverhältnissen zwischen den Parteien ab[796].

795 Vgl. die Reaktion des ehemaligen britischen Verteidigungsministers auf die Lektüre des Buches von *Thomas Schelling*, a.a.O., S.VI und oben § 10 I. 1.

796 Wenn im folgenden Konstellationen dargestellt werden, für die Mediation eine grundsätzlich geeignete Form der Konfliktbehandlung ist,

I. Machtgleichgewicht zwischen den Parteien

Parteienkonstellationen, die typischerweise von annähernd gleichgewichtigen Machtverhältnissen geprägt sind oder bei denen jede Seite über ein Mindestmaß von Verhandlungsmacht verfügt, eignen sich am besten für Mediation[797]. Hier ist der Service-Delivery-Gedanke, der die schnelle und kostengünstige, gleichzeitig aber auch möglichst interessenorientierte Einigung anstrebt, tragfähig. Allerdings sollte nicht die extreme, idealtypisch dargestellte Ausprägung gewählt werden, die um jeden Preis einen Vergleich anstrebt, ohne auf seine inhaltliche Qualität Rücksicht zu nehmen. Steht die Verteilung der Verhandlungsmacht hier der beiderseitigen autonomen Bewältigung der Konfliktsituation nicht im Wege, sollte der Mediator in einem zweistufigen Vorgehen zunächst versuchen, insbesondere durch einen weiten Erörterungsrahmen bzw. Streitbehandlungsgegenstand eine Interessenlösung anzustreben. Erst wenn dies nicht gelingt, sollte aufgrund einer rechtlichen Bewertung des vor-

---

dann bedeutet das nur, daß Mediation *auch* – als Ergänzung der bisherigen Möglichkeiten – als Verfahren sinnvoll ist. Mit Recht kritisiert *Sarat* 21 Law & Soc. Rev., 698 ff den „new formalism", den ADR-Befürworter verbreiten, wenn z.B. argumentiert wird, „the central question is what dispute resolution process or combination of processes is effective for resolving different types of disputes" (*Goldberg/Green/Sander*, S.7). Schon die Darstellung der Entwicklung eines Konfliktes (§ 5) hat gezeigt, daß Konflikte nicht als fertige Einheiten nur noch einem für sie optimal geeigneten Verfahren überantwortet werden müssen, sondern sich während der Konfliktbehandlung verändern. Auch existieren, wie die Darstellung der Bandbreite von Mediation in § 13 gezeigt hat, keine idealen Verfahrenstypen, sondern eine Vielzahl von Variationen, die sich auch noch im Laufe der Zeit verändern: „They are transformed by and adapt to the problems that are brought to them." (*Sarat* a.a.O., 709 und oben § 13 II. 2. d) cc)) Insbesondere ist Vermittlung im Konflikt auch nicht auf Mediation beschränkt, sondern findet ebenso durch mediative Elemente z.B. in der richterlichen Tätigkeit statt (§ 22). Das alles mahnt zur Vorsicht, „ideale" Formen von Konfliktbehandlung bestimmten Konflikten zuzuordnen. Aufgabe dieser Untersuchung ist daher vor allem, Mediation – Vermittlung im Konflikt – mit ihren Chancen und Risiken zu erfassen und so in die *Möglichkeiten* der Konfliktbehandlung einzubeziehen.

797 Vgl. nur *Nader* Vortragsmanuskript, S.19

läufigen Streitstandes ein Vergleich auf dieser Basis angestrebt werden.

1. Mediationsverfahren nach dem Vorbild des Center for Public Resources

Gerade bei komplexen Streitigkeiten zwischen großen Unternehmen sind häufig mehr Interessen involviert, als die eingenommenen Rechtspositionen zeigen. Prozesse sind besonders hier wegen des Aufwands, der Unsicherheit für das operative Geschäft in der Schwebezeit und die Öffentlichkeitswirkung für die Unternehmen und die beteiligten Spitzenmanager eine abschreckende Konsequenz von gescheiterten Verhandlungen. Daher ist Mediation eine Chance, die sogar gelegentlich bereits genutzt wird:

Ein Beispiel aus jüngster Zeit ist die Auseinandersetzung zwischen den Konzernen Krupp und Klöckner auf der einen Seite und Thyssen auf der anderen Seite um insgesamt ca. 400 Millionen Mark[798]. Im Wege einer Sachkapitalerhöhung wurden 1988 zwei Bereiche der Henrichshütte in Hattingen von Thyssen in die Schmiedewerke Krupp-Klöckner (SSK) eingebracht. Der Wert dieser Sacheinlage war nach massiven Verlusten der in VSG umbenannten Gesellschaft in den darauffolgenden Jahren zwischen den Parteien, „die hart miteinander pokern"[799], nunmehr heftig umstritten. Die Positionen lagen zwischen den im „Sacheinbringungsvertrag" ursprünglich angesetzten 205,908 Millionen Mark (Substanzwert) und dem von der VSG-Geschäftsleitung in Auftrag gegebenen Wirtschaftsprüfergutachten zum tatsächlichen Wert der Thyssen-Sacheinlage – *minus* 165 Millionen Mark (Ertragswert). Rechtlicher Anknüpfungspunkt für den Standpunkt der VSG ist § 9 GmbHG, der bestimmt, daß zum Zeitpunkt der Handelsregister-Anmeldung einer Kapitalerhöhung die Sacheinlage die Höhe der dafür übernommenen Stammeinlage erreichen muß. Andernfalls ist der Gesellschafter zum Ausgleich verpflichtet. Klöckner und Krupp verweigerten weitere Mittel für die VSG, solange Thyssen nicht auf die Nachforderungen einging. Da nun entweder der Konkurs der VSG mangels Liquiditätsnachschuß oder ein „spektakulärer Prozeß" drohte[800], wurde der Einsatz eines *„Moderators"* erwogen. Das manager magazin kommentierte: „Weil die drei [Vorstandsvorsitzenden] einen Gesichtsverlust vermeiden wollen, hat der Moderator eine Chance."[801] Die zur Zeit extrem kompetitiven Verhandlungen („pokern"), bei denen die eingesetzte Verhandlungsmacht auch einen

798 manager magazin 9/1992, 8 ff
799 manager magazin 9/1992, 11
800 manager magazin 9/1992, 11
801 manager magazin 9/1992, 11

möglichen Konkurs des gemeinschaftlich gehaltenen Unternehmens VSG einbezieht, können wohl nur bei Einschaltung eines Dritten ohne Gesichtsverlust kooperativer gestaltet werden. Wirtschaftlich ist das jedenfalls unbedingt erforderlich.

Hier wäre es wünschenswert, Mediation als Möglichkeit auf freiwilliger Basis zur Auswahl zu stellen. Man könnte hier dem Beispiel des Centers for Public Resources in New York folgen, das Mediatoren für die unterschiedlichsten Streitgegenstände in seinen „panels" bereit hält.

2. Weitere Möglichkeiten für Mediation

– Statt eines minitrial kann, soweit die Parteien oder ihre Anwälte nicht für eine Drittintervention offen sind, eine anwaltschaftliche Vergleichskonferenz veranstaltet werden. An ihr ist zwar kein Mediator beteiligt. Es werden jedoch bereits einige mediative Elemente verwirklicht. Sie wird im nächsten Kapitel beschrieben[802].

– Mediation kann gerade auch bei Auseinandersetzungen um Unternehmenskaufverträge eingesetzt werden. Die Treuhandanstalt hatte daher z.B. eine Schlichtungsstelle eingerichtet.

– Mediation kann eine besondere Rolle bei den Auseinandersetzungen im Bereich des Familien-, Gesellschafts- und Erbrechts, insbesondere innerhalb des Gesellschafterkreises von Familiengesellschaften oder auch von GmbHs zukommen. Gerade die persönliche und wirtschaftliche, auch zukünftige Verbundenheit, die Fortsetzung der sozialen Beziehung[803], spricht hier für die Suche nach einer Interessenlösung, bevor in einem gerichtlichen Verfahren nur noch über einen rechtlichen Ausschnitt des komplexen Verhältnisses gestritten wird, und das Verhältnis damit womöglich nur noch abgewickelt wird.

---

802 § 22 I.3.

803 Die idealtypischen Mediationsansätze Service-Delivery und Individual Autonomy bieten sich hier, je nach Streitverhalt, in einem Mischverhältnis an. Im Vordergrund steht die Erarbeitung einer Interessenlösung. Je mehr die Parteien jedoch auch in Zukunft ihre Verhältnisse weiter gestalten müssen, desto mehr sollte der Mediator sich an dem Individual-Autonomy-Ansatz ausrichten, sich mit eigenen Lösungsvorschlägen zurückhalten und die Parteien ihre Lösung selbst erarbeiten lassen.

– Mediation bietet sich schließlich bei komplexen Streitverhalten[804] an und dort insbesondere für solche, die für eine Interessenlösung besondere *Sachkenntnis* des Dritten erfordern, z.B. begleitende Schlichtung bei Langzeitverträgen im Bereich Anlagenbau[805]. Auch bei EDV-Auseinandersetzungen ist Mediation eine besonders geeignete Alternative:

Die Deutsche Gesellschaft für Informatik und Recht e.V.[806] formuliert das so: „Ein Schlichtungsteam, bestehend aus einem Juristen und einem EDV-Sachverständigen, leitet das Schlichtungsverfahren. Der technische Sachverstand wird also nicht (wie bei Gericht) durch die Juristen nach Bedarf hinzugeholt, sondern ist jederzeit Teil des Verfahrens. Das Schlichtungsteam beherrscht die Juristensprache und die Sprache der Technik; damit entfallen Verständigungsprobleme zwischen den Verfahrensbeteiligten. ... Im Gerichtsverfahren ist der Sachverhalt fest vorgegeben. Das Schlichtungsteam kann demgegenüber durch Systemanalyse und Beratung an der Behebung des technischen Problems mitwirken und braucht sich nicht auf die juristische Bewertung der technischen Schwierigkeiten ... zu beschränken."

Der Mediator sollte hier optimalerweise Fachmann für einen (technischen) Themenbereich sein und gleichzeitig eine Ausbildung in Mediation haben.

---

804 *Ponschab* AnwBl 1993, 433 nennt hier als Anwendungsgebiete für den Anwalt als „Verhandlungshelfer" (vgl. § 22 I. 2.) insbesondere vermögensrechtliche Auseinandersetzungen:
„1. Wer scheidet (aus der Gesellschaft) aus?
2. Wer erhält welche Abfindungen?
3. Wer führt die Geschäfte weiter?
4. Welcher Partner bleibt mit welchen Mitbestimmungsrechten beteiligt?
5. Können gesamthänderisch gebundene materielle oder immaterielle Vermögenswerte einem scheidenden Partner ‚mitgegeben' werden?"
Die „Erarbeitung kreativer Lösungen" erfordere „eine intensive Einarbeitung und vor allem zeitaufwendige Gespräche mit den Parteien, zu denen sich im Regelfall ein Gericht kaum in der Lage sieht". Hier geht es nicht um eine Näherungslösung an eine richterliche Entscheidung, sondern um eine Erforschung der Interessen der Parteien, die erst eine einvernehmliche Lösung ermöglichen kann.

805 Vgl. bereits oben § 18 I. 2.

806 Informationsschrift Nr.2, Januar 1989, S.3 f; im Anhang, S.10 f findet sich auch ein Vorschlag für eine Schlichtungsklausel in EDV-Verträgen.

II. Typisches Machtungleichgewicht

Konflikte, in denen typischerweise[807] ein Machtungleichgewicht zwischen den Parteien besteht, sind für Mediation (ohne schützende Modifikationen) grundsätzlich nicht geeignet[808].

So formuliert auch das Bundesverfassungsgericht in seiner Entscheidung vom 7.2.1990, Schranken von Privatautonomie seien „unentbehrlich, weil Privatautonomie auf dem Prinzip der Selbstbestimmung beruht, also voraussetzt, daß auch die Bedingungen freier Selbstbestimmung tatsächlich gegeben sind. Hat einer der Vertragsteile ein so starkes Übergewicht, daß er vertragliche Regelungen faktisch einseitig setzen kann, bewirkt dies für den anderen Vertragsteil Fremdbestimmung. Wo es an einem annähernden Kräfteausgleichsgewicht der Beteiligten fehlt, ist mit den Mitteln des Vertragsrechts allein kein sachgerechter Ausgleich der Interessen zu gewährleisten. Wenn bei einer solchen Sachlage über grundrechtlich verbürgte Positionen verfügt wird, müssen staatliche Regelungen ausgleichend eingreifen, um den Grundrechtsschutz zu sichern."[809]

1. Keine Mediation im Bereich sozialer Schutzrechte

Das gilt insbesondere für solche Streitverhalte, die sich im Bereich sozialer Schutzgesetze, die gerade eine Partei vor den Folgen überlegener Verhandlungsmacht schützen wollen, bewegen. Ein Beispiel: Das Verhältnis zwischen Vermieter und Mieter ist gerade in einer Zeit äußerst knappen Wohnraumes durch ein typisches Verhandlungsmachtgefälle gekennzeichnet[810]. Der gesetzliche soziale Mieterschutz ist dabei das entscheidende Kompensationsinstrument in der Hand des Mieters. Zwei Beobachtungen zeigen jedoch, daß er nicht immer durchgreift: Für Auseinandersetzungen zwischen Mie-

807 Die Darstellung oben in § 11 zur Verhandlungsmacht hat gezeigt, daß die Feststellung der Verteilung von Macht zwischen den Parteien keineswegs einfach ist. Dennoch gibt es Konstellationen, in denen Verhandlungsmacht ganz überwiegend und damit typischerweise ungleich verteilt ist.

808 Das soll jedoch nicht heißen, daß hier eine sinnvolle, für beide Seiten vorteilhafte Einigung ausgeschlossen ist.

809 BVerfGE 81, 254 f

810 Vgl. nur MünchKomm/*Maier* § 1025 a ZPO, Rdnr.1, der vom „gewöhnlich sozial schwächeren" Mieter spricht; einschränkend aufgrund der vielfältigen möglichen Konstellationen *Demant/Dotterweich/Morasch/Reichelt* in: *Morasch*, S.63

tern und Vermietern haben Untersuchungen festgestellt, daß selbst bei Vergleichen im *gerichtlichen* Verfahren die Mieter entgegen der sie eigentlich schützenden Rechtslage häufig dem Räumungsbegehren des Vermieters nachkommen[811]. Außerdem wird der überwiegende Teil der Mietprozesse von *Vermietern* eingeleitet, obwohl die auf den Mieterschutz ausgerichteten gesetzlichen Bestimmungen eigentlich das Gegenteil erwarten ließen. Das läßt zumindest vermuten, daß im außergerichtlichen Verhandlungsbereich noch in sehr viel größerem Umfang Rechtspositionen aufgegeben werden.

Auf der anderen Seite liegt auch keine besondere Indikation für eine autonome Ausgestaltung des Verhältnisses zwischen Vermieter und Mieter vor. Zwar handelt es sich um eine Dauerbeziehung. Sie ist jedoch weitgehend entpersönlicht[812] und bedarf damit auch nicht der selbstbestimmten Ausgestaltung im Sinne der künftigen Beziehung, wie das beispielsweise bei der Scheidung von Ehepartnern mit Kindern gilt. Der Schutz der Eigentumsinteressen des Vermieters und der „Lebensmittelpunkt" – Interessen des Mieters erfordert aufgrund der Ungleichgewichtslage klare gesetzliche Regelungen, in deren eindeutig fixiertem und durchsetzbarem Rahmen dann alltägliche Kooperation möglich ist.

Nicht privatautonome Gestaltung, sondern mehr oder einfacherer *Zugang zum Recht* ist hier notwendig. Hier ist demnach ein anderes Verfahrensdesign als ein auf autonome Konfliktbewältigung gerichtetes Mediationsverfahren erforderlich. Der Access-to-Justice-Gedanke fordert eine *Kombination* von Verfahrensbestandteilen,

---

811 *Schulz-Rackoll* in: *Röhl* Der Vergleich im Zivilprozeß, S.257 f stellt im Rahmen der Ergebnisse von Verhandlungsbeobachtung und Aktenanalyse fest, daß trotz richterlicher Hinweise auf die Unschlüssigkeit des Räumungsbegehrens Vergleiche geschlossen wurden, die für die Mieter den Verlust der Wohnung und erhebliche Kosten bedeuteten: „Hier kann nur der Schluß gezogen werden, daß der soziale Druck durch Vermieter und/oder Nachbarn stärker sein mußte als das richterlich bescheinigte Recht auf Verbleib in der Wohnung." (S.257) Vgl. dazu auch *Hilden*, S.74, der soziale Schutzrechte als Handelsware verwendet sieht.

812 Anders sieht das nur aus, wenn das Mietverhältnis gleichzeitig ein Nachbarschaftsverhältnis ist; zu der unterschiedlichen Komplexität der Sozialbeziehungen zwischen Vermieter und Mieter infolge der verschiedenen sozialen Distanz und ihren Konsequenzen im Zivilprozeß *Schulz-Rackoll* in: *Röhl* Der Vergleich im Zivilprozeß, S.262 ff

die insbesondere für den Mieter eine größere Durchschlagskraft der sozialen Schutzbestimmungen erreicht, die im offenen Verhandlungsraum, selbst bei Vergleichs-Verhandlungen vor Gericht, gefährdet sein kann (Verfahrensdesign). Ein beispielhaftes Verfahren wird im nächsten Kapitel dargestellt[813].

2. Geringwertige Verbraucherstreitigkeiten

Die große Gruppe der Verbraucherstreitigkeiten, die insbesondere aufgrund ihres geringen Streitwerts nur vergleichsweise selten vor Gericht gelangen, wurde bereits im Rahmen der Diskussion des Access-to-Justice-Projektes behandelt[814]. Einerseits kann eine informelle Konfliktbehandlung in diesen Fälle die Justiz ergänzen und damit für einen eingeschränkten Zugang zum Recht sorgen. Andererseits kann darüber hinaus jedoch der typischen Unterlegenheit der Verbraucher dadurch Rechnung zu tragen, daß sie eine – möglichst für die Anbieterseite bindende – Schiedskomponente enthalten, was jedoch eine Vermittlungstätigkeit während des Verfahrens nicht ausschließt. Darüber hinaus sollten sie von Organisationen der Anbieter- und Verbraucherseite besetzt werden[815] und nicht auch nur den Verdacht erwecken, einseitig den Interessen einer Seite zu dienen. Nachdem z.B. die von beiden Seiten getragenen Mietschlichtungsstellen in Hamburg und Frankfurt wohl durch die besonderen Beziehungen der beteiligten Vereine entstanden sind[816], muß die Initiative dazu von beiden Seiten ausgehen. Nur das strukturelle Verständnis, daß im Ergebnis beiden Seiten durch vertrauenserweckend besetzte Schiedsstellen geholfen ist, kann zu solchen Initiativen beitragen. Schließlich können solche Einrichtungen, so

---

813 Vgl. unten § 21

814 § 18 III.2.

815 Vgl. nur *Morasch/Blankenburg* ZRP 1985, 223, die für die Akzeptanz solcher Stellen statt dem in Deutschland vorherrschenden „‚Zunfttyp' defensiver Beschwerdebehandlung" den „Typ ‚organisierte Interessenvertretung'" fordern; vgl z.B. zu den paritätisch besetzten Schlichtungsstellen für Verbraucherbeschwerden bei den Industrie- und Handelskammern *Demant/Dotterweich/Morasch/Reichelt* in: *Morasch*, S.27

816 *Demant/Dotterweich/Morasch/Reichelt* in: *Morasch*, S.64

sinnvoll sie auch sein mögen, nur dann eine Wirkung erzielen, wenn ihr Bekanntheitsgrad gesteigert wird[817].

III. Die besondere Situation der Scheidungsauseinandersetzung

Eine Ausnahmestellung nehmen die Auseinandersetzungen bei der Ehescheidung ein. Auf der einen Seite ist ein – insbesondere wirtschaftliches – Verhandlungsungleichgewicht zuungunsten der Frau eher wahrscheinlich. Andererseits ist – zumindest bei den Trennungen, in denen Kinder vorhanden sind, – für die künftige, allerdings neu strukturierte Dauerbeziehung eine kooperative Konfliktbehandlung von essentieller Notwendigkeit. Familien-Mediation stellt dafür eine im wörtlichen Sinne grundlegende Chance dar. Mögliche Verhandlungsmachtdefizite einer Seite sind dabei in der Gestaltung des Mediations-Verfahrens zu berücksichtigen. Stärkere Verhandlungsmacht einer Partei kann im Mediation-Verfahren nicht (vollständig) beseitigt werden. Soweit sie besteht, kann sie jedoch durch die Gestaltung des Verfahrens beeinflußt werden.

IV. Folgerungen für die Ausgestaltung von Mediation

Die Gestaltung des Mediationsverfahrens muß sich nach der dominierenden Zielvorgabe richten. Wenn z.B. Mediation zur Ermöglichung und Unterstützung von privatautonomer Gestaltung von Konfliktbehandlung dienen soll, dann muß sichergestellt sein, daß „die Bedingungen freier Selbstbestimmung tatsächlich gegeben sind."[818] Nur dies gewährleistet dann auch die Chance auf selbstgestaltetes Recht.

---

817 *Hegenbarth* in: *Voigt*, S.161 spricht gegenüber der Zersplitterung der Stellen für Konsumentenstreitigkeiten von der „perzeptive[n] Prominenz der Justiz".

818 BVerfGE 81, 254

1. Das Rollenverständnis des Mediators

Das Verhalten des Mediators ist hier entscheidend. Es kann die Bedingungen der Selbstbestimmung fördern, bei zu großer Dominanz einer Partei die Mediation abbrechen oder durch seine Eingriffe gerade die Entfaltung autonomer Konfliktsteuerung verhindern. Neutralität des Mediators bedeutet hier nur im extremen Fall, daß seine Tätigkeit sich nicht auf die Verhandlungsposition der Parteien auswirkt (Katalysator[819]). Durch Information trägt er dazu bei, daß unter Umständen eine Seite und ihre Verhandlungsposition gestärkt wird oder eine andere Position entwertet wird. Seine Vorschläge, gestützt durch unterschiedliche Quellen von Autorität, können den Positionen der Parteien ein zusätzliches Gewicht verleihen oder ihnen noch mehr an Boden entziehen. Der Grad der Intensität des Eingriffs des Mediators – offen oder verdeckt – kann erhebliche Auswirkungen auf den späteren Inhalt eines Vergleichs haben. Die Konflikt-Beendigungsform Vergleich kann demnach inhaltlich auch sehr unterschiedliche Beiträge des Dritten widerspiegeln.

Gefordert wird dennoch im allgemeinen nur, das Verfahren müsse fair sein, der Dritte müsse neutral sein, und die Parteien sollten sich frei von unzulässigem Zwang entscheiden können. Damit ist jedoch nur die äußerste Grenze des Einflusses des Verfahrens auf das Vergleichsergebnis in Form eines Verbots festgeschrieben.

Sowohl die Intensität, als auch die *Richtung* der Eingriffe des Dritten ist bestimmt von seinem Verfahrensleitbild, seinen Zielvorstellungen:

– Ist er dem Service-Delivery-Gedanken in seiner extremen Form verpflichtet, so wird er (fast) jede Chance eines möglichen Vergleichs nützen, Schwächen der einen Partei und Stärken der anderen Partei verstärken – „Crunch-Time"[820] – um einen Vergleich als Erfolg vermelden zu können. Das ist jedoch abzulehnen, da ein Vergleich an sich nicht als Erfolg zu werten ist. Auch der dem Service-Delivery-Ansatz verpflichtete Mediator sollte sich an den vorzugswürdigen Verhandlungsperspektiven, Interessenverwirklichung oder Annäherung an das Recht, orientieren, nicht aber versu-

819 Vgl. oben § 13 II. 2. a) aa)

820 *Honeyman* 1985 Mo. J. Dis Res., 146

chen, über seine Interventionen Verhandlungsmacht zur Durchsetzung eines Vergleichs zu nützen[821].

– Der Mediator, der durch seine Tätigkeit Zugang zum Recht eröffnen will, wird auf den Ausgleich in der Verhandlungsmacht zwischen den Parteien hinarbeiten. Insbesondere wird er der schwächeren Partei durch Informationen und andere Hilfestellungen, zur Annäherung an das Recht zu verhelfen suchen.

– Ist die Tätigkeit des Mediators dem Selbstbestimmungs-Gedanken verpflichtet, so sollte er grundsätzlich anerkennen, daß jede Partei frei für sich bestimmt. Nicht seine Wertungen, sondern ausschließlich die Interessen und Werte der Parteien sollten im Verfahren Raum erhalten. Wenn ein zu starkes Übergewicht einer Partei keine Selbstbestimmung beider zuläßt, hat er das Verfahren von selbst zu beenden.

Während also der eine Mediator den Elementen von Verhandlungsmacht um der Beendigung durch Vergleich willen unter Umständen zu mehr Wirkung im Sinne von Erzeugung von Vergleichsbereitschaft um jeden Preis verhilft, wirkt ein anderer in die andere Richtung auf Chancengleichheit, Ausgleich etc. Die in letzter Konsequenz autonome Entscheidung zum Vergleich entwickelt sich nicht in einem idealen Raum, sondern unter den Bedingungen realer Verhandlungsmacht, die von einem Mediator zumindest beeinflußt wird. Verhaltensvorgaben an den Mediator, die die unterschiedlichen Zielprojekte berücksichtigen, werden im folgenden Kapitel insbesondere am Beispiel der praktischen Umsetzung der dem Individual-Autonomy-Projekt verpflichteten Familien-Mediation zu konkretisieren sein.

---

821 Auch *Stürner* in: *Gottwald/Hutmacher/Röhl/Strempel*, S.151 will in seinem Vorschlag zur Neufassung von § 279 I. ZPO durch die Herausstellung der zwei Vergleichsformen mit akzeptabler Rechtsschutzqualität – des interessenorientierten parteiautonomen Vergleichs und des eine Näherungslösung an das Recht enthaltenden Schiedsvorschlages – „Güteverfahren, die auf bloßes Drohen und Taktieren hinauslaufen und die man als ‚Vergleichsquetsche' bezeichnen könnte", verhindern.

2. Informierte Entscheidung der Parteien

Für alle Mediations-Verfahren muß der Grundgedanke gelten, daß die Parteien ihre Entscheidung informiert treffen[822]. Für Mediation unter dem Access-to-Justice-Gedanken versteht sich das von selbst. Der Service-Delivery-Ansatz sollte sich, wie gerade dargestellt, auf Interessen-orientierte Kooperation konzentrieren oder zumindest Näherungslösungen an das Recht suchen. Auch die Interessen-Perspektive setzt dabei eine genaue Erforschung des Sachverhalts und damit auch die Kenntnis der vorläufigen rechtlichen Bewertung voraus[823]. Aber selbst dann, wenn die Selbstbestimmung der Parteien, z.B. in der Familien-Mediation, absoluten Vorrang hat, so heißt das nicht, daß die rechtlichen Positionen aus dem Verfahren ausgeblendet werden. Das Recht ist dort nur eine Perspektive auf den Konflikt, deren Kenntnis für eine selbstbestimmte Entscheidung jedoch notwendig ist[824].

---

822 Soweit Schlichtungsstellen Gutachten erstellen oder eine Bewertung der Positionen der Parteien abgeben, hat das *faktisch* u.U. eine erhebliche Bindungswirkung, *Nicklisch* FS Bülow, S.176. In der rechtlichen Verpflichtung zur Beachtung von verfahrensmäßigen Minimalgarantien, die *Nicklisch* a.a.O., S.176 f zu Recht aus den selbstgesetzten, nach außen vertretenen Maßstäben, insbesondere dem Anspruch der Objektivität und Neutralität, ableitet, an denen sie sich messen lassen müssen, ist auch die Verpflichtung zur vollständigen und richtigen Erfassung des Untersuchungsfeldes enthalten. Im Ergebnis bedeutet dies, daß deren Stellungnahme eine informierte Entscheidung der Parteien über ihren Konfliktgegenstand ermöglichen muß.

823 Für die Vergleichstätigkeit des Richters verlangt *Stürner* in: *Gottwald/Hutmacher/Röhl/Strempel*, S.150, daß der Richter beim parteiautonomen Vergleich, für den zwar „das spätere Urteil ... der falsche Maßstab" wäre, eine „notarielle Funktion" übernimmt, „die allerdings korrekte Willenserforschung, Sachverhaltsklärung, Belehrung über Folgen, Formulierungshilfe und den Schutz des Unerfahrenen umfaßt".

824 Ausführlich unten § 20 IV. 9.

6. Kapitel
Verfahrensdesign: Vorschläge für eine praktische Umsetzung des Mediationskonzeptes

§ 20 Mediation in Scheidungskonflikten – eine notwendige Alternative zur gerichtlichen Auseinandersetzung

An diesem Beispiel soll hier im Überblick[825] die Entscheidung für die Bereitstellung eines Mediationsverfahrens und seine Gestaltung konkretisiert werden.

I. Die Problemkonstellation „Scheidung"

Scheidungen sind alltäglich. Dabei wächst die Zahl der betroffenen Kinder. Zu den ca. 1 Million Kindern, die zwischen 1980 und 1989 von Scheidungen in der Bundesrepublik Deutschland mitbetroffen waren, kommen jedes Jahr ca. 150.000 im vereinten Deutschland hinzu – 30% davon unter 6 Jahren und 50% unter 12 Jahren. Die Annäherung an die amerikanische Scheidungs-Wirklichkeit, wo 50% aller Kinder vor ihrer Volljährigkeit die Trennung ihrer Eltern erleben, scheint vorprogrammiert[826]. Gerade im Hinblick auf die Belastung der Kinder während und nach der Scheidung ist die Frage nach den Möglichkeiten der Konfliktbehandlung bzw. -bewältigung drängend.

1. Multi-Dimensionalität des Konfliktes

Der Konflikt weist meist die unterschiedlichsten Perspektiven bzw. Dimensionen auf; genannt werden als Konfliktebenen von den Parteien die persönlich-psychische, die finanzielle und mit ihr die

825 Angesichts der zahlreichen Aspekte der Konfliktbehandlung im Scheidungsfall und der Fülle des vorhandenen Materials wäre hier allein schon eine umfangreiche Monographie gerechtfertigt.
826 Alle Zahlenangaben von *Proksch* Familiendynamik 1992, 395 f

juristische, sowie die Beziehungsebene (Partner und Kinder)[827]. Dem entspricht die „Multi-Professionalisierung"[828] der eingeschalteten Dritten, Familienberater, Psychologen, Anwälte, Sozialarbeiter, Familienrichter, Therapeuten der unterschiedlichsten Ansätze etc., die versuchen, den vielfältigen Dimensionen gerecht zu werden. Dennoch: „Die Familie fühlt sich kaum von quälenden, zum Teil kaum noch erträglichen Gefühlskonflikten entlastet, der Jurist mag versuchen, sich herauszuhalten und das Gespräch auf die ‚eigentlichen', relevanten Punkte zu lenken. Der Psychologe mag mit Freud denken, daß auf einem Schlachtfeld keine sinnvolle Psychotherapie zu betreiben ist."[829]

2. Notwendigkeit autonomer, kooperativer Entscheidungsfindung im Sinne der Kinder

Alle Dimensionen wirken zusammen in einer Beziehungsdynamik (Familiendynamik[830]). Die Beteiligten sind jedoch verstrickt in einem Denken in Ursache-Wirkungsketten. Statt ihre Verstrickung in ein Familien-System[831] erkennen zu können, geht es um die Ermittlung des Schuldigen. Gefühle eskalieren dabei: „Trotz heftigster, andauernder, bis an die Grenzen der seelischen und körperlichen Belastbarkeit geführter Auseinandersetzungen wird eine Lösung der Konflikte durch das gemeinsame Gespräch offenbar noch

827 *Vgl. nur Stange,* in: Deutsches Familienrechtsforum, S.101 neben persönlicher Erfahrung als Projektleiter des Modellversuchs Teamberatung des Deutschen Familienrechtsforums unter Berufung auf eine Fragebogenaktion; *Milne/Folberg* in: *Folberg/Milne,* S.5 m.w.Nw.

828 *Rottleuthner,* in: Deutsches Familienrechtsforum, S.72 ff

829 *Wirsching* in: Deutsches Familienrechtsforum, S.24

830 Auch das KJHG baut daher jetzt auf einen familiendynamischen Ansatz auf, MünchKomm/*Hinz* § 17 KJHG, Rz.3; *Hansen* FuR 1993, 94

831 Zur systemischen Sichtweise der Familie und ihrer Bedeutung für die Scheidungsforschung vgl. nur *Fthenakis* in: Brühler Schriften zum Familienrecht Band 3, S.51 m.w.Nw.; vgl. auch *Coester* in: Brühler Schriften zum Familienrecht Band 4, S.47: „Die Sicht der Familie als komplexes Beziehungsgefüge, als ‚System' ist kein wissenschaftliches Kunstgebilde, sondern auch Ergebnis unverbildeter Seinsanschauung, also des ‚gesunden Menschenverstands'." Zum systemischen Familienverständnis als Beratungsansatz MünchKomm/*Hinz* § 17 KJHG Rz.3

weiter erschwert, eine Tatsache, die jedem, nur nicht den Beteiligten selbst, sehr deutlich wird."[832]

Dies ist um so fataler, als einer Scheidung nicht der völlige Abbruch familiärer Beziehungen folgt, sondern sich ein *neues*, nur in getrennten Haushalten organisiertes Familiensystem herausbildet, eine Transformation von bisher ehelichen zu nur noch elterlichen Beziehungen[833]. Entscheidungen, die auf einer retrospektiven Sicht der Eltern-Kind-Beziehung beruhen, stellen für die Zeit nach der Scheidung keine tragfähige Basis dar[834]. Die neue Dauerbeziehung macht gestaltende, autonome Entscheidungsbildung in kooperativem gegenseitigem Umgang notwendig. Die größten Verlierer sind sonst die Kinder[835]. Forschungsergebnisse zur Situation von Kindern in geschiedenen Familien stimmen darin überein, daß gemeinsam sorgender und damit kooperativer Umgang der geschiedenen Eltern miteinander wesentlich für die Verarbeitung der Scheidung durch die Kinder ist[836].

3. Ergebnis

Einerseits können die Konfliktparteien der Multi- Dimensionalität und Beziehungsdynamik meist nicht allein begegnen. Andererseits soll die Entscheidung jedoch bei ihnen selbst verbleiben, da sie – und ihre Kinder – damit leben und weiter handeln müssen[837]. Keine Momentaufnahme einer richterlichen Entscheidung wird der Dynamik der künftigen Beziehung gerecht[838].

832 *Wirsching*, in: Deutsches Familienrechtsforum 1982, S.23

833 *Fthenakis/Kunze*, in: *Faltermeyer/Fuchs*, S.47 ff m.w.Nw.; daher auch das Leitmotiv für die Entwicklung von Mediation: „Parents are forever" (*Glasmachers* in: Deutsches Familienrechtsforum 1982, S.113)

834 *Fthenakis* in: Brühler Schriften zum Familienrecht Band 3, S.53

835 Vgl. nur *Fthenakis/Kunze*, in: *Faltermeier/Fuchs*, S.39 ff

836 Vgl. nur *Proksch* FamRZ 1989, 917 m.w.Nw.

837 *Mnookin/Kornhauser* 88 Yale L. J., 980 zeigen am Beispiel des gemeinsamen Sorgerechts, daß ein für eine selbstbestimmte Einigung gutes Modell bei richterlicher Anordnung katastrophale Folgen haben kann.

838 MünchKomm/*Hinz* § 17 KJHG Rz.14 empfiehlt daher, Schlichtungsklauseln, die vor Abänderungsanträgen (§ 1696 BGB) die Inanspruchnahme von Beratung vorsehen, in Sorgerechtsvereinbarungen aufzunehmen, die so auch bei nach der Scheidung auftretenden Schwierigkeiten den Eltern „Handlungsmuster vorgeben, wie sie in gerichtlichen Entscheidungen i.d.R. gerade fehlen."

„Jede von den Eltern nicht erarbeitete oder auch nur *wirklich* mitgetragene Entscheidung löst den Konflikt nicht, sondern erhöht den gefühlsmäßigen Innendruck bei den Erwachsenen, bis dieser sich in der Regel über die Person des Kindes ein Ventil verschafft."[839]

Kein Konfliktstoff erfordert so sehr die Förderung von Autonomie – das *Individual-Autonomy-Projekt* – wie die Trennungsauseinandersetzung!

II. Die Förderung autonomer Konfliktbehandlung im Scheidungsverfahren

Die folgende Darstellung will nicht in Zweifel ziehen, daß es vielfältige Ansätze für eine Förderung der autonomen Konfliktbewältigung durch die scheidungsentschlossenen Ehepartner im bisherigen Scheidungsverfahren gibt. Das Engagement der beteiligten Berufsgruppen hat immer schon interdisziplinäre Weiterbildung und die Suche nach neuen Wegen eingeschlossen[840]. Dennoch sollen die strukturellen Probleme der einzelnen Verfahrensstufen und bisherigen Lösungen aufgezeigt werden, die auf die Notwendigkeit des (zusätzlichen) Verfahrensangebots „Mediation" hinweisen. Dabei wird von einer Trennungssituation ausgegangen, in der Kinder vorhanden sind und somit eine Sorge- bzw. Besuchsrechtsregelung notwendig ist, da gerade hier die autonome Konfliktbehandlung eine entscheidende Bedeutung hat.

1. Die gesetzliche Ausgestaltung der Trennung

Das geltende Recht[841] versucht der Komplexität der Scheidung durch eine umfassende Verfahrenskonzentration gerecht zu werden (sog. Verbundsverfahren, § 623 ZPO), die sowohl originäre richterliche Entscheidungsbefugnisse als auch privatautonome Gestaltungsspielräume umfaßt[842]. Nach der gesetzlichen Systematik unterlie-

839 So der (ehemalige) Familienrichter *Prestien*, in: Deutsches Familienrechtsforum, S.77

840 Vgl. z.B. zur Bildung von interdisziplinären Arbeitsgruppen in Berlin *Brehme* in: *Krabbe*, S.227 ff

841 Regelung durch das Erste Gesetz zur Reform des Ehe- und Familienrechts v. 14.6.1976 (BGBl. I. S.1421)

842 MünchKomm/*Klauser* § 623 ZPO, Rz.2

gen der richterlichen Entscheidung vor allem die Scheidung selbst (§ 1564 BGB), sowie die Folgesachen Sorgerecht (§ 1671 BGB) und Versorgungsausgleich (§ 1587 BGB). Die Verfahrensstellung des Richters wird durch die Zurückdrängung der Dispositionsmaxime (§ 617 ZPO) und durch die Verbindung von zivilprozessualen Sachen mit Sachen der Freiwilligen Gerichtsbarkeit zur gemeinsamen Entscheidung aufgewertet[843]: In der Praxis wird von der richterlichen Aufklärungsbefugnis in viel weiterem Umfang Gebrauch gemacht als im sonstigen Zivilprozeß[844]. Doch bleiben die Parteien auch im Scheidungsverbund vergleichsbefugt[845] und können daher die Scheidung auch privatautonom einvernehmlich regeln[846].

a) Daher kann der Konfliktbehandlung vor und neben[847] dem gerichtlichen Verfahren prinzipiell eine erhebliche Bedeutung zukommen[848]:

– Durch den nach § 78 ZPO herrschenden Anwaltszwang werden die Anwälte in einem frühen Stadium in die Auseinandersetzung eingeschaltet und wirken so auf die Entwicklung des Trennungskonflikts ein. Ihr Verhalten kann der Entwicklung des Konfliktes eine entscheidende Prägung geben. Ihre Beratungsleistung kann die Parteien in Richtung einer gerichtlichen oder außergerichtlichen Behandlung dirigieren. Viele außergerichtliche Verhandlungen führen nun in der Tat zu einer Einigung ohne Inanspruchnahme des

843 Stein/Jonas/*Schlosser* § 623 ZPO, Rz.16

844 MünchKomm/*Klauser* § 623 ZPO, Rz.2

845 Stein/Jonas/*Schlosser* § 617 ZPO, Rz.6 ff

846 Das gilt auch für die dem Richter vorbehaltenen Entscheidungen; vgl. § 630 ZPO (Scheidung), § 1671 II. BGB (Sorgerecht) und § 1587 BGB (Versorgungsausgleich); so ist der Elternvorschlag nach § 1671 Abs.3 „ein gerichtlich *kontrollierter Diapositions*akt der Eltern über die elterliche Sorge“, von dem der Richter nur abweichen soll, wenn Erfordernisse des Kindeswohls es verlangen, MünchKomm/*Hinz* § 1671 BGB, Rz.48; dabei soll der Richter jedoch nicht sein Ermessen an die Stelle des Ermessens der Eltern setzen, a.a.O., Rz.58

847 Vgl. dazu bereits die Darstellung oben 2.Kapitel

848 Aus der Sicht der Steuerung des Geschäftsanfalls der Familiengerichte sieht *Strempel* in: *Krabbe*, S.245 es als Ziel an, die „Schnittstelle“, den Übergang zwischen gerichtlicher und außergerichtlicher Konfliktbehandlung als „*Filter* auszugestalten, der nur die für die Gerichte als relevant erachteten Fälle vor die Justiz gelangen läßt.“ (Hervorheb. i. O.)

Gerichtes. Dennoch scheint einiges darauf hinzudeuten, daß „der Geschäftsanteil insbesondere an allein anhängigen Familiensachen durch die Anwälte eher gesteigert wird“[849].

Das folgt fast zwangsläufig aus der generellen Konstellation: Auf die Beziehungsdynamik des Scheidungskonfliktes bereiten die Ausbildung und das Berufsbild des Anwaltes nur unzureichend vor. Daß die juristische Ausbildung die Dynamik und Behandlung von Konflikten nicht berührt, macht sich insbesondere in der komplexen Dynamik der scheiternden Ehe bemerkbar[850]. Das Rechtsberatungsgesetz stellt außerdem gerade auf die besondere *juristische* Kompetenz ab und sieht daher eine klare Abgrenzung zu den eigentlich zusätzlich erforderlichen Beratungsansätzen vor. Die „Kooperation mit anderen Beratern, die zu den juristischen komplimentäre psychologische sowie sozialpädagogische Kompetenzen in Beratung und Konfliktregelung einbringen könnten“[851], wird zumindest erschwert. Die im wesentlichen juristisch geprägte Perspektive der Anwälte läßt sie eher in streitigen Situationen das Gericht als einzigen Ausweg sehen und damit zu der der autonomen Konfliktregelung durch die Parteien entgegenwirkenden Verrechtlichung beitragen[852]. „Das gerichtszentrierte Berufsbild der Anwälte verstellt in diesem Bereich (noch) den Blick auf außergerichtliche Wege der Konfliktregelung oder Schlichtung.“[853]

Zudem fehlt den außergerichtlichen Verhandlungen durch Anwälte häufig die unmittelbare Konfrontation der Parteien. Die Vertretung

849 *Strempel* in: *Krabbe*, S.247

850 Ähnlich *Strempel* in: *Krabbe*, S.247; fehlende Fortbildungsangebote im psychologischen Bereich für Richter und Anwälte beklagt z. B. auch der Bericht des Arbeitskreises 19 „Familiengerichtsverfahren – Richter und Anwälte zwischen Engagement und Resignation“ in: Brühler Schriften zum Familienrecht Band 4, S.90

851 *Strempel* in: *Krabbe*, S.247; vgl. auch den Bericht des Arbeitskreises 7 „Interdisziplinäres Zusammenwirken im Sorge- und Umgangsrechtverfahren“ in: Brühler Schriften zum Familienrecht Band 7, S.92 (Konfliktverschärfung durch Schriftsätze)

852 Nach kalifornischen Recht hat das sogar im Rahmen der Regelung von „mandatory mediation“ zu der gesetzlichen Bestimmung geführt, daß „the mediator shall have the authority to exclude counsel from participation in the mediation proceedings“ (California Civil Code, 1981, section 4607a)

853 *Strempel* in: *Krabbe*, S.247

bedeutet Delegation und damit Einschränkung der eigentlich gerade für zukünftigen (Konflikt-)Umgang notwendigen Autonomie. Zusätzlich polarisiert sie die vertretenen Standpunkte, da der Anwalt durch sein Mandat für die Wahrung der *rechtlichen* Positionen verantwortlich ist. Er muß auch aus diesem Grund zwangsläufig zur Verrechtlichung und damit zur Filterung des Sachverhalts beitragen. „Er muß sich *rechtspositionsfähig* halten, weil er ja jederzeit damit rechnen muß, doch auf eine richterliche Entscheidung angewiesen zu sein."[854] Das bedeutet nicht, daß die anwaltschaftliche Tätigkeit nicht ihre Bedeutung in der Austragung des Trennungskonfliktes hat und behalten soll. Die *Information* über die rechtliche Position ist unverzichtbarer Bestandteil autonomer Willensbildung gerade der schwächeren Partei. Auch kann ein „Vierergespräch" der Parteien mit ihren Anwälten „sich dem mediativen Verfahren um so mehr annähern, je gründlicher die Verhandlungen durch Mandantengespräche vorbereitet sind und um so mehr im gegenseitigen Verständnis und der Reflexion der Rollen gezielt auf der Interessenebene verhandelt wird"[855].

– Trennungs- und Scheidungsberatung leisten im Vorfeld des und parallel zum gerichtlichen Verfahren wertvolle Hilfe[856]. Ihr Anspruch und Aufgabenfeld ist jedoch weiter gesteckt und richtet sich auf die innere Bewältigung der Scheidungskrise, auf die inneren Ablösungs- und Trauerprozesse, auf die Heilung der Verletzungen u.ä. Mediation dagegen konzentriert sich auf die spezifische Aufgabe, die Parteien bei einer autonomen Entscheidungsfindung für die Modalitäten ihrer Scheidung zu unterstützen. Im Ergebnis ist der Beratung auch die Zusammenarbeit mit Anwälten, Sachverständigen und Richtern verwehrt, da hier „gänzlich unterschiedliche Vertrauensräume vorherrschen und insbesondere die in der Beratung und Therapie häufig verwandelnde Kraft der Akzeptanz der eigenen

854 *Mähler/Mähler* Familiendynamik 1992, 353

855 *Mähler/Mähler* Familiendynamik 1992, 354

856 Vgl. z.B. den Bericht des Arbeitskreises „Außergerichtliche Beratung und Hilfestellung für Familien vor, während und nach dem Scheidungsverfahren" in: Brühler Schriften zum Familienrecht Band 6, S.68 ff, wo der Überblick über die Beratungstätigkeit verschiedener Jugendämter zeigt, daß grundsätzlch die Stärkung der Selbstbestimmung der Eltern, ihre „Bemündigung" (S.73), im Vordergrund steht.

Schwäche in der Gefahr stünde ..., im kontradiktorischen Verfahren als Waffe genutzt zu werden[857].

– Das gleiche gilt für frühe Versuche wie z.B. das „Stuttgarter Modell"[858]: Teamberatung versuchte – durchaus erfolgreich[859] – hier auf Multi-Dimensionalität einzugehen und einen Lernprozeß in Gang zu setzen, in dem „Scheidung und auch Trennung als eine längerdauernde Veränderung des gesamten Familiensystems begriffen"[860] werden.

– Eine konsequente Unterstützung der Einigung der sich trennenden Partner liegt seit dem 1.1.1992 in der erstmaligen gesetzlichen Anerkennung des Grundkonzeptes von Mediation[861] durch § 17 KJHG, der dem Jugendamt eine neue Aufgabe zuweist[862]. Beratung soll helfen, „die Bedingung für eine, dem Wohl des Kindes oder des Jugendlichen förderliche, *Wahrnehmung der Elternverantwortung* zu schaffen" (§ 17 Abs.1 Ziff.3 KJHG, Hervorh. d.d.Verf.)[863]. § 17 Abs.2 formuliert:

„Im Falle der Trennung oder Scheidung sollen[864] Eltern bei der Entwicklung eines einvernehmlichen Konzepts für die Wahrnehmung der elterlichen Sorge unterstützt werden, das als Grundlage für die richterliche Entscheidung über das Sorgerecht nach der Trennung oder Scheidung dienen kann."

b) Ist der Richter schließlich mit einer streitigen Scheidung konfrontiert, so ist eine Einigung dadurch nicht ausgeschlossen. Der Familienrichter hat die Möglichkeit, mediative Elemente in das Verfahren einzuführen. Er bleibt jedoch in seiner Rolle schon da-

857 *Mähler*, S.10

858 Modellprojekt des Deutschen Familienrechtsforums in: Deutsches Familienrechtsforum, S.232 ff; zu den weiteren Modellprojekten, vgl. die Nw. bei *Proksch* FamRZ 1989, 919 in Fn.58; zu den Ansätzen und Erfolgen dieses Modells *Rabaa* passim

859 Vgl. nur *Rabaa*, S.142 ff

860 *Stange*, in: Deutsches Familienrechtsforum, S.96

861 *Haffke*, S.63

862 Ausführlich zu den neuen Leistungsangeboten für Eltern im KJHG *Hansen* FuR 93, 89 ff

863 Zur fortbestehenden Elternverantwortung, die § 17 KJHG unterstützt, MünchKomm/*Hinz* § 1671 BGB, Rz.5a

864 Gem. der Überleitungsvorschrift in Art. 10 Abs.1 des Gesetzes zur Neuordnung des Kinder- und Jugendhilferechts ist dies bis zum 31.12.1994 eine Kann-Vorschrift.

durch verhaftet, daß er seine *Entscheidungs*fähigkeit behalten muß[865]. Eine andere „systemische" Sichtweise für den Richter ist auch nicht möglich, da er nur die Abwicklung des bereits zusammengebrochenen Systems übernimmt[866].

„Das Scheidungsfolgenrecht als ‚Katastrophenordnung' für die gescheiterte Ehe fördert in seiner prozessualen Ausgestaltung antagonistische Verhaltensweisen der Scheidungspartner zu dem für sie psychisch in jeder Beziehung denkbar schlechtesten Zeitpunkt, nämlich dem ihres ‚Ehekonkurses'. Die rechtliche und emotionale Verquickung der Folgesachen elterliche Sorge, Unterhalt und Wohnungszuteilung schafft weiteren potentiellen Konfliktstoff. Auch die gesetzlich vorgesehene rechtsanwaltliche Vertretung, die Anhörung des Jugendamtes (§ 48 a JWG) bzw. die mögliche Einschaltung von Gutachtern können den Antagonismus der Parteien und damit bestehende Konflikte weiter verschärfen, ohne gleichzeitig die Gewähr für eine ‚richtige' Entscheidung zu bieten."[867]

Autonome Entscheidungen, die im Sinne eines Lernprozesses für die Zukunft der neuen „Scheidungsfamilie" notwendig sind, werden nicht gefördert. An ihrer Stelle steht die Fremdbestimmung, die – bei der Sorgerechtsentscheidung – selbst wenn sie „richtig" ist, nicht dadurch schon das Kindeswohl verwirklicht[868]. So wichtig die inneren Bindungen des Kindes an Personen seines Lebenskreises sind, so berücksichtigt eine *Entscheidung* nach diesem Kriterium nicht, daß „die innerliche Akzeptierung einer Sorgerechtsregelung

865 *Mähler/Mähler* Familiendynamik 1992, 355

866 *Figdor* in: Brühler Schriften zum Familienrecht Band 6, S.39 verlangt daher vom Familienrichter – zumindest in einigen Fällen – das, „was von den Eltern *als Streitfall* präsentiert wird, ... als *Aufgabe* an die Eltern ‚zurückzugeben' und sie für die Inanspruchnahme fachkundiger Hilfe zu motivieren" (Hervorh. i. O.)

867 *Proksch* FamRZ 1989, 918; vgl. auch aus der Sicht einer Betroffenen zur „vorherrschenden Denkweise des ‚Entweder-Oder' *Pfeffer-Weiß* in: *Jopt*, S.360 f; auch die Begründung des Regierungsentwurfs zu den neuen KJHG-Vorschriften geht davon aus, daß das antagonistische Scheidungsverfahren einer kooperativen Lösung der Eltern entgegenwirkt, BT-Drucksache 11/5948, S.58

868 *Fthenakis* in: Brühler Schriften zum Familienrecht Band 3, S.42; zu den Begrenzungen des justiziellen Ansatzes zur Befriedung der Konfliktfamilie und dem Stellenwert einer kooperativen Gestaltung für das Kindeswohl vgl. insbesondere *Coester*, S.319 ff

bzw. -änderung durch den nicht begünstigten Elternteil wesentlich die psychischen Belastungen für das Kind" verringert[869].

Unabhängig vom Ausgang der richterlichen Entscheidung, die sich für die Parteien meist als Sieg oder Niederlage darstellt, müssen sie – und insbesondere ihre Kinder – eben „mit ihr leben", sie im täglichen Leben in einer Vielzahl von Einzelentscheidungen *gemeinsam* umsetzen[870]. Sie enthebt die Beteiligten also keineswegs der autonomen Verantwortung, die Kooperation erfordert.

2. Die Notwendigkeit der Institution „Mediation"

Nicht nur Einzelberatung, sondern ein zusammenschauender Ansatz von Mediation ist notwendig, der einzelne Beratungsleistungen der unterschiedlichen, im Trennungsprozeß berufener Fachleute „unterwegs" begleitend einbeziehen kann. Die juristische Konfliktbehandlung ist nicht auszuschalten, sondern sachlich neben die anderen und in Zusammenhang mit den anderen Konfliktdimensionen zu stellen[871]. *Zeitlich* ist sie damit möglichst zu einem späten Zeitpunkt anzusiedeln, der nicht den Konfliktverlauf einseitig von Beginn an prägt[872].

Auch das Gericht kann wesentlich zu einer solchen Konfliktbehandlung beitragen. Ein Beispiel ist der folgende gerichtliche Gutachterauftrag:

---

869 *Kaltenborn* FamRZ 1987, 998

870 *Proksch* Familiendynamik 1992, 396

871 So lautet eine Empfehlung des 9. Deutschen Familiengerichtstages (AK 7) in: Brühler Schriften zum Familienrecht Band 7, S.115: „In Familiensachen sollte stets ein früher erster Termin anberaumt werden, um gemeinsame Lösungen festzuschreiben und im übrigen den Parteien Problemlösungsmöglichkeiten aufzuzeigen."

872 Vgl. oben zur „Verrechtlichung" § 6 III. 1.; Dazu sollte insbesondere auch der Hinweis auf Mediation gehören. Immer noch zutreffend, mit § 17 Abs.2 KJHG jedoch zumindest teilweise – wenn auch noch umsetzungsbedürftig – eingelöst, die Forderung von *Coester* in: Brühler Schriften zum Familienrecht Band 4, S.48 an den Gesetzgeber: „Vor die für einen Bodensatz der Fälle unvermeidliche justizielle Streitentscheidung müßte positive Hilfe für die Scheidungseltern geschaltet sein, bestehend aus Information über Situation und Bedürfnisse ihrer Kinder sowie Vermittlung und Unterstützung bei der Suche und Durchführung von Kooperationsmodellen." (Ausführlich *Coester*, S.319 ff)

„1. Sind beide Eltern bei sachgerechter Intervention durch den Sachverständigen/durch die Sachverständige in der Lage, ein einvernehmliches Konzept für die Wahrnehmung der elterlichen Sorge zu erarbeiten? (§ 17 Abs.2 KJHG) ...
4. Durch welche gerichtlichen Maßnahmen kann am ehesten gewährleistet werden, daß die Eltern zu einer zunehmend kooperativen Haltung zurückgelangen?“[873]

Im Rahmen der Entfaltung von privatautonomer Gestaltung der Trennung sollte dem Recht nur eine Kontrollfunktion obliegen. „Zu eigentlichen Konfliktlösung müssen aber andere Professionen multikompetent sowie interdisziplinär beitragen, und zwar in Kooperation mit den Betroffenen und nicht über deren Köpfe hinweg.“[874]

Die bei Anwälten, Richtern, Beratern und Therapeuten verbreitete Aussage, ihre Tätigkeit habe doch schon immer Mediation enthalten, ist nur zum Teil richtig[875]. Bei den vielfältigen Bemühungen der in der Scheidung beteiligten Berater und Dritten um eine einvernehmliche Lösung kommen selbstverständlich mediative Elemente zur Anwendung[876]. Mediation im Sinne von Gebrauch mediativer Techniken und Elemente ist ein alltäglicher Vorgang, im Gericht und vor allem auch außerhalb des Gerichtssaales. Mediation als „Institution“[877] versucht jedoch gerade, die Vorteile mediativer Konfliktbehandlung in einem besonderen „Raum“ und einem strukturierten Verfahren zu bündeln und so zu potenzieren. Gleichzeitig stellt dieses besondere Verfahren „Mediation“ Rahmenbedingungen zur Verfügung, die die Risiken von Vermittlung im Konflikt zu minimieren suchen[878].

Wenn diese Untersuchung zu einem weiteren, eventuell nur bewußteren Einsatz von mediativen Elementen durch alle Beteiligten

---

873 Zitiert nach *Jopt*, S.344 f; wichtig und hier wohl nicht berücksichtigt ist die Trennung des „Vertrauensraumes“ in der Mediation von der im gerichtlichen Verfahren verwendbaren Begutachtung (dazu unten III. 10.)

874 *Strempel* in: *Krabbe*, S.248

875 Vgl. zum Folgenden nur *Mähler/Mähler* Familiendynamik 1992, 366 f

876 So z.B. der Bericht des Arbeitskreises 18 „Divorce mediation: Möglichkeiten und Grenzen“ in: Brühler Schriften zum Familienrecht Band 7, S.105

877 *Mähler/Mähler* Familiendynamik 1992, 366

878 Vgl. ausführlich unten IV.

anregt, so ist ein wesentliches Ziel schon erreicht. „Es darf aber nicht vergessen werden, daß deren Ziel und Aufgabenbestimmung in aller Regel andere Methoden bedingen [wie oben für die Rolle des Rechtsanwaltes dargestellt], einzelne mediative Elemente hierin integriert werden können, aber selten in ihrer Gesamtheit dominant sein dürften, wie es beim Zusammentreffen von Institution und Methode der Mediation selbstverständlich ist."[879] Mediation als Institution vermeidet Zielkonflikte innerhalb von Berufsrollen und schafft ein für eine Bandbreite von Konfliktbehandlungsmöglichkeitem in einer Gesellschaft notwendiges, eigenständiges Gegengewicht zu dem kompetitiven Modell der gerichtlichen Auseinandersetzung. So kann die Existenz und Verbreitung von Mediationsverfahren wiederum zu einem veränderten Streitverhalten und zu einer nicht utopisch anderen, sondern von der Wahrnehmung der Möglichkeiten her differenzierteren Konfliktkultur beitragen[880].

III. Family mediation als Antwort auf diese Problemstellung in den USA

Sowohl öffentliche als auch private Initiative förderte die Entwicklung und Verbreitung von Familien-Mediation in den USA.

– An das Scheidungsgericht angeschlossene „conciliation services" wurden in Kalifornien bereits im Jahr 1939 eingerichtet. Dabei stand jedoch der Gedanke der Eheberatung mit dem Ziel einer möglichen Versöhnung im Vordergrund[881]. Als statt des Versöhnungsgedankens die Scheidungsregelung und die Frage des Sorgerechts in den Vordergrund trat, wurde hier wahrscheinlich zuerst Mediation praktiziert[882]. 1973[883] begannen zunächst in Los Angeles County, Kalifornien, sowie etwa zeitgleich auch an einigen anderen Orten Gerichte, bei Streitigkeiten um Sorge- und Besuchsrecht die

879 *Mähler/Mähler* Familiendynamik 1992, 367

880 Vgl. z.B. oben § 10 I. 1. zur Bedeutung der Erkenntnis, daß es nicht nur Nullsummenkonflikte gibt und so ein Verhandeln auf der Interessenebene überhaupt möglich ist

881 *Brown* 20 Conciliation Court Rev., 10 ff.

882 *Milne/Folberg* in: *Folberg/Milne*, S.5

883 Vgl. zu der im Folgenden beschriebenen Entwicklung *McIsaac* 19 Conciliation Court Rev., 73 ff.

selbstständige Regelung durch die Eltern zu fördern, indem „Conciliation Courts" eingeschaltet wurden. Der Erfolg dieser Institutionen, die bis zu 85% der Fälle zu einer Einigung bringen konnten, führte ab 1976 zunehmend zur generellen Übertragung aller streitigen Kindschaftssachen an „Conciliation Courts" durch immer mehr Gerichte in Kalifornien. Ein „good faith effort to mediate" wurde zur Voraussetzung für das gerichtliche Verfahren. Seit dem 1.1.1981 ist in Kalifornien *gesetzlich* vorgeschrieben, daß vor Beginn bzw. Fortsetzung eines gerichtlichen Verfahrens für alle Auseinandersetzungen um Besuchs- und Sorgerecht Mediation durchzuführen ist[884]. Etwa die Hälfte der amerikanischen Staaten haben seither gesetzliche Regelungen geschaffen, die Mediation verbindlich vor dem gerichtlichen Verfahren vorsehen oder in das Ermessen des Gerichts stellen[885].

– Auf private Initiative dagegen boten Anfang der siebziger Jahre Rechtsanwälte trotz des Risikos von Sanktionen der Anwaltskammer „non-adversarial legal services" an. Bei Treffen mit beiden Ehepartnern versuchten sie, im Streit um Sorgerecht und Eigentum vermittelnd zu helfen[886]. 1974 wurde das Family Mediation Center in Atlanta (Georgia) von dem Rechtsanwalt und Familientherapeuten *U.J.Coogler* gegründet. Sein Buch „Structured Mediation in Divorce Settlement" aus dem Jahr 1978 gab der Entwicklung von Familien-Mediation in den USA entscheidende Impulse.

IV. Die Gestaltung von Familien-Mediation

Hier sollen beispielhaft die Elemente aus dem analytischen Teil aufgegriffen werden (Auftreten und Eingriffe des Mediators; Umgang mit Emotionen etc.), um einmal konkret die Konsequenzen aus einem Verfahrensziel – Privatautonome Gestaltung im Konflikt – aufzuzeigen.

---

884 Vgl. zu „mandatory mediation" in Familiensachen, insbesondere im Unterschied zur Mediation auf freiwilliger Basis *Shattuck* in: *Folberg/Milne*, S.191 ff.

885 *Dutenhaver* 23 Mediation Q., 3 f.

886 *Milne/Folberg* in: *Folberg/Milne*, S.5

1. Mediation auf der Basis von Freiwilligkeit

Mediation sollte vielfältig angeboten werden, um Präsenz zu erreichen und als *Möglichkeit*[887] in das Bewußtsein der Öffentlichkeit vorzudringen[888]:

– von privaten Mediatoren

– von öffentlichen Institutionen – etwa dem Jugendamt innerhalb seines neuen Aufgabenbereichs nach § 17 Abs.1 Ziff.3 KJHG oder auch den Erziehungsberatungsstellen oder ähnlichen Einrichtungen, die nach § 28 KJHG ebenfalls zur Trennungsberatung berufen sind, wenn das Kindeswohl es gebietet[889]

– von eigenständigen Stellen *bei* Gericht, jedoch vom gerichtlichen Verfahren streng abgeschirmt[890].

Fundamental ist jedoch die Freiwilligkeit der Teilnahme[891]. Zu einem auf Autonomie ausgerichteten Verfahren gehört auch die autonome Entscheidung über den Beginn, wie auch die Fortführung dieses Weges[892]. Zwang zur Mediation ist ein erster Schritt von Zwang zur Harmonie und unbedingt abzulehnen[893]. Denkbar ist allerdings ein obligatorisches Aufklärungsgespräch über die Mög-

---

887 Sie könnte so langfristig das erlernte Konfliktverhalten beeinflussen, vgl. oben § 8

888 Optimistisch gegenüber den Verbreitungschancen von Mediation ist der Bericht des Arbeitskreises 18 „Divorce mediation: Möglichkeiten und Grenzen“ in: Brühler Schriften zum Familienrecht Band 7, S.105; vgl. auch die Begründung des Regierungsentwurfs zu den neuen KJHG-Vorschriften BT-Drucksache 11/5948, S.58, die für ein mögliches Ergebnis der autonomen Ausübung der Elternverantwortung, das gemeinsame Sorgerecht, davon ausgeht, es sei zu wenig bekannt. Noch mehr gilt das für die Möglichkeit kooperativer Konfliktbehandlung als solches.

889 *Mähler/Mähler* Familiendynamik 1992, 350 bezeichnen dies als eine „weitere gesetzliche Öffnung für Mediation“.

890 Vgl. unten IV. 10.

891 Grundsätzlich gegen Zwang, an Mediation teilzunehmen, *Merry* 100 Harv. L. Rev., 2066

892 *Rabaa*, S.122; *Mähler/Mähler* Familiendynamik 1992, 358; *Haffke* Manuskript, S.4

893 Allerdings scheint „compulsory mediation“ – zumindest nach den Untersuchungen von *Pearson/Thoennes* in: *Folberg/Milne*, S.432 – keine negativen Auswirkungen zu haben.

lichkeiten der Gestaltung der Trennungsphase[894]. In der ersten Phase von Mediation sollte der Mediator das Verfahren erklären und mit den Parteien über ihre Motivation und Gründe sprechen, Mediation zu wählen[895]. Erst nach der Kenntnis aller Umstände sollten *beide* Parteien ihr Einverständnis erklären *und* auch der Mediator nach dem Eindruck des Vorgesprächs entscheiden, ob er die Mediation in dieser Situation übernehmen will[896]. Zur Freiwilligkeit gehört auch die Kenntnis des Ziels der Mediation – in der Familien-Mediation die Förderung der *autonomen* Konfliktbewältigung durch die Parteien[897]. Die klare Ankündigung dieses Ziels ermöglicht es den Beteiligten, während der Mediation das Rollenverständnis des Mediators, das sich in seinem Verhandlungsverhalten, insbesondere in der Intensität seiner Eingriffe, ausdrückt, an der Verhandlungswirklichkeit zu überprüfen.

Tatsächlich gibt es schon mehr als nur Ansätze für die Entwicklung von Familien-Mediation auf freiwilliger Basis in Deutschland. Seit 1989 wurden ca. 600 bis 700 Anwälte, Familientherapeuten und andere am Trennungsprozeß beteiligte Fachleute als Mediatoren ausgebildet. Allein im Raum München wurden über 60 Anwälte trainiert[898]. Die überwiegend von amerikanischen Mediatoren – insbesondere Gary Friedman, der auch in Stanford unterrichtet, Jack Himmelstein, Florence Kaslow und John Haynes[899] – begonnene Ausbildung wird von deutschen Familienmediatoren wie etwa den Münchner Rechtsanwälten Gisela und Hans-Georg Mähler fortgesetzt. Eine geschlossene Ausbildung in Mediation bieten das Eidos Projekt Mediation München, das Institut für Mediation und Scheidungsberatung München, das Institut für Konfliktbearbeitung Berlin-Brandenburg, Mediation GbR und die Zentrale Fortbildung der Arbeiterwohlfahrt Bonn. Das Interesse an Mediation als Antwort

894 *Proksch* FamRZ 1989, 923 schlägt z.B. einen ersten Verhandlungstermin vor Gericht vor, der die Möglichkeit zur Erörterung der Scheidungssituation und der Information über die Möglichkeiten von Vermittlung bietet.

895 *Diez/Krabbe* in *Krabbe*, S.113 ff

896 *Diez/Krabbe* in: *Krabbe*, S.116 f

897 Vgl. zu Fehlperzeptionen in Bezug auf die Ziele von Mediation *Pearson/Thoennes* in *Folberg/Milne*, S.439

898 Umfrage des Verfassers im März 1993

899 Vgl. von ihm in deutscher Sprache *Haynes/Bastine/Link/Mecke* Scheidung ohne Verlierer

auf die Probleme der Scheidungsauseinandersetzung dokumentieren auch die von anderen Institutionen angebotenen einzelnen Kurse oder Seminare, so z.B. der Anwaltsakademie des Deutschen Anwaltsvereins in Bonn, der Praxis- und Forschungsstelle für Psychotherapie und Beratung des Psychologischen Instituts der Universität Heidelberg, des Vereins ISKA in Nürnberg, des Paritätischen Bildungswerks in Frankfurt und des Instituts für berufliche Bildung und Sozialplanung in Leipzig. Nach den ersten Tagungen zum Thema Familien-Mediation – der Deutschen Arbeitsgemeinschaft für Jugend- und Eheberatung (DAJEB) 1991 in Bonn, der Evangelischen Akademie Bad Boll und des Eidos Projekts Mediation 1992 in Bad Boll, sowie einer Arbeitsgruppe Mediation auf dem Deutschen Familiengerichtstag 1991 in Brühl – wurde anläßlich der interdisziplinären Konsultation in Bad Boll die Bundesarbeitsgemeinschaft für Familien-Mediation (BAFM) gegründet.

2. Erarbeitung von Information als wichtiges Element von Familien-Mediation

In der Mediation geht es um die Möglichkeit einer persönlichen und eigenständigen Lösung des Konfliktes. Sie ist „Hilfe zur Selbsthilfe“[900], zum kooperativen Verhandeln, zur Interessenlösung. Der erste Schritt des Mediators zur Förderung des Übergangs vom „normativen Positionsdenken“, das den Parteien bisher eine einvernehmliche Lösung verwehrte, zum „bedürfnis- und leistungsbezogenen Interessendenken“[901], das keine „Verlierer“ kennt[902], ist eben die Mithilfe bei der *Entdeckung* der eigenen Bedürfnisse und Interessen wie auch der der anderen Partei[903]. Das erfordert Kommunika-

900 *Proksch* in: *Krabbe*, S.188; vgl. zu dieser Zielvorstellung auch *Stremmpel* a.a.O., S.244

901 *Mähler/Mähler* in: *Krabbe*, S.154

902 *Milne/Folberg* in: *Folberg/Milne*, S.10; zur Win-Win-Situation statt Nullsummenspielen (Wertschöpfung statt Aneignung von Wert) vgl. oben § 9 III. 2.

903 *Proksch* FamRZ 1989, 920; vgl. bereits ausführlich zu den verdeckten Kooperationsgewinnen oben § 10 I.; *Rabaa*, S.133 f weist auf die Erfahrung hin, daß schon die Ausräumung von Informationsdefiziten und Klischeevorstellungen, etwa über die „selbstverständliche Alleinsorge eines Elternteils“, bereits eine Bereitschaft zum gemeinsamen Problemlösung im Sinne der Kinder auslöst.

tion zwischen den Parteien[904]. Der Mediator hat dabei mit den Beteiligten auch die schwierige Dynamik der Beziehung zu erarbeiten, die gemeinsame Interessen, vor allem das Wohlergehen der Kinder, überlagert und verdeckt haben kann.

„Das Verständnis der tieferliegenden Konflikte[905], der unterschiedlichen Realitäten und Wertsysteme beider Seiten soll helfen, aus dem Rohmaterial der gesammelten Daten und Streitigkeiten brauchbare Streitpunkte für Verhandlungen zu entwickeln. So müssen scheinbar unvereinbare Informationen in ein Paket von klar umschriebenen Streitpunkten zusammengeschnürt werden, damit die Parteien wissen, um was es bei den weiteren Verhandlungen geht."[906]

Ohne den Filter richterlicher Relevanzkriterien können die Parteien alle ihre Interessen und Probleme in die Verhandlung einbringen[907] und so die Basis für autonomes Handeln legen. Dort, wo emotionelle Verstrickung die für Entscheidungen grundlegende Kenntnis des *eigenen* ‚Sachverhalts' verdunkelt, gilt es, zuzuhören und diese emotionelle Ebene einzubeziehen[908]. „Was bislang unbewußt funktionierte, kann, einmal offenkundig geworden, kaum noch in gleicher Weise bewußt fortgesetzt werden. Die Informationsgewinnung selbst wirkt also bereits zugleich verändernd."[909]

Zur Information der Parteien gehört es auch, daß der Mediator *Berater* hinzuziehen kann. Die Möglichkeit der interdisziplinären Zusammenarbeit in einem besonderen „Vertrauensraum" ist gerade eine der besonderen Chancen von Mediation. So gehört z.B. auch die Kenntnis der *Rechtspositionen* zu einer autonome Entscheidungen ermöglichenden Verhandlungsbasis der Parteien, ohne jedoch den überragenden Stellenwert wie – zumindest von der Tendenz her – im gerichtlichen Verfahren zu besitzen[910]. Dennoch müssen die Parteien *wissen*, worauf sie u.U. verzichten, da sonst die Einigung ihren selbstbestimmten Charakter verliert und bei späterer Kennt-

---

904 Vgl. insbesondere *Pearson/Thoennes* in *Folberg/Milne*, S.434, die als wichtigstes Element zur Vorhersage von Einigungserfolgen „the user's perception of the mediator's ability to facilitate communication" ermittelten.

905 Vgl. bereits oben § 10 I 2.

906 *Diez/Krabbe* in: *Krabbe*, S.123

907 *Limbach*, in: Deutsches Familienrechtsforum, S.136

908 Dazu sogleich

909 *Wirsching*, in: Deutsches Familienrechtsforum 1982, S.28

910 Ausführlicher sogleich 9.

nis der Rechtslage gerade im Hinblick auf die andauernde *elterliche,* weitere Kooperation erfordernde Beziehung gefährdet ist. Auch wenn der Mediator selbst Anwalt ist, sollte er daher den Parteien empfehlen, eigene Anwälte einzuschalten, um ihre Position auch in rechtlicher Hinsicht zu überblicken[911]. Ebenso kann ein bei der Erörterung der Streitpunkte bewußt gewordener, unbewältigter Beziehungskonflikt vorübergehend an einen Paartherapeuten verwiesen werden, dessen therapeutische Intervention und Bewußtseinsarbeit die instrumentellen Verhandlungsthemen zu einem späteren Zeitpunkt in der Mediation leichter behandeln läßt[912].

3. Einbeziehung der emotionellen Konfliktebene

Gefühle *sind* Bestandteil von Konfliktwirklichkeit[913], insbesondere in der Trennungsauseinandersetzung, die fast immer von einem Beziehungskonflikt[914] überlagert wird. Eine vorschnelle Akzeptanz der von den Parteien genannten vordergründigen Streitpunkte verdeckt u.U. nur ein eventuelles „Schattenthema", das sich als Beziehungsgeschichte hinter den instrumentellen Auseinandersetzungen verbirgt und sich mit diesen untrennbar vermischt[915]. Teil einer neuen Kommunikationsstruktur , die für das jeweilige Gegenüber eine neue Sicht auf die andere Position mitbringen kann, ist nun nicht nur eine bessere Kenntnis der *Sach*positionen, sondern eben auch ein wachsendes Verständnis der *Gefühle* – der eigenen[916] und der der Kinder[917]. Neben der Fähigkeit, Kommunikation zwischen

911 *Mähler/Mähler* Familiendynamik 1992, 362; *Diez/Krabbe* in *Krabbe,* S.123; *Haynes/Bastine/Link/Mecke,* S.190 („Chancen ... realistischer einschätzen"); er wird damit seiner Funktion als „agent of reality" gerecht.

912 *Haynes/Bastine/Link/Mecke,* S.208

913 Ausführlich oben § 7

914 Vgl. oben § 7 II.; zu den psychologischen Funktionen des Kampfes um das Sorgerecht *Jopt,* S.97 ff

915 *Haynes/Bastine/Link/Mecke,* S.207 f; *Strecker* DRiZ 1983, 176

916 *Figdor* in: Brühler Schriften zum Familienrecht Band 6, S.39: „Viele Eltern müssen zunächst in ihren persönlichen Gefühlen und Ängsten entlastet werden, um sich schließlich bewußt machen zu können, auf welche Art sie ihre Probleme in die Interaktionen mit dem Kind hineintragen".

917 Ähnlich z.B. *Proksch* FamRZ 1989, 921

den Parteien zu intensivieren, ist es gerade diese Fähigkeit, Gefühle einzubeziehen und zu klären, die Mediatioren erfolgreich sein läßt[918]. In der Mediation wird Gefühlen Raum gegeben, weil sie einer *inhaltlichen* Gestaltung im Wege stehen können[919]; gerade der Mediator als Dritter (Katalysator/chairman[920]) kann jedoch der Eskalation im konkreten Verfahrensmoment entgegenwirken, wie auch auf längere Sicht solche Eskalationen verhindern, da die Kenntnis der Parteien von der emotionellen Verstrickung in der Mediation wächst. Gefühle sollen geäußert und wahrgenommen werden, ohne daß jedoch eine therapeutische Heilung der gegenseitigen Verletzungen angestrebt wird. Mediation will keine Therapie ersetzen[921], sondern setzt therapeutische Elemente ein, die den Umgang mit dem Konflikt bereichern, jedoch immer auf das Ziel einer *Vereinbarung* ausgerichtet sind[922]. Das setzt jedoch eine entsprechende Ausbildung des Mediators voraus.

Beratung und Therapie beschäftigt sich mit der Innenwelt und der Prozeßebene der Parteien untereinander. Mediation bezieht zwar die Innenwelt und die Prozeßebene ein, aber nicht als Selbstzweck, sondern nur so weit, wie notwendig, um zu einer tragfähigen, ergebnisbezogenen Vereinbarung

---

918 *Pearson/Thoennes* in: *Folberg/Milne*, S.435, deren empirische Analysen ergaben, daß diese beiden (von den Parteien beurteilten) Fähigkeiten eines Mediators die wichtigsten Elemente bei den Versuchen sind, eine Einigung oder die Bereitschaft, Mediation weiterzuempfehlen, vorherzusagen.

919 *Mähler*, S.8; *Diez/Krabbe* in: *Krabbe*, S.122; für *Hansen* FuR 1993, 92 gehört zur „*offenen* Auseinandersetzung der Eltern" auch „Offenlegung und Aufarbeitung persönlicher partnerschaftlicher Kränkungen" (Hervorh. i. O.).

920 Vgl. § 13 II. 2. a) aa) und bb); *Diez/Krabbe* in: *Krabbe*, S.122 verlangen vom Mediator, er solle „das Gespräch soweit unter seine Regie bringen, daß emotionale Konflikte erörtert werden können, ohne Offenheit und Gesprächsbereitschaft beider Seiten zu beeinträchtigen."

921 Vgl. nur *Proksch* FamRZ 1989, 921

922 Vgl. oben § 13 I. 2. u. 3.; vgl. das Beispiel eines „therapeutischen Exkurses", der tieferliegende Konfliktebenen aufdeckt und so die Fortsetzung der Verhandlung erleichtert, bei *Diez/Krabbe* in: *Krabbe*, S.120; eine andere Möglichkeit bei der Aufdeckung eines „Schattenthemas" auf der Beziehungsebene, das die Verhandlungen (unbewußt) überlagert, ist die vorübergehende Überweisung an einen geeigneten Berater, etwa einen Paartherapeuten (*Haynes/Bastine/Link/Mecke*, S.207 f).

zu gelangen. Mediation ist damit ein ständiger Wechsel zwischen Sach- und Beziehungs-, sowie Inhalts- und Prozeßebene."[923]

Soweit die Emotionen (und Verletzungen) keine Kommunikation zulassen, ist eben Mediation nicht der richtige Weg und zumindest vorläufig zu beenden[924].

4. Neutralität: Die Quelle der Autorität des Familienmediators

Die Förderung der Selbstbestimmung erfordert es, daß der Mediator seine Autorität gerade nicht aus der organisatorischen Nähe zum oder einem Bezug auf das *Entscheidungs*monopol des gerichtlichen Verfahrens gewinnt[925]. Seine Stellung steht und fällt mit seinen Fähigkeiten und seiner Erfahrung, den Parteien bei ihren Lösungsversuchen strukturierte Hilfe zu leisten und insbesondere der komplexen Familiendynamik gerecht zu werden. Er ist neutral[926] und entscheidet nicht. Seine Neutralität ist jedoch „teilnehmender Natur"[927]. „Er wendet sich jeder Partei einzeln und beiden gemeinsam

923 *Mähler*, S.12; scheinbar widersprüchliche Ergebnisse ergaben die empirischen (US-)Studien in Bezug auf den Umgang des Mediators mit Gefühlen: Einerseits war die Mediation eher erfolgreich, wenn der Mediator den Parteien half, die eigenen Gefühle und die des Gegenübers besser zu verstehen. Andererseits kam es eher zu Vereinbarungen, wenn Mediatoren seltener auf emotionale Inhalte eingingen (*Bastine/Link/Lörch* Familiendynamik 1992, 385 m.Nw.). Hierin spiegelt sich die besondere, doppelte Aufgabe des Mediators wider: Zur Entfaltung und dem (Eigen-)Verständnis der Positionen der Parteien gehört auch die Einbeziehung der emotionalen Dynamik. Das geschieht jedoch nur aus der Zielperspektive, eine konkrete Einigung in den anstehenden Fragen zu erzielen, so daß die Parteien „immer wieder auf die konkret zu lösenden Fragen zurückgeführt werden" müssen (so *Bastine/Link/Lörch* Familiendynamik 1992, 385 mit Bezug auf ihre Mediations-Erfahrungen).

924 Vgl. *Diez/Krabbe* in: *Krabbe,* S.123, die in dieser Situation die Erörterung einer Therapie oder Beratung außerhalb der Mediation vorschlagen

925 Ausführlich zu den Quellen der Autorität des Mediators oben § 13 II. 1.

926 Ausführlich zur Neutralität des Mediators oben § 13 III.

927 So stellt der Bericht des Arbeitskreises 19 „Familiengerichtsverfahren – Richter und Anwälte zwischen Engagement und Resignation" in: Brühler Schriften zum Familienrecht Band 4, S.90 für den Richter fest, „daß Engagement und Distanz nicht als Gegensatz gesehen werden dürfen. Eine vorübergehende Identifikation mit den einzelnen Beteiligten ist ... erforderlich, um einfühlend ihren Konflikt zu erfassen."

zu, ist also neutral zugleich im Sinne einer vielgerichteten Parteilichkeit und Allparteilichkeit."[928] Ohne Bezug auf die einzelne Partei ist Familien-Mediation nicht möglich. Bevorzugung einer Partei zerstört jedoch seine Neutralität.

5. Das Spektrum der Eingriffe des Familienmediators

Ziel der Mediation in Scheidungskonflikten ist die „Hilfe zur Selbsthilfe", die Unterstützung der autonomen Entscheidungsfindung auch und gerade, was zukünftige Auseinandersetzungen und regelungsbedürftige Probleme der weiterbestehenden elterlichen Beziehung betrifft. Aus diesem Ansatz des Individual-Autonomy-Projektes folgen ein notwendiges besonderes *Rollenverständnis* des Familienmediators[929] und bereits klare Verhaltensanweisungen an den Mediator[930]. Seine Verhandlungsführung und seine Interventionen müssen die Autonomie unterstützen und dürfen daher die eigenständigen Lösungsansätze der Parteien nicht durch *seine* Sicht der Auseinandersetzung unterlaufen[931]. Die Erarbeitung der eigentlichen Interessen der Parteien, die erst Kooperation ermöglichen und die Basis für eine Vereinbarung bilden können, steht im Vordergrund, auf seinen Überlegungen beruhende Vorschläge dagegen haben vorerst keinen Platz. Daher hat der Mediator sich bei der Intensität seiner Eingriffe[932] so weit wie möglich zurückzuhalten. Seine wesentliche Aufgabe ist es, die Kommunikation der Parteien, ihre Dialogfähigkeit[933], zu unterstützen und nicht selbst mit Lösungsansätzen vorzupreschen. Er ist in erster Linie „ein Katalysator, mit dessen Hilfe die Parteien in die Lage versetzt werden sollen, ihre Konflikte zukunftsbezogen, gemeinsam und eigenständig zu lösen, zu verringern oder zu managen."[934]

928 *Mähler/Mähler* Familiendynamik 1992, 359
929 Vgl. zur Bedeutung des Rollenverständnisses oben § 13 II. 2. d) bb)
930 *Mähler/Mähler* Mediation, S.7 f
931 Ähnlich *Proksch* FamRZ 1989, 920
932 Zur Eingriffsskala des Mediators vgl. ausführlich oben § 13 II. 2. a)
933 *Mähler*, S.6
934 *Proksch* FamRZ 1989, 920

Nach einer ersten Phase der Vorbereitung und des Abschlusses eines Mediationskontraktes[935] geht es in einer zweiten Phase daher um die Entwicklung einer Liste der streitigen Themen, die insbesondere auch die unterschiedliche *Gewichtung* widerspiegeln sollte, die die Parteien den einzelnen Punkte geben. „Aufgabe der Mediatorin ist es, die verschiedenen Wertsysteme beider Partner zu verstehen [und zu respektieren] als je individuell existierende Konfliktkreise."[936] Erst die Aufdeckung unterschiedlicher Interessenpositionen ermöglicht dann Wertschöpfung. Sie öffnen den Raum für Kooperationsgewinn, indem die Parteien schrittweise aus dem Bewußtsein ihrer unterschiedlichen Prioritäten heraus erkennen, daß sie ihre eigenen Verhandlungsziele realisieren können, während sie gleichzeitig auf *andere* Ziele ihres Gegenüber eingehen[937]. Allein die wachsende Kenntnis der meist zuvor nicht beachteten Konfliktwirklichkeit und Interessenwelt des anderen läßt eine Transformation der eigenen Position wahrscheinlicher und „integrative Vereinbarungen" möglich werden[938]. „Zusammenfassung und Neuformulierung der Konfliktpunkte[939] in offene handhabbare Streitpunkte"[940] schließt diese Phase ab.

Der kooperativen „Bearbeitung" dieser streitigen Themen (nach einer Feststellung der ohnehin bestehenden Gemeinsamkeiten) dient die dritte Phase der Mediation: „Erweiterung und Umwand-

935 Vgl. die Beschreibung der Phasen der Mediation bei *Diez/Krabbe* in: *Krabbe*, S.112 ff; ähnlich *Haynes/Bastine/Link/Mecke*, S.13 ff

936 *Diez/Krabbe* in: *Krabbe*, S.119 (Einschub v. Verf.); vgl. auch den Interventionsvorschlag für den Mediator von *Haynes/Bastine/Link/Mecke*, S.189: „Jetzt ist es noch zu früh, um über einzelne Lösungsvorschläge zu verhandeln, denn ohne Kenntnis der vollständigen Fakten können sie eventuell mehr anbieten, als sie sich wirklich leisten können, oder sie könnten weniger verlangen, als fair ist. Um ihnen beiden gegenüber fair zu sein, sollten wir also keine Entscheidungen treffen, bis wir alle Fakten haben." Statt vorschnell einen Einigungs-„Erfolg" zu verbuchen, werden Informationen generiert und bewußt gemacht, die *Verhandlungsmacht* ausgleichen.

937 Vgl. ausführlich oben § 9 III. 2. f

938 *Haynes/Bastine/Link/Mecke*, S.195, die auch darauf hinweisen (S.196), daß selbst lange zusammenlebende Paare, gerade in der Trennungssituation, keineswegs die Wünsche und Bedürfnisse des anderen kennen.

939 Vgl. zu dieser Eingriffsstufe/Technik oben § 13 II. 2. a) dd) („prompter")

940 *Diez/Krabbe* in: *Krabbe*, S.123

lung der Streitpunkte sowie Entwicklung neuer Optionen (Wahlmöglichkeiten)"[941]. Auch hier dienen die „Techniken" des Mediators der Autonomie der Parteien:

„- den Parteien die auftretenden hemmenden Muster aufzeigen und deren Auswirkungen auf den Gesprächs- und Verhandlungsprozeß verdeutlichen;
- Druck auf die Parteien vermeiden (Zeit geben, Humor, Negativität umwandeln);
- jeder Partei helfen, ihre eigene Wirklichkeit zu erkennen (vereinfachen, zusammenfassen, Gefühle zulassen, positive Feststellungen, orientieren an Gegenwart und Zukunft);
- jeder Partei helfen, die Ansichten der anderen Seite zu verstehen (Verständnisfragen zur anderen Position, Rollen- und Perspektiventausch, Rahmen lockern und öffnen, Vielfalt möglicher Antworten anerkennen);
- beide Seiten darin unterstützen, sich auf eine Lösungsmöglichkeit einzustellen, die für beide wechselseitig fair und durchführbar erscheint (Wechselseitigkeit des Problems benennen, gemeinsame, sich überschneidende Interessen und Ziele betonen)"[942]

Auch die Mithilfe bei der Erforschung der ganzen Bandbreite von Gestaltungsmöglichkeiten („inventing options"), ohne daß sofort über sie entschieden wird, schafft mehr Raum für kooperative Lösungen. Erst auf der Basis von Interessenüberlegungen der Parteien und in diesem – damit eingeschränktem – Rahmen kann der Mediator „auch selber Lieferant neuer Wahlmöglichkeiten sein, indem er auf Erfahrungen und Lösungswege anderer Mediationspartner hinweist."[943] Die eigentlich der autonomen Konfliktbehandlung durch die Parteien widersprechenden intensiveren Eingriffsstufen des Mediatorverhaltens, *eigene* Lösungswege vorzuschlagen, finden ihre Rechtfertigung darin, daß sie auf den Interessen der Parteien aufbauen[944] und so nur die Kreativität des Verhandlungsprozesses fördern. Entscheidend ist, daß der Mediator vom Rollenverständnis des Individual-Autonomy-Projektes geprägt ist[945].

---

941 *Diez/Krabbe* in: *Krabbe,* S.124 ff

942 *Diez/Krabbe* in: *Krabbe,* S.124 f nach Seminarunterlagen von *Friedman/Himmelstein*

943 *Diez/Krabbe* in: *Krabbe,* S.125

944 Zu dieser Unterscheidung vgl. ebenfalls oben § 13 II. 2. a) ff)

945 Vgl. aber z.B. *Milne* in: *Folberg/Milne,* S.390 ff als Überblick über die keineswegs einheitlichen Rollenverständisse von (mental health) Mediatoren; soweit sich mehr interventionistische Modelle auf das Wohl des (im Verfahren nicht beteiligten) Kindes berufen, ersetzen sie jedoch

6. Erfolg der Familien-Mediation?

Erfolg im Rahmen der Zielsetzung des Individual-Autonomy-Projektes kann gerade nicht die von einem Mediator durchschnittlich erzielte Einigungsquote sein. Sie mag ein Indiz für sein Einfühlungsvermögen und seine Fähigkeiten sein. Dennoch ist es für das Rollenverständnis des Mediators wichtig, der autonomen Konfliktbehandlung durch die Parteien einen höheren Wert zuzumessen als der Erfolgsquote[946]. Der Gedanke der Selbstbestimmung ist ebenfalls in der Richtung ernst zu nehmen, daß die Parteien auch nach der Mediation sich nicht einigen sondern eine gerichtliche Entscheidung herbeiführen wollen. „Wenn die Autonomie der Parteien das zentrale Moment von [Familien-]Mediation ist, muß es auch in der Autonomie eben dieser Parteien liegen, das ‚kontradiktorische Verfahren' und die Schutzmöglichkeiten in ihm zu wählen."[947] Es gilt daher Erfolgsdruck zu verhindern, der Mediatoren „Lösungen" mit allen Mitteln durchsetzen läßt („Muskel-Vermittlung"[948]), ohne der Selbstbestimmung der Parteien den notwendigen Raum zu gewähren. Der Mediator hat Einfluß. Er sollte ihn in der Familienme-

---

nur das Vorverständnis eines Richters durch den Mediator und seine „responsibility to ensure that settlements are reached that adequately meet the best interests of children." (a.a.O., S.391) Kindeswohl ist kein statischer Befund, sondern eine in einem dynamischen Prozeß immer wieder herzustellende Antwort auf neue Situationen im Geflecht der Eltern/Eltern- und Eltern/Kind-Beziehungen (ähnlich *Jopt* FamRZ 1987, 878; *Proksch* FamRZ 1989, 922). Gerade die Bedeutung der konsensuellen Entwicklung und Einbindung von Sorgerechtsentscheidungen und des davon geprägten Umgangs der Nach-Scheidungs-Familie miteinander ist ein wesentliches Argument für die Förderung *autonomer* Konfliktbehandlung in der Mediation. Auch die richtige Einschätzung des Mediators verwirklicht nicht das Kindeswohl. Wenn aus seiner Sicht *un*verantwortliche Entscheidungen getroffen werden, kann er die Mediation abbrechen, um eine Entscheidung dem Gericht zu überlassen.

946 Ein positiver Entwicklungsprozeß einer Nach-Scheidungsfamilie – einschließlich eines gemeinsamen Sorgerechts – wird von einer betroffenen Mutter darauf zurückgeführt, „daß nach meinem Dafürhalten für unseren Vermittler Jopt der Weg wichtiger war als das Ziel." (*Pfeffer-Weiß* in: *Jopt*, S.368)

947 *Mähler/Mähler* in: *Krabbe*, S.160

948 *Proksch* in: *Krabbe*, S.186

diation jedoch nur zur Unterstützung der privatautonomen Gestaltung der Trennung einsetzen.

Wenn die Parteien jedoch zu einer selbstbestimmten Einigung in der Mediation gelangen, so investieren sie emotionell in ihre Lösung, was ihre Bestandschance erhöht[949]. Aus der Selbstbestimmung folgt eine größere Akzeptanz des Ergebnisses[950]. Auch die in einem anderen Bereich (geringwertige Streitigkeiten im US-Bundesstaat Maine) getroffenen Feststellungen, daß 73% der Beklagten nach einer Einigung in Mediation, aber nur 35% nach einem streitigen Urteil binnen vier bis acht Wochen ihrer Zahlungsverpflichtung nachkamen[951], weist in diese Richtung.

7. Harmonie und Versöhnung?

In der Familienmediation geht es um die Gestaltung der *Trennung*, nicht um Ansätze zur Versöhnung. Daher ist auch jeder Harmoniedruck, jede Zwangsbefriedung fehlgeleitet[952]. Das Ziel der kooperativen Konfliktbehandlung meint nicht „Verharmlosung der Konflikte, sondern ihre volle Austragung."[953] Der Mediator hilft den Parteien gerade, ihre *unterschiedlichen* Interessen zu erforschen und gegenseitig *wahrzunehmen*, nicht aber *zuzudecken*. Wenn aus der wachsenden Einsicht in die unterschiedlichen Interessen *Verständnis* entsteht, so ist das begrüßenswert, jedoch keineswegs zum Ziel zu erheben[954]. Im Mediationsprozeß ist es schon gefährlich, kooperative Möglichkeiten *zu früh* zu betonen, wenn nicht zuvor gerade die Gegensätzlichkeit der Positionen herausgearbeitet wurde, die die Trennung beherrscht[955].

949 *Proksch* FamRZ 1989, 920

950 Vgl. die zur Befolgung von (Trennungs-)Vergleichen *Pearson/Thoennes* in: *Folberg/Milne*, S.448 ff; *Mähler/Mähler* Familiendynamik 1992, 358; zur „Befolgungsbereitschaft" bei (mehr) konsensueller Streitbehandlung *Bierbrauer/Gottwald* in: *Gottwald/Hutmacher/Röhl/Strempel*, S.191 ff

951 *McEwen/Maiman* 1981 Maine L.Rev., 237 ff, vgl. dazu auch *Bierbrauer/Gottwald* in: *Gottwald/Hutmacher/Röhl/Strempel*, S.191 ff

952 Vgl. zum Harmoniedruck oben § 13 II. 2. c) cc), insbesondere das Beispiel der Sitzung in den San Francisco Community Boards

953 *Mähler*, S.7

954 Vgl. oben § 18 IV. zur Bewertung des Reconciliation-Projekts

955 Ebenso *Mähler/Mähler* in: *Krabbe*, S.161

8. Verhandlungsmacht in Familien-Mediation

Selbstbestimmung bedingt Selbstverantwortung. Der Chance der autonomen Konfliktbehandlung steht das Risiko von überlegener Verhandlungsmacht einer Seite gegenüber[956]. Gerade die Gefahr der Übervorteilung von Frauen wird dabei gesehen[957]. Dennoch steht und fällt Mediation in der Trennungsauseinandersetzung nicht mit dem Macht*gleichgewicht* der Parteien[958]. Für den durch die beteiligten Kinder notwendigen nachehelichen, nunmehr nur elterlichen Umgang, der in einzelnen Staaten der USA bereits zu einer Änderung des Begriffs „Sorgerecht" in „parental rights and responsibilities"[959] geführt hat, ist die *Chance* der autonomen Konfliktbehandlung einfach zu wichtig, als daß zumindest der Versuch – soweit die Parteien dies wollen – nicht unternommen werden sollte. Die folgenden Punkte lassen im Vergleich dazu das *Risiko* von überlegener Verhandlungsmacht erträglich und beherrschbar erscheinen.

– Ungleichgewicht zeigt sich auch im bzw. auf dem Weg zum gerichtlichen Verfahren. „Past patterns of dominance, emotional needs, and psychological warfare do not disappear when settlement decisions must be made by the spouses, even when attorneys have done the negotiation."[960] Verhandlungsphase und Zivilprozeß sind Bestandteil eines Kontinuums der Konfliktbehandlung („litigotiation")[961], das Einfallstor für Verhandlungsmacht ist[962]. Erst im Moment der richterlichen Entscheidung ist Gleichheit formal[963] hergestellt. Das bedeutet nicht, daß typischen Machtungleichgewichten nicht entgegengewirkt werden sollte – z.B. durch verbesserten Zugang zum Recht, was sich schließlich dann wiederum als Verbesse-

956 Vgl. die Analyse der Auswirkungen von ungleicher Verhandlungsmacht bei *Mnookin* 18 U. Mich. J. L. Ref, 1024 ff

957 Vgl. nur *Milne/Folberg* in: *Folberg/Milne*, S.17 m.w.Nw.

958 So aber z.B. *Limbach* in: Deutsches Familienrechtsforum, S.137

959 Vgl. *Proksch* FamRZ 1989, 922 m. Nw. in Fn.89

960 *Milne/Folberg* in: *Folberg/Milne*, S.17

961 Vgl. oben § 5 IV.

962 Zum Vergleichsdruck für unerfahrene Parteien im Zivilprozeß, die insbesondere dem Risiko des ungewissen Prozeßausgangs ausweichen, vgl. nur *Röhl* Der Vergleich im Zivilprozeß, S.232

963 Dennoch kann die richterliche Entscheidung, um nur ein Beispiel zu nennen, von den Argumenten des besseren Anwalts beeinflußt sein.

rung der Verhandlungsposition auswirkt. Nur sollte Mediation nicht mit einer „romanticized vision of the adversarial model"[964] verglichen werden[965].

– Außerdem äußern die Betroffenen gerade die „Ohnmacht, die sie im herkömmlichen System empfanden, und ... , daß ihnen die Lösung des Konfliktes weggenommen wurde."[966] Der Grund ist die Mißachtung der „Eigenständigkeit und Autonomie der Betroffenen. Sinnvoll ist daher, vor- und außergerichtlich die Autonomie der Parteien und ihre Fähigkeit, eigene Lösungen zu finden, zu stärken."[967] Dieser, in der Trennungskrise so fatalen Ohnmacht, wirkt Mediation durch „Hilfe zur Selbsthilfe" entgegen.

Die Mediation von Trennungsauseinandersetzungen wirkt zusätzlich (graduell) auf einen Machtausgleich hin. Interessendenken ist strukturell *Selbst*behauptung[968], sodaß die Erkenntnis und Äußerung der wirklichen Interessen bereits als Machtzuwachs von den Beteiligten gewertet wird. Sind die Interessen geäußert, so können sie nicht mehr gänzlich vernachlässigt werden. Sie bewirken im Gegenteil, daß bisherige, u.U. gerade zur Trennung führende Beziehungsmuster aus neuer Sicht und gleichzeitig durch die Trennung notwendiger Umorientierung zur Auflösung tendieren. „Mediation ist ein dynamischer Prozeß und unterstützt in seiner Gesamtstruktur die Entfaltung von Selbstverantwortung, Autonomie und voller Interessenwahrung."[969] Untersuchungen scheinen in übrigen zu be-

964 *Milne/Folberg* in: *Folberg/Milne*, S.17

965 Ähnlich *Folberg/Taylor*, S.246 f

966 *Mähler/Mähler* in: *Krabbe*, S.153; vgl. auch die Zitatensammlung der Betroffenen („Ich bin überhaupt nicht zu Wort gekommen mit dem, was mich wirklich anging.") bei *Mähler*, S.8; vgl. auch *Bierbrauer* in: *Blankenburg/Gottwald/Strempel*, S.322 zu Verfahrensexperimenten insbesondere von *Thibaut* und *Walker*, deren wesentliche Ergebnisse zeigen, daß eine autonome Verfahrenskontrolle durch die betroffenen Parteien von ihnen als gerechter angesehen wird.

967 *Mähler/Mähler* in: *Krabbe*, S.154

968 *Mähler/Mähler* in: *Krabbe*, S.154

969 *Mähler/Mähler* Familiendynamik 1992, 357; ähnlich *Mnookin* 18 U. Mich. J. L. Ref., 1026 Fn.23; vgl. auch die Aussage einer betroffenen Mutter, die selbst im Hinblick auf das Sorgerecht in der „stärkeren" Position war: „... zum Aufgeben meiner relativ sicheren Machtpositionen bedurfte ich eines Anstoßes von außen, eines Anstoßes, der einen neuen Blickwinkel einführte. Ich selbst war zu verstrickt in die ange-

stätigen, daß in selbstbestimmten Mediations-Verfahren die Parteien eine größere moralische und auch rechtliche Verpflichtung empfinden, den Interessen des schwächeren Gegenübers Platz einzuräumen[970].

– Außerdem besteht für den Mediator die Möglichkeit zu empfehlen, Berater hinzuzuziehen[971]. Während der Mediator als Katalysator und „chairman" des Verfahrens dominante Muster durchbrechen kann, können z.B. beratende Anwälte das Wissen um die eigene *Rechts*position vermitteln[972].

– Schließlich hat es der Mediator in der Hand, die Mediation abzubrechen. Auch hier wirkt sich positiv aus, wenn kein Erfolgsdruck auf dem Mediator lastet. Er kann ohne den Blick auf die Erfolgsstatistik die richtige Entscheidung treffen[973]. Stellt er – gerade aufgrund seiner besonderen Schulung – fest, daß das notwendige Mindestmaß an Autonomie sich bei einer Partei aufgrund der zu großen Überlegenheit der anderen Seite nicht einstellen kann[974], so bedarf die schwächere Partei des *Rechts*schutzes im gerichtlichen Verfahren[975] – wenn schon die Verfolgung von Interessen strukturell nicht

botenen und von mir auch angenommenen Strukturen." (*Pfeffer-Weiß* in: *Jopt*, S.366)

970 *Proksch* FamRZ 1989, 922 m.Nw. in Fn.88

971 *Proksch* FamRZ 1989, 921 f; *ders.* in: *Krabbe*, S.187

972 Vgl das Fallbeispiel bei *Diez/Krabbe* in: *Krabbe*, S.123; *Mähler/Mähler* Familiendynamik 1992, 361; *Rogers/McEwen*, S.18 weisen darauf hin, daß Vergleiche zwischen Mediation und gerichtlichem Verfahren oft zu Unrecht unterstellen, die Parteien seien vor Gericht durch Anwälte vertreten, während sie in der Mediation keinen rechtlichen Rat zur Verfügung hätten.

973 Skeptisch z.B. *Crouch* in: *Goldberg/Sander/Rogers*, S.315: „... it is both a factual and a philosophical question to decide the degree to which a particular person's choice is free. In the unfathomable subtleties of long-standing marital relationships, a dominant party can even be the one who appears on the surface to be the weaker party, and this can be subtle enough to fool even trained and experienced observers."

974 Näher zur Frage der Eignung der Parteien zur Mediation *Diez/Krabbe* in: *Krabbe*, S,115; *Mähler/Mähler* Familiendynamik 1992, 356 ff

975 *Mähler/Mähler* in: *Krabbe*, S.154

möglich ist. Der Mediator hat dann das Verfahren abzubrechen[976] und *beiden* den Weg zum Gericht zu empfehlen[977].

– Bezüglich Sorgerecht und Versorgungsausgleich erfolgt auch noch die *richterliche* Negativkontrolle eines eventuellen Einigungsergebnisses. Damit besteht eine letzte Kontrollebene, um unverantwortliche Ergebnisse zu vermeiden.

In letzter Konsequenz bedingt jedoch die Autonomie der Parteien eben auch, daß sie das für sie beste Verfahren wählen[978].

9. Recht und Mediation

Was den Parteien rechtlich zusteht, ist nur ein Ausschnitt aus der Konfliktwirklichkeit und zudem eine statische Momentaufnahme. Mediation versucht dagegen, die anderen Perspektiven und Streitebenen mit in die Konfliktbehandlung einzubeziehen und so für die Dynamik des künftigen Umgangs ein „zukünftiges Konfliktlösungsmodell"[979] aufzubauen. In diesem Rahmen gehört es jedoch zur informierten Autonomie der Parteien und damit auch zu ihrer Verhandlungsmacht, ihre rechtliche Lage zu kennen, was Aufgabe der die Mediation als Berater der einzelnen Partei begleitenden Anwälte ist[980]. Die Einbeziehung anderer Aspekte des Konfliktes kann nicht bedeuten, einen Aspekt wiederum auszublenden. Der mögliche Verzicht auf einen rechtlichen Anspruch im Rahmen einer Interessenlösung sollte ein bewußter Verzicht sein. Sonst ist der

---

976 *Mähler/Mähler* Familiendynamik 1992, 358; sieht der Mediator eine Partei in „einer sich selbst verleugnenden Opferhaltung" verharren, die so zwar eine Einigung, jedoch eine offensichtlich ungleichgewichtige, möglich macht, ist er gehalten „sogar noch am scheinbaren Ende des Prozesses" diesen abzubrechen (a.a.O., S.28); *Proksch* Familiendynamik 1992, 403 verlangt vom Mediator, die Parteien auch den Abbruch selbstverantwortlich steuern zu lassen.

977 Zum vorsichtigen Einsatz dieses letzten Mittels *Crouch* in: *Goldberg/Sander/Rogers*, S.316

978 *Mnookin/Kornhauser* 88 Yale L. J., 956 f; *Mähler*, S.13

979 *Diez/Krabbe* in: *Krabbe*, S.110

980 *Haynes/Bastine/Link/Mecke*, S.53; *Rabaa*, S.141 sieht im Rahmen des „Stuttgarter Modells" die Funktion juristischer Beratung „als Orientierungshilfe, nicht als Hilfe zur Entwicklung von Prozeßstrategien".

künftige Umgang miteinander durch eine versäumte Auseinandersetzung mit dem Recht gefährdet[981].

Gleichzeitig ist eine in der Mediation gewonnene Interessenlösung Rechtsschöpfung und autonome Rechtssetzung und daher gerade keine Alternative zum Recht[982]. Recht ist nicht nur *Entscheidung*, sondern auch und gerade Ausformung eines Bezugsrahmens[983].

Recht ist also ein Thema in der Mediation. Es wird nur anders thematisiert[984]. Recht markiert die Grenzen der autonomen Interessenlösung, indem es sittenwidrigen oder gegen geltendes Recht verstoßenden Regelungen keine Bindungswirkung zuwachsen läßt. Rechtliche Regelungen können Gestaltungsbasis[985] für Vorteile beider Parteien sein, etwa bestimmte steuerliche Gestaltungen (Realsplitting bei Ehegattenunterhalt). Schließlich sind die im Gesetz enthaltenen Wertungen Grundlage einer Ergebniskontrolle, nicht durch unbedingten Geltungsanspruch, sondern als Bezugspunkt für die Begründung von interessengeleiteten Abweichungen. Sie bilden für die Parteien den Anlaß, ihre Positionen zu überprüfen. „Nicht Thematisierung oder De-Thematisierung von Recht unterscheiden justizielle und mediative Verfahren, sondern die Art und Weise, wie darüber gesprochen wird, wie mit ihm umgegangen, wie und woraus es geschöpft wird, wodurch es sich legitimiert und worauf sich seine Akzeptanz gründet."[986]

10. Vertraulichkeit

Der „Vertrauensraum"[987] der Mediation erfordert, dieses Vertrauen auch zu wahren. Die Schweigepflicht des Mediators[988], auch in einem anschließenden Gerichtsverfahren, ist daher ebenso essentiell wie das an den Anwaltsmediator gerichtete Verbot, dort als

981 *Mähler/Mähler* Familiendynamik 1992, 361
982 *Haffke*, S.54
983 So insbesondere *Mnookin/Kornhauser* 88 Yale L. J., 950 ff
984 Die folgenden Funktionen des Rechts finden sich bei *Mähler/Mähler* Familiendynamik 1992, 360 f
985 Zum Recht als Möglichkeit der autonomen Gestaltung statt als Recht „gegenüber" dem Partner MünchKomm/*Hinz* § 17 KJHG Rz.4
986 *Haffke*, S.55
987 *Mähler*, S.7
988 Vgl. nur *Milne* in: *Folberg/Milne*, S.392 f m.w.Nw.

Parteivertreter weiterzuwirken[989]. Eine für kooperative Lösungen erforderliche Offenheit der Parteien[990] kommt nicht zustande, wenn sie befürchten müssen, daß im kontradiktorischen Verfahren dies gegen sie verwendet wird[991]. Auch die Zusammenarbeit der verschiedenen Berater ist nur denkbar, wenn das mediative Verfahren durch Vertraulichkeit abgeschirmt ist[992]. Auch die neue, *freiwillige* Aufgabe des Jugendamtes nach § 17 Abs.1 Ziff.3 KJHG, Trennungsberatung in Richtung auf eine „Wahrnehmung der Elternverantwortung" zu leisten, kann nur dann als Mediation institutionalisiert werden, wenn eine scharfe Grenzziehung zu den hoheitlichen, familiengerichtlichen Ermittlungsaufgaben nach § 50 KJHG erfolgt. In der Offenheit der Mediation erlangte Informationen dürfen nicht in das gerichtliche Verfahren gelangen[993]. Der Ansatz des Gesetzgebers in § 65 KJHG, den besonderen „Vertrauensschutz in der persönlichen und erzieherischen Hilfe" durch weitreichenden Datenschutz abzusichern, muß in der Praxis durch organisatorische Maßnahmen zur scharfen funktionalen Trennung von zum kontradiktorischen Verfahren gehörenden Aufgaben und (zur institutionalisierten Mediation ausbaufähigen) Beratungsaufgaben ausgefüllt werden[994].

11. Die Ausbildung des Familienmediators

Familientherapie, humanistische Psychologie, Konfliktforschung, Kommunikations- und Verhandlungsforschung und Forschungsergebnisse zur Familiendynamik einschließlich des Wohles der betroffenen Kinder haben zur Entwicklung und Fundierung von Mediation als Weise der Konfliktbehandlung in der Trennung beigetra-

989 Vgl. nur *Mähler/Mähler* Familiendynamik 1992, 366
990 Vgl. oben § 10 II. 1.
991 *Proksch* Familiendynamik 1992, 400
992 *Mähler*, S.10
993 Vgl. ausführlich *Haffke*, S.77 ff; Bericht des Arbeitskreises „Die Betreuung der Scheidungsfamilie nach dem KJHG" in: Brühler Schriften zum Familienrecht Band 7, S.91; *Mähler/Mähler* Familiendynamik 1992, 350 mit Hinweisen auf geplante Entwicklungen in Fn. 12 und 13
994 *Haffke*, S.79; MüchKomm/*Hinz* § 17 KJHG Rz.10 sieht zwar im Vertrauen auf den Datenschutz keinen Anlaß für Befürchtungen, empfiehlt aber zum Abbau von Mißtrauen ebenfalls eine funktionale Trennung von Beratung und Familiengerichtshilfe.

gen. Die Ausbildung des Familienmediators[995] muß diese Erkenntnisse theoretisch einbeziehen und ihre praktische Umsetzung exemplarisch und durch häufige Supervision, die Bestandteil dieser Ausbildung sein sollte, verfolgen. *Erfahrung* des Mediators ist für den Erfolg entscheidend[996]. Auch wenn Mediatoren, die nicht aus dem juristischen Bereich stammen, Juristen als sachkundige Berater in ihre Mediation einbeziehen, so brauchen sie dennoch juristische Grundkenntnisse im Familienrecht und Verständnis für die Abfassung von Verträgen[997]. Hier geht es nicht darum, daß sie in der Mediation Rechtsberatung betreiben, sondern daß sie sich den rechtlichen Aspekten einer Trennung nicht verschließen und die auftauchenden Probleme kennen. Neben der Beschäftigung mit den oben genannten Gebieten, insbesondere der Familiendynamik und der Verhandlungsführung, gilt es für Juristen,[998] genau dem entgegenzuarbeiten, was die Berliner Familienrichterin *Merve Brehme* konstatiert: „Keinesfalls wird dem Juristen in seiner Ausbildung vermittelt, daß ein Recht suchender Mensch bei Anwälten und Gerichten nicht nur Recht sucht, sondern auch Zuwendung, Parteinahme, Stärkung seines durch die Krise empfindlich getroffenen Selbstwertgefühls und Entlastung von Problemen ... ."[999]

12. Bisherige empirische Untersuchungen

Eine ausführliche Auseinandersetzung mit empirischen Untersuchungen zur Mediation würde den Rahmen dieser Arbeit sprengen. Der folgende Überblick zeigt einige zentrale Punkte aus zwei amerikanischen, umfangreichen Studien und einer begrenzten deutschen Pilotstudie.

995 Grundsätzlich zur Lehr- und Lernbarkeit von Vermittlung *Röhl* in: *Gottwald/Hutmacher/Röhl/Strempel*, S.209 ff

996 Vgl. nur *Pearson/Thoennes* in: *Folberg/Milne*, S.431 m.w.Nw.

997 *Mähler/Mähler* Familiendynamik 1992, 361 f

998 Zur grundsätzlichen Zulässigkeit des Anwaltsmediators im geltenden Recht und zu den Grenzen seiner Tätigkeit vgl. ausführlich *Haffke*, S.71 ff

999 *Brehme* in: *Krabbe*, S.227

a) In den USA wurden insbesondere zwei große empirische Studien über Familien-Mediation von *Jessica Pearson* und *Nancy Thoennes*[1000] durchgeführt: Im Denver Custody Mediation Project (CMP 1979–1981) wurden vergleichbare Fälle entweder auf im Ergebnis jedoch freiwillige Mediation verwiesen oder in eine Kontrollgruppe zugeordnet. Insgesamt 470 Befragte äußerten sich dann zu unterschiedlichen Zeitpunkten während oder nach dem Verfahren. Öffentliche Mediations-Programme, u.a. am „Los Angeles Conciliation Court", wurden im Divorce Mediation Research Project (DMRP 1981 1983) wiederum vor allem durch Befragungen evaluiert.

– Gemessen an der Zahl der Einigungen[1001] ist Mediation sehr erfolgreich: Im DMRP erreichten 40% der Teilnehmer über alle Punkte eine Einigung, während weitere 20–30% teilweise oder zeitweise zu einer Vereinbarung kamen[1002]. Da sich auch im oder parallel zum gerichtlichen Verfahren zahlreiche Einigungen erzielen lassen, wurde im CMP vergleichend der Effekt von Mediation untersucht. 80% der Teilnehmer an einer Mediation erreichten eine Einigung über Sorge- und Besuchsrecht – entweder während der Mediation oder im Anschluß daran, so daß für eine gerichtliche Entscheidung nur 20% der Fälle verblieben. Dagegen war bei fast 50% derer, die *keine* Mediationserfahrung machen konnten, eine solche gerichtliche Entscheidung notwendig[1003].

– Der zunächst theoretische Ansatz von Mediation, Kooperation zu fördern, wurde durch den *Inhalt* der Vereinbarungen tendenziell bestätigt. Die meisten Paare, die zu einer Einigung kamen, ent-

1000 *Pearson/Thoennes* in *Folberg/Milne*, S 429 ff; Zusammenfassungen finden sich bei *Link/Bastine* Zeitschrift für Familienforschung 2, 136 ff, sowie *Proksch* in *Krabbe*, S.182 ff und *ders.* FamRZ 1989, 921 f

1001 Daß diese Betrachtung nicht unproblematisch ist, wurde bereits oben § 16 I. ausgeführt. Verbunden mit Befragungsergebnissen insbesondere zum Verhalten des Mediators sind solche Ergebnisse jedoch zumindest starke Indizien für die Erreichung des Ziels des Individual-Autonomy-Projektes.

1002 *Pearson/Thoennes* in: *Folberg/Milne*, S.433; *Bastine/Link/Lörch* Familiendynamik 1992, 382 verweisen auf ähnliche Erfahrungen an der Praxis- und Forschungsstelle für Beratung und Psychotherapie (Universität Heidelberg).

1003 *Pearson/Thoennes* in: *Folberg/Milne*, S.434

schieden sich für ein gemeinsames Sorgerecht. Auch bei einem alleinigen Sorgerecht wurde dem nicht sorgeberechtigten Elternteil mehr Besuchsrecht eingeräumt, als in nicht durch Mediation entstandenen Vereinbarungen[1004].

– Die Zufriedenheit der Teilnehmer ist in allen untersuchten Programmen außerordentlich hoch. Im CMP waren 77% aller Befragten überaus zufrieden mit Mediation – unabhängig davon, ob eine Einigung erreicht wurde oder nicht[1005]. Dennoch stimmten etwa die Hälfte der Teilnehmer („somewhat" oder „strongly") den folgenden Aussagen zu: „The sessions were tension-filled and unpleasant." „I felt angry during much of the session."[1006] Dieser erstaunliche Gegensatz zu der allgemeinen Zufriedenheit mit Mediation erklärt sich bei der Betrachtung der Struktur und Ziele von Mediation. Es handelt sich eben nicht um ein magisches Versöhnungs-Verfahren, das alle Gegensätze sofort mit Harmonie zuschüttet. Gerade die eskalierende Dynamik der Scheidungskrise und der Sorgerechtsstreitigkeiten ist „so emotionally taxing that any method of dispute resolution will necessarily be unpleasant"[1007]. Mediation hilft bei der selbstbestimmten Konfliktbehandlung in Richtung auf eine Ei-

---

1004 *Pearson/Thoennes* in: *Folberg/Milne*, S.436 m.w.Nw.

1005 *Pearson/Thoennes* in: *Folberg/Milne*, S.437; dies muß allerdings im Zusammenhang mit der generellen Unzufriedenheit mit dem gerichtlichen System gesehen werden, worauf auch *Pearson/Thoennes* (mit weiteren statistischen Erhebungen) hinweisen. Den oben § 16 I. ausgeführten Zweifeln an der Tauglichkeit des Kriteriums der Zufriedenheit der Teilnehmer wurde insofern begegnet, als sie zu bestimmten Verfahrensmerkmalen in Beziehung gesetzt wurden. So gaben 60–90% der Befragten an, Mediation habe ihnen geholfen, sich auf die Bedürfnisse der Kinder zu konzentrieren. 70–90% stimmten der die Entwicklung von Autonomie andeutenden Aussage zu: „Mediation gave me a chance to express my own point of view." (*Pearson/Thoennes* a.a.O., S.438) Im Detail ergaben sich im übrigen auch aufschlußreiche Kritikpunkte, die jedoch zu einem erheblichen Teil auf Fehleinschätzungen der Ziele von Mediation zurückgeführt wurden. So glaubten Teilnehmer, es ginge um eine Versöhnung oder aber der Mediator treffe die letzte Entscheidung über das Sorgerecht (*Pearson/Thoennes* a.a.O., S.439). Das zeigt wiederum, wie wichtig eine präzise Erläuterung des Verfahrens und der Zielvorgaben durch den Mediator ist.

1006 *Pearson/Thoennes* in: *Folberg/Milne*, S.439

1007 *Pearson/Thoennes* in: *Folberg/Milne*, S.439

nigung über die streitigen Fragen der Trennung. Dabei bedingt *Selbst*bestimmung gerade „nicht Verharmlosung der Konflikte, sondern ihre volle Austragung.“[1008] Das ist im Verfahren belastend und unerfreulich. Insgesamt jedoch ist es eine positive Erfahrung im Verhältnis zur *Fremd*bestimmung durch richterliche Entscheidung.

– Von 1254 Rechtsanwälten der Anwaltsvereinigung in Los Angeles erklärten 1988/89 auf die Frage, ob Mediation in Sorgerechtsstreitigkeiten sinnvoll ist, nur 1,6%, daß es nie hilfreich sei, 57% dagegen, es sei oft hilfreich[1009]. Ob eine solche Befragung in anderen US-Bundesstaaten oder gar in Deutschland ähnliche Ergebnisse zeigen würde, erscheint mehr als fraglich, weil hier die Kenntnis der Möglichkeiten von Mediation weniger bzw. in Deutschland noch kaum verbreitet ist. Dagegen begannen u.a. in Los Angeles County, Kalifornien, bereits 1973 verschiedene Gerichte damit, streitige Sorgerechtsfälle an „Conciliation Courts“ abzugeben, damit die Eltern eine selbstverantwortete Lösung finden konnten. Aufbauend auf den positiven Erfahrungen kam es 1980 dann zur landesweiten Einführung von obligatorischen Vermittlungsverfahren bei umstrittenem Sorge- oder Besuchsrecht[1010]. Im *erlernten* Konfliktverhalten[1011] der Anwälte in Los Angeles hat Mediation nach 15 Jahren einen anderen Erfahrungs-Stellenwert. Das wiederum wirkt sich entscheidend auf ihre Klienten aus. So berichten *Pearson/Thoennes*, daß 69% der Männer und 72% der Frauen, die sich *für* Mediation entschieden, von ihren Anwälten dazu ermutigt wurden. Dagegen wurde nur 32% der Männer und 18% der Frauen, die sich *gegen* Mediation entschieden, von den Anwälten dazu geraten. „These findings suggest that low participation is tied to the attitudes of the legal community and public ignorance about the mediation alternative.“[1012]

b) In der Bundesrepublik Deutschland wurde am Jugendamt Erlangen vom 1. Dezember 1990 bis zum 31. Oktober 1991 ein Pilotprojekt „Praxiserprobung und Bewertung von Vermittlung (Mediation)

1008 *Mähler*, S.7
1009 *Proksch* in: *Krabbe*, S.186: 8% hielten Mediation für immer hilfreich, 33% für manchmal hilfreich.
1010 S. bereits oben II.
1011 Ausführlich oben § 8
1012 *Pearson/Thoennes* in *Folberg/Milne*, S.431

in streitigen Familiensachen" von *Roland Proksch* durchgeführt, das erstmals Mediation als Angebot der jugendhilferechtlichen Familienhilfe „standardisierte". 27 Eltern mit anhängigen streitigen Sorge- und Umgangsrechtsverfahren wurde Mediation als Alternative *angeboten*, während in einer Kontrollgruppe 24 Eltern im „normalen" Verfahren als Kontrollgruppe beobachtet wurden[1013]:

– 90% der Eltern reagierten auf das erste Angebot, Mediation zu praktizieren, zustimmend; ca. 70% schließlich traten nach Vorgesprächen in das Verfahren ein. Es scheint, daß diese – trotz des unbekannten Konzeptes[1014] – hohe Akzeptanz von Mediation der besonderen Not in der Scheidung entspricht.

– Von den Eltern in der Mediation erreichten 72% eine Vereinbarung gegenüber 28%, die Mediation ohne Vereinbarung abbrachen. In der Kontrollgruppe kam es zu deutlich weniger Vereinbarungen.

– 78,5% der Eltern waren mit der Vermittlung zufrieden. Weit über die Hälfte würden Mediation weiterempfehlen und zwar – wie auch in den amerikanischen Untersuchungen – unabhängig davon, ob gerade sie eine Einigung erzielten.

– Die Mediation zeigte allgemein, daß auch ein hohes Streitpotential die Eltern nicht daran hinderte, im Ergebnis – mit Hilfe der Interventionen des Mediators – „konstruktiv zu streiten und durch kooperative Kommunikation zu einer einvernehmlichen eigenen Lösung zu gelangen." Überrascht waren davon insbesondere die Betroffenen selbst[1015].

– Theoretische Erwartungen an Mediation als ein zukunftsorientiertes, den Streit nicht zudeckendes, sondern auf den Punkt bringendes Verfahren wurden von den Aussagen der Eltern bestätigt:

„– der Vermittler brachte unsere Diskussion immer wieder auf die wesentlichen Punkte: 96,3%
– während der Vermittlung wurde nicht zuviel Zeit mit alten und vergangenen Konflikten vertan: 63%

1013 Die weiteren Zahlenangaben stammen von *Proksch* Familiendynamik 1992, 404 ff

1014 Nach *Pearson/Thoennes* in: *Folberg/Milne,* S.431 entscheiden sich „[a]s long as mediation remains an alien concept to the general population" dafür nur gebildetere Bevölkerungsgruppen, die Innovationen gegenüber aufgeschlossener sind.

1015 *Proksch* Familiendynamik 1992, 406

- das Vermittlungsverfahren war sehr übersichtlich: 88,5%
- das Vermittlungsverfahren war für mich sehr durchschaubar: 85,2%
- Vermittlung half mir, meine eigentlichen Probleme, Interessen und Streitpunkte herauszuarbeiten: 66,7%
- durch die Vermittlung haben wir eine gute Lösung für das Sorgerecht unserer Kinder gefunden: 50,0%
- durch die Vermittlung haben wir eine gute Lösung für das Umgangsrecht für unsere Kinder gefunden: 45,8%."[1016]

13. Mediation als Chance

Mediation ist eine *Chance*, keine Garantie. Der Richter entscheidet Folgesachen auf Antrag der Parteien. Man weiß, was man bekommt, nur nicht, wie es aussieht und schon gar nicht, ob es die Zukunft trägt. Autonome Konfliktbehandlung will die Gestaltung der Zukunft *selbst* in die Hand nehmen, trägt jedoch die Möglichkeit des Scheiterns in sich[1017]. Der Ausgang von Mediation ist offen. Es ist nun Ausdruck der Autonomie der Parteien, daß sie das für *sie* beste Verfahren wählen[1018]. Sie sollten nur die Wahl haben.

§ 21 Ein Verfahrensvorschlag für Konflikte zwischen Mietern und Vermietern

Dieser Konfliktstoff ist aufgrund der typischerweise unterschiedlichen Verhandlungsmacht der Parteien nicht für Mediation geeignet. Aber die Analyse von Kooperationshürden zeigt, daß auch eine informatorische Komponente schon erfolgversprechend sein kann, ohne daß allerings die schwächere Partei dem Risiko ausgesetzt werden sollte, daß sich in der (Mediations-)Verhandlung stärkere Verhandlungsmacht durchsetzt[1019]. Gleichzeitig stärkt auch eine

1016 *Proksch* Familiendynamik 1992, 406

1017 Vgl. *Crouch* in: *Goldberg/Sander/Rogers*, S.321: „If mediation ... gives people settlements they are more willing to live with because they can't blame the mistakes on their lawyers, then it will be a noble achievement."

1018 Ebenso *Mähler*, S.13

1019 Zu Verhandlungsdruck, der sich sogar im gerichtlichen Verfahren trotz

sich eigentlich anbietende vermehrte Mieter-Beratung noch nicht genug seine Position, weil er den formellen Weg zum Gericht scheut (vgl. die Zahlen sogleich). Daher ist eine informellere Alternative angezeigt. Im folgenden wird gezeigt, wie man auch aus solchen unterschiedlichen Anforderungen ein Verfahren gestalten kann, wenn man verschiedene Verfahrenselemente kombiniert. Das soll zugleich auf ein Vorhaben dieser Untersuchung hinweisen, die Diskussion auf Verfahrenselemente bzw. -bausteine hinzuführen, die in unterschiedlichen Kombinationen Verwendung finden. In dem hier vorgeschlagenen Verfahren wird aus der Mediation die informatorische Komponente entliehen, während die eingeschränkte Bindungswirkung der Entscheidung sozial-kompensatorisch wirkt[1020].

Es könnte nach niederländischem Vorbild[1021] ein vorgerichtliches Verfahren für bestimmte Mietstreitigkeiten eingeführt werden: Eine Kommission, in der im Sinne der Neutralität *und* der Perzeption von Neutralität Mieter- und Vermieterinteressengruppen vertreten sind[1022], ist *zwingend* vor Einleitung eines Zivilprozesses bei allen Streitigkeiten aus dem laufenden Mietverhältnis, vor allem auch bei Mieterhöhungen, mit dem entsprechenden Begehren anzugehen. Die im Verfahren vor der Kommission erhobenen Daten können im gerichtlichen Verfahren als Beweismittel verwendet werden, sodaß keine zusätzliche zeitliche Belastung eintritt. Beendet wird das Verfahren durch einen „Rat" der Kommission, der nach zwei Monaten *bindend* wird, soweit nicht eine der Parteien zwischenzeitlich Klage erhoben hat.

---

klarer richterlicher Aussagen zur schützenden Rechtslage durchsetzt, vgl. *Schulz-Rackoll* in: *Röhl* Der Vergleich im Zivilprozeß, S.257 f; zur schwachen Position des Mieters bei Mietschlichtungsstellen, der nur „durch das persönliche Bemühen und die Integrität der beteiligten Schlichter" entgegengewirkt werden könne *Demant/Dotterweich/Morasch/Reichelt* in: *Morasch*, S.65;

1020 So wohl auch *Blankenburg/Verwoerd* in: *Blankenburg*, S.311

1021 Die folgenden Informationen über das niederländische Verfahren beruhen auf *Blankenburg* Vortragsmanuskript, passim

1022 Zu den Mietschlichtungsstellen in Hamburg (seit 1979) und Frankfurt (seit 1975), an denen immerhin jeweils Interessenvertretungen beider Seiten beteiligt sind, *Demant/Dotterweich/Morasch/Reichelt* in: *Morasch*, S.63 ff

Dieses Verfahrensdesign kombiniert folgende Vorteile:

– Die Tatsache, daß vor deutschen Gerichten in der Regel die Vermieter[1023], vor den Mietkommissionen in den Niederlanden in der Regel die Mieter klagen, während vor niederländischen Gerichten wiederum auch die Vermieter dominieren, zeigt, daß vor den beiden Institutionen unterschiedliche Fallgruppen ausgetragen werden[1024]. Der im Vergleich zur Klageerhebung *informellere* Zugang bzw. die informellere Verfahrensgestaltung führt zumindest nach den niederländischen Erfahrungen im Verhältnis zu deutschen Mietprozessen zu erheblich mehr solcher Verfahren durch die bei der Initiierung von gerichtlichen Verfahren zurückhaltenden Mieter. Ein Faktor von Verhandlungsmacht, der Zugang zu einem streitentscheidenden und damit Verhandlungsmachtdefizite ausgleichenden Forum, ist damit für die typischerweise schwächere Partei verbessert (Access-to-Justice-Projekt) und führt dazu, daß Fälle an die Kommissionen herangetragen werden, die ohne deren Existenz nicht vor ein Gericht gelangen würden.

– Das Verfahren selbst ist auf eine *Entscheidung*, den *Rat* der Kommission ausgerichtet. Dabei werden in den Niederlanden ein Drittel aller Fälle durch Information oder durch formularmäßige Behandlung erledigt. In 62% der Fälle erfolgt eine Entscheidung in Form des Rats[1025]. Dieser ist zunächst unverbindlich, wird mit Zeitablauf aber bindend: Damit wird der Mieter nicht zu einer Einigung mit dem Vermieter angehalten, die womöglich geschützte Rechtspositionen ohne wirkliche Gegenleistung aufgibt, sondern erhält (bei entsprechend neutraler und sachkundiger Besetzung) eine einem späteren Urteil möglichst angenäherte *informatorische* Bestandsaufnahme in Form des Rates. Insoweit entspricht dies den unter den Begriff rights-based mediation gefaßten Verfahren wie etwa early neutral evaluation[1026]. Das für den Schutz des Mieters entscheidende Moment liegt darin, daß er das informatorische Ergebnis zu seinem Begehren nicht selbst im Verhandlungsweg oder im Wege der Klage durchsetzen muß, sondern daß dieses Ergebnis durch

---

1023 *Schulz-Rackoll* ZfRSoz 4, 271 ermittelte durch Aktenanalysen in Nordrhein-Westfalen einen Anteil von 96%.

1024 *Blankenburg/Verwoerd* in: *Blankenburg,* S.309 ff

1025 *Blankenburg/Verwoerd* in: *Blankenburg,* S.310

1026 Vgl. oben § 3 I. 1. b)

Zeitablauf bindend wird[1027]. Die sonst notwendige Einigung der Parteien, die wiederum Raum für Verhandlungsmacht geben würde, wird damit quasi durch ‚Schweigen' beider Parteien fingiert. Die *Initiativlast* für eine die Bindungswirkung der Kommissionsentscheidung beseitigende, gerichtliche Klage liegt beim Vermieter, der als typischerweise stärkere Partei mit ihr nicht übermäßig belastet ist. Dennoch bleibt auch dem Mieter die *Möglichkeit*, doch noch den gerichtlichen Weg zu beschreiten.

– Der Verlust an Flexibilität und Kreativität einer ‚reinen' Mediationslösung wird durch die bessere Durchsetzbarkeit von Schutzgesetzen, die fehlende Verhandlungsmacht kompensieren, mehr als aufgewogen. Dazu kommt eine Ausstrahlungswirkung auf die Konfliktbehandlung zwischen den Parteien des Mietverhältnisses. Das Bewußtsein der Durchsetzbarkeit von Rechtspositionen, das nunmehr ausgewogener bei Vermieter und auch Mieter vorhanden ist („shadow of the law"), fördert in jeder Verhandlungssituation Kooperation.

– Mit nur 2% der Fälle ist die Klagerate (im Anschluß an die Kommissionsentscheidung) in den Niederlanden auch außergewöhnlich niedrig, sodaß dieses Verfahren sich als effektiver *Filter* für den Zivilprozeß darstellt.

– Gleichzeitig können weiterhin von Mieterseite Rechtsprechungsänderungen oder -ergänzungen – im günstigen Fall als Musterprozeß mit Unterstützung eines Interessenverbandes – initiiert werden. Diese bilden dann wiederum in künftigen Fällen die neue Basis für den Rat der Kommission.

1027 Auch beispielsweise bei court-annexed arbitration wird der Schiedsspruch nur dann bindend, wenn keine der Parteien ein „trial de novo" beim Gericht beantragt.

§ 22 Mediative Elemente im Zivilprozeß

I. Anwaltschaftliche Tätigkeit

1. Der Anwalt als Vermittler

Die anwaltschaftliche Tätigkeit vor und während des gerichtlichen Verfahrens ist nicht nur Rechts-, sondern insbesondere auch *Interessen*vertretung[1028] und enthält, um dem gerecht zu werden, auch *mediative* Elemente[1029]. Die Aussage vieler Anwälte, Mediation sei schließlich nichts Neues, man praktiziere es doch täglich, hat insofern einen richtigen Kern. Dennoch ist es eben eine andere Dimension von Vermittlung, wenn ein *Dritter* eingeschaltet wird. Dazu kommt, daß zwar rund 70% aller zivilrechtlichen Auseinandersetzungen bei Einschaltung eines Anwalts außerhalb des Gerichtes beigelegt werden[1030]. Dies zeigt in der Tat „die große Bedeutung ..., die den Rechtsanwälten bei den Bemühungen zur Entlastung der

1028 Zu diesem „Spannungsfeld" *Bandisch* in: *Blankenburg/Gottwald/Strempel*, S.42 ff

1029 Zum (Prozeß-)Vergleich im „wohlverstandene[n] Interesse des Mandanten" *Lindemann* in: *Gottwald/Hutmacher/Röhl/Strempel*, S.45 ff

1030 So die „Empirische Untersuchung von Umfang, Struktur und Bedingungen außergerichtlicher Beilegung zivilrechtlicher Streitigkeiten durch Rechtsanwälte" von *Rainer Wasilewski*, S.36; dabei wurden Arbeitsrechts- und Scheidungssachen nicht berücksichtigt, da sie nicht ohne Einschaltung der Gerichte behandelt werden können. Außerdem wurden auch Mahnverfahren nicht berücksichtigt, da sie zwar grundsätzlich ohne gerichtliche Hilfe durch Vermittlung hätten beigelegt werden können, jedoch den schellsten und kostengünstigsten Weg zu einer Verjährungsunterbrechung und einem Vollstrekkungstitel darstellen (a.a.O.). Insgesamt besteht die Datenbasis der in Deutschland einmaligen Untersuchung, insbesondere aus Datenschutzgründen, ‚nur' „aus der dokumentierten Fallbearbeitung beim Rechtsanwalt", so daß „damit weder die Konfliktentstehungsphase bis zur Mandatserteilung noch die tatsächliche Befriedung und/oder Befriedung der Mandantenvorstellungen der Beobachtung zugänglich sind und die Definition des ‚Fallabschlusses' als Liquidationsvorgang stellvertretend für die Streitbeilegung stehen muß." (a.a.O., S.32 f) Zum Civil Litigation Research Project (CLRP) in den USA vgl. nur *Rogowski* ZfRSoz 4, 302 ff

Ziviljustiz durch das Ausmaß ihrer außergerichtlichen Streitbeilegung zukommt."[1031] Das Bild verändert sich jedoch, wenn *zwei* Anwälte beteiligt sind. Bei beiderseitiger Anwaltsvertretung werden *drei Viertel* aller Fälle *gerichtlich*[1032] erledigt, nur ein Viertel dagegen außergerichtlich[1033]. Bei der Beurteilung dieses Ergebnisses ist sicher Vorsicht geboten, da „weitere inhaltliche, kontextuelle und situative Fallvariablen"[1034] eine Verhandlungslösung verhindern. Dennoch liegt hier ein großes Potential für die konsensuelle Streitbeilegung. Es gilt „die außergerichtliche Streitbeilegung als eine der zentralen Berufsfunktionen des Rechtsanwaltes im Bewußtsein vieler Berufsangehöriger zu verankern und im wohlverstandenen Mandanteninteresse (!) auch innerhalb des Kollegialsystems umzusetzen."[1035] Dies erfordert – neben dem „Bewußtsein" – theoretische und praktische Kenntnisse von Verhandlungs- und Vermittlungsprozessen und ihren Chancen und Risiken[1036], um selbst mediative Elemente besser einzusetzen. Auch auf der Ebene Anwalt/Mandant sollte die Konfliktbehandlung nicht an den Anwalt

1031 *Wasilewski*, S.36

1032 Hier allerdings möglicherweise auch durch Vergleich; vgl. *Wasilewski*, S.55

1033 *Wasilewski*, S.72

1034 *Wasilewski*, S.72

1035 *Wasilewski*, S.72 (Hervorh. vom Verf.)

1036 So sollte sich auch der Anwalt in der Ehescheidung grundsätzlich bei seinen Vergleichsbemühungen an dem Individual-Autonomy-Projekt, der Selbstbestimmung der Parteien, orientieren. Ein Negativbeispiel schildern *Eidmann/Roethe*, S.36 ff, wo eine Anwältin bei ihrer Mandantin sogar gegen deren ausdrücklich geäußerten Willen, ihrem alkoholabhängigen Mann ein Besuchsrecht einzuräumen, ihre eigenen Vorstellungen von einer möglichen Besuchssperre durchzusetzen versucht. Für *Eidmann/Roethe*, S.47 ist das Gegenteil von gut eben nur gut gemeint, was sie so formulieren: Es äußere sich „ein auf Verdinglichung angelegter, gewissermaßen vorsoziologischer Subjektberiff, für den Individuierung ein sorgsam gehütetes Buch mit sieben Siegeln bleibt. Dazu stehen die idiosynkratischen Affekte wie Empathie- und Neugierverweigerung in einem hermetischen Passungsverhältnis; denn nur, wenn von vorneherein die Dignität des auf Emanzipation gerichteten Theoriengebäudes und der gesellschaftspolitischen Kritik gegen neue, ‚störende' Erfahrungen immunisiert wird, läßt sich das geschilderte Programm der ‚aufgeklärten' Wahrnehmung der verobjektivierten Interessen der ‚Entrechteten und Beleidigten' durchführen."

wegdelegiert sein, sondern die für das Vermittlungspotential entscheidende Interessenebene durch eine aktive Mitarbeit des Mandanten angestrebt werden, da es um *seine* Interessen geht[1037]. Schließlich gehört dazu auch wesentlich das Bewußtsein, daß in bestimmten Konfliktsituationen das Vermittlungspotential zwar grundsätzlich nicht erschöpft ist, jedoch die Verhandlungsbarrieren so hoch sind, daß Vermittlung nur durch einen Dritten als Mediator sinnvoll geleistet werden kann[1038]. Verhandlung und Mediation sind daher – wie bereits in den USA – als Ausbildungsbestandteil ernstzunehmen.

„Fundierte Kenntnisse der psychosozialen Gesetzmäßigkeiten menschlichen Verhaltens als Individuum, in Gruppe und Gemeinschaft [insbesondere auch von *Kooperationsbarrieren*], Fähigkeiten zur Analyse von Bedürfnis- und Handlungsstrukturen von Menschen [Handeln auf der *Interessen*ebene], Fertigkeiten in Gesprächsführung und Verhandlungssteuerung markieren deswegen die zusätzlichen Schwerpunkte, die in der Juristenausbildung und im Konzept einer lebenslangen Weiterbildung der Berufsangehörigen verankert werden müßten, um dem Rechtsanwalt der Zukunft jene Qualifikationen zu vermitteln, deren er als unabhängiges Organ der Rechtspflege zur Wahrung seiner Funktion als Mittler zwischen Mandant und Recht und als Berater in allen rechtlichen Lebensfragen notwendig bedarf."[1039]

Grundlegend dafür ist insbesondere das Verständnis der Genese eines Konfliktes und der Kooperation verhindernden Barrieren. Die Bewertung der fünf idealtypischen Mediations-Projekte kann als Leitlinie für die Ausrichtung der mediativen Elemente auch der anwaltschaftlichen Tätigkeit dienen.

2. Das Modell des „Verhandlungshelfers"

Der Ausschuß „Außergerichtliche Konfliktbeilegung" des Deutschen Anwaltsvereins (DAV) hat als Konsequenz aus den begrenzten Möglichkeiten der beiden Parteienanwälte, vermittelnd zu einer

1037 Zu diesem Modell der Beziehung zwischen Anwalt und Mandant *Rosenthal*, S.7 ff, der zeigt, daß Mitarbeit mehr Erfolg für den Mandanten bringt.

1038 Der Freiburger Rechtsanwalt *Klaus Grisebach* kommentiert das in einem Schreiben so: „Die psychologische Schwelle, den Schlichter, den ‚Überkollegen', zu beauftragen, scheint ungeheuer hoch zu sein."

1039 *Wasilewski*, S.95 (ohne die Hervorh. im Original, Einfügungen vom Verf.)

Einigung zu gelangen, ein Schlichtungsmodell des „Verhandlungshelfers" entwickelt[1040]. „Das Modell geht von der Erfahrung aus, daß es leichter ist, den Parteien Risiken und Aussichten eines Prozesses zu verdeutlichen, wenn nicht nur der eigene Anwalt darüber berät, sondern wenn ein Dritter, der als Anwalt über die gleichen Rechtskenntnisse und Prozeßerfahrungen verfügt, unvoreingenommen seine Meinung zum Ausdruck bringt."[1041] Was ein erster Schritt in die richtige Richtung ist, greift jedoch strukturell zu kurz. Mit einer weiteren oder zusammenfassenden Meinung zu den *rechtlichen* Aussichten den Parteien ihre Position besser vor Augen zu führen, kann zwar sinnvoll sein, wird bei den von ihren eigenen rechtlichen Wertungen in der Regel überzeugten Anwälten aber kaum auf spontane Gegenliebe stoßen. Das ist wohl auch die Erklärung dafür, daß trotz des Angebotes der an der Entwicklung des Modells beteiligten Ausschußmitglieder an einen breiteren Kollegenkreis (die Mitgliederversammlung des DAV 1991), als Verhandlungshelfer zur Verfügung zu stehen, noch keine Anfrage eine Umsetzung in die Praxis ermöglichte. Die „Prognose über den voraussichtlichen Ausgang eines gerichtlichen Verfahrens"[1042] allein wird Anwälte nicht von Verhandlungshilfe überzeugen. Gegenüber dem doch sehr stark an der ZPO angelehnten Schlichtungsvertrag[1043] sollte die Intention des Verfahrens mehr auf die Einbeziehung der Interessenebene gehen[1044], was nicht nur „Rechtskenntnisse und Prozeßerfahrungen"[1045] von dem als Verhandlungshelfer agierenden Anwalt verlangt, sondern eine Ausbildung in Media-

---

1040 Beschreibung mit dem Muster eines Schlichtungsvertrags von *Matschke* AnwBl 1993, 259 ff; kommentierende Bemerkungen von *Grisebach* AnwBl 1993, 261 ff

1041 *Matschke* AnwBl 1993, 259

1042 *Grisebach* AnwBl 1993, 263

1043 Abgedruckt bei *Matschke* AnwBl 1993, 260 ff; richtig ist der Hinweis von *Ponschab* Vortragsmanuskript, S.16, daß eine Reihe von „adaptierten Schlichtungsmodellen für bestimmte Fachbereiche" entwikkelt werden können.

1044 So z.B. *Ponschab* AnwBl 1993, 432 f, der ebenfalls Mitglied des Ausschusses Außergerichtliche Konfliktbeilegung ist; *McEwen* 19 Fla. St. U. L. Rev., 79 schildert das so: „In problem-solving settlement ... the central goal is not to predict what a court would do. Instead the standard for a good outcome is wether or not it meets the needs and responds to the underlying interests of the parties ..."

1045 *Matschke* AnwBl 1993, 259

tion[1046]. „[Ü]ber den eigentlichen engen ‚Streitgegenstand' hinaus" gilt es bei einem Streit*behandlungs*gegenstand anzusetzen, der „Interessen und Motivationen"[1047] weckt und über die Thematisierung von Recht hinausgeht (interest-based mediation). Der in jedem Fall vorgesehene Schlichtungsvorschlag (§ 12 des Schlichtungsvertrages) steht jedoch eher für die (frühzeitige) Fixierung auf eine rein rechtliche Prognose. Erst die Einbeziehung der Interessenebene durch „echte" (Anwalts-)Mediatoren verbunden mit mehr Information (u.a. in der Ausbildung) darüber, was Vermittlung durch einen Dritten über eine Entscheidungsprognose hinaus leisten kann, wird die Standeskollegen für den „Verhandlungshelfer" gewinnen. „Die ‚Entwirrung' des Lebenssachverhalts (der im Regelfall weit über das Rechtsproblem hinausgeht) und die Erarbeitung kreativer Lösungen"[1048] bei komplexen Sachverhalten ist dann ein Anwendungsgebiet[1049].

3. Die anwaltschaftliche Vergleichskonferenz

Für diejenigen Anwälte, deren (erlerntes) Selbstverständnis die Beauftragung eines Dritten als Mediator noch nicht vorsieht, besteht die Möglichkeit, durch ein bestimmtes Setting – eine *anwaltschaftliche Vergleichskonferenz* – die mediativen Elemente ihrer Tätigkeit zu verstärken. Im Rechtsgespräch mit dem gegnerischen Anwalt ist die Verrechtlichung des Konfliktes bereits weit vorangetrieben. Um zumindest die Möglichkeit der Verhandlung auf der Interessenebene zu eröffnen, ist es notwendig, die Parteien selbst in die

1046 Vgl. z.B. zur speziellen Ausbildung in Familien-Mediation oben § 20 IV. 11.

1047 Wörtliche Zitate von *Grisebach* AnwBl 1993, 263

1048 *Ponschab* AnwBl 1993, 433

1049 Ein weiteres Gebiet für den (im wörtlichen Sinne) Verhandlungshelfer schildert aus der Praxis *Ponschab* Vortragsmanuskript, S.15: „Wir alle kennen die Situation, wenn wir in Verhandlungen merken: Nichts geht mehr. Irgendeine Stimme sagt uns, daß in diesen Fällen das einzig Sinnvolle eine gemeinsame Lösung wäre, aber die läßt sich (z.B. weil die Parteien völlig ineinander verbissen sind) nicht finden. Das ist der Moment, wo wir normalerweise in einer gefühlsmäßigen Mischung aus Enttäuschung und Wut zum Diktiergerät greifen und Klageanträge abfassen. Hier sollten wir stattdessen ... einen geeigneten Kollegen als Schlichter auffordern."

Kommunikation einzubinden. Gleichzeitig sind die rechtlichen Aspekte der Auseinandersetzung – insbesondere durch die Einschaltung der Anwälte – in der Regel bereits soweit thematisiert, als daß sie ausgeblendet werden könnten. Daher sind sie als informatorische Basis für eine direkte Kommunikation beiden Parteien *zusammen* in komprimierter Form von jedem Anwalt vorzustellen. Die Anwälte präsentieren so ihre (parteivertretende) Sicht des Falles vor den Parteien bzw. bei Unternehmen vor den entscheidungsbefugten Parteienvertretern[1050], die unmittelbar danach direkt über eine mögliche Einigung verhandeln. Eine solche anwaltschaftliche Vergleichskonferenz unterscheidet sich von „normalen" Vergleichsverhandlungen:

– Zum einen sind die Parteien anwesend, was keineswegs – gerade bei der Beteiligung von Unternehmen – selbstverständlich ist. Selbst wenn Parteivertreter neben den Anwälten zusammentreffen, so handelt es sich doch meistens gerade nicht um die zur Beilegung der Auseinandersetzung allein entscheidungsbefugten Manager. Wahrscheinlich ist, daß auf der Entscheidungsebene zwischen Unternehmen von Anfang an nicht direkt über den Konflikt gesprochen wurde. Kommunikation fand und findet daher durch einen Filter und nicht direkt statt. Interessenbasiertes Verhandeln gehört jedoch in die Hand von denjenigen, die über ihre bzw. die von ihnen vertretenen Interessen auch entscheiden. Die Anwälte haben es in der Hand, diese direkte Kommunikation womöglich zum ersten Mal zu eröffnen.

– Ein weiterer Unterschied zum Setting herkömmlicher Verhandlungen liegt in der *Selbstbeschränkung* der beteiligten Anwälte, daß Recht nicht durch sie ständig erneut thematisiert wird, sondern nur zu Beginn als Ausgangsinformation präsentiert wird. Dann sprechen die Parteien miteinander – ohne Filter[1051]. Sie können sich

1050 Sie sollten außerdem möglichst nicht in den vorherigen Ablauf der streitigen Geschäftsbeziehung verwickelt gewesen sein, so daß eine „frischere" Sicht auf die Probleme möglich wird; die gleichen Erfordernisse finden sich für den ersten Schritt der Konfliktbehandlung durch Verhandlungen z.B. in den Model Resolution Clauses des Center for Public Resources, abgedruckt bei *Goldberg/Sander/Rogers*, S.484

1051 Die gleiche Struktur wird z.B. auch im San Francisco Community Board angestrebt, wenn im zweiten Teil der Mediation die Parteien

allerdings selbst jederzeit um Rat an ihre Anwälte wenden. Selbst wenn die Verhandlung weiter nur um die rechtlichen Aspekte kreist, so ermöglicht die vorherige Präsentation der rechtlichen Positionen doch die Überwindung entscheidender Kooperationshürden wie etwa der durch Filterung begünstigten Überschätzung der eigenen Position. Darüber hinaus besteht Raum für weitere Interessens-Aspekte.

Die anwaltschaftliche Vergleichskonferenz ähnelt so strukturell dem *minitrial*; es fehlt nur eine die anwaltschaftlichen Positionen zusammenfassend bewertende Entscheidung Dritter. Die Schwelle, sie zu organisieren, ist jedoch ohne diese Beteiligung von Dritten erheblich niedriger, so daß die Praxis hier leichter erreicht werden kann. Ein mögliches Anwendungsfeld sind z.B. komplexe Auseinandersetzungen um die Auftragsprogrammierung von maßgeschneiderter Software. Der Streitwert ist meist sehr hoch, der Auftrags-Zeitraum, den es für eine rechtliche Wertung wegen möglicher Pflichtverletzungen einzubeziehen gilt, kann sich über Jahre erstrecken. Schließlich ist die Erstellung von Software für individuelle betriebliche Nutzung ohne die Mitwirkung des Auftraggebers und einer Vielzahl von in ihren Arbeitsabläufen berührten Mitarbeitern nicht denkbar, sodaß auch die *Mit*verursachung der streitigen Probleme immer ein Thema ist. Dies alles ex-post zu bewerten, überfordert meist alle Beteiligten, bis hin zu dem Richter, der, soweit nicht z.B. eine Aufklärungspflicht offensichtlich verletzt ist, völlig auf Sachverständige angewiesen ist. Beide Parteien sind jedoch auf eine Einigung praktisch angewiesen. Für die maßgeschneiderte Software kann in aller Regel nicht kurzfristig Ersatz beschafft werden, und die betrieblichen Abläufe sind bereits angepaßt. Für den Software- Ersteller geht es bei den Volumina bei Zahlungsausfall oft aufgrund der kleinen Betriebsgrößen um die Existenz. Hier

---

aufgefordert werden, sich – auch von der Sitzhaltung her – einander direkt zuzuwenden und miteinander die im ersten Teil dargestellten Positionen zu besprechen. Dieses sinnvolle Setting wurde dort jedoch zumindest in der von mir beobachteten Sitzung durch den massiven Harmoniedruck entwertet (vgl. oben § 13 II. 2. c) cc)). Vgl. auch *Grisebach* AnwBl 1993, 263 zum Modell des DAV: „Der Schlichtungsvorschlag soll in der Regel Basis für die direkten Gespräche und Verhandlungen zwischen den Parteien und ihren Bevollmächtigten sein."

kann die direkte, von technischem Verständnis und der genauen Kenntnis der zu bewältigenden Aufgabe geprägte Kommunikation vor dem Hintergrund möglicher, meist jedoch mit großen Unsicherheiten behafteter, rechtlicher Konsequenzen die einzige sinnvolle Möglichkeit sein. Können die Parteien bzw. ihre Anwälte sich auf die Einschaltung einer sachkundigen Schlichtungsstelle nicht einigen, entweder weil ihnen deren Existenz unbekannt ist oder weil die Schwelle zur Einbeziehung eines Dritten zu hoch ist, bietet sich die anwaltschaftliche Vergleichskonferenz an. Auf den Vorschlag des Verfassers hin wurden in Software-Streitigkeiten dieser Art mehrere solcher Vergleichskonferenzen von einem Hamburger Anwalt initiiert. Alle Konflikte wurden von den an der Konferenz teilnehmenden Geschäftsführern und Vorständen, die beteiligte, sachkundige Mitarbeiter in der Regel zur Beratung mitgebracht hatten, relativ schnell beigelegt.

II. Mediative Elemente in der richterlichen Tätigkeit

Die richterliche Vergleichstätigkeit ist aufgrund ihrer rollenmäßigen Verknüpfung mit der Vorbereitung der richterlichen Entscheidung nicht direkt Gegenstand dieser Arbeit. Die Untersuchung der Ziele und Gestaltungselemente von Mediation kann jedoch zum Verständnis des Vermittlungsauftrages des § 279 ZPO beitragen. Einige Aspekte sollen daher im folgenden im Überblick aufgeführt werden.

1. Rollenkonflikt des Gerichts

Vergleichsorientierte und entscheidungsorientierte Tätigkeit, Mediator und Richter, schließen sich nicht gegenseitig aus. Dennoch gibt es in einzelnen Aspekten einen Rollenkonflikt, ohne daß damit eine richterliche Vergleichstätigkeit grundsätzlich in Frage gestellt ist[1052]:

1052 Vgl. *Gottwald*, S.67 ff; *Falke/Gessner* in: *Blankenburg/Gottwald/Strempel*, S.304 f; *Buehring-Uhle* Program on Negotiation at Harvard Law School, Working Paper Series 90–12, S.5 f; a.A. für den Schiedsrichter *Nicklisch* FS Schwab, S.390 ff, der gerade in dem „ständigen Wechsel zwischen Aktionen der Prozeßführung und Pro-

– Hat der Konflikt bereits das Stadium der gerichtlichen Auseinandersetzung erreicht, sind tendenziell Rechte und nicht Interessen im Zentrum der Auseinandersetzung. Nur noch ein einer rechtlichen Argumentation zugänglicher Ausschnitt wird grundsätzlich thematisiert[1053]. Der Richter kann dem zwar entgegenwirken, indem er entsprechend seinen verschiedenen Rollen zwischen dem Streitentscheidungsgegenstand, den er jederzeit bereit ist in ein Urteil zu fassen, und dem je nach Einzelfall erweiterten Streitbehandlungsgegenstand, der eine Auseinandersetzung auf der Interessenebene und damit einen kooperativen Ansatz ermöglicht, klar und deutlich unterscheidet[1054]. Eine Bewertung der Positionen der Parteien und damit eine Prognose der eventuellen, *eigenen* Entscheidung kann jedoch dadurch, daß diese Entscheidung sofort zur Hand sein kann, die Thematisierung von Interessenpositionen tendenziell einengen oder verhindern[1055]. Der günstigste Zeitpunkt für einen Vergleich kann zwar durchaus erst ein später Zeitpunkt im Prozeß sein, wenn insbesondere richterliche Hinweise oder Vergleichsvorschläge für die Parteien die Prozeßchancen – oder die

---

zeßleitung einerseits und Aktionen mit dem Ziel der Schlichtung andererseits" die Überlegenheit im Vergleich zum speziellen Schlichtungsverfahren sieht. Hauptargument ist, daß die Parteien bei der Verbindung der Funktionen in jedem Fall eine verbindliche Entscheidung erhalten, das Verfahren also effizienter ist als ein möglicherweise erforderliches Doppel-Verfahren; trotz der Risiken sieht einen Effizienzgewinn auch *Goldberg* in: *Fine/Plapinger* II., S.68 ff. Daß der Richter – ebenso wie der Schiedsrichter, der darüber hinaus noch häufig den Vorteil hat, von den Parteien selbst gewählt worden zu sein (*Nicklisch* a.a.O., S.392) – in vielfältiger Weise mediative Elemente in seine Rolle einbeziehen kann, wird sogleich gezeigt. Der folgende Überblick über die eine Vergleichstätigkeit begrenzenden Rollenkonflikte zeigt jedoch, daß eine *Ergänzung* der Möglichkeiten der Konfliktbehandlung durch „reine" Mediation sinnvoll ist.

1053 *Falke/Gessner* in: *Blankenburg/Gottwald/Strempel*, S.305 fragen daher mit Recht, „wie weit das zum Beginn des Prozesses erreichte Maß der Verrechtlichung mit seinen Folgen der Komplexitätsreduktion, der Unterdrückung von Emotionalität und Partizipation, der Vergangenheitsorientierung und des Recht-Unrecht-Schematismus zurückgenommen werden kann."

1054 *Freund* DRiZ 1979, 74 hält daher die Gefahr von Rollenkonflikten für überschätzt.

1055 *Goldberg* 77 Nw. U. L. Rev., 304; *Fuller* in: *Goldberg/Green/Sander*, S.251

Schwierigkeiten ihrer Durchsetzung[1056] – durchsichtiger machen[1057]. Dann setzt sich jedoch meist gerade das im Recht angelegte Nullsummenspiel, das „Alles-oder-Nichts-Prinzip richterlicher Entscheidung"[1058], auch in dem Vergleich durch, ohne daß durch eine Erweiterung der Perspektive Interessenlösungen zumindest erwogen werden[1059].

– Ein Mediator kann zur effektiven Ausgestaltung seiner Vermittlungstätigkeit separate Treffen mit den Parteien durchführen („caucussing"[1060]) und dabei insbesondere auch vertrauliche Informationen erhalten. Einen Richter können die Parteien dagegen nicht mit solchen Informationen in der Erwartung versorgen, daß sie bei der Entscheidung außer Betracht bleiben[1061].

– Darüber hinaus kann die zusätzliche Rolle des Streitentscheiders insgesamt dazu führen, daß die Parteien sich mehr auf die Darstellung ihrer Positionen konzentrieren, um eine spätere Entscheidung positiv zu beeinflussen, als (über Interessen) zu verhandeln. Offene Kommunikation, die notwendig ist, um die Barrieren für eine Kooperation aus dem Weg zu räumen, kommt so nicht zustande, weil die Parteien zusätzlich zum Verhandlungsdilemma zwischen Ko-

1056 Vgl. das Ergebnis der empirischen Untersuchung von *Röhl* Der Vergleich im Zivilprozeß, S.231 f

1057 *Prütting* JZ 1985, 268 m.w.Nw.; mit einem Beispiel *Ekelöf* GS Bruns, S.10 ff

1058 *Prütting* JZ 1985, 267

1059 Die „Themenverlagerung auf sekundäre Interessen wie ... Kosten ... [oder] die Unsicherheit der Beweis- und Rechtslage" führt *Falke/Gessner* in: *Blankenburg/Gottwald Strempel*, S.305 zu dem Schluß, es sei „nur schwer vorstellbar und empirisch nicht nachgewiesen, daß die im Hinblick auf die Parteien organisierte Sprachlosigkeit des Zivilprozesses mit Eintritt in die Vergleichsverhandlungen aufgehoben werden kann und nun die Parteiperspektive rechtliche Relevanzkriterien in den Hintergrund drängt und die Parteien aktiv und konstruktiv an der Lösung ihres Falles mitwirken." Zu dem gleichen Ergebnis kommt auch *Röhl* Der Vergleich im Zivilprozeß, S.231 f.

1060 Vgl. oben § 13 II. 2. a) gg)

1061 *Nicklisch* FS Schwab, S.390; *Buehring-Uhle* Program on Negotiation at Harvard Law School, Working Paper Series 90–12, S.5; ähnlich *Goldberg* in: *Fine/Plapinger*, S.68

operation und Kompetition[1062] auch noch die Wirkung offener Kommunikation auf die Entscheidung des Richters bedenken müssen[1063]. So könnte beispielsweise im Urteil gegen sie verwandt werden, daß sie von ihrer Ausgangsposition in der Verhandlung abgerückt sind[1064].

– Der Richter muß grundsätzlich darauf achten, daß nicht der Eindruck bei einer oder beiden Parteien entsteht, die Ablehnung eines von ihm entwickelten Vergleichsvorschlags hätte nachteilige Folgen auf seine dann fällige Entscheidung[1065]. Eine solche Befürchtung der Parteien ist bei einer intensiven Vergleichsbemühung des Richters jedoch nur schwer auszuschließen, auch wenn tatsächlich kein Grund für sie vorliegt[1066].

2. Die unterschiedlichen Ziele von Vermittlung im Konflikt

Bei der Auslegung und Gestaltung der richterlichen Verpflichtung aus § 279 ZPO[1067] kommt die Analyse und Bewertung der Ziele von

---

1062 Vgl. oben § 10 II. 1.

1063 *Folberg/Taylor*, S.277; *Sander* F.R.D., 122; *Gottwald*, S.69

1064 *Falke/Gessner* in: *Blankenburg/Gottwald/Strempel*, S.305; *Sander* 70 F.R.D., 122

1065 Vgl. aus richterlicher Sicht nur *Rudolph* in: *Gottwald/Hutmacher/Röhl/Strempel*, S.37

1066 Münchener Anwälte jedenfalls kommentieren die Vergleichstätigkeit einiger Kammern mit dem Satz: „Im Namen des Volkes ergeht folgender Vergleich!". Auch wenn der vorgebliche Vergleichsdruck des Gerichts tatsächlich nicht besteht, so existiert er doch offensichtlich zumindest in der Vorstellung der Beteilgten. Vgl. auch *Stürner* in: *Gottwald/Hutmacher/Röhl/Strempel*, S.151 zur „Vergleichsquetsche"

1067 Dogmatische Regeln für die richterliche Vergleichstätigkeit haben insbesondere *Stürner* (DRiZ 1976, 202 ff u. JR 1979, 133 ff, sowie der Beitrag in: *Gottwald/Hutmacher/Röhl/Strempel*, S.147 ff) und *Wolf* (ZZP 89, 260 ff u. der Beitrag in: *Gottwald/Hutmacher/Röhl/Strempel*, S.153 ff) entwickelt. Da die Dogmatik des richterlichen Vergleichs nicht zum Gegenstand dieser Untersuchung gehört, kann dem hier nicht weiter nachgegangen werden. Trotz aller Unterschiede sind jedoch beide Konzeptionen offen für differenzierte Bemühungen des Richters je nach Parteienkonstellation und Streitthema. So hält z.B. auch *Wolf*, der den Richter mit seinen Vergleichsvorschlägen eher restriktiv grundsätzlich an die Rechtslage binden will, einen richter-

Mediation wieder zur Geltung. Es sollte nicht nach der Einheitsformel für die richterliche Vergleichstätigkeit gesucht werden. Je nach Fallkonstellation können ihr unterschiedliche Funktionen zukommen. Auch der vermittelnde Richter kann seine Interventionen an unterschiedlichen Mediations-Projekten ausrichten und begegnet dabei den gleichen Widersprüchen und Risiken[1068]. Die für Mediation gewonnenen Erkenntnisse ermöglichen es auch einem Richter, sich je nach der Parteien(macht)konstellation und dem Streitthema am Service-Delivery-Projekt, am Individual-Autonomy-Projekt oder am Access-to-Justice-Projekt zu orientieren[1069]. Die von *Stürner*[1070] herausgearbeiteten, aus seiner Sicht akzeptablen Vergleichsformen vor Gericht, die „eigentliche Parteieinigung" und der „als Näherungsurteil akzeptierte Schiedsvorschlag", entsprechen zumindest tendenziell dem Individual-Autonomy-Projekt und dem Service-Delivery-Projekt[1071]. Entsprechend unterschiedlich ist die Ausrichtung der Vergleichstätigkeit des Richters. Es handelt sich um „zwei verschiedene Vergleichsformen mit unterschiedlicher richterlicher Verantwortung und unterschiedlicher Bindung an das dispositive

---

lichen Vergleichsvorschlag auf Interessenbasis immerhin für möglich (in: *Gottwald/Hutmacher/Röhl/Strempel*, S.156).

1068 Daher gilt auch für den Richter, daß Theorie und Praxis von Verhandlung – insbesondere von ihren Barrieren – und vermittelnder Drittintervention mehr Gewicht in der Ausbildung verliehen werden muß, um das Potential von Kooperation auch im Rahmen des Zivilprozesses auszuschöpfen. § 279 ZPO muß bereits in der universitären Ausbildung mit Leben gefüllt werden.

1069 Die folgende Darstellung der richerlichen Vergleichstätigkeit ist modellhaft. In der Praxis können solche Modellvorstellungen immer nur Orientierungscharakter haben.

1070 In: *Gottwald/Hutmacher/Röhl/Strempel*, S.151 mit einem darauf basierenden Vorschlag zu einer Neufassung des § 279 ZPO

1071 Im idealtypischen Individual-Autonomy-Projekt kommt der Selbstbestimmung im Konflikt, beispielsweise aufgrund der überragenden Bedeutung für die Entwicklung von Kindern in Trennungsfamilien, generell eine besondere Bedeutung zu. Das Service-Delivery-Projekt gewichtet dagegen besonders das Faktum einer Einigung als solcher. Es schließt aber wiederum Individual-Autonomy-Ansätze dadurch ein, daß neben der schnellen und kostengünstigen Einigung auch deren inhaltliche, an den Interessen der Parteien orientierte Qualität Bedeutung hat.

Recht"[1072]. Ebenso wie in der Mediation ist allerdings in beiden Fällen eine wesentliche Voraussetzung, daß die Parteien ihre Entscheidung für einen Vergleich *informiert* treffen. In beiden Vergleichsformen hat der Richter, soweit es in der Verhandlung dazu kommt, die (vorläufige) Rechts- und Beweislage für einen Vergleich darzustellen, als informatorische Grundlage[1073] oder als Vergleichsvorschlag.

a) Auf das Individual-Autonomy-Projekt ausgerichtete Mediation wurde am Beispiel der Familienmediation in der Scheidungsauseinandersetzung ausführlich dargestellt. Auch der Familienrichter hat die Möglichkeit, tendenziell eine selbstbestimmte Einigung der Parteien durch seine Vergleichstätigkeit in den Vordergrund zu stellen. Ein anderes Dauerverhältnis, bei dem gerade wegen der künftigen Ausgestaltung eine selbstbestimmte Einigung im Vordergrund stehen sollte, ist die nachbarschaftliche Beziehung.

Instruktiv ist hier folgender Fall von *Ekelöf*[1074]: „In einem Prozeß behauptet der Kläger, daß sein Nachbar seinen Hof beschädigt hat, und verlangt, daß er Ersatz dafür bezahlen soll. Die Parteien sind früher Freunde gewesen, aber jetzt sind sie böse aufeinander. Der Richter meint, daß die Klage vermutlich genehmigt wird, aber versucht doch, die Parteien zu vergleichen. Meint man, daß er in dieser Lage den Kläger dazu bringen soll, seinen Antrag herabzusetzen, obgleich dieser nicht zu hoch bemessen zu sein scheint." Wenn hier Vergleichsbemühungen Sinn machen, dann jedenfalls nicht richterliche Versuche, eine oder beide Parteien zu etwas bestimmtem zu „bringen", wie *Ekelöf* es formuliert, um so eine nicht vorhandene Harmonie durchzusetzen. Vielmehr geht es für den Richter darum, die Vorzüge einer selbstbestimmten, kooperativen Lösung, gerade im Hinblick auf die weitere nachbarschaftliche Beziehung, in den Vordergrund seiner Verhandlungsführung zu stellen und nicht seine

1072 *Stürner* in: *Gottwald/Hutmacher/Röhl/Strempel*, S.151

1073 Bei dem parteiautonomen Interessenvergleich umfaßt die richterliche Funktion neben der für die Vorbereitung einer Interessensentscheidung notwendigen „Willenserforschung" und „Sachverhaltsaufklärung" auch die Voraussetzungen für eine in Bezug auf das Recht informierte Entscheidung, nämlich „Belehrung über die Folgen, Formulierungshilfe und den Schutz des Unerfahrenen", *Stürner* in: *Gottwald/Hutmacher/Röhl/Strempel*, S.150

1074 GS Bruns, S.15 f

Wertung an die Stellung der Wertung der Parteien zu setzen. *Ekelöf* hat recht, wenn er vom Richter verlangt, daß er seine „Angaben" rechtlich begründet. „Vorschläge" sollten jedoch von den Parteien kommen. Grundsätzlich richtig im Sinne der Selbstbestimmung ist auch die anschließende Aussage: „Will die eine oder andere Partei darüber hinaus auch einen außerrechtlichen Faktor in der Abrede beachten, so ist es doch ihre Sache."[1075] Das bedeutet aber nicht, daß der Richter als Verhandlungshelfer nicht auf die Ausübung von Autonomie tendenziell hinwirken sollte, wozu die persönliche Beziehung der Parteien ein Schlüssel, aber auch ein Hindernis sein kann[1076].

b) Während beim Individual-Autonomy-Projekt die Tatsache der Selbstbestimmung eine besondere Bedeutung hat, und das Recht nur eine der möglichen Perspektiven ist, die die Parteien bei ihrer selbstbestimmten Entscheidung aber zumindest kennen sollten, sind im Rahmen des Service-Delivery-Gedankens zwei, u.U. zeitlich aufeinander folgende Ansätze zu unterscheiden, die beide die Rechtslage einbeziehen, jedoch unterschiedlich gewichten. Einerseits kann der Richter durch einen weiteren Streitbehandlungsgegenstand versuchen neben der rechtlichen Perspektive eine Interessenlösung vorzubereiten und damit den Parteien auf dem Weg zu einer kooperativen Konfliktbehandlung unterstützen. Hat dies Erfolg, so ist die Interessen-basierte Einigung insofern ein parteiautonomer und insofern natürlich auch selbstbestimmter Vergleich, der seine Qualität gerade nicht aus der Verarbeitung der Rechtslage bezieht.

Ein Beispiel: „Der Beklagte hatte beim Kläger einen neuen PKW bestellt, ihn jedoch nicht abgenommen. Der Kläger war bereit, trotz eindeutiger Rechtslage seine Klage aus § 326 BGB zurückzunehmen, weil der Beklagte die Bestellung eines Wagens neuesten Baujahres versprach."[1077]

1075 A.a.O., S.16

1076 Die Generalisierungstendenz, die alles überschattende Wirkung eines einmal eingenommen Feindbildes (vgl. oben § 10 I. 3.), in einer solchen persönlichen Beziehung, eröffnet gleichzeitig Kompensationsmöglichkeiten, „die auch gerade für personenbezogene Konflikte wichtige, aber im Prinzip nicht-justitiable Dinge wie zukünftiges faires Verhalten umfassen." (*Freund* DRiZ 1981, 223)

1077 *Weber* DRiZ 1978, 168

Gelingt die Öffnung der verrechtlichten Auseinandersetzung nicht, so kann er sich dann auf die rechtlichen Aspekte durch „einen eigenen begründeten Schiedsvorschlag ..., der den Sach- und Streitstand angemessen berücksichtigt"[1078], beschränken.

Eine besonders schwierige Situation wird von *Ekelöf*[1079] geschildert: „Ein kleiner Unterlieferant ist im Prozeß mit seinem Kunden, einem großen Betrieb. Er kann sich nicht erlauben, seinen Kunden zu verlieren und auch nicht große Prozeßkosten zu riskieren, während der große Betrieb aus Prestigegründen überhaupt nicht einen ungünstigen Vergleich verträgt. In dieser Situation riskiert der Unterlieferant ‚ausgehungert' zu werden und täte klug daran, einen mageren Vergleich einem fetten Prozeß vorzuziehen." „Angenommen," – so fragt *Ekelöf*[1080] – „daß nach der Ansicht des Richters der Unterlieferant ... vermutlich den Prozeß gewinnen würde, aber daß dieser trotzdem klug daran täte, einen mageren Vergleich gutzuheißen. Meint man wirklich, daß der Richter in dieser Lage die überwältigenden Machtressourcen der anderen Partei zur Grundlage seines Güteversuchs machen soll?" Die geschilderte Situation ist auch ein Beispiel dafür, daß Verhandlungsmacht sich im gerichtlichen Verfahren fortsetzt und selbst Rechtsdurchsetzung mit Hilfe eines Urteils Machtungleichgewicht nicht beseitigen kann. Einerseits kann der Richter diese Machtverhältnisse, die über den Streitgegenstand hinausreichen, nicht egalisieren. Andererseits sollte er sicher nicht diese Machtverhältnisse „ausnutzen", um zu einem schnellen Vergleich zu gelangen. Es geht nicht darum, was nach Ansicht des Richters „klug" wäre. Vielmehr kann er versuchen, den Parteien bei ihrer Entscheidung, was klug ist, Verhandlungshilfe zu leisten. Unter Hinweis auf die Rechtslage für den ihm vorgelegten Streitgegenstand kann er versuchen, die Gesamtbeziehung der Parteien, die mehr als nur ungleiche Machtverhältnisse enthalten kann, für einen Vergleich auf der Basis von Interessen in die Verhandlung einzubeziehen. „Den Parteien bewußt zu machen, daß der Prozeß die erneute Möglichkeit der Kommunikation gibt, ist Aufgabe des Richters in der Verhandlung."[1081] Vielleicht ergeben sich Gesichts-

---

1078 So die von *Stürner* in: *Gottwald/Hutmacher/Röhl/Strempel,* S.151 vorgeschlagene Neuformulierung des § 279 I. ZPO

1079 GS Bruns, S.9

1080 A.a.O., S.15

1081 *Weber* DRiZ 1978, 168

punkte, die den mageren Vergleich für den Unterlieferanten verbessern können, etwa ein neuer, größerer Auftrag, der es gleichzeitig der anderen Partei ermöglichen würde, in Bezug auf die vorliegende Streitigkeit ihr Gesicht zu wahren[1082]. Die Machtverhältnisse sind damit nicht beseitigt. Die Entscheidungsmöglichkeiten haben sich für die schwächere Partei jedoch vielleicht verbessert. Über die für sie günstige Rechtslage klar informiert kann und muß sie selbst abwägen, ob sie wegen der zukünftigen Lieferbeziehung nachgibt, ob sich weitere Kompensationsmöglichkeiten ergeben haben[1083] oder ob sie das Recht für sich in Anspruch nehmen will. Es geht um ihre Interessen. Diese unter Einbeziehung der Rechtslage klarer werden zu lassen und die Entwicklung kooperativer Alternativen zu fördern, ist die Aufgabe des Verhandlungshelfers. Die richterliche Rolle ist gewahrt, wenn er unmißverständlich seine Bereitschaft zeigt, nach der erläuterten Rechtslage zu entscheiden. Daß der Grat zwischen der Ausnutzung der Machtverhältnisse zur Erzielung von Vergleichsbereitschaft und einer Interessen-orientierten Erforschung des Streitbehandlungsgegenstandes, die an diesen Machtverhältnissen nicht vorbeikommt, schmal ist und entsprechende Fähigkeiten und Schulung voraussetzt, erscheint offensichtlich.

c) Die Bedeutung des Access-to-Justice-Projektes für den Richter liegt in der ständigen Mahnung, daß Recht für schwächere Parteien oft das einzige Machtmittel ist, was ihnen verbleibt[1084]. „Law is the sole arena within which unequals can hope to achieve justice."[1085] In dem eben geschilderten Beispiel war möglicherweise der informierte Verzicht auf Recht die bessere Interessenlösung. Dennoch

1082 Aus (familien-)richterlicher Sicht z.B. *Freund* DRiZ 1979, 77: „Die ... Komplexitätsausweitung hat den Vorteil, daß die Vergleichsbereitschaft durch das Entstehen von Kompensationsmöglichkeiten erhöht wird."

1083 Vgl. das Beispiel von *Weber* DRiZ 1978, 168

1084 Zur „sozialen Ausgleichsfunktion" des Richters am Amtsgericht und den verfahrensmäßigen Möglichkeiten aus richterlicher Sicht z.B. *Kniffka* DRiZ 1982, 15; zu Recht warnt allerdings *Röhl* Der Vergleich im Zivilprozeß, S.16 davor, den *Vergleich* zu einem Instrument sozialen Ausgleichs zu machen. Die Form der Streiterledigung – Urteil oder Vergleich – sagt für sich genommen nichts über ihre Qualität aus, vgl. oben § 16 II.

1085 *Abel* 19 Clearinghouse Rev., 383

kann der Richter in Fällen, in denen es um typische soziale Schutzrechte geht, zwar die Parteien grundsätzlich nicht hindern, aus solchen weitergehenden Interessenerwägungen auf soziale Schutzrechte – etwa im Mietrecht – zu verzichten. Er sollte dies jedoch nicht fördern[1086], sondern um so mehr den Schutzbereich des Rechts betonen[1087].

Folgender Verhandlungsverlauf, der von *Schulz-Rackoll*[1088] berichtet wird, zeigt einen schwierigen Grenzbereich zwischen einer wohl sehr von persönlichen Beziehungsaspekten geprägten Auseinandersetzung und einem sozialen Schutzrecht als Hintergrund: „Klage auf Räumung und Herausgabe einer Wohnung. Trotz Abmahnung wird ein Kaninchen in der Wohnung gehalten. Der 5-jährige Sohn fährt in der Wohnung Roller ... und überhaupt! Die Beklagte berichtet während der Verhandlung, daß das Verhältnis zur Klägerin ursprünglich sehr gut war. Die Klägerin sei des öfteren zu ihnen nach oben gekommen; da diese aber sehr viel rede, habe sie sich irgendwann zurückgezogen, seitdem habe sich das Verhältnis rapide verschlechtert." Es wurde ein Vergleich über die Räumung der Wohnung geschlossen, wobei die Klägerin DM 200 zum Umzug beiträgt.

Aufgrund des kurzen Berichts kann man davon ausgehen, daß bei Vergleichsbemühungen des Richters wegen der sozialen Schutzrechte das Access-to-Justice-Projekt im Vordergrund stehen muß, gleichzeitig durch die wohl stark persönlich geprägte Beziehung zwischen Vermieterin und Mieterin aber auch das Individual-Autonomy-Projekt einschlägig ist. Das bedeutet einerseits klare Aussagen zur Rechtslage, andererseits jedoch viel Zeit, um die persönlichen, emotionellen Aspekte nicht aus der Verhandlung auszublenden, die vielleicht der Schlüssel für eine Einigung sind, die das Mietverhältnis gerade nicht beendet. Ob der betreffende Richter

---

1086 So wohl auch *Gottwald* ZZP 95, 257; *Wolf* in: *Gottwald/Hutmacher/Röhl/Strempel*, S.159

1087 *Wolf* ZZP 89, 265 warnt vor der Situation, daß „der Mieter einer Räumung der gekündigten Wohnung zustimmt, weil er wegen der Haltung des Gerichts der Schutzkraft des Gesetzes nicht mehr vertraut." *Grunsky* in: Deutsche Landesberichte zum X. Internationalen Kongreß für Rechtsvergleichung, S.169 verlangt, daß das Gericht der schwachen Partei die Nachteile eines Vergleichsabschlusses offenzulegt, wozu es nach § 139 ZPO befugt sei.

1088 In: *Röhl* Der Vergleich im Zivilprozeß, S.258

nicht genau dies alles versucht hat, läßt sich nicht mehr rekonstruieren.

3. Der Streitbehandlungsgegenstand

Dem Richter stehen vielfältige Gestaltungsmittel zur Verfügung, um mediative Elemente in das Verfahren einzubringen. Allerdings ist dabei die persönliche Anwesenheit der Parteien in der Regel erforderlich. Besonders soll hier zum Abschluß folgendes Element in den Vordergrund gestellt werden: Grundsätzlich sollte im Zivilprozeß zwischen dem Streit*behandlungs*- und dem Streit(*entscheidungs*)gegenstand unterschieden werden. Dem Richter ist es nicht verwehrt, auf der Suche nach den Möglichkeiten einer Einigung thematisch mehr zu behandeln als den unmittelbaren Streitgegenstand[1089]. Durch den größeren Rahmen ergibt sich u.U. eine Gesamtinteressenlösung (enlarging the pie). Außerdem bietet sich so Gelegenheit für die Parteien, ihre Sicht der Auseinandersetzung darzustellen und auch Emotionen zu äußern, ohne mit dem Hinweis auf die Zugehörigkeit zur Sache abgeschnitten zu werden[1090]. Damit kann auch ein gewisser Zugang zu weiteren Konfliktursachen erreicht werden, die u.U. das Lösungsspektrum wieder erweitern[1091]. Das kann zunächst so wirken, als ob die Verhandlung vom Gericht nicht straff und effizient geführt wird. Der Richter muß sich jedoch „für das Vergleichsgespräch Zeit nehmen und darin

---

1089 Vgl. z.B. *Wolf* in: *Gottwald/Hutmacher/Röhl/Strempel,* S.158; MünchKomm/*Prütting* § 279 ZPO Rz.10 sieht allerdings den Richter in seinen Vergleichsbemühungen nicht zur Anwendung der Utersuchungsmaxime „gedrängt". § 279 ZPO gibt ihm jedoch die *Möglichkeit,* über die enge Entscheidungsorientierung hinauszugehen.

1090 So gaben auch die von *Giese* in: *Bierbrauer/Falke/Giese/Koch/Rodingen,* S.125 befragten Richter an, es komme in der mündlichen Verhandlung „zunächst darauf an, daß die Parteien ‚aneinander hochgehen', ‚Dampf ablassen', sich gründlich aussprechen. Der Richter muß diesen Vorgang fördern und die Parteien ausreden lassen." Die gleichen Techniken werden von Schiedsmännern als erfolgversprechend für von den Parteien selbst zu findende Lösungen beschrieben, *Bierbrauer/Falke/Koch* a.a.O., S.175 m.w.Nw. Die Verhandlungsbeobachtungen von *Röhl* Der Vergleich im Zivilprozeß, S.231 f zeigen jedoch, daß die Praxis statt dessen solche Phasen gerade als „störend" unterdrückt.

1091 Ähnlich z.B. *Weber* DRiZ 1978, 168; *Freund* DRiZ 1979, 73

ähnlich wie ein Therapeut, wenn auch ohne Vergleichsromantik, gegenüber jeder Seite offen sein, jede Seite ernst nehmen und den Willen der Beteiligten respektieren."[1092] Überläßt man hier nicht die Darstellung den Parteien, so werden womöglich wesentliche Elemente des Konfliktes nicht in die Behandlung einbezogen[1093]. Dabei muß nur immer die Grenzziehung zum Streit*(entscheidungs)*gegenstand deutlich gemacht werden, indem auf die Grenzen dessen, was das Gericht entscheiden kann und gegebenenfalls auch wird, hingewiesen wird[1094].

III. Ergebnis

Verfahrensdesign im Kontinuum von Konfliktbehandlung sollte *auch* das Potential von Mediation nützen. Dabei kann interdisziplinäre Forschung – wie sie z.B. im Stanford Center on Conflict & Negotiation betrieben wird –, die insbesondere die strategischen, psychologischen und institutionellen Hürden auf dem Weg zu einer kooperativen Einigung untersucht, einen wichtigen Beitrag leisten: „By diagnosing and measuring various barriers, SCCN researchers are aiming to provide a more systematic basis for the refinement of techniques for third- party intervention."[1095]

Wesentliches wäre schon gewonnen, wenn sich Mediation bei Scheidungsauseinandersetzungen als Ergänzung zum gerichtlichen Verfahren etablieren würde. Würde Mediation allgemein als *Ergänzung* der Möglichkeiten der Konfliktbehandlung zunehmend in das Bewußtsein von Konfliktparteien und ihren Beratern dringen, könnten in mehr Konflikten durch die Hilfe eines erfahrenen und u.U. mit spezifischer Sachkunde ausgerüsteten Mediators Interessenlösungen vorbereitet werden.

1092 *Gottwald* ZZP 95, 257

1093 So zeigen die Beobachtungen von *Röhl* Der Vergleich im Zivilprozeß, S.232, daß Beziehungsprobleme „kaum erwähnt und erst recht nicht bearbeitet werden". Werden sie zumindest ansatzweise in einen Streitbehandlungsgegenstand einbezogen, so können sie den Weg zu Interessenlösungen weisen bzw. freimachen.

1094 *Stürner* DRiZ 1976, 205; *Freund* DRiZ 1979, 74

1095 SCCN-Informationsbroschüre S.6

Der Gedanke der Privatautonomie – auch im Konflikt – ist eine grundsätzliche Bejahung des Verhandlungsdilemmas zwischen Kooperation und Kompetition, der jedoch gerade das Spannungsverhältnis zwischen Chancen und Risiken einvernehmlicher Konfliktbeendigung nicht beseitigt. Der Selbstbestimmung steht die Selbstverantwortung für das Risiko gegenüber. Das daraus resultierende „historical pattern of oscillation between formal systems of dispute resolution and informal reforms that gradually became more formalized, leading to new calls for informal reforms"[1096] und die einseitige, zeitabhängigen Moden unterworfene Betonung entweder nur der Chancen oder nur der Risiken von Mediation kann durch eine differenzierte Nutzung als Ergänzung zum und im Zusammenspiel mit dem gerichtlichen Verfahren und anderen Möglichkeiten von Konfliktbehandlung durchbrochen werden. Mediation[1097], Vermittlung im Konflikt, ist mehr als nur „ein schöner, aber durch die Prozeßrechtsgeschichte aller Zeiten widerlegter Idealismus"[1098].

1096 *Merry* 100 Harv. L. Rev., 2068

1097 *Crouch* in: *Goldberg/Sander/Rogers*, S.321: „Mediation is not the cure-all that the hucksters, the cultists and the happy zealots among the learned professions would have us believe; but it is a worthwile idea."

1098 *Levin* DJZ 1915, 871

Literaturverzeichnis

Abel, Richard L. Informalism: A Tactical Equivalent to Law, 19 Clearinghouse Review, 375 (1985)

Abel, Richard L. The Politics of Informal Justice, Band 1, New York, 1982

Abel, Richard L. Delegalization: A Critical Review of Its Ideology, Manifestations, and Social Consequences in: *Blankenburg, Erhard / Klausa, Ekkehard / Rottleuthner, Hubert* Alternative Rechtsformen und Alternativen zum Recht, Jahrbuch für Rechtssoziologie und Rechtstheorie Band VI., Opladen, 1980, S.27

Adler, J. / Hensler, D. / Nelson, C. Simple Justice: How Litigants Fare in the Pittsburgh Arbitration Project, 1983

Albert, Raymond Mediator Expectations and Professional Training: Implications for Teaching Dispute Resolution, 1985 Mississipi Journal of Dispute Resolution, 73

Alschuler, Albert W. Mediation with a Mugger: The Shortage of Adjudicative Services and the Need for a Two- Tier Trial System in Civil Cases, 99 Harvard Law Review, 1808 (1986)

American Bar Association Directory of Law School Alternative Dispute Resolution Courses and Programs, Washington, D.C., 1990

Arbeitsgemeinschaft Rechtsanwälte im Medizinrecht e.V. (Hrsg.) Gutachterkommissionen und Schlichtungsstellen. Anspruch, Praxis, Perspektiven, Berlin u.a., 1990 (zit.: Gutachterkommissionen)

Aspen, Marvin E. Intensive Ad Hoc Mediation, in: *Fine, Erika S. / Plapinger, Elizabeth S.* ADR and the Courts. A Manual for Judges and Lawyers, New York, 1987, S.225

Auerbach, Jerold S. Justice without Law?, New York, 1983

Avruch, Kevin / Black, Peter W. A Generic Theory of Conflict Resolution: A Critique, 1987 Negotiation Journal, 87

Bacow, Lawrence S. / Wheeler, Michael Environmental Dispute Resolution, New York, 1984

Bandisch, Günter Zur Vermittlertätigkeit von Rechtsanwälten, in: *Blankenburg, Erhard / Gottwald, Walther / Strempel, Dieter* Alternativen in der Ziviljustiz. Berichte, Analysen, Perspektiven. Köln, 1982, S.41

Bartsch, Michael Das Schlichtungsverfahren der DGIR, CR 1988, 692

Bastard, Benoit / Cardia-Voneche Die unaufhaltsame Verbreitung der Familien-Mediation, Familiendynamik 1992, 319

Bastine, Reiner / Link, Gabriele / Lörch, Bernd Scheidungsmediation: Möglichkeiten und Grenzen, Familiendynamik 1992, 379

Baumbach, Adolf / Lauterbach, Wolfgang / Albers, Jan / Hartmann, Peter Zivilprozeßordnung, München, 50.Aufl., 1992

Bazerman, Max Negotiator Judgement: A Critical Look at the Rationality Assumption, in: *Breslin, J. William / Rubin, Jeffrey, Z.* Negotiation Theory and Practice, Cambridge, Mass., 1991, S.197

Beer, Jennifer E. Peacemaking in Your Neighborhood: Reflections on an Experiment in Community Mediation, Philadelphia, 1986

Bell, Griffin B. New Directions in the Administration of Justice: Responses to the Pound Conference. Responses of the Justice Department, 64 American Bar Association Journal, 53 (1978)

Bellow, Garry / Moulton, Bea The Lawyering Process: Negotiation, Minneola, New York, 1981

Bennett, Josephine Waters The Mediaeval Loveday, SPECULUM XXXIII, 351 (1958)

Berger, Curtis Away from the Court House and Into the Field: The Odyssey of a Special Master, 78 Columbia Law Review, 707 (1978)

Bericht des Arbeitskreises 5 „Außergerichtliche Beratung und Hilfestellung für Familien vor, während und nach dem Scheidungsverfahren" in: 8. Deutscher Familiengerichtstag in Brühl, Brühler Schriften zum Familienrecht Band 6, Bielefeld, 1990, S.68

Bericht des Arbeitskreises 19 „Familiengerichtsverfahren – Richter und Anwälte zwischen Engagement und Resignation" in: 6. Deutscher Familiengerichtstag in Brühl, Brühler Schriften zum Familienrecht Band 4, Bielefeld, 1986, S.89

Bericht des Arbeitskreises 6 „Die Betreuung der Scheidungsfamilien nach dem KJHG" in: 9. Deutscher Familiengerichtstag in Brühl, Brühler Schriften zum Familienrecht Band 7, Bielefeld, 1992, S.91

Bericht des Arbeitskreises 18 „Divorce mediation: Möglichkeiten und Grenzen" in: 9. Deutscher Familiengerichtstag in Brühl, Brühler Schriften zum Familienrecht Band 7, Bielefeld, 1992, S.105

Bericht des Arbeitskreises 7 „Interdisziplinäres Zusammenwirken im Sorge- und Umgangsrechtsverfahren" in: 9. Deutscher Familiengerichtstag in Brühl, Brühler Schriften zum Familienrecht Band 7, Bielefeld, 1992, S.92

Bierbrauer, Günter / Gottwald, Walther Einwilligung und Anordnung: Zur Frage der unterschiedlichen Befolgung bei konsensueller und autoritativer Regelung, in: *Gottwald, Walther / Hutmacher, Wolfgang / Röhl, Klaus F. / Strempel, Dieter* Der Prozeßvergleich – Möglichkeiten, Grenzen, Forschungsperspektiven –, Köln, 1983, S.191

Bierbrauer, Günter / Falke, Josef / Koch, Klaus-Friedrich Konflikt und Konfliktbeilegung. Eine interdisziplinäre Studie über Rechtsgrundlage und Funktion der Schiedsmanninstitution, in: *Bierbrauer, Günter / Falke, Josef / Giese, Bernhard / Koch, Klaus-Friedrich / Rodingen, Hubert* Zugang zum Recht, Bielefeld, 1978, S.141

Bierbrauer, Günter Gerechtigkeit und Fairneß im Verfahren. Ein sozialpsychologischer Ansatz zur Beilegung von Konflikten, in: *Blankenburg, Erhard / Gottwald, Walther / Strempel, Dieter* Alternativen in der Ziviljustiz. Berichte, Analysen, Perspektiven. Köln, 1982, S.317

Blankenburg, Erhard Studying the Frequency of Civil Litigation in Germany, 9 Law and Society, 307 (1975)

Blankenburg, Erhard Rechtshilfebedürfnis und Rechtsberatung – Theoretische Überlegungen zu rechtspolitischen Diskussion in der Bundesrepublik Deutschland, in: *Blankenburg, Erhard / Kaupen, Wolfgang* Rechtsbedürfnis und Rechtshilfe. Empirische Ansätze im internationalen Vergleich (Jahrbuch für Rechtssoziologie und Rechtstheorie, Bd. 5), Opladen, 1978, S.231

Blankenburg, Erhard / Verwoerd, Jan R. A. Prozeßhäufigkeiten in den Niederlanden und in Nordrhein-Westfalen 1970–1984, in: *Blankenburg, Erhard* Prozeßflut? Studien zur Prozeßtätigkeit europäischer Gerichte in historischen Zeitreihen und im Rechtsvergleich, Köln, 1989, S.257

Blankenburg, Erhard Schieds- und Schlichtungsstellen im Kontext der Diskussion von „Alternativen zur Ziviljustiz", in: *Morasch, Hellmut* Schieds- und Schlichtungsstellen in der Bundesrepublik. Praxisanalyse und Perspektiven aus einem Kolloquiun der GMD, Köln, 1984, S.9

Blankenburg, Erhard Unbegrenztes Wachstum beim Geschäftsanfall der Gerichte, in: *Blankenburg, Erhard / Simsa, Christiane / Stock, Johannes / Wolff, Heimfried* Mögliche Entwicklungen im

Zusammenspiel von außer- und innergerichtlichen Konfliktregelungen. Untersuchungen im Auftrag des Bundesministeriums der Justiz, Band 1, Speyer, 1990

Blankenburg, Erhard Prozeßflut und Prozeßebbe – Über die Fähigkeit der Gerichte, mit Rechtsstreitigkeiten fertig zu werden, in: Blankenburg, Erhard Prozeßflut? Studien zur Prozeßtätigkeit europäischer Gerichte in historischen Zeitreihen und im Rechtsvergleich, Köln, 1989, S.9

Blankenburg, Erhard Alternative Dispute Resolution in the Netherlands, unveröffentlichtes Vortragsmanuskript, 1992

Braucher, Jean An Informal Resolution Model of Consumer Product Warrenty Law, 1985 Wisconsin Law Review, 1405

Brazil, Wayne D. Special Masters in Complex Cases: Extending the Judiciary or Reshaping Adjudication ?, 53 The University of Chicago Law Review, 394 (1986)

Brehme, Merve Die Zusammenarbeit von Juristen und psychosozialen Berufen. Erfahrungsbericht einer Berliner Familienrichterin, in: *Krabbe, Heiner* Scheidung ohne Richter. Neue Lösungen für Trennungskonflikte, Reinbek bei Hamburg, 1991, S.226

Breidenbach, Stephan Die Voraussetzungen von Informationspflichten beim Vertragsschluß, München, 1989

Brockner, Joel / Rubin, Jeffrey Z. Entrapment in Escalating Conflicts. A Social Psychological Analysis, New York et.al. 1985

Brown, D. Divorce and Family Mediation: History, Review, Future Directions, 20 Conciliation Court Review, 1 (1982)

Brunet, Edward Questioning the Quality of Alternate Dispute Resolution, 62 Tulane Law Review, 1 (1987)

Buehring-Uhle, Christian Arbitral & Judicial Decisions, 2 The American Review of International Arbitration, 113 (1991)

Buehring-Uhle, Christian „Co-Med-Arb" – A Comprehensive Model for Third Party Intervention with Divided Roles in Complex Disputes, Program on Negotiation at Harvard Law School, Working Paper Series 90–12, 1990

Bühl, Walter L. Theorien sozialer Konflikte, Darmstadt, 1976

Bull, Hans Peter Nicht-förmliche Beratung und Konfliktlösung durch unabhängige Stellen als Alternative zu förmlicher Streitentscheidung durch Gerichte, in: *Blankenburg, Erhard / Gottwald, Walther / Strempel, Dieter* Alternativen in der Ziviljustiz. Berichte, Analysen, Perspektiven. Köln, 1982, S.109

Bumiller, Kristin Victims in the Shadow of the Law: A Critique of the Model of Legal Protection, 12 Signs: Journal of Woman in Culture and Society, 421 (1987)

Bush, Robert A. Baruch Quality Arguments, 66 Denver University Law Review, 335 (1989)

Bydlinski, Franz Privatautonomie und objektive Grundlagen des verplichtenden Rechtsgeschäfts, Wien, New York, 1967

Cain, Maureen / Kalman, Kulcsar Thinking Disputes: An Essay on the Origins of the Dispute Industry, 16 Law and Society, 375 (1981–82)

Canaris, Claus-Wilhelm Verfassungs- und europarechtliche Aspekte der Vertragsfreiheit in der Privatrechtsgesellschaft, in: Festschrift für Peter Lerche, München, 1993, S.873

Cappelletti, Mauro / Garth, Bryant / Trocker, Nicolo Access to Justice. Variations and Continuity of a World-Wide Movement, RabelsZ 46, 664 (1982)

Carnevale, Peter J. D. Strategic Choice in Mediation, 1986 Negotiation Journal, 41

Cavanagh, Ralph / Sarat, Austin Thinking about Courts: Towards and Beyond a Jurisprudence of Judicial Competence, 14 Law and Society, 371 (1980)

Chayes, Abram The Role of the Judge in Public Law Litigation, 89 Harvard Law Review, 1281 (1976)

Chen Kan / Underwood, Steve E. Integrative Analytical Assessment: A Hybrid Method for Facialiating Negotiation, 1988 Negotiation Journal, 183

Christie, Nils Konflikte als Eigentum, Informationsbrief der Sektion Rechtssoziologie in der Deutschen Gesellschaft für Soziologie Nr. 12, S.12 (1976)

Coester, Michael Das Kindeswohl als Rechtsbegriff, in 6. Deutscher Familiengerichtstag in Brühl, Brühler Schriften zum Familienrecht Band 4, Bielefeld, 1986, S.35

Coester, Michael Das Kindeswohl als Rechtsbegriff, Frankfurt am Main, 1983

Coester-Waltjen, Dagmar Die Inhaltskontrolle von Verträgen außerhalb des AGBG, AcP 190, 1 (1990)

Conard, Alfred F. Macrojustice: A systematic Approach to Conflict Resolution, 5 Georgia Law Review, 415 (1971)

Coogler, O.J. Structured Mediation in Divorce Settlement: A Handbook for Marital Mediators, Lexington 1978

Cooter, Robert D. / Rubinfeld, Daniel L. Economic Analysis of Legal Disputes and Their Resolution, 27 Journal of Economic Literature, 1067 (1989)

Cooter, Robert / Fikentscher, Wolfgang Is There Indian Common Law? The Role of Custom in American Indian Tribal Courts, Olin Working Paper Number 92–3, Law School, University of California at Berkeley, 1992

Coulson, Robert Business Mediation – What you need to know, New York, 1987

Couric, Emily The Trial Lawyers, 1988

Cover, Robert Dispute Resolution: A Foreword, 88 Yale Law Journal, 910 (1979)

Craver, Charles B. Effective Legal Negotiations and Settlement, Charlottsville, Va., 1986

Cullen, Kathleen M. ADR in the Insurance Industry, in: SPIDR Society of Professionals in Dispute Resolution, Dispute Resolution: An Open Forum. 1986 Proceedings. Fourteenth International Conference, 84

Dahrendorf, Ralf Gesellschaft und Demokratie in Deutschland, 4. Aufl., München, 1975

Danzig, Richard / Lowy, Michael J. Everyday Disputes and Mediation in the United States: A Reply to Professor Felstiner, 9 Law & Society Revue, 675 (1975)

Danzig, Richard Toward the Creation of a Complementary Decentralized System of Criminal Justice, 26 Stanford Law Review, 1 (1973)

David, Jennifer A. International Dispute Resolution, in: SPIDR Society of Professionals in Dispute Resolution, Selected SPIDR Proceedings 1987–1988, 88

Davis, Albie M. / Salem, Richard A. Dealing with Power Imbalances in the Mediation of Interpersonal Disputes, 6 Mediation Quarterly, 17 (1984)

DBH-Servicebüro für Täter-Opfer-Ausgleich und Konfliktschlichtung Konzeption und Jahresbericht 1992, Bonn, 1993

Delgado, Richard / Dunn, Chris / Brown, Pamela / Lee, Helena / Hubbert, David Fairness and Formality: Minimizing the Risk of Prejudice in Alternative Dispute Resolution, 1985 Wisconsin Law Review, 1359

Delgado, Richard ADR and the Dispossessed: Recent Books About the Deformalization Movement, 13 American Bar Foundation. Law and Social Inquiry, 145 (1988)

Demant, Bernd / Dotterweich, Jörg / Morasch, Hellmut / Reichelt, Peter Ergebnisse aus einer Umfrage über die Praxis der Schieds- und Schlichtungsstellen, in: *Morasch, Hellmut* Schieds- und Schlichtungsstellen in der Bundesrepublik. Praxisanalyse und Perspektiven aus einem Kolloquium der GMD, Köln, 1984, S.11

Deutsches Familienrechtsforum Modelle alternativer Konfliktregelungen in der Familienkrise, Schriftenreihe des Deutschen Familienrechtsforums, Bd. 3, Stuttgart, 1982

Dieffenbach, John J. Psychology, Society and the Adversarial Posture, 7 Ohio State Journal on Dispute Resolution, 261 (1992)

Diez, Hannelore / Krabbe, Heiner Was ist Mediation? Praktische Gebrauchsanleitung für ein außergerichtliches Vermittlungsverfahren, in: *Krabbe, Heiner* Scheidung ohne Richter. Neue Lösungen für Trennungskonflikte, Reinbek bei Hamburg, 1991, S.109

Doi, Herman S. A Statutory Classical View of the Ombudsperson, in: SPIDR Society of Professionals in Dispute Resolution, The Elements od Good Practice in Dispute Resolution. 1984 Proceedings. Twelfth Annual Conference, 51

Donohue, William A. / Burell, Nancy / Allen, Mike Models of Divorce Mediation, 27 Family and Conciliation Courts Review, 37 (1989)

Dorndorf, Eberhard Prozeßrecht, in: Görlitz, Axel (Hrsg.) Handlexikon der Rechtswissenschaft, München 1972, S.301

Dutenhaver, K.M. Qualifications of Family Mediations, 23 Mediation Q., 3 (1988)

Edwards, Harry T. Hopes and Feras for Alternative Dispute Resolution, 21 Willamette Law Review, 425 (1985)

Eidmann, Dorothee / Roethe, Thomas Zur Logik gesellschaftlicher Konfliktregelung am Beispiel professionalisierten juristischen Handelns und von Schlichtungsverfahren, Zentrum für Europäische Rechtspolitik an der Universität Bremen, ZERP-DP 3 / 91, 1991

Eisenberg, Melvin Aron Participation, Resonsiveness and the Consultative Process: An Essay for Lon Fuller, 92 Harvard Law Review, 410 (1978)

Ekelöf, Per Olof Güteversuch und Schlichtung, in: Gedächtnisschrift für Rudolf Bruns, München, 1980, S.3

Elliott Managerial Judging and the Evolution of Procedure, 53 University of Chicago Law Review, 306 (1986)

Engram, Pamela S. / Markowitz, James R. Ethical Issues in Mediation: Divorce and Labor Compared, 8 Mediation Quarterly, 19 (1985)

Enslen, Richard A. Michigan Mediation, in: *Fine, Erika S. / Plapinger, Elizabeth S.* ADR and the Courts. A Manual for Judges and Lawyers, New York, 1987, S.57

Erkelenz, Gabriele Schlichtungsstellen aus der Sicht der Verbraucher, in: *Morasch, Hellmut* Schieds- und Schlichtungsstellen in der Bundesrepublik. Praxisanalyse und Perspektiven aus einem Kolloquiun der GMD, Köln, 1984, S.149

Eschweiler, Peter Familiengerichtliches Verfahren, Familiendynamik 1992, 373

Evans-Pritchard, E.E. The Nuer, Oxford, 1940

Falke, Josef / Gessner, Volkmar Konfliktnähe als Maßstab für gerichtliche und außergerichtliche Streitbehandlung, in: *Blankenburg, Erhard / Gottwald, Walther / Strempel, Dieter* Alternativen in der Ziviljustiz. Berichte, Analysen, Perspektiven. Köln, 1982, S.289

Fastrich, Lorenz Richterliche Inhaltskontrolle im Privatrecht, München, 1992

Felstiner, William L. F. / Williams, Lynne Mediation as an Alternative to Criminal Prosecution: Ideology and Limitations, in: *Blankenburg, Erhard / Klausa, Ekkehard / Rottleuthner, Hubert* Alternative Rechtsformen und Alternativen zum Recht, Jahrbuch für Rechtssoziologie und Rechtstheorie Band VI., Opladen, 1980, S.195

Felstiner, William L. F. Influences of Social Organization on Dispute Processing, 9 Law & Society Review, 63 (1974)

Felstiner, William L.F. / Williams, Lynne A. Community Mediation in Dorchester, Massachusetts 1980

Felstiner, William L. F. Organizing the Ethnography of Negotiations, 79 Michigan Law Review, 748 (1981)

Felstiner, William L. F. / Abel, Richard / Sarat, Austin The Emergence and Transformation of Disputes. Naming, Blaming, Claiming, 15 Law & Society Review, 631 (1981)

Fietkau, Hans-Joachim / Weidner, Helmut Mediationsverfahren in der Umweltpolitik. Erfahrungen in der Bundesrepublik Deutschland, in: Aus Politik und Zeitgeschichte (Beilage zur Wochenzeitung das Parlament) v. 18.9.1992, B 39–40, S.24

Figdor, Helmuth Scheidung als Katastrophe oder Chance für die Kinder? in: 8. Deutscher Familiengerichtstag in Brühl, Brühler Schriften zum Familienrecht Band 6, S.21

Fikentscher, Wolfgang Methoden des Rechts in vergleichender Darstellung, Band I: Frühe und religiöse Rechte. Romanischer Rechtskreis, Tübingen, 1975

Fikentscher, Wolfgang Methoden des Rechts in vergleichender Darstellung, Band II: Anglo-Amerikanischer Rechtskreis, Tübingen, 1975

Fikentscher, Wolfgang Methoden des Rechts in vergleichender Darstellung, Band IV: Dogmatischer Teil, Tübingen, 1975

Fikentscher, Wolfgang Book Review: *Laura Nader* Harmony Ideology. Justice and Control in a Zapotec Moutain Village, 39 The American Journal of Comparative Law, 454 (1991)

Fine, Erika S. Special Masters and Court-Appointed Experts: A Dialogue, in: *Fine, Erika S. / Plapinger, Elizabeth S.* ADR and the Courts. A Manual for Judges and Lawyers, New York, 1987, S.209

Fine, Erika S. / Plapinger, Elizabeth S. Overview of Private ADR, in: *Fine, Erika S. / Plapinger, Elizabeth S.* ADR and the Courts. A Manual for Judges and Lawyers, New York, 1987, S.9

Fine, Erika S. / Plapinger, Elizabeth S. ADR and the Courts. A Manual for Judges and Lawyers, New York, 1987

Fisher, Ronald J. / Keashly Loraleigh Third Party Inventions in Intergroup Conflict: Consultation is not Mediation, Negotiation Journal 1988, 381

Fisher, Roger / Ury, William / Patton, Bruce Getting to Yes, New York, 2. Aufl., 1991

Fiss, Owen M. The Supreme Court 1978 Term-Forword: The Forms of Justice, 93 Harvard Law Review, 1 (1979)

Fiss, Owen Against Settlement, 93 Yale Law Journal, 1075 (1984)

Flenz, Peter / Gottwald, Walther / Wedekind, Dieter Einige Daten zur Geschäftsentwicklung und Erledigung durch Urteil und Vergleich im Zivilprozeß, in: *Gottwald, Walther / Hutmacher, Wolfgang / Röhl, Klaus F. / Strempel, Dieter* Der Prozeßvergleich – Möglichkeiten, Grenzen, Forschungsperspektiven –, Köln, 1983, S.279

Flume, Werner Allgemeiner Teil des Bürgerlichen Rechts, 2. Band: Das Rechtsgeschäft, Berlin, Heidelberg, 2.Aufl., 1975

Flume, Werner Rechtsgeschäft und Privatautonomie, Karlsruhe, 1960

Folberg, Jay / Taylor, Alison Mediation. A Comprehensive Guide to Resolving Conflicts Without Litigation, San Francisco / Washington / London 1984

Förster / Kann Die Zivilprozeßordnung für das Deutsche Reich, 3. Aufl. 1913

Frank, John P. American Law: The Case for Radical Reform, Toronto 1969

Franzki, Harald Gutachterkommissionen und Schlichtungsstellen – Anspruch, Praxis, Perpektiven, in: *Arbeitsgemeinschaft Rechtsanwälte im Medizinrecht e.V. (Hrsg.)* Gutachterkommissionen und Schlichtungsstellen. Anspruch, Praxis, Perspektiven, Berlin u.a., 1990 (zit.: Gutachterkommissionen), S.69

Freund, Herbert Der gerichtliche Vergleich – Methode rationaler Konfliktlösung oder naive Utopie, DRiZ 1981, 221

Freund, Herbert Der Versuch einer Theorie der Praxis. Funktionswandel richterlicher Tätigkeit: Von der Streitentscheidung zur Konfliktlösung, dargestellt am Beispiel des Familienrichters, DRiZ 1979, 72

Fthenakis, W. F. / Kunze, R. Trennung und Scheidung und ihre Bedeutung für das Familiensystem, in: *Faltermeyer, J. / Fuchs, P.* Trennungs- und Scheidungsberatung durch die Jugendhilfe. Klärung der Rolle und Aufgaben öffentlicher und freier Träger, Frankfurt am Main, 1992, S.39

Fthenakis, Wassilios E. Kindeswohl – gesetzlicher Anspruch und Wirklichkeit, in: 5. Deutscher Familiengerichtstag in Brühl, Brühler Schriften zum Familienrecht Band 3, Bielefeld, 1984, S.33

Fuller, Lon An Afterword: Science and the Judicial Process, 79 Harvard Law Review, 1604 (1966)

Fuller, Lon Collective Bargaining and the Arbitrator, 1963 Wisconsin Law Review, 19 (1963)

Fuller, Lon The Forms and Limits of Adjudication, 92 Harvard Law Review, 353 (1978)

Fuller, Lon Mediation – Its Forms and Functions, 44 Southern California Law Review, 305 (1971)

Galanter, Marc S. Adjudication, Litigation, and Related Phenomena, in: Lipson, Leon / Wheeler, Stanton Law and The Social Sciences, New York 1986

Galanter, Marc S. The Federal Rules and the Quality of Settlements: A Comment on Rosenberg's, the Federal Rules of Civil

Procedure in Action, 137 University of Pennsylvania Law Review, 2231 (1989)
Galanter, Marc S. Will the „Haves" Come Out Ahead: Speculations on the Limits of Legal Change, 9 Law and Society, 95 (1974)
Galanter, Marc S. The Day After the Litigation Explosion, 46 Maryland Law Review, 1 (1986)
Galanter, Marc S. Compared to What? Assessing the Quality of Dispute Processing, 66 Denver University Law Review, XI (1989)
Galanter, Marc S. Reading the Landscape of Disputes: What We Know and Don't Know (and Think We Know) About Our Alledgedly Contentious and Litigious Society, 31 UCLA Law Review, 4 (1983)
Galanter, Marc S. Worlds of Deals: Using Negotiation to Teach about Legal Process, 34 Journal of Legal Education, 268 (1984)
Galanter, Marc S. The Quality of Settlement, 1988 Journal of Dispute Resolution, 55 (1988)
Galtung, Johan Institutionalisierte Konfliktlösung, in: *Bühl, Walter* Konflikt und Konfliktstrategie, München, 2.Aufl., 1973
Garth, Byrant G. How Consumer Remedies Fail, 81 Michigan Law Review, 984 (1983)
Gessner, Volkmar Soziologische Überlegungen zu einer Theorie der angewandten Rechtsvergleichung, 36 RabelsZ, 229 (1972)
Gessner, Volkmar Der soziale Prozeß, ein Problem zu definieren: Expertendiskussion zum Thema Vergleich, in: *Gottwald, Walther / Hutmacher, Wolfgang / Röhl, Klaus F. / Strempel, Dieter* Der Prozeßvergleich – Möglichkeiten, Grenzen, Forschungsperspektiven –, Köln, 1983, S.205
Ghandi, Mahatma Autobiography. The Story of My Experiments with Truth, 1948
Gibbs, James L. The Kbelle Moot: A Therapeutic Model for the Informal Settlement of Disputes, Africa 33, S.1 (1963)
Giese, Bernhard Ansätze zur Tatsachenforschung und Rechtssoziologie des Prozeßvergleichs, in: *Bierbrauer, Günter / Falke, Josef / Giese, Bernhard / Koch, Klaus-Friedrich / Rodingen, Hubert* Zugang zum Recht, Bielefeld, 1978, S.117
Glasl, Friedrich Konfliktmanagement. Ein Handbuch für Führungskräfte und Berater, 2. Aufl., Bern, Stuttgart, 1990
Goldberg, Stephen B. / Green, Eric D. / Sander, Frank E. A. Dispute Resolution, Boston / Toronto, 1985

Goldberg, Stephen B. / Sander, Frank E.A. / Rogers, Nancy H. Dispute Resolution. Negotiation, Mediation, and Other Processes. Boston, Toronto, London, 1992

Goldberg, Stephen B. Meditations of a Mediator, in: *Fine, Erika S. / Plapinger, Elizabeth S.* Containing Legal Costs. ADR Strategies for Corporations, Law Firms, and Government, New York, 1988, S.63 (zit. *Fine / Plapinger* II.)

Golding, Martin P. Philosophy of Law, New Jersey, 1975

Goldsmith, Andrew Process, Power and 'Consent': Some Notes towards a Critical Theory of Collective Bargaining, 7 Windsor Yearbook of Access to Justice, 21 (1987)

Gottwald, Walther Streitbeilegung ohne Urteil. Vermittelnde Konfliktregelung alltäglicher Streitigkeiten in den Vereinigten Staaten aus rechtsvergleichender Sicht, Tübingen, 1981

Gottwald,Peter Die ökonomische Analyse zur Kritik und Reform des Zivilprozessrechts, in: Festschrift für Fasching, S.181

Goulet Orenstein, Suzanne Closing Plenary Session: The Consumer Sector Report, in: SPIDR Society of Professionals in Dispute Resolution, Selected SPIDR Proceedings 1987–1988, 53

Greason, A.L. Humanists as Mediators: An Experiment in the Courts of Maine, 66 American Bar Association Journal, 576 (1980)

Green, Eric D. Growth of the Mini-Trial, 9 Litigation, 12 (Fall 1982)

Green, Eric D. The CPR Mini-Trial Handbook, New York, 1982

Green, Eric D. / Marks, Jonathan B. / Olson, Ronald L. Settling Large Case Litigation: An Alternate Approach, 11 Loyola of Los Angeles Law Review, 493 (1978)

Grisebach, Klaus Bemerkungen zu dem Muster eines Schlichtungsvertrages, AnwBl 1993, 261 ff

Grunsky, Wolfgang Die gütliche Beilegung von Rechtsstreitigkeiten, in: Deutsche Landesberichte zum X. Internationalen Kongreß für Rechtsvergleichung (Budapest 1978), Tübingen 1978, S.158

Gulliver, P.H. Disputes and Negotiations. A Cross- Cultural Perspective, New York (u.a.) 1979

Haffke, Bernhard Legitimation von Mediation im deutschen Rechtsraum, in: Mediation in Familiensachen. Alternative Lösungswege für Trennungskonflikte. Entwicklungen – Möglichkeiten – Perspektiven, Evangelische Akademie Bad Boll, Protokolldienst 30 / 1993, S.53 ff

Haft, Fritjof Verhandeln. Die Alternative zum Rechtsstreit, München 1992

Hansen, Kirsten-Pia Leistungen der Jugendhilfe bei Trennung und Scheidung von Eltern, FuR 1993, 89

Harrington, Christine B. / Merry, Sally Engle Ideological Production: The Making of Community Mediation, 22 Law & Society Review, 709 (1988)

Harter, Philip Negotiating Regulations: A Cure for Malaise, 71 Georgetown Law Journal, 1 (1982)

Hartfield, Edward F. Qualifications and Training Standards for Mediators of Environmental and Public Policy Disputes, 12 Seton Hall Legislative Journal, 109 (1988)

Haynes, John M. Divorce Mediation. A Practical Guide for Therapists and Counselors, New York, 1981

Haynes, John M. / Bastine, Reiner / Link, Gabriele / Mecke, Axel Scheidung ohne Verlierer. Ein neues Verfahren, sich einvernehmlich zu trennen. Mediation in der Praxis, München 1993

Hegenbarth, Rainer Sichtbegrenzungen, Forschungsdefizite und Zielkonflikte in der Diskussion über Alternativen zur Justiz, in: *Blankenburg, Erhard / Klausa, Ekkehard / Rottleuthner, Hubert* Alternative Rechtsformen und Alternativen zum Recht, Jahrbuch für Rechtssoziologie und Rechtstheorie Band VI., Opladen, 1980, S.48

Hegenbarth, Rainer Neue Köpfe für die alte Hydra? Die Entgerichtlichung von Verbraucherstreitigkeiten, in: *Voigt, Rüdiger* Gegentendenzen zur Verrechtlichung. Jahrbuch für Rechtssoziologie und Rechtstheorie Band IX., Opladen, 1983, S.152

Hegland, Kenny Why Teach Trial Advocacy? An Essay on Never Ask Why, in: *Himmelstein, Jack / Lesnick, H.* Humanistic Education in Law, New York, 1982

Hegland, Kenney Moral Dilemmas in Teaching Trial Advocacy, 32 Journal of Legal Education, 69 (1982)

Henderson, Thelton E. Settlement Masters, in: *Fine, Erika S. / Plapinger, Elizabeth S.* ADR and the Courts. A Manual for Judges and Lawyers, New York, 1987, S.233

Henry, James F. / Lieberman, Jethro K. The Manager's Guide to Resolving Legal Disputes. Better Results Without Litigation, New York, 1985

Hensler, Deborah R. Court-Annexed Arbitration, in: *Fine, Erika S. / Plapinger, Elizabeth S.* ADR and the Courts. A Manual for Judges and Lawyers, New York, 1987, S.23

Herbst, Gerhard Der Prozeßvergleich aus der Sicht der Justizverwaltung, in: *Gottwald, Walther / Hutmacher, Wolfgang / Röhl, Klaus F. / Strempel, Dieter* Der Prozeßvergleich – Möglichkeiten, Grenzen, Forschungsperspektiven –, Köln, 1983, S.39

Herr, Robert Die Schiedsstellen aus der Sicht der Richter, in: *Morasch, Hellmut* Schieds- und Schlichtungsstellen in der Bundesrepublik. Praxisanalyse und Perspektiven aus einem Kolloquiun der GMD, Köln, 1984, S.145

Hilden, Hartmut Erich Rechtstatsachen im Räumungsrechtsstreit, Frankfurt, 1976

Hoellering, Michael F. Emerging Techniques of Private Dispute Resolution in Long-Term Contracts, in: *Nicklisch, Fritz* Der komplexe Langzeitvertrag. Strukturen und Internationale Schiedsgerichtsbarkeit, Heidelberg, 1987

Hoellering, Michael F. Alternative Dispute Resolution and International Trade, 14 Review of Law and Social Change, 785 (1986)

Holsti, Ole R. The Belief System and National Images: John Foster Dulles, 6 Conflict Resolution, 244 (1962)

Holtwick-Mainzer, Andrea Der übermächtige Drittc. Eine rechtsvergleichende Untersuchung über den streitschlichtenden und streitentscheidenden Dritten, Berlin 1985

Honeyman, Christopher Patterns of Bias in Mediation, 1985 Missouri Journal of Dispute Resolution, 141

Honeyman, Christopher Five Elements of Mediation, 1988 Negotiation Journal, 150

Hyman, Jonathan M. The Model Mediator Confidentiality Rule: A Commentary, 12 Seton Hall Legislative Journal, 17 (1988)

Jacobs, David C. The Concept of Adversary Participation, 1988 Negotiation Journal, 137

Johnson, Earl Jr. / Barthelemes Drew, Ann This Nation Has Money for Everything – Except Its Courts, 17 The Judges' Journal, 8 (1978)

Jopt, Uwe-Jörg Nacheheliche Elternschaft und Kindeswohl – Plädoyer für das gemeinsame Sorgerecht als anzustrebender Regelfall, FamRZ 87, 875

Jopt, Uwe-Jörg Im Namen des Kindes: Plädoyer für die Abschaffung des alleinigen Sorgerechts, Hamburg, 1992

Kagel, Sam Mediators and Good Practice, in: SPIDR Society of Professionals in Dispute Resolution, The Elements of Good Practice in Dispute Resolution. 1984 Proceedings. Twelfth Annual Conference, 21

Kahnemann, D. / Tversky, A. Prospect Theory: An Analysis of Decision Under Risk, 47 Econometrica, 263 (1979)

Kaltenborn, Karl-Franz Die personalen Beziehungen des Scheidungskindes als sorgerechtsrelevantes Entscheidungskriterium, FamRZ 1987, 990

Kaufmann, Sandra / Duncan, George T. The Role of Mandates in Third Party Intervention, 1988 Negotiation Journal, 403

Kirkpatrick, Garry Report of the Committee on Ethics, in: SPIDR Society of Professionals in Dispute Resolution, The Elements od Good Practice in Dispute Resolution. 1984 Proceedings. Twelfth Annual Conference, 31

Kleiman, Bonnie S. A Step Forward: Tulsa's Precourt Hearing Program, 70 Judicature, 170 (1986)

Kniffka, Rolf Chancenungleichheit durch Informationsgefälle im Zivilprozeß, ZRP 1981, 166

Kniffka, Rolf Der amtsgerichtliche Zivilprozeß – ein bürgernahes Verfahren? DRiZ 1982, 13

Knight, Warren Justice Outside the System: A Clinical Overview, in: SPIDR Society of Professionals in Dispute Resolution, The Elements od Good Practice in Dispute Resolution. 1984 Proceedings. Twelfth Annual Conference, 272

Koch, Klaus-Friedrich Konfliktmanagement und Rechtsanthropologie: Ein Modell und seine Anwendung in einer ethnologischen Vergleichsanalyse, in: *Bierbrauer, Günter / Falke, Josef / Giese, Bernhard / Koch, Klaus-Friedrich / Rodingen, Hubert* Zugang zum Recht, Bielefeld, 1978, S.86

Kolb, Deborah M. To Be a Mediator: Expressive Tactics in Mediation, 41 Journal of Social Issues, 11 (1985)

Kolb, Deborah M. / Rubin, Jeffrey Z. Mediation Through a Disciplinary Kaleidoscope. A Summary of Empirical Research, October 1989 DR Forum, 3

Kotzorek, Andreas Der Einfluß nicht-pekuniärer Prozeßkosten auf die Chancen der Rechtsdurchsetzung, in: *Blankenburg, Erhard / Klages, Helmut / Strempel, Dieter* Überlegungen zu einer Strukturanalyse der Zivilgerichtsbarkeit. Vorträge des Sonderseminars am 9. / 10. Januar 1987 „Strukturanalyse der Rechtspflege", Speyer, 1987, S.41

Kramer, Ernst Die „Krise" des liberalen Vertragsdenkens. Eine Standortbestimmung, München, Salzburg, 1974

Kressel, Kenneth / Pruitt Themes in the Mediation of Social Conflict, 41 Journal of Social Issues, 179 (1985)

Kritzer, Herbert M. A Comparative Perspective on Settlement and Bargaining in Personal Injury Cases, 14 Law & Social Inquiry, 167 (1989)

Kritzer, Herbert M. Adjudication to settlement: Shading in the Gray, 70 Judicature, 161 (1986)

Kurczewski, Jacek Aspekte der Laiengerichtsbarkeit – Übersicht über die Erfahrungen in Polen, in: *Blankenburg, Erhard / Klausa, Ekkehard / Rottleuthner, Hubert* Alternative Rechtsformen und Alternativen zum Recht, Jahrbuch für Rechtssoziologie und Rechtstheorie Band VI., Opladen, 1980, S.425

Langbein, John H. The German Advantage in Civil Procedure, 52 The University of Chicago Law Review, 823 (1985)

Langenfeld, Gerrit Vertragsgestaltung. Methode – Verfahren – Vertragstypen, München, 1991

Lax, David A. / Sebenius, James K. The Manager as Negotiator. Bargaining for Cooperation and Competitive Gain, New York 1986

Lebow, Richard Ned Der Krieg, den keiner wollte. Fehlwahrnehmungen im Falkland-Konflikt, Beiträge zur Konfliktforschung 13, 2 (1983)

Lempert, Richard / Sanders, Joseph An Invitation to Law and Social Science. Deserts, Disputes, and Distribution, Philadelphia 1986

Levin Prozeßnot und Rechtsfrieden, DJZ 1915, 870

Lewis, Michael K. The Special Master As Mediator, 12 Seton Hall Legislative Journal, 75 (1988)

Lieb, Manfred Sonderprivatrecht für Ungleichgewichtslagen? Überlegungen zum Anwendungsbereich der sogenannten Inhaltskontrolle privatrechtlicher Verträge, AcP 178, 196 (1978)

Lieberman, Jethro K. / Henry, James F. Lessons From the Alternative Dispute Resolution Movement, 53 The University of Chicago Law Review, 424 (1986)

Limbach, Jutta Kann und soll das Familienrecht Normen für das Konfliktverhalten bieten? in: *Deutsches Familienrechtsforum* Modelle alternativer Konfliktregelungen in der Familienkrise, Schriftenreihe des Deutschen Familienrechtsforums, Bd. 3, Stuttgart, 1982, S.130

Lind, A. / Shapard, J. Evaluation of Court-Annexed Arbitration in Three Federal District Courts, 1983

Lindemann, Klaus Der Prozeßvergleich aus anwaltlicher Sicht, in: *Gottwald, Walther / Hutmacher, Wolfgang / Röhl, Klaus F. / Strempel, Dieter* Der Prozeßvergleich – Möglichkeiten, Grenzen, Forschungsperspektiven –, Köln, 1983, S.45

Link, Gabriele / Bastine, Reiner Ergebnisse der Scheidungsmediation, Zeitschrift für Familienforschung 2, 136

Llewellyn, Karl N. The Cheyenne Way; Conflict and Case Law in Primitive Jurisprudence, University of Oklahoma Press 1941

Llewellyn, Karl N. The Bramble Bush: On Our Law and Its Study, Dobbs Ferry, N.Y. 1960

Luban, David The Quality of Justice, 66 Denver University Law Review, 381 (1989)

Lubmann, Stanley Mao and Mediation. Politics and Dispute Resolution in Communist China, 55 California Law Review, 1284 (1967)

Magnis-Suseno, Franz Javanische Weisheit und Ethik. Studien zu einer östlichen Moral, München, Wien, 1981

Mähler, Gisela / Mähler, Hans-Georg Mediation, unveröffentlichtes Manuskript, München, 1992

Mähler, Gisela / Mähler, Hans-Georg Trennungs- und Scheidungsmediation in der Praxis, Familiendynamik 1992, 347

Mähler, Gisela / Mähler, Hans-Georg Das Verhältnis von Mediation und richterlicher Entscheidung. Eine rechtliche Standortbestimmung, in: *Krabbe, Heiner* Scheidung ohne Richter. Neue Lösungen für Trennungskonflikte, Reinbek bei Hamburg, 1991, S.148

Mähler, Hans-Georg Mediation bei Trennung und Scheidung: Ursprung und Ziele, in: Mediation in Familiensachen. Alternative Lösungswege für Trennungskonflikte. Entwicklungen – Möglichkeiten – Perspektiven, Evangelische Akademie Bad Boll, Protokolldienst 30 / 1993, S.4 ff

Marlow, Lenard Styles of Conducting Mediation, 18 Mediation Quarterly, 85 (1987)

Martin, John H. Alternatives to Big Case Litigation: The Transferability of Dispute Resolution Techniques. The Pre-Argument Conference Program, in: SPIDR Society of Professionals in Dispute Resolution, Ethical Issues in Dispute Resolution. 1983 Proceedings. Eleventh Annual Conference, 76

Mather, Lynn / Yngvesson, Barbara Language, Audience and the Transformation of Disputes, 15 Law & Society Review, 775 (1981)

Matschke, Wolfgang Anwaltliche Konfliktbeilegung, AnwBl 1993, 259 ff

Mayer, Bernhard The Dynamics of Power in Mediation and Negotiation, 16 Mediation Quarterly, 75 (1987)

McEwen, Craig A. Pursuing Problem-Solving or Predictive Settlement, 19 Florida State University Law Review, 77 (1991)

McEwen, Craig A. / Maiman, Richard, J. The Relative Significance of Disputing Forum and Dispute Characteristics for Outcome and Compliance, 20 Law & Society Review, 439 (1986)

McEwen, Graig A. Differing Visions of Alternative Dispute Resolution and Formal Law, 12 The Justice System Journal, 247 (1987)

McEwen, Craig A. / Maiman, Richard, J. Small Claims Mediation in Maine: An Empirical Assessment, 1981 Maine L. Rev., 237

McGillis, Daniel / Mullen, Joan Neighborhood Justice Centers. An Analysis of Potential Models, Washington D.C. 1977

McGovern, Francis Toward a Functional Approach for Managing Complex Litigation, 53 University of Chicago Law Review, 440

McIsaac, Hughes Mandatory Conciliation Custody / Visitation Matters: California's Bold Stroke, 19 Conciliation Court Review, 73 (1981)

McKay, Robert Rule 16 and Alternative Dispute Resolution, 63 Notre Dame Law Review, 818 (1988)

McThenia, Andrew W. / Shaffer, Thomas L. For Reconciliation, 94 Yale L.J., 1660 (1985)

Menkel-Meadow, Carrie For and Against Settlement: Uses and Abusus of the Mandatory Settlement Conference, 33 UCLA Law Review, 485 (1985)

Menkel-Meadow, Carrie Pursuing Settlement in an Adversary Culture: A Tale of Innovation Co-Opted or „The Law of ADR", 19 Florida State University Law Review, 1 (1991)

Merry, Sally Engle Anthropology and the Study of Alternative Dispute Resolution, 34 Journal of Legal Education, 277

Merry, Sally Engle Defining „Success" in the Neighborhood Justice Movement, in: Tomasic, Roman / Feeley, Malcolm M. Neighborhood Justice. Assessment of an Emerging Idea, New York 1982

Merry, Sally Engle Disputing without Culture, 100 Harvard Law Review, 2057 (1987)

Merry, Sally Engle / Silbey, Susan What Do Plaintiffs Want? Reexamining the Concept of Dispute, 9 Justice System Journal, 151 (1984)

Mika, Harry Neigborhood Conflict: A Critical Appraisal of the Forms, Processes, and Social Structural Linkages of Multi-Party Conflict and Resolution, in: SPIDR Society of Professionals in Dispute Resolution, Dispute Resolution: An Open Forum. 1986 Proceedings. Fourteenth International Conference, 186

Millhauser, Marguerite Rush to Mediation: Where Is the Bandwagon Going?, Legal Times, 10.Aug.1987, 16; Author's Clarification, Legal Times, 17.Aug.1987, 14

Milne, Ann / Folberg, Jay The Theory and Practice of Divorce Mediation: An Overview, in: *Folberg, Jay / Milne, Ann* Divorce Mediation. Theory and Practice, New York, London 1988, S.3

Mnookin, Robert H. / Kornhauser, Lewis Bargaining in the Shadow of the Law: The Case of Divorce, 88 Yale Law Journal, 950 (1979)

Mnookin, Robert H. In the Interest of Children: Advocacy, Law Reform, and Public Policy, New York 1985

Mnookin, Robert H. Divorce Bargaining: The Limits on Private Ordering, 18 University of Michigan Journal of Law Reform, 1015 (1985)

Morasch, Hellmut / Blankenburg, Erhard Schieds- und Schlichtungsstellen – ein noch entwicklungsfähiger Teil der Rechtspflege, ZRP 1985, 217

Morrison, Alan B. An Overview of Consumer Protection and Public Interest Groups: The Need for a Multiple Approach, 12 New England Law Review, 849 (1977)

Münchener Kommentar zur Zivilprozeßordnung, München, 1992

Münchener Kommentar zum Bürgerlichen Gesetzbuch, München, 2.Aufl., 1987

Nader, Laura Harmony Ideology. Justice and Control in a Zapotec Mountain Village, Stanford, California, 1990

Nader, Laura When is Popular Justice Popular, unveröffentlichtes Manuskript, Berkeley, 1989

Nader, Laura The ADR Explosion – The Implications of Rhetoric in Legal Reform, 8 Windsor Yearbook of Access to Justice, 269 (1988)

Nader, Laura A Comparative Perspective on Legal Evolution, Revolution, and Devolution, 81 Michigan Law Review, 993 (1983)

Nader, Laura No Access to Law. Alternatives to the American Judicial System, New York 1980

Nader, Laura The Recurrent Dialectic Between Legality and Its Alternatives: The Limitaions of Binary Thinking, 132 University of Pennsylvania Law Review, 621 (1984)

Nelle, Andreas Making Mediation Mandatory: A Proposed Framework, 7 Ohio State Journal on Dispute Resolution, 287 (1992)

Nelle, Andreas Neuverhandlungspflichten, München, 1993

Nelson, Steven C. Alternatives to Litigation of International Disputes, 23 The International Lawyer, 187 (1989)

Newman, Jon O. Rethinking Fairness: Perspectives on the Litigation Process, 94 Yale Law Journal, 1643 (1985)

Nicklas, Hans Psychologie des Unfriedens. Ergebnisse der psychologischen Friedensforschung, in: *Wasmuth, Ulrike C.* Friedensforschung. Eine Handlungsorientierung zwischen Politik und Wissenschaft, Darmstadt, 1991

Nicklisch, Fritz Gutachter-, Schieds- und Schlichtungsstellen – rechtliche Einordnung und erforderliche Verfahrensgarantien, in: Festschrift für Arthur Bülow, Köln u.a., 1981, S.159

Nicklisch, Fritz Alternative Formen der Streitbeilegung und internationale Handelsschiedsgerichtsbarkeit, in: Festschrift für Karl Heinz Schwab zum 70. Geburtstag, München, 1990

Nicklisch, Fritz Der Ingenieur als Schiedsgutachter und Quasi-Schiedsrichter bei internationalen Bau- und Anlagenprojekten, in: Festschrift für Walter J. Habscheid, Bielefeld, 1989, S.217

Nicolau, George / Cormick, Gerald W. Community Disputes and the Resolution of Conflict: Another View, 27 The Arbitration Journal, 98 (1972)

Nisbett, Richard / Ross, Lee Human Inference: Strategies and Shortcomings of Social Judgement, Englewood Cliffs, New Jersey 1980

Nothdurft, Werner / Spranz-Fogasy, Thomas Der kulturelle Kontext von Schlichtung. Zum Stand der Schlichtungs-Forschung in der Rechts-Anthropologie, ZfRSoz 7, 31 (1986)

Peachey, Dean The Form and Function of Neighborhood Dispute Centers: A Reflection of Leadership, Local Culture, or Institutional Bases? in: SPIDR Society of Professionals in Dispute Resolution, Dispute Resolution: An Open Forum. 1986 Proceedings. Fourteenth International Conference, 200

Peckham, Robert F. / Brazil, Wayne D. / Kahn, Michael A. / Newman, Jeffrey P. / Gold, Judith Z. Early Neutral Evaluation: An Experiment to Expedite Dispute Resolution, in: *Fine, Erika S. / Plapinger, Elizabeth S.* ADR and the Courts. A Manual for Judges and Lawyers, New York, 1987, S.165

Peckham, Robert The Federal Judge as a Case Manager: The New Role in Guiding a Case From Filing to Disposition, 69 California Law Review, 770 (1981)

Pfeffer-Weiß, Birgit Nachwort einer 'sorgeberechtigten' Mutter, in: *Jopt, Uwe-Jörg* Im Namen des Kindes: Plädoyer für die Abschaffung des alleinigen Sorgerechts, Hamburg, 1992, S.358

Pfeiffer, Christian Täter-Opfer-Ausgleich – das Trojanische Pferd im Strafrecht? ZRP 1992, 338

Ponschab, Reiner Anwaltschaftliche Schlichtung – Privatisierung der Justiz, Interessenwahrnehmung oder Parteiverrat? von dem Beitrag im AnwBl 1993, 430 leicht abweichendes Vortragsmanuskript, 1993

Ponschab, Reiner Anwaltschaftliche Schlichtung – Privatisierung der Justiz, Interessenwahrnehmung oder Parteiverrat? AnwBl 1993, 430

Pospisil, Leopold Anthropologie des Rechts. Recht und Gesellschaft in archaischen und modernen Kulturen, München, 1982

Prestien, Hans-Christian Familiendynamisch begründete Interventionsansätze: Richterlicher Dialog mit den Betroffenen, in: *Deutsches Familienrechtsforum* Modelle alternativer Konfliktregelungen in der Familienkrise, Schriftenreihe des Deutschen Familienrechtsforums, Bd. 3, Stuttgart, 1982, S.75

Prigoff, Michael L. Towards Candor or Chaos: The Case of Confidentiality in Mediation, 12 Seton Hall Law Review, 1 (1988)

Proksch, Roland Vermittlung (Mediation) in streitigen Sorge- und Umgangsrechtsverfahren, Familiendynamik 1992, 395

Proksch, Roland Die Geschichte der Mediation, in: *Krabbe, Heiner* Scheidung ohne Richter. Neue Lösungen für Trennungskonflikte, Reinbek bei Hamburg, 1991, S.170

Proksch, Jürgen Scheidungsfolgenvermittlung (Divorce Mediation) – ein Instrument integrierter familiengerichtlicher Hilfe. Vorschläge zu einem kooperativen Entscheidungsmodell am Beispiel der Scheidungsfolgensache „elterliche Sorge", FamRZ 1989, 916

Proppe, Helmut / Krapp, Thea Außergerichtliche Verfahren – Alternative zur Ziviljustiz, JA 1990, 65

Provine, Marie D. Managing Negotiated Justice: Settlement Procedures in the Courts, 12 The Justice System Journal, 91 (1987)

Provine, Marie D. Settlement Strategies for Federal District Judges, Federal Judicial Center, Washington, 1986

Provine, Marie D. / Seron, Carroll Innovation and Reform in Courts: A Cross-Cultural Perspective, 13 The Justice System Journal, 158 (1988–89)

Prütting, Hanns Schlichten statt Richten? JZ 1985, 261

Rabaa, Volker Kindeswohl im Elternkonflikt. Wege zur Konfliktlösung in der Familienkrise, Diss. Berlin, 1985

Raiffa, Howard Decision Analysis. Introductory Lectures on Choices under Uncertainty, New York 1968

Raiffa, Howard The Art and Science of Negotiation, Cambridge, Mass. / London 1982

Ray, Larry Community Concerns Advance Mediation Movement, in: SPIDR Society of Professionals in Dispute Resolution, Creative Approaches to Dispute Resolution. 1982 Proceedings. Tenth Annual Conference, S.55

Re, Edward D. The Lawyer as Counselor and the Prevention of Litigation, 31 Catholic University Law Review, 685 (1982)

Redmount, Robert S. Law Learning, Teacher-Student Relations, and the Legal Profession, 59 Washington University Law Quarterly, 853 (1981)

Rehmus, Charles M. The Mediation of Industrial Conflict: A Note on the Literature, 9 The Journal of Conflict Resolution, 118 (1965)

Reich, Norbert Alternativen zur Ziviljustiz im Verbraucherschutz – Überlegungen zur Bedeutung von Schieds- und Schlichtungsverfahren, in: *Blankenburg, Erhard / Gottwald, Walther / Strempel, Dieter* Alternativen in der Ziviljustiz. Berichte, Analysen, Perspektiven. Köln, 1982, S.219

Reiter, Ludwig / Steiner, Egbert / Strotzka, Hans Wert-, Ziel- und Normenkonflikte in der Familientherapie: Zur Beziehung von Familienarbeit und Recht, in: *Richter, Horst E. / Strotzka, Hans / Jürg, Willi* Familie und seelische Krankheit, Reinbek, 1976, S.68

Resnik, Judith A. The Domain of Courts, 137 University of Pennsylvania Law Review, 2219 (1989)

Resnik, Judith Managerial Judges, 96 Harvard Law Review, 76 (1982)

Reynoso, Cruz Community Dispute Resolution: Hispanic Concerns, in: SPIDR Society of Professionals in Dispute Resolution, The Elements od Good Practice in Dispute Resolution. 1984 Proceedings. Twelfth Annual Conference, 212

Riskin, Leonhard L. Mediation and Lawyers, 43 Ohio State Law Journal, 29 (1982)

Riskin, Leonard L. The Special Place of Mediation in Alternative Dispute Processing, 37 University of Florida Law Review, 19 (1985)

Riskin, Leonard L. / Westbrook, James E. Dispute Resolution and Lawyers, St. Paul, Minn., 1987

Roehl, Janice A. / Cook, Royer F. Issues in Mediation: Rhetoric and Reality Revisited, 41 Journal of Social Issues, 161 (1985)

Rogers, Nancy / McEwen, Craig Mediation: Law, Policy, Practice, Rochester, N.Y., 1991

Rogers, Susan J. The Dynamics of Conflict Behavior in a Mediated Dispute, 18 Mediation Quarterly, 61 (1987)

Rogers, Nancy H. / Salem, Richard A. A Student's Guide to Mediation and the Law, New York 1987

Rogowski, Ralf Amerikanische Zivilgerichte in ihrem Kontext: Das Civil Litigation Research Project (CLRP), ZfRSoz 4, 299 (1983)

Röhl, Klaus F. Der Vergleich im Zivilprozeß. Untersuchungen an einem großstädtischen Amtsgericht, Opladen 1983

Röhl, Klaus F. Rechtspolitische und ideologische Hintergründe der Diskussion über Alternativen zur Justiz, in: *Blankenburg, Erhard / Gottwald, Walther / Strempel, Dieter* Alternativen in der Ziviljustiz. Berichte, Analysen, Perspektiven. Köln, 1982, S.15

Röhl, Klaus F. Rechtssoziologie. Ein Lehrbuch, Köln, Berlin, Bonn München, 1987

Röhl, Klaus F. Gibt es eine lehr- und lernbare Technik des Vergleichs? in: *Gottwald, Walther / Hutmacher, Wolfgang / Röhl, Klaus F. / Strempel, Dieter* Der Prozeßvergleich – Möglichkeiten, Grenzen, Forschungsperspektiven –, Köln, 1983, S.209

Rokumoto, Kahei Tschotei (Schlichtung) – Eine japanische Alternative zum Recht: Verfahren, Praxis und Funktionen, in: *Blankenburg, Erhard / Klausa, Ekkehard / Rottleuthner, Hubert* Alternative Rechtsformen und Alternativen zum Recht, Jahrbuch für Rechtssoziologie und Rechtstheorie Band VI., Opladen, 1980, S.390

Rosellen, Richard Mediation. Verfahren zwischen Gesprächstherapie und hard selling, in: *Blankenburg, Erhard / Klausa, Ekkehard / Rottleuthner, Hubert* Alternative Rechtsformen und Alternativen zum Recht, Jahrbuch für Rechtssoziologie und Rechtstheorie Band VI., Opladen, 1980, S.215

Rosenberg, Maurice Devising Procedures That Are Civil to Promote Justice That is Civilized, 69, Michigan Law Review, 797 (1971)

Rosenberg, Maurice Court Congestion: Status, Causes, and Proposed Remedies, in: Jones, Harry W. (ed.) The Courts, The Public and the Law Explosion, Englewood Cliffs, N.Y. 1965

Rosenthal Lawyer and Client. Who's in Charge, New York 1974

Ross, H. Lawrence Settled Out of Court: The Social Process of Insurance Claims Adjustment, Chicago, 1970

Ross, Lee / Stillinger, Constance Psychological Barriers to Conflict Resolution, Stanford Center on Conflict and Negotiation, Stanford University, Working Paper No.4, December 1988

Ross, Jerome H. Should the Mediator Raise Public Interest Considerations during Negotiation?, in: SPIDR Society of Professionals in Dispute Resolution, Ethical Issues in Dispute Resolution. 1983 Proceedings. Eleventh Annual Conference, 50

Rothschild, Judith Mediation as Social Control: A Study of Neighborhood Justice, unveröffentlichte Dissertation U.C. Berkeley, 1986

Rothstein, Lawrence E. The Myth of Sisyphus: Legal Services Effords on Behalf of the Poor, 7 University of Michigan Journal of Law Reform, 493 (1974)

Rottleuthner, Hubert Befriedung durch Vergleich? in: *Gottwald, Walther / Hutmacher, Wolfgang / Röhl, Klaus F. / Strempel, Dieter* Der Prozeßvergleich – Möglichkeiten, Grenzen, Forschungsperspektiven –, Köln, 1983, S.185

Rottleuthner, Hubert Rechtssoziologische Anmerkungen zu Alternativen bei der Bearbeitung von Familienkonflikten, in: *Deutsches Familienrechtsforum* Modelle alternativer Konfliktregelungen in der Familienkrise, Schiftenreihe des Deutschen Familienrechtsforums, Bd. 3, Stuttgart, 1982, S.65

Rubin, Jeffrey Z. Negotiation. An Introduction to Some Issues and Themes, 27 American Behavioral Scientist, 135 (1983)

Rubin, Jeffrey, Z. / Sander, Frank, E. A. When Should We Use Agents? Direct Vs. Representative Negotiation, 1988 Negotiation Journal, 395

Rubin, Jeffrey Z. / Brown, B.R. The Social Psychology of Bargaining and Negotiation, New York, 1975

Rudolph, Kurt Der Vergleich im Zivilprozeß aus der Sicht des Richters, in: *Gottwald, Walther / Hutmacher, Wolfgang / Röhl, Klaus F. / Strempel, Dieter* Der Prozeßvergleich – Möglichkeiten, Grenzen, Forschungsperspektiven –, Köln, 1983, S.35

Salem, Richard A. The Impact of Mediator Values in Community Civil Rights and Local Dispute Resolution Programms, in: SPIDR Society of Professionals in Dispute Resolution, Ethical Issues in Dispute Resolution. 1983 Proceedings. Eleventh Annual Conference, 53

Sander, Frank E.A. Alternative Methods of Dispute Resolution: An Overview, 37 University of Florida Law Review, 1 (1985)

Sander, Frank E.A. Varieties of Dispute Processing, 70 Federal Rules Decisions, 111 (1976)

Sarat, Austin The „New Formalism" in Disputing and Dispute Processing, 21 Law & Society Review, 695 (1988)

Schelling, Thomas C. The Strategy of Conflict, Cambridge, Massachusetts, 1980

Schlosser, Peter „Alternative Dispute Resolution" (uno stimulo alla riforma per l'Europa?), Rivista di Diritto Processuale 1989, 1005

Schlosser, Peter Entwicklungstendenzen im Recht der Allgemeinen Geschäftsbedingungen, ZIP 1985, 449

Schlosser, Peter Zivilprozeßrecht I. Erkenntnisverfahren, München 1991

Schlosser, Peter 10 Jahre AGB-Gesetz, JR 1988, 1

Schmidt, Eike Struktur- und Kompetenzanforderungen an einen zeitgemäßen Zivilprozeß, KritV 1989, 303

Schmidt-Rimpler, Walter Grundfragen einer Erneuerung des Vertragsrechts, AcP 147, 130 (1941)

Schönholz, Siegfried Alternativen im Gerichtsverfahren. Zur Konfliktlösung vor dem Arbeitsgericht unter besonderer Berücksichtigung des Prozeßvergleichs, Amsterdam, 1984

Schrag, Philip G. Counsel for the Deceived. Case Studies in Consumer Fraud, New York 1972

Schulz-Rackoll, Rolf Der Wohnungs-Mietprozeß, in: *Röhl, Klaus F.* Der Vergleich im Zivilprozeß. Untersuchungen an einem großstädtischen Amtsgericht, Opladen, 1983, S.239

Schulz-Rackoll, Rolf Die Verrechtlichung von Mietkonflikten zur Durchsetzung partikularer Interessen, ZfRSoz 4, 268 (1983)

Schumann, Carola Anwaltliche Rechtsproduktion als Aushandlungsprozeß, in: Bryde, Brun-Otto / Hoffmann-Riem, Wolfgang (Hrsg.) Rechtsproduktion und Rechtsbewußtsein, Baden-Baden 1988, S.39

Schuster, Paul Zivilprozeß und Güteverfahren, in: *Blankenburg, Erhard / Gottwald, Walther / Strempel, Dieter* Alternativen in der Ziviljustiz – Berichte, Analysen, Perspektiven –, Köln, 1983, S.189

Shattuck, Mary Tall Mandatory Mediation, in: *Folberg, Jay / Milne, Ann* Divorce Mediation. Theory and Practice, New York, London 1988

Shaw, Margret L. / Phear, W. Patrick New Perspectives on the Options Generations Process, 16 Mediation Quarterly, 65 (1987)

Shaw, Margret L. Mediator Qualifications: Report of a Symposium on Critical Issues in Alternative Dispute Resolution, 12 Seton Hall Legislative Review, 125 (1988)

Sheppard, Blair H. Third Party Conflict Intervention: A Procedural Framework, 6 Research in Organizational Behavior, 141 (1984)

Sheppard, Blair H. Third Party Conflict Intervention: A Procedural Framework, 6 Research in Organizational Behaviour, 141 (1984)

Shonholtz, Raymond The Citizen's Role in Justice: Building a Primary Justice and Prevention System at the Neighborhood Level, 494 The Annals of the American Academy of Political and Social Science, 42 (1987)

Shonholtz, Raymond Neighborhood Justice Systems: Work, Structure, and Guiding Principles, 5 Mediation Quaterly, 3 (1984)

Shulman, Harry Reason, Contract, and Law in Labor Relations, 68 Harvard Law Review, 999 (1955)

Silbey, Susan S. Who Speaks for the Consumer ? Nader's No Access To Law and Best's When Consumers Complain, 2 American Bar Foundation Research Journal, 429 (1984)

Silbey, Susan S. / Merry, Sally E. Mediator Settlement Strategies, 8 Law & Policy, 7 (1986)

Simkin, William E. / Fidandis, Nicholas E. Mediation and the Dynamics of Collective Bargaining, 2 ed., Washington, 1986

Singer, Reinhard Selbstbestimmung und Verkehrsschutz im Recht der Willenserklärungen, München, 1995

Singer, Linda R. Settling Disputes. Conflict Resolution in Business, Families, and the Legal System, Boulder, San Francisco, London, 1990

Skratek, Sylvia P. Grievance Mediation of Contractual Disputes in Washington State Public Education, 1987 Labor Law Journal, 370

Skratek, Sylvia Grievance Mediation: Does it Really Work? in: SPIDR Society of Professionals in Dispute Resolution, Selected SPIDR Proceedings 1987–1988, 157

Soong-Jong, Hyun Das traditionelle koreanische und das moderne westliche Recht, in: *Rehbinder, Manfred / Sonn, Ju- Chan* Zu Rezeption des deutschen Rechts in Korea, Baden-Baden, 1990, S.17

Stahlmann, Günther Zur Theorie des Zivilprozeßrechts. Von der Legitimation durch Erkenntnis zur Legitimation durch Verfahren, Königstein / Ts. 1979

Stange, Wilfied Konfliktsteuerung durch Teamberatung, in: *Deutsches Familienrechtsforum* Modelle alternativer Konfliktregelungen in der Familienkrise, Schiftenreihe des Deutschen Familienrechtsforums, Bd. 3, Stuttgart, 1982, S.95

Stegers, Christoph M. Das Verfahren vor der Gutachterkommission für ärztliche Haftpflichtfragen bei der Ärztekammer Westfalen-Lippe, Bemerkungen über Entscheidungsfindung und Akzeptanz, in: *Arbeitsgemeinschaft Rechtsanwälte im Medizinrecht e.V. (Hrsg.)* Gutachterkommissionen und Schlichtungsstellen. Anspruch, Praxis, Perspektiven, Berlin u.a., 1990 (zit.: Gutachterkommissionen), S.99

Stein / Jonas Kommentar zur Zivilprozeßordnung, Bd.5., Teilbd.2., Tübingen, 21.Aufl., 1993

Stillinger, Constance / Epelbaum, Michael / Keltner, Dacher / Ross, Lee The „Reactive Devaluation“ Barrier to Conflict Resolution, Stanford Center on Conflict and Negotiation, Stanford University, Working Paper No.3, December 1988

Strecker, Ch. Der Familienrichter im Spannungsfeld von Rechtsanwendung und Problemlösung, DRiZ 1983, 175

Strecker, Christoph Der Familienrichter im Spannungsfeld von Rechtsanwendung und Problemlösung, DRiZ 1983, 175

Strempel, Dieter Familiensachen – Gerichtliche und außergerichtliche Konfliktlösungen. Ein Vergleich, in: *Krabbe, Heiner* Scheidung ohne Richter. Neue Lösungen für Trennungskonflikte, Reinbek bei Hamburg, 1991, S.236

Stulberg, Joseph B. A Mediator's Responsibility for Fairness, in: SPIDR Society of Professionals in Dispute Resolution, Selected SPIDR Proceedings 1987–1988, 40

Stulberg, Joseph B. The Theory and Practice of Mediation: A Reply to Professor Susskind, 6 Vermont Law Review, 85 (1981)

Stürner, Rolf Grundfragen richterlicher Streitschlichtung, DRiZ 1976, 202

Stürner, Rolf Die Aufgabe des Richters, Schiedsrichters und Rechtsanwaltes bei der gerichtlichen Streiterledigung, JR 1979, 133

Stürner, Rolf Die Rechtsschutzqualität des richterlichen Vergleichs und die Regelung des 279 ZPO, in: *Gottwald, Walther / Hutmacher, Wolfgang / Röhl, Klaus F. / Strempel, Dieter* Der Prozeßvergleich – Möglichkeiten, Grenzen, Forschungsperspektiven –, Köln, 1983, S.147

Summers, Robert S. Professor Fuller's Jurisprudence and America's Dominant Philosophy of Law, 92 Harvard Law Review, 433 (1978)

Susskind, Lawrence Environmental Mediation and the Acountability Problem, 6 Vermont Law Review, 1 (1981)

Susskind, Lawrence / Ozawa, Connie Mediating Public Disputes: Obstacles and Possibilities, 41 Journal of Social Issues, 145 (1985)

Susskind, Lawrence / McMahon, Gerald The Theory and Practice of Negotiated Rulemaking, 3 Yale Journal on Regulation, 133 (1985)

Susskind, Lawrence / Cruikshank, Jeffrey Breaking the Impasse. Consensual Approaches to Resolving Public Disputes, New York

Sward, Ellen E., Values, Ideology, and the Evolution of the Adverary System, 64 Indiana Law Journal, 301 (1989)

Terrell, Timothy Rights and Wrongs in the Rush to Repose: On Jurisprudential Dangers of Alternative Dispute Resolution, 36 Emory Law Journal, 541 (1987)

Thoennes, Nancy A. / Pearson, Jessica Predicting Outcomes in Divorce Mediation: The Influence of People and Process, 41 Journal of Social Issues, 115 (1985)

Tomasic, Roman Mediation as an Alternative to Adjudication: Rhetoric and Reality in the Neighborhood Justice Movement, in: *Tomasic, Roman / Feeley, Malcolm M.* Neighborhood Justice. Assessment of an Emerging Idea, New York 1982

Trubek, David, M. Turning Away From Law, 82 Michigan Law Review, 824 (1984)

Tyler, Tom Client Perception of Litigation. What Counts: Process or Result ? 24 Trial, 40 (July 1988)

Ury, William L. / Brett, Jeanne M. / Goldberg, Stephen B. Getting Disputes Resolved – Designing Systems to Cut the Costs of Conflict, San Francisco / London 1988

Vermont Law School. Dispute Resolution Project (ed.) A Study of Barriers to the Use of Alternative Methods of Dispute Resolution, South Royalton, Vt., 1984 (zit. Barriers)

Vidmar Neil The Small Claims Court: A Reconceptualization of Disputes and An Empirical Investigation, 18 Law & Society Review, 515 (1984)

Vidmar, Neil An Assessment of Mediation in a Small Claims Court, 41 Journal of Social Issues, 127 (1985)

Wall, James A., Jr., / Rude, Dale E. Judicial Mediation: Techniques, Strategies, and Situational Effects, 41 Journal of Social Issues, 47 (1985)

Wasilewski, Rainer Streitverhütung durch Rechtsanwälte. Empirische Untersuchung von Umfang, Struktur und Bedingungen außergerichtlicher Beilegung zivilrechtlicher Streitigkeiten durch Rechtsanwälte, Köln, Essen 1990

Watzlawick, Paul / Beavin, Janet H. / Jackson, Don D. Menschliche Kommunikation. Formen, Störungen, Paradoxien. 4. Aufl., Bern, Stuttgart, Wien, 1974

Weber, Theodor Gütliche Beilegung und Verhandlungsstil im Zivilprozeß, DRiZ 1978, 166

Weidermann, O. Fünf Jahre Familienrichter. Erfahrungen, Erkenntnisse und Vorschläge, Zentralblatt für Jugendrecht 1982, 527

Weiler, Joseph M. Interest Arbitration. Measuring Justice in Employment, Toronto 1981

Wesel, Uwe Frühformen des Rechts in vorstaatlichen Gesellschaften, Frankfurt am Main, 1985

White, James J. The Pros and Cons of „Getting to Yes", 34 Journal of Legal Education, 115 (1984)

Wilkinson, Jokn H. Advantages and Obstacles to ADR, in: *Wilkinson, John H.* Donovan Leisure Newton & Irvine ADR Practice Book, 2, New York u.a., 1990

Williams, Gerald Legal Negotiation and Settlement, St. Paul, Minn., 1983

Wills, Robert V. Lawyers Are Killing America. A Trial Lawyer's Appeal for Genuine Tort Reform, Santa Barbara 1990

Wirsching, Michael Familiendynamik als Herausforderung an das Recht. Der Anspruch der Familiendynamik auf Berücksichtigung im Familienrecht, in: *Deutsches Familienrechtsforum* Modelle alternativer Konfliktregelungen in der Familienkrise, Schiftenreihe des Deutschen Familienrechtsforums, Bd. 3, Stuttgart, 1982, S.21

Wolf, Manfred Rechts- und Verfahrensgarantien beim Prozeßvergleich, in: *Gottwald, Walther / Hutmacher, Wolfgang / Röhl,*

Klaus F. / Strempel, Dieter Der Prozeßvergleich – Möglichkeiten, Grenzen, Forschungsperspektiven –, Köln, 1983, S.153

Wolf, Manfred Normative Aspekte richterlicher Vergleichstätigkeit, ZZP 89, 260 (1976)

Wolf, Manfred Rechtsgeschäftliche Entscheidungsfreiheit und vertraglicher Interessenausgleich, 1970

Wylie, J.H. History of England under Henry the Fourth, Band II., London, 1894

Yager, Paul Mediation: Practice and Problems, in: SPIDR Society of Professionals in Dispute Resolution, The Elements od Good Practice in Dispute Resolution. 1984 Proceedings. Twelfth Annual Conference, 47

Yarn, Douglas H. Confessions of a Practicing Neutral, The Claims Forum, Vol.6 No. 1, S.3 (Spring 1992)

Yngvesson, Barbara Inventing Law in Local Settings: Rethinking Popular Legal Culture, 98 The Yale Law Journal, 1689 (1989)

Yngvesson, Barbara / Hennessey, Patricia Small Claims, Complex Disputes: A Review of the Small Claims Literature, 9 Law and Society, 219 (1975)

Sachverzeichnis

Bierbrauer/Gottwald/Birnbreier-Stahlberger (Hrsg.)

Verfahrensgerechtigkeit

Rechtspsychologische Forschungsbeiträge für die Justizpraxis

Herausgegeben von Prof. *Günter Bierbrauer*, Ph. D., Prof. Dr. *Walther Gottwald* und Dipl.-Psych. *Beatrix Birnbreier-Stahlberger*. Mit Beiträgen von Prof. *Günter Bierbrauer*, Prof. Dr. *Hans-Werner Bierhoff*, Ph. D., Dr. *Detlef Busse*, Prof. Dr. *Walther Gottwald*, *Volkmar Haller*, Dr. *Hagen Hof*, *Antje Klüber*, *Beate Küpper*, Prof. *E. Allen Lind*, Ph. D., Dr. *Stefan Machura*, Prof. Dr. *Karsten-Michael Ortloff*, Dipl.-Psych. Dr. *Christoph Rennig*, Prof. Dr. *Paul Richli*, Prof. Dr. *Anton Schindling*, Prof. Dr. *Bernd Schünemann*, Prof. Dr. *Siegfried Ludwig Sporer*, Prof. Dr. *Max Steller*, *Patricia Terlinden-Arzt*, Dr. *Renate Volbert*, Prof. Dr. *Karl Westhoff*, *Petra Wolf*.
317 Seiten DIN A 5, 1995, gbd. ca. 75,– DM. ISBN 3 504 06111 1

Nach den Forschungsergebnissen vor allem amerikanischer Rechtspsychologen zur Verfahrensgerechtigkeit (Procedural Justice) ist für die Betroffenen nicht allein das Verfahrensergebnis, sondern vor allem auch das Verfahren selbst von hoher Bedeutung. Die Tatsache, daß ein Verfahren als fair empfunden wird, hat – unabhängig vom Verfahrensergebnis – maßgeblichen Einfluß auf die Zufriedenheit mit dem Urteil und darüber hinaus auf die Akzeptanz rechtlicher Autorität. Der Eigenwert von Verfahren wurde von der Rechtswissenschaft und -praxis in der Bundesrepublik bisher so gut wie nicht zur Kenntnis genommen. Der vorliegende Band stellt die erste Veröffentlichung zum Thema „Verfahrensgerechtigkeit" im deutschsprachigen Raum dar. Er enthält Beiträge namhafter Rechtspsychologen und Juristen zur Rolle der Verfahrensgerechtigkeit in Zivil-, Straf- und Verwaltungsjustiz.